普通高等教育“十二五”规划教材（高职高专教育）

工程技术经济

主　编　张加瑄
副主编　张连宏
编　写　朱　颖　高越嵩　张志勇
　　　　苑　敏　梁雪峰
主　审　何佰洲

中国电力出版社
CHINA ELECTRIC POWER PRESS

内 容 提 要

本书为普通高等教育“十二五”规划教材（高职高专教育）。全书共16章，主要包括工程经济学的基础理论和工程经济评价实际应用两部分内容。理论部分介绍了工程与经济的关系、工程技术的经济分析、资金时间价值、企业基础财务数据分析、技术预测等内容，涵盖了经济学的基础知识体系。实际应用部分介绍了工程项目经济评价方法、投资方案选择、工程项目风险与不确定性分析、可行性研究、国民经济评价、机械设备更新经济分析等内容，特别重点介绍了公用事业项目的经济评价、建筑设计方案的经济评价和施工方案的经济评价。

书中引入了大量的实例及工程案例，并附有大量的练习题，便于学生在掌握基础知识的同时，加强实践技能的训练。全书内容全面，重点突出，实用性强。

本书主要作为高职高专工程管理、工程造价专业基础课教材，也可供建筑企业管理人员学习参考。

图书在版编目（CIP）数据

工程技术经济/张加瑄主编．—北京：中国电力出版社，2014.9（2020.7重印）

普通高等教育“十二五”规划教材．高职高专教育

ISBN 978-7-5123-6139-3

Ⅰ.①工… Ⅱ.①张… Ⅲ.①建筑工程-技术经济学-高等职业教育-教材 Ⅳ.①F407.9

中国版本图书馆CIP数据核字（2014）第144760号

中国电力出版社出版、发行

（北京市东城区北京站西街19号 100005 http://www.cepp.sgcc.com.cn）

北京雁林吉兆印刷有限公司印刷

各地新华书店经售

*

2014年9月第一版 2020年7月北京第六次印刷

787毫米×1092毫米 16开本 20.75印张 505千字

定价 **56.00** 元

前　言

工程经济学是工程经济的理论和方法在工程实践中的具体应用，它以建设工程项目为对象，研究工程技术方案的经济效益，通过计算、分析、比较和评价，以求最佳工程技术方案。

本书是以面向 21 世纪高职高专教学内容为依据，按照培养高等技术经济应用型人才为主线的要求，力求体现目前我国在工程经济分析和建设项目经济评价中的实践内容。

本书是在国家大力发展高等职业教育的前提下编写的。近年来，职业教育的迅速发展，全国范围内越来越多的职业院校都开设了工程管理、工程造价等专业，工程技术经济学作为该专业的主要课程，教材的编写、更新就显得尤为重要。本书在内容的选取上，注重理论的系统性和工程的实践性及专业内部学科之间的交叉性，充分体现了高职教育"以理论为基础，以应用为目的"的原则，在结构体系上，始终以"理论＋实践"为主线，大多数章节均采用了大量的实例及工程案例，便于学生理解和掌握。教材实用性和可操作性强。

本书由山东城市建设职业学院张加瑄任主编，各章编写分工如下：第一章、第十一章由高越嵩编写，第三章、第五章、第七章由朱颖编写，第二章、第六章、第十三章、第十四章及附表由张加瑄编写，第四章、第八章、第九章由张志勇编写；第十章、第十二章由山东电力技术经济研究院张连宏编写，第十五章由张志勇、梁雪峰编写，第十六章由邢台职业技术学院苑敏编写。

本书第五章工程项目经济评价方法是以《建设项目经济评价方法与参数》（第三版）为主要依据编写的，它反映了投资项目经济评价的新要求、新内容，体现了前瞻性。教材第十三章、第十四章突出了建筑工程设计方案、施工方案的经济评价，体现了实用性。既可以作为高职院校的专业教材又可作为建筑行业专业培训的辅助教材使用。

本书在编写过程中参考了大量的书籍及资料，在此向有关作者一并表示感谢！由于编者学识及掌握的资料有限，书中难免有疏漏和不足之处，敬请读者、专家和同行们批评指正！

山东城市建设职业学院　张加瑄

2014 年 7 月

目　　录

第一章　概　　论

建筑工程技术经济学是建筑工程技术科学和经济科学相结合的综合性边缘科学，它是技术经济学的一个分支，是技术经济学的理论和方法在建筑工程技术政策和技术方案中的具体应用。因此，在学习建筑工程技术经济学的理论和方法之前，应首先对技术经济学的有关概念和研究对象等基本内容具有正确的理解和认识。

第一节　技术经济学的研究对象和特点

技术经济学的研究对象和特点不仅直接关系到这门学科的独立存在和顺利发展，而且还直接影响着人们对这门学科的理论价值和实践意义的深刻认识和正确理解。因此，了解和掌握技术经济学的研究对象和学科特点尤为重要和必要。

一、技术经济学的概念

技术经济学是介于自然科学与社会科学之间的边缘科学，是根据现代科学技术和经济发展的需要，在自然科学和社会科学的发展过程中，互相渗透、促进，逐渐形成发展起来的，是技术学和经济学的交叉学科。技术经济学研究的不是纯技术，也不是纯经济，而是两者之间的关系，即把技术与经济结合起来进行研究，以选择最佳技术方案。

技术经济学研究技术的经济效果问题，研究技术与经济的关系及其最佳结合方式，它是在技术满足社会需求发展规律的基础上，研制和评选各种技术政策、技术方案和技术措施的理论方法和科学手段，是研究科学技术在生产过程中运用、发展和合理组合，经济效果评价及其现实条件和影响因素规律性的科学。它的重要特点是综合性、边缘性和多学科交叉性。

技术经济学是研究技术与经济相互关系的科学，通过对各种实践活动的技术分析、经济比较和效益评价，寻求技术与经济的最佳结合，从多方案比较中选择技术先进、经济合理的最优方案。技术经济学的任务是对成熟的技术和新技术进行经济性分析、比较，从经济的角度为技术的采用和发展提供决策依据。简单地说，技术经济学是应用经济方法分析技术方案的学科。技术经济学研究的主要目的是将技术更好地应用于经济建设，包括新技术和新产品的开发研制、各种资源的综合利用、发展生产力的综合论证。

二、技术经济学的研究对象

技术经济学是一门研究技术和经济最佳结合、协调发展的条件、规律、效果及实现途径的科学，这就是技术经济学的研究对象。

技术经济学是应用经济学的一个分支，其研究对象是建筑工程技术的经济性问题，它通过经济分析、对比、评价和优选等过程，达到确定最适合于实现工程技术所在的客观环境的技术政策、技术措施和技术方案的目的。具体地说，它的研究对象主要有三个方面：

第一，技术经济学是研究技术实践的经济效果，寻求提高经济效果的途径与方法的科学。在这个意义上，技术经济学可以成为技术的经济效果学。

随着社会化大生产的发展，技术已从各种生产工具、装备和工艺等物质手段，即物化形态的“硬技术”，发展到“广义技术”。广义技术是指把科学知识、技术能力和物质手段等要素结合起来所形成的一个能够改造自然的运动系统，包括硬技术与软技术。

尽管技术具有广义性及其应用的普遍性，但使用技术是有经济上的限度的，这个限度，就要看使用技术的经济效果。所谓经济效果是人们在生产活动中劳动消耗与所取得的效果的比较，也就是投入与产出的对比。任何技术的采用，都必须消耗和占用人力、物力和财力。由于资源的有限性，特别是一些自然资源的不可再生性，要求人们有效地利用各种资源，以满足人类社会不断增长的物质文化生活的需要。而技术经济学就是研究在各种技术的使用过程中如何以最小的投入取得最大的产出的一门学问，即研究技术的经济效果的学问。

研究技术的经济效果，往往是在技术方案实施前，通过对各种不同的技术政策、技术方案、技术措施的经济效果，进行计算、分析、比较和评价，从而选出技术上先进、经济上合理的最优方案。在研究技术的经济效果最优化过程中，我们通常借鉴西方国家的“可行性研究”的内容和方法。可行性研究内容的引入丰富了技术经济评价的理论与方法。研究技术的经济效果，不仅仅应用在投资项目实施前的科学论证上，还广泛应用于产品设计开发中的经济效果比较和分析，应用于设备更新、原料选择、工艺选择等领域。

第二，技术经济学是研究技术和经济的相互关系，探讨技术与经济相互促进、协调发展途径的科学。

技术与经济是相互促进、相互制约的。在现代社会生产中，技术与经济是同时存在的统一体，在任何生产过程的实现中都不能彼此分离。经济是技术发展的决定因素，它为技术发展指明方向、创造条件、提出任务；技术是经济发展的手段，是提高社会劳动生产力、节约物质资源最有力的手段。技术是手段，经济是实现技术的物质基础和目的，他们存在于一个相互制约、相互作用、相互促进的社会整体之中。技术经济的研究就是要从这对矛盾关系中寻找一条协调发展的途径，以求经济快速、持续地发展。

技术与经济的协调发展包含着两层含义。首先，技术的发展要量力而行，不能脱离实际，不能好高骛远。其次，协调的目的是发展，因此在处理技术与经济关系时，发展是中心问题。要创造条件去争取可能条件下的发展速度，如果按部就班，那么，落后国家、落后企业就永远只能跟在发达国家、先进企业的后面。所以，技术与经济的协调发展过程是以发展为中心、在发展中协调、在协调中发展的动态发展过程。

可见，技术经济学是研究技术与经济相互关系及其矛盾对立统一的科学，它通过各种实践活动的技术分析、经济比较和效益评价，寻求技术与经济的最佳结合，实现技术与经济的协调发展。

第三，技术经济学是研究如何通过技术创新推动技术进步，进而获得经济增长的科学。

1912 年，美籍奥地利经济学家瑟夫·阿罗斯·熊彼得在《经济发展理论》中首先提出创新的概念。他认为，技术创新是一种“创造性的破坏”，它实现了生产要素和生产条件的新组合。

技术创新包括新产品的生产、新生产技术在生产过程中的应用、开辟原材料的新的供应来源、开辟新市场和实现企业的新组织。技术创新强调新的技术成果在商业上的第一次运用，强调技术对经济增长的作用。各工业发达国家都想尽各种办法，利用各种经济技术政策，力图形成一种推动技术创新的机制与环境。

经济增长指一国范围内年生产的商品和劳务总量的增长，通常用国民收入或国民生产总值的增长来表示。经济增长可以用多种途径来取得，例如，可以通过增加投入要素、增加投资、增加劳动力的投入等以实现经济增长。也可以通过提高劳动生产率，即提高单位投入资源的产出量实现经济增长。十分明显，资金和劳动力投入的增长速度会直接影响经济增长的速度。但是各国的经济发展历史也表明，经济增长的速度与科学技术的发展也有着密切的关系。

从企业层面上说，同样存在技术创新。在这个不进则退的社会，没有技术创新的企业，就是正在等待消亡的企业。技术创新能力直接构成企业的核心竞争力，是决定企业的生死存亡的关键。美国王安电脑公司曾盛极一时，王安本人亦曾名列美国第五大富豪，由于该公司未及时跟上电脑转型创新步伐，最后它败给了 IBM 公司和苹果公司，使企业濒临破产。诺基亚公司过去生产火柴与胶鞋，后来他们在旧金山一间很小的办公室里开发具有高新技术的通讯设备，取得了巨大的成功。

综观世界、国家与企业的兴衰交替，可以得出一个明确的结论，技术与经济这种相互促进、相互制约的关系，使任何技术的发展和应用都不仅是一个技术问题，同时又是一个经济问题。因此，技术经济学面临的一项重要任务是，从实际出发，研究我国技术创新的规律及其与经济发展的关系。研究的具体问题包括：技术如何有效地作用于经济，才能更好地促进经济的发展；如何衡量技术对经济的影响程度；在不同技术发展水平成长条件下，如何扩大这些影响，加速这些影响，以便使这些技术更好地推动经济，相互作用，产生连锁效应，促进经济发展的规律等。

三、技术经济学的特点

建筑工程技术经济学是工程技术科学和经济科学相结合的综合性边缘科学，它具有边缘学科的特点，即一门学科的内容和另一门学科的内容有机的结合而成的新学科。工程技术经济学以工程技术发展规律为基础，但不同于建筑工程技术科学研究建筑工程技术本身发展的规律，而是以经济科学作为理论指导和方法论。技术经济学既不是发明创造，也不是研究经济规律，而是在尊重客观经济规律的前提下，对现有的建筑工程技术方案的经济效果进行分析和评价。

具体的讲，技术经济学的主要特点包括以下几方面。

1. 综合性

技术经济学是一门交叉学科，具有很强的综合性。它研究的既不是单纯的技术问题，也不是单纯的经济问题，而是研究技术的经济合理性，即技术与经济的关系问题。技术经济学不仅仅包括经济学学科的知识，还涉及工程技术、经济管理、社会科学和其他自然科学等综合学科的知识。此外，就技术方案的评价指标来看，通常是多目标的，既有技术指标，又有经济指标，还有综合指标。可见，该学科所涉及的对象是一个复杂的系统。

2. 系统性

技术经济学的综合性特点决定了该学科的系统性特点。所谓系统性，就是由若干个要素组成的既互相联系又互相制约的、为实现一个共同目标而存在的有机集合体。所有的技术和经济问题都不是孤立的。一个工程项目的技术方案是一个系统，它又包括若干子系统如市场预测系统、工艺设计系统、设备动力系统、经济效益评价系统等。对于任何一个技术方案，既要放到整个社会的技术经济的大系统中去研究，又要考虑技术方案这个系统内各子系统和子系统内的各要素之间的关系。因此，一种系统的思维方法是学好该学科必须具备的方法。

例如，一个建筑物是由基础、主体结构、内外装饰和建筑设备等部分组成的。各部分之间的联系与作用是通过各种构造联系实现的。建筑物以其整体功能满足社会需要，而建筑工程技术经济正是从建筑物的整体上研究设计方案和施工方案的经济效果的。

3. 预测性

技术经济分析的基本研究活动，往往是在事件发生之前对其进行预先的分析和评价，从中选择最优方案。因此，任何一个方案在实施之前均存在一些未知因素、未知数据和预想不到的偶然情况。这就决定技术经济分析的大部分信息是由预测估计推断来的。可见，技术方案的建立，首先要加强技术经济预测。通过预测，可以使技术方案更加接近于实际，避免盲目性。

然而研究过程中所使用的数据资料往往是类似方案的历史统计资料及现状调查数据，是通过各种预测方法进行眼神推断得到的，这些数据资料与方案未来的实际情况不完全相符。因此，在建筑工程的技术经济分析中，需要采用科学的预测方法和手段，对那些不确定的因素和数据进行分析和处理，以避免或减少决策风险。

4. 计量性

计量性是技术经济分析的一大特性。经济效益本身就具有定量的概念，只有算出量的大小，才能为决策者提供评价方案优劣的依据，才能使它从多个可行方案的比较中，选出一个最优方案。所以，技术经济学这门学科在对各种技术方案进行客观、合理、完善地评价时，需要做到定性和定量相结合。但主要是以定量分析为主，用定量分析的结果，为定性分析提供科学的依据。建筑工程技术经济学就是用数学方法和数量计算来解决建筑工程技术经济问题。

5. 实用性

技术经济学不是理论研究而是一门应用科学，是来自实践并又为实践服务的科学。技术经济所研究的对象是国民经济生产实践中提出来的实际工程项目和各种技术经济方案，它所采用的理论和方法是为了解决发展经济中的实际问题。因此，它研究的课题、分析的方案都是来源于生产建设实际，并紧密结合生产技术和经济活动进行。它所分析和研究的成果，又直接用于生产，并通过实践来验证分析的结果是否正确。工程经济学是一门实用性很强的学科。

第二节 技术经济学的研究内容及方法

从技术经济学的研究对象和特点不难看出，技术经济学的研究范围极为广泛，研究内容极为丰富。相应来说，技术经济学的研究方法也是多种多样的。

一、技术经济学的研究内容

技术经济学的研究范围十分广泛，它包括社会再生产过程中生产、交换、分配、消费各个环节的技术经济问题，也包括科学技术进步中的技术经济问题。随着科学技术的进步、经济建设的发展、相邻学科的互相渗透，技术经济学研究的内容不断拓宽，主要包括以下两大体系：自身体系和外部体系。

1. 自身体系研究

自身体系的研究即技术经济学学科本身的建设。包括技术经济学自身建设的研究、研究对象的研究、理论基础的研究以及评价指标体系和评价方法的研究。

2. 外部体系研究

外部体系的研究包括：宏观技术经济研究和微观技术经济研究。

从宏观方面来看，国民经济的各个部门：工业、农业、商业、基本建设、交通运输和邮电、市政建设和建筑业，环境保护和教育卫生、科学研究和国防以及生产经营活动的各个阶段——试验研究、勘测考察、规划设计、建设施工和生产运行等一切工作中都有带全局性的技术经济问题。宏观技术经济研究的主要内容有：

(1) 经济发展的速度、比例、效果、结构及其最佳比例关系的研究。对国民经济发展速度究竟以多大为宜，比例关系怎么安排，效果（效益）、比例速度之间是否协调发展，社会结构、生产结构如何布局等进行研究。

(2) 技术进步对经济增长贡献的研究。考察和分析经济增长中来源于生产率的提高和来源于资源投入量的增加各自所占的比重，以确定生产率的提高（即技术进步）对经济增长作出的贡献。

(3) 生产力的合理布局、合理转移及其论证分析。从宏观经济来看，生产力的合理布局、合理转移问题，是技术经济研究的一个重要问题。

(4) 投资选择、投资结构与投资效益问题的研究。在资金紧张的情况下，如何合理地安排资金的投向、投资的结构、投资的规模，应从技术经济研究的角度，根据国民经济的发展规划以及各部门的具体情况综合加以考虑。

(5) 各种资源的开发、生产供应、运输以及综合利用的研究。用技术经济的理论与方法研究、分析和比较资源的开发与节流、生产与供应、储存与运输的最优选择，以及资源的节约与替代等一系列的问题。此外还有产业结构与产业政策的选择与研究；中长期综合发展规划的论证与研究等。

从微观方面来看，它包含新建成或改造某一个企业、机构或工程的技术方案、技术措施的经济效果分析、比较、论证和选用问题。微观技术经济研究的主要内容有：

(1) 技术引进和吸收外资的技术经济论证。要研究技术引进的规模、方式、资金以及技术的选择，并在科学分析的基础上进行决策。还要研究外资的利用与偿还、利用外资前的可行性研究与事后的经济评价等问题，以实现外资利用有选择、有计划、有目标、有效益的目的。

(2) 产品方向的确定、原材料路线的选择与论证。在进行技术经济研究与论证的基础上，在产品的开发、产品的研制、产品的不断发展方面，确定“拳头”产品，以获取良好的经济效益。

(3) 技术设备的选择、使用、更新与改造的论证。选择先进适用的技术设备、技术适当的更新与改造的时机等都是技术经济研究的重要课题。

(4) 新工艺的选择采用和新产品开发的论证与经济评价。要对企业所采用的新工艺进行分析与论证。新产品的研制和开发可给企业带来多大的效益也要进行技术经济论证。

二、技术经济学的研究方法

(一) 技术经济研究方法的类型

1. 经济效益分析法

经济效益分析法是通过定性分析和定量计算相结合的方法比较待选技术方案的优劣，并依经济效益大小作为方案选优的重要依据。具体说来，该方法又因分析指标性质不同而分为时间分析法、价值分析法、比率分析法、总量分析法、差额分析法等。

2. 方案比较分析法

该方法对投资、产量、时间、费用等不同的各种项目或方案进行比较计算，并依据一定的指标标准对不同方案进行分析比较，选出最优方案。

3. 直观判断分析法

该方法是以技术经济分析人员的主观经验和直观判断为依据的一种分析方法。该方法主要以“评分”或“加权”作为分析评价标准，最后以总分多少判断方案优劣。常用的方法有加法评分法、乘法评分法、加乘评分法、加权评分法、层次分析法（AHP）等。

4. 综合分析法

综合分析法是指采用系统分析、综合分析的研究方法和思维方法，对技术的研制、应用与发展进行估计。综合分析法分两种情况。一种是多指标综合分析法，如综合考虑投资、费用、寿命、收益率、净现值等指标的分析法；另一种是多因素综合分析法，如综合考虑技术、经济、社会、生态等因素的分析法。

5. 效果分析法

效果分析法是通过劳动成果与劳动消耗的对比分析，效益与费用的对比分析等方法，对技术方案的经济效果和社会效果进行评价，评价的原则是效果最大原则。

（二）技术经济分析步骤

技术经济分析步骤如下：

（1）确定分析目标。目标视分析对象不同而异，大致按分析对象分为国家（宏观），地区或部门（中观），以及企业或项目方案（微观）目标。目标内容是工厂选址还是确定项目的经济规模，是选择设备还是确定工艺路线等。

（2）调查研究、收集资料。针对技术经济问题和目标进行调查研究，总结过去、分析现状、预测未来；收集技术、经济、财务、成本、环境、社会条件和状态等资料。

（3）设计各种可能方案。为实现同一目标，可有不同的方案。为此，应根据目标要求和各种资料尽量列出各种可能的方案，以备比较，从中选优。

（4）拟定技术经济分析评价指标。根据设计方案和目标内容拟定或选择该问题所用的分析评价指标并加以量化，以便于计算和比较。

（5）方案综合分析评价。通过定性分析和定量计算，找出各个方案的利弊优劣，然后进行综合分析和评价。

（6）确定最优方案。通过综合分析评价，若方案满意，则确定最优方案。否则，检查方案和指标是否合理。

（7）完善方案。

第三节　技术经济学的产生与发展

技术经济学是根据现代科学技术和社会经济发展的需要，在自然科学和社会科学的发展过程中，互相渗透，互相促进，逐渐形成和发展起来的。技术经济学是一门由我国学者创立的新兴学科，是中国经济学家和广大技术经济工作者在广泛借鉴、吸收国内外经济理论、科技成果和相关学科有益成果的基础上，在密切联系和总结我国经济建设实践经验的基础上逐渐形成的交叉学科。因此要介绍技术经济学的产生，理论上应从我国谈起。不过在西方国家，早在100多年前就出现了工程经济学。这是与我国技术经济学科相对应的一门科学。

一、技术经济学在国外的产生和发展

19世纪以前的西方国家，技术相当落后，技术推动经济发展的速度极为缓慢，人们看不到技术对经济的积极促进作用，只是就技术论技术。到19世纪以后，科学技术迅猛发展，蒸汽机、发电机、计算机等的兴起和普及，带来了巨大的经济繁荣。这期间，一些工程经济学的论著也相继出现。

1887年美国的惠灵顿在《铁路布局的经济理论》一书中，用资本化的成本分析方法来选择铁路的最佳长度或路线的曲率，并提出工程利息的概念，最早在工程领域开展经济评价工作。《铁路布局的经济理论》是第一部工程经济学的著作。他对工程经济下了第一个简明的定义——一门少花钱多办事的艺术。自惠灵顿之后，很多工程经济学的专家进一步做了大量的研究工作。

20世纪20年代，戈尔德曼在《财务工程学》一书中指出："这是一种奇怪而遗憾的现象……在工程学书籍中，没用或很少考虑……分析成本以达到真正的经济性……"。也是他提出了复利计算方法。

20世纪30年代，经济学家们注意到了科学技术对经济的重大影响，技术经济的研究也随之展开，逐渐形成一门独立的学科。1930年系统化学科学者格兰特出版了《工程经济原理》，该书奠定了经典工程经济学的基础。格兰特教授在该书中剖析了古典工程经济的局限性，并且以复利为基础讨论了投资决策的理论和方法。这本书作为教材被广为引用，他的贡献也得到了社会的承认，被誉为"工程经济学之父"。

从惠灵顿到格兰特历经了40多年，一门独立的、系统化的工程经济学科得以形成。到二战后，各国都很重视技术进步对经济增长的促进作用。随着数学和计算技术的发展，特别是运筹学、概率论、数理统计等方法的应用，以及系统工程、计量经济学、最优化技术的飞跃发展，工程经济学得到了长足的发展。1978年布西出版了《工业投资项目的经济分析》，全面系统地总结了工程项目的资金筹集、经济评价、优化决策以及项目的风险和不确定性分析等。1982年里格斯出版了《工程经济学》，更加系统阐明了货币的时间价值、货币管理、经济决策和风险与不确定性分析等。

二、技术经济学在我国的产生和发展

我国的技术经济学诞生于20世纪50年代，是一门具有中国特色的学科。它在我国的产生和发展，经历了一段不小的曲折。

20世纪50年代中叶是技术经济学在我国的开创时期。在当时，我们处于解放初期，在经济建设方面我们主要学习前苏联，对于重点项目的技术经济论证以及项目、规划、选址设计等各个环节的不同程度的技术经济分析受到经济决策机关和广大技术人员的重视。这些项目取得了较好的经济效益，为新中国的经济建设起到非常重要的作用。但当时的技术经济论证是静态的，技术经济只是技术应用的一种分析方法。

到50年代末60年代初，中国开始了"大跃进"运动，左的思想的出现，只片面追求经济发展速度，忽视经济效果，否定技术经济分析的必要性，甚至停止了技术经济工作。我国遭受了巨大损失。

直到60年代初经济调整恢复时期，我国开始纠正不讲经济效果的错误倾向，经济理论界掀起了经济效果理论的大讨论，迎来了学科发展的第一次高潮。到文化大革命前，技术经济学科体系基本形成。

随后十年文化大革命开始。技术经济学受到批判，技术经济工作被迫全部停顿，技术经济研究机构全部撤销，技术经济队伍被拆散下放，技术经济研究工作受到严重的摧残。

1978年后，文化大革命结束。我国经济进入恢复发展时期，技术经济学又重新受到重视。1978年召开了技术经济和管理现代化科学规划工作会议，制订了《技术经济和管理现代化理论与方法研究规划（1978～1985年）（草案）》，成立了国家领导的中国技术经济研究会。1981年国务院成立了技术经济研究中心。各大专院校设置了技术经济专业，相应的硕士点和博士点也陆续开设。1983年原国家计划委员会颁发了《关于建设项目可行性研究的试行管理办法》，把可行性研究列为基本建设中一项不可少的重要程序。1987年原国家计划委员会和原建设部发布了《建设项目经济评价方法与参数（第一版）》，1993年发布了第二版。到今天，技术经济正处于蓬勃发展时期。

第四节　经济与技术的关系

一、经济

经济是一个多义词。在希腊文中，经济原指家庭管理，即“家产”和“管理”的合成。希腊科学家亚里士多德曾经定义“经济”为谋生手段。在古代中国，经济被理解为“经世济民”，含义是治理国家。19世纪后半叶，日本学者借用古汉语中的“经济”一词，将英文economy译成汉字“经济”，沿用至今。

现代社会对经济的理解由于其使用的角度不同而不同。其一，用作“国民经济”时，是指社会再生产的整个过程，包括生产、交换、分配、消费等经济活动；或作国民经济的组成理解，如农业经济、工业经济等。其二，用作“经济基础”时，是指社会生产关系的总和，是上层建筑赖以建立起来的经济基础。其三，作“经济、不经济”时，是指节约或节省，含效益之意。依其活动范畴与运行机制，经济又可划分为宏观经济与微观经济，也可划分为宏观经济、中观经济（准宏观经济）及微观经济三个层次。

随着科技进步及市场经济的发展，人们形成了大经济观。所谓“大经济”，是视经济为一个动态的、开放的大系统，系统内各生产力要素协调组合，人流、物流、信息流有序运行，形成经济与科技、社会协调发展的运行机制与体制。对外与世界经济联网接轨，进行能量、信息的交换互补，在市场机制的作用下，不断优化系统内的产业结构、产品结构与技术结构，保证经济持续稳定地发展。现代化的大经济具有科技化、信息化、系统化、效益化的特点。

二、技术

技术发展的历史，就是人类社会发展的历史。在古希腊，亚里士多德曾把技术看作制作的技术。18世纪末，法国科学家狄德罗指出：“技术是为某一目的共同协作组成的各种工具和规则体系”。这些定义的要点包括以下几方面。

（1）技术是“有目的的”；

(2) 技术实现是通过广泛“社会协作”完成的；

(3) 技术存在两种表现形式，即“工具”或硬件，“规则”或软件；

(4) 技术是成套的“知识体系”。

20世纪90年代，人们关于技术的理解更加深入，认为技术涵盖了各种不同要素。到今天，技术更多地被定义为硬件、软件、组件以及其他无形资产之间相互作用的结果。

技术是人类在认识自然和改造自然的实践中，按照科学原理及一定的经验需要和社会目的而发展起来的、用以改造自然的劳动手段、知识、经验和技巧。它包括实验技术、生产技术、服务技术、管理技术，具体表现为硬技术与软技术的统一所组成的多要素、多层次的复杂体系。硬技术即物质形态的技术，或称物化的科学技术，泛指人们在劳动过程中用以改变或影响劳动对象的一切物质资料，其基础与核心是劳动工具。软技术指知识形态的技术，包括工艺规程、制造技术、图纸资料、生产组织、管理技术等。

三、经济与技术的关系

技术和经济是人类社会进行物质生产过程中始终并存的两个方面，两者相互促进又相互制约，形成对立统一的关系。

技术进步是经济发展的重要条件和手段。技术的变革为人类利用自然、创造财富提供了有利条件，技术进步提高了传统产业的技术装备程度和工艺水平，大大减轻了劳动强度，改善劳动条件和劳动安全度，从深度和广度上扩大了资源的合理利用和科学开发。技术进步推动新型工业和产业的产生，改善了产品结构和产业结构。技术进步还促进经济信息的传播交流和商品流动，推动着经济社会的发展和信息时代的进步。

技术的发展受经济条件的制约。技术的进步不能脱离经济社会基础。影响技术进步的因素除了来自科学技术内部外，也来自于资金、人力、物力等经济因素。一个国家、部门、地区或企业的发展速度在很大程度上取决于它的经济实力。

技术和经济是协调统一的。任何技术既不能无限制的追求经济效果，也不能片面要求技术先进性。两者需要实现合理的统一。两者的发展要相互依靠。

由于经济的概念可作不同的理解，因此，技术与经济的关系可以表现为不同的形式。

(1) 当将“经济”理解为“国民经济”时，技术与经济的关系表现为科技进步与经济发展的关系。

(2) 当将“经济”理解为“经济基础”时，技术与经济的关系表现为生产力与生产关系的关系，这种关系在政治经济学中有专门的论述。

(3) 当将“经济”理解为“节省、节约”时，技术与经济的关系表现为科技活动与经济可行性的关系。

科学技术活动的直接任务是产生知识或科技成果，科技活动既是科技成果的发明创造过程，又是生产要素组合的投入产出过程，必须投入相应的人力、物力和财力，才能保证科研的正常进行。据统计，从科学理论研究、技术开发到产品研制和发展其投资比值为1∶10∶100，高新技术的研究更需要投入巨额资金。

对企业来说，其基本任务是向市场提供适销对路的产品以满足社会不断增长的物质文化生活的需求，并以此获得利润。作为自主经营、自负盈亏、自我发展、自我约束的经济实体，在采纳新技术时，客观上必然要求技术先进性与经济合理性的统一。具备投资能力是企业应用科技成果的重要条件，提高经济效益是企业采用先进技术的动因和目的。

与此同时，由于科技与经济的不同特性，它们又具有相互制约和矛盾的一面。具体表现在：

(1) 技术研究、开发、应用与经济可行性的矛盾。缺乏足够的资金，就不能进行重大领域的科学研究或引进他人的先进技术为己所用。直接看来这是经济对技术的制约，从后果看，将使技术与经济陷入双重落后的困境。

(2) 技术先进性与适用性的矛盾。技术的先进性反映技术的水平和创新程度，技术的适用性则表示技术适应使用者的生产与市场需要的程度。先进的技术不一定适用，适用的技术不一定最先进。技术只有在对使用者适用、为使用者掌握、具有增值价值的使用价值时，才会受到青睐。

(3) 技术效益的滞后性及潜在性与应用者渴望现实盈利的矛盾。技术成果的应用会带来超额利润，但其应用有一个吸收、消化、创新的过程，不一定会立竿见影带来效益；而投资者期望尽快得到资金回报，从而可能将资金另辟蹊径，使技术得不到应用。

(4) 技术研究开发应用效益与风险的矛盾。技术研究开发应用的效益与风险是并存的。研究开发应用一旦成功，就会因掌握了技术与市场的领先优势而赢得超额利润。但研究开发应用过程也充满风险，包括技术选择失策、开发失败、时机滞后、技术供求关系变化、竞争失利、技术应用达不到预期效益等。

(5) 技术研究开发应用成本与新增效益的矛盾。往往技术越先进支付的代价越高，因此存在着支付成本与预期效益的矛盾。技术先进性与经济性的对应关系，往往决定着技术方案的选择。

从技术与经济的三个方面关系可以看出，技术与经济既相互促进、相互依赖，又相互制约，随着条件的变化，其关系处于不断的变化和运动之中。技术与经济的这种矛盾关系，正是技术经济学的研究对象。

第五节　建筑产品生产的技术经济特点

从产品生产角度考虑，建筑物的建造过程本身就是一个建筑产品的生产过程。建筑产品的生产同一般的工业生产相比，具有一系列的技术经济特点。

一、建筑产品的特点

建筑产品的使用功能、结构构造形式，以及所用材料的物理力学性能的特殊性，决定了建筑产品的特殊性。其特点如下：

1. 建筑产品在空间上的固定性

一般的建筑产品均由自然地面以下的基础和自然地面以上的主体两部分组成。基础承受主体的全部荷载并传给地基，同时将主体固定在地球上。大部分的建筑产品都是在选定的地点上建造和使用，与选定地点的土地不可分割，从建造开始直至拆除均不能移动。所以，建筑产品的建造和使用地点在空间上具有固定性。

2. 建筑产品的多样性

建筑产品不但要满足各种使用功能的要求，而且还要体现出建造地区的民族风格、物质文明和精神文明，同时也受到地区的自然条件因素的限制，使建筑产品在规模、结构、构造、型式、基础和装饰等方面变化纷繁，因此建筑产品的类型具有多样性。

3. 建筑产品体积庞大

无论是复杂的建筑产品，还是简单的建筑产品，为了满足其使用功能的需要，并结合建筑材料的物理力学性能，需要大量的物质资源，占据广阔的平面与空间，因而建筑产品的体形庞大。

4. 建筑产品的综合性

建筑产品是一个完整的固定资产实物体系，不仅土建工程的艺术风格、建筑功能、结构构造、装饰做法等方面堪称是一种复杂的产品，而且工艺设备、采暖通风、供水供电、卫生设备等各类设施错综复杂。

二、建筑产品生产的特点

由于建筑产品地点的固定性、类型的多样性和体形庞大等三大主要特点，决定了建筑产品生产的特点与一般工业产品生产的特点相比较具有自身的特殊性。其具体特点如下：

1. 建筑产品生产的流动性

建筑产品地点的固定性决定了产品生产的流动性。一般的工业产品都是在固定的工厂、车间内进行生产，而建筑产品的生产是在不同的地区，或同一地区的不同现场，或同一现场的不同单位工程，或同一单位工程的不同部位组织工人、机械围绕着同一建筑产品进行生产。因此，使建筑产品的生产在地区与地区之间、现场之间和单位工程不同部位之间流动。

2. 建筑产品生产的单件性

建筑产品地点的固定性和类型的多样性决定了产品生产的单件性。一般的工业产品是在一定的时期里，统一的工艺流程中进行批量生产，而具体的一个建筑产品应在国家或地区的统一规划内，根据其使用功能，在选定的地点上单独设计和单独施工。即使是选用标准设计、通用构件或配件，由于建筑产品所在地区的自然、技术、经济条件的不同，也使建筑产品的结构或构造、建筑材料、施工组织和施工方法等也要因地制宜加以修改，从而使各建筑产品生产具有单件性。

3. 建筑产品生产的地区性

由于建筑产品的固定性决定了同一使用功能的建筑产品因其建造地点的不同必然受到建设地区的自然、技术、经济和社会条件的约束，使其结构、构造、艺术形式、室内设施、材料、施工方案等方面均各异。因此建筑产品的生产具有地区性。

4. 建筑产品生产周期长

建筑产品的固定性和体形庞大的特点决定了建筑产品生产周期长。因为建筑产品体形庞大，使得最终建筑产品的建成必然耗费大量的人力、物力和财力。同时，建筑产品的生产全过程还要受到工艺流程和生产程序的制约，使各专业、工种间必须按照合理的施工顺序进行配合和衔接。又由于建筑产品地点的固定性，使施工活动的空间具有局限性，从而导致建筑产品生产具有生产周期长、占用流动资金大的特点。

5. 建筑产品生产的露天作业多

建筑产品地点的固定性和体形庞大的特点，决定了建筑产品生产露天作业多。因为形体庞大的建筑产品不可能在工厂、车间内直接进行施工，即使建筑产品生产达到了高度的工业化水平的时候，也只能在工厂内生产加工部分的构件或配件，仍然需要在施工现场内进行总装配后才能形成最终建筑产品。因此建筑产品的生产具有露天作业多的特点。

6. 建筑产品生产的高空作业多

由于建筑产品体形庞大，决定了建筑产品生产具有高空作业多的特点。特别是随着城市现代化的发展，高层建筑物的施工任务日益增多，使得建筑产品生产高空作业的特点日益明显。

7. 建筑产品生产组织协作的综合复杂性

由上述建筑产品生产的诸特点可以看出，建筑产品生产的涉及面广。在建筑企业的内部，它涉及工程力学、建筑结构、建筑构造、地基基础、水暖电、机械设备、建筑材料和施工技术等学科的专业知识，要在不同时期、不同地点和不同产品上组织多专业、多工种的综合作业。在建筑企业的外部，它涉及各不同种类的专业施工企业，及城市规划、征用土地、勘察设计、消防、“七通一平”、公用事业、环境保护、质量监督、科研试验、交通运输、银行财政、机具设备、物质材料、电、水、热、气的供应、劳务等社会各部门和各领域的复杂协作配合，从而使建筑产品生产的组织协作关系综合复杂。

本章小结

本章主要介绍技术经济学是介于自然科学与社会科学间的边缘科学，是根据现代科学技术和经济发展的需要，在自然科学和社会科学的发展过程中，互相渗透、促进，逐渐形成发展起来的，是技术学和经济学的交叉学科。

技术经济学的研究对象是建筑工程技术的经济性问题，主要有三个方面：第一，技术经济学是研究技术实践的经济效果，寻求提高经济效果的途径与方法的科学。第二，技术经济学是研究技术和经济的相互关系，探讨技术与经济相互促进、协调发展途径的科学。第三，技术经济学是研究如何通过技术创新推动技术进步，进而获得经济增长的科学。

技术经济学的主要特点包括综合性、系统性、预测性、计量性和实用性。

技术经济学的研究内容主要包括以下两大体系：自身体系和外部体系。技术经济学的研究方法的类型有：经济效益分析法、方案比较分析法、直观判断分析法、综合分析法、效果分析法等。

技术经济分析步骤：确定分析目标、调查研究、收集资料、设计各种可能方案、拟定技术经济分析评价指标、方案综合分析评价、确定最优方案、完善方案。

介绍技术经济学在国内外的产生和发展过程。

经济与技术是协调统一的关系。任何技术既不能无限制的追求经济效果，也不能片面要求技术先进性。两者需要实现合理的统一。与此同时，它们又具有相互制约和矛盾的一面。技术研究、开发、应用需要经济的支持，无度的技术开发又影响技术的经济性，同时，技术效益的滞后性及潜在性与应用者渴望现实盈利存在矛盾等。

建筑产品的特点有：空间上的固定性、建筑产品的多样性、建筑产品体积庞大、建筑产品的综合性。建筑产品生产的特点有：建筑产品生产的流动性、建筑产品生产的单件性、建筑产品生产的地区性、建筑产品生产周期长、建筑产品生产的露天作业多、建筑产品生产的高空作业多、建筑产品生产组织协作的综合复杂性。

思考题

1. 试述技术经济学的概念。
2. 试述技术经济学的研究对象。
3. 技术经济学的特点有哪些?
4. 技术经济学的研究内容和研究方法是什么?
5. 简述技术和经济的相互关系。

第二章 技术引进与技术进步的技术经济分析

第一节 技术引进概述

一、技术引进的含义

改革开放以来，国际技术交流的范围和规模正在不断扩大，技术贸易已成为国际贸易的一个重要方面，技术市场已成为世界市场的一个重要的组成部分。

就技术引进的对象来看，顾名思义，引进的是技术，而不是设备。虽然设备本身包含着技术的内涵，但其实质只是生产工具手段，购置设备一般并不解决该设备制造的技术问题。而技术的含义是指有关产品的生产工艺、知识、经验和技能。也就是说，技术是由系统的科学知识、成熟的实践经验和操作技能综合而成，它既包括如原理、结构、计算、设计和应用等理性方面的知识，又包括如加工、装配、调试、运行、操作、维修等方面的实际经验和操作技艺。

就一个国家而言，技术引进是指一国引进国外的先进技术知识和经验。它包括引进产品设计、制造工艺、测试方法、材料配方等，也包括引进科学的管理技术。

有技术引进，就有技术转让，这是一个问题的两个方面。关于技术转让，联合国“国际技术转让行动守则”中提出的定义是：“国际技术转让是指制造某种产品或运用某种工艺或者提供某种劳务所需要的系统知识的转让，并不延伸到货物的单纯买卖和租赁。”由此可见，技术引进或技术转让的重点是通过引进技术去获得所需要的系统知识，并不延伸到诸如设备等货物的购置。

因此，技术引进就是一个国家通过各种途径，从外国取得先进的科学技术，它是技术转让过程中引进方的活动。

二、技术引进的基本内容

(1) 通过国际技术贸易，以引进专门知识（如产品设计知识、工艺知识、测试方法、材料配方等）为重点，取得制造技术，其中也包括引进必要的作为翻版、消化、改革用的样机等。

(2) 通过广泛的技术交流、合作及各种跨国的学术交流活动，做到引进国外新的学术思想与引进先进的科学技术知识并举。

(3) 通过引进先进的经营管理方法，充分发挥所引进的先进技术的作用，做到引进技术知识与引进管理知识并举。

总之，技术引进不外乎两点：一是以样机产品形式体现出来的引进；二是以制造技术形式体现出来的引进。

产品实物引进，如果不把它作为样机来研究仿制、改进乃至提高，就不算作技术引进，只能算作技术进口。因为这样做并没有得到生产该设备的技术，国内其他单位若想获得该种设备仍需进口，因此，对于实物设备而言，只有当作样机，以研究、仿制、开发为目的，才能算作技术引进。

三、技术引进的途径

国际技术交流与传播有多种途径，但基本上可分为非贸易形式与贸易形式两种。

科技人员的交流、学者访问、专家讲学、出国考察、参加国际学术会议、交流技术情报、举办技术展览等，都属于非贸易方式的引进。这种引进方式代价不大，但潜在效果往往较好。

另一种引进方式是有偿贸易技术引进，这是技术引进的主要方式。具体形式有以下几种。

（一）许可证贸易方式的技术引进

许可证（Licensing）贸易是国际技术贸易的一种基本形式，它主要解决产品制造权和制造技术的转移问题，即技术引进方从技术输出方取得制造某种产品的权利，并得到相应的制造技术。引进方要为此交付一定的款项或在协议期间以提成方式支付一定数额的费用，作为对技术输出方的报酬。

在许可贸易中，技术转让的内容主要有专利使用权、专有技术和商标。

1. 专利（Patent）

专利是受专利法律保护的发明技术，是一种工业产权。目前世界上绝大多数国家都实行专利制度，我国已从 1985 年 4 月 1 日开始实施专利法。

获得专利权的发明创造，必须具有新颖性、实用性、创造性三个条件。发明人或单位向所在国或其他某国申请专利时，要公布要点，征询异议，履行手续，得到批准后，才能获得专利权。所谓购买专利，就是购买专利的使用权。国际上专利保护的依据是 1883 年签订的《国际保护工业产权巴黎公约》，我国于 1985 年 3 月 19 日加入了这个公约组织，成为参加该组织的第 97 个国家。

专利制度是国际上通行的一种利用经济和法律手段，促进技术进步的一种管理制度，它有以下几方面的作用。

(1) 鼓励发明创造，促进技术进步。各国专利法都规定了保证发明人及其专利权人有权取得来自其发明专利的权益，并禁止他人未经许可使用其专利。专利制度通过法律承认和保护智力劳动这一特殊商品，通过其有偿转让，来收回研制经费并获得利益，从而鼓励人们发明创造的积极性，进而加快技术进步的发展进程。

(2) 公开新技术，促进技术交流。“公开性”是专利特征之一，即申请人在申请专利时，对其发明创造作出清楚完整的说明，并由专利局在一定时期内公布于众，这就起到了向社会提供技术信息的作用，以促进社会技术交流。

(3) 保护竞争，促进技术发展。在专利制度中，对同一内容的发明创造只授予一项专利，这便于使专利所有者在竞争中拥有技术优势。因此，专利权的授予刺激了经济活动中对新技术的研究和追求，进而保护了竞争，对技术发展起到促进作用。

(4) 有利于引进先进技术，促进国际技术交流。专利制度对于需要引进外国先进技术的国家，是一个有利的工具。专利制度是技术市场的社会保障条件。在专利制度保护下，可开展先进技术的有偿转让。因此专利制度有利于引进国外先进技术，对国际市场的发展起到重要的推动作用。

由于专利制度保护了发明者的利益，所以它有力地促进了技术转让和技术引进。

2. 专有技术（Know - How）

对于 Know - How，国内有技术秘密、技术诀窍、专有技术等几种译法，但人们习惯上还是称之为专有技术。它是指为生产某种产品，或应用某项工艺方法所需要的整套技术知识、经验和技艺，包括各种设计资料、图纸、工艺流程、加工工艺、材料配方等，在有些情况下，还包括有关管理、商务等方面的知识内容。这些专有技术对生产具有一定的价值，大部分是关键性的、未公开的秘密技术。专有技术不属于工业产权范畴之内，因而没有专门法律来保护，但可援引保护商业秘密的法律，不得随意泄露。由于专有技术是社会公众所不了解的，所以它往往比专利技术具有更大的经济价值。

联合国工业发展组织编写的《技术转让协定评价准则》（Guidelines for Evaluation of Transfer of Technology Agreement）中谈到，“专有技术是指一套在工业上实用的、秘密的、新颖的和有价值的资料，以及有关的技术方面和其他方面的资料和技能”。

专有技术与专利技术有着本质的区别，概括地说有以下几方面。

（1）专有技术既包括完全未公开的秘密技术，也包括专利技术的核心秘密，也就是说，专有技术包含了最关键的技术。专利技术虽然是公开的，但也保留着它的技术秘密，即发明者在公布发明时，绝不会毫无保留地将其核心秘密完全公开，而只是做到使之能够申请下专利为止。这样，这些未公开的关键性技术就成了专利覆盖下的、秘密的、有价值的“Know - How”了。所以，专有技术包含专利覆盖下的和与专利无关的两种。

（2）专利技术受到法律的保护，未经购买，他人不得使用，否则就是违法；而专有技术则因没有申请专利而不受法律的保护。

（3）专利技术在专利被批准后就被公开了，而专有技术则是自始至终被保密的、不被公开的。

（4）专利技术有期限规定，而专有技术则无期限规定。但专有技术一旦被公众得知，就不称其为专有技术了。

（5）专利技术是通过文字说明书面体现出来的，而专有技术既可能通过文字图纸来体现出来，也可能是人们掌握的知识技能，因而要通过人员培训、现场示范指导等。

购买专有技术，一定要先审查其是否具有新颖性、实用性和价值，若自己不能审查，也要请专有技术拥有者进行陈述介绍，不可贸然行事。

专有技术协定一般包括四方面：①陈述性能与法律行政条款；②定义给予的权利和各方义务；③许可方应付的报酬及作为其条件的因素；④专有技术的附属服务及事项，如商标权，专利权之类事项。

专有技术的传授一般要经过一段时间，因而可能涉及人员培训、技术修改等事项。

专有技术转让协议中应明确列出发生过失或缺陷时接受方可以采取的补救方法，对此，许可方要有保证和担保。保证和担保的条文在法律上如何解释对解决争议有很大影响，对此应认真推敲。

由于发展中国家技术实力较差，急于将所购买的专利技术变为生产力，因此，常在购买专利的同时，购买将专利技术转变为生产力的专有技术，以加快发挥专利作用的速度。

3. 商标（Trade Mark Registration）

商标是商品制造者或销售者使自己的商品与其他商品区别开来的识别标志。世界知识产权组织给商标下的定义是：“商标是用来区别某一工业企业或商业企业或企业集团的商品的标志”。因此，商标象征着商品的信誉和质量，通过商标，可以鉴别出商品的制造者或经营者。所以，商标是商品制造者或经营者给其商品以人为的标记，并已经注册从而使其得到保护，完全是为了与他人商品相区别而设置的标志。《商标法》规定，商标所使用的文字、图形或者组合，应有显著特征，以便于识别。

商标种类繁多，一般可根据其构成、使用和作用不同而分类。例如，用文字、图形、记号结合而构成的，叫做“组合商标”；将公司标记、营业名称用于商品上作标记的，叫做“营业商标”；表示商品制造者的标记，叫做“制造商标”。

从广义上讲，商标还包括“服务标记”、“集体商标”、“证明商标”、“联合商标”、“防御商标”等。服务标记是服务性行业使用的标志，用以区别于其他服务行业。如CAAC是中国民航的服务标记；CCTV是中国中央电视台的服务标记等。集体商标是企业集团或联合企业、工会、协会等组织的集体成员共同使用的商品商标或服务标记。证明商标是用于证明商品的原产地、原材料、制造方式、质量、精度等特征的商标，目前世界上只有美、英、法等少数国家有此种商标规定。联合商标是指同一商标专用权所有人在相同的商品上注册几个类似的商标，或在同一类型的不同商品上注册几个商标，我国过去曾注册过联合商标，现在按一般商标注册办理。防御商标指同一注册商标专用权所有人在不同商品上注册同一著名商标，其目的是为了扩大其商品的影响和防止他人在其商品上使用该商标。

商标，作为一种工业产权，同专利一样，在许多国家内和国际上受到专门法律的保护。企业把所生产或销售的商品及包装上的商标向国家商标管理机构注册获准后，即取得了商标专用权，简称商标权。商标能够反映出产品的质量和生产企业的信誉，是关系到产品销售情况的一个重要问题，在国际贸易中，为了取得商标使用权，引进方是要支付费用的，而且，为了保护信誉，要求引进方的产品必须达到规定的质量标准。商标章程承认商标持有方有权制止接受方出售佩有其商标、但达不到该商标产品质量标准的商品。好的商标，可以使产品竞争能力增强，销售快，利润大，资金周转快。当然，始终用他人的商标，永远也创不出自己的信誉。较好的做法是将自身商标与购进的商标同时使用，当信誉树立起来后，就可以用自己的商标了。

（二）结合与外商进行合作生产、共同经营等方式的技术引进

1. 来料加工

来料加工是由某个国家或地区（简称甲方）的企业向另一国家或地区（简称乙方）的外贸部门或工业部门提供原材料、辅助材料、包装材料以及部分有关的机器、仪器、工具、模具等，按照双方共同商定的办法，由乙方有关工厂加工生产后出口。这种方式有时是全都由甲方来料，有时是部分由甲方来料，部分采用乙方当地的原材料和辅料。来料加工产品的质量、规格、式样或商标，均由甲方按国际市场需要提出。

来料加工是利用外资的一种方式，若利用得当，有助于我国一些部门或单位引进先进技术和设备，提高生产技术和经济管理水平，促进生产和出口贸易的发展。

2. 合作生产

与外商分工合作，生产某种产品的方式叫做合作生产，具体方法有：

（1）双方按各自的设计制造出零部件之后配套形成产品；

（2）采用外方的技术图纸，分工制造，必要时可请外方帮助培训人员或派专家指导，或在技术上由外方总负责；

（3）共同生产一种产品，各自生产产值均为50%的不同的零部件，然后按价值对等原则进行交换，双方都不支付外汇。

合作生产不仅是贸易关系，双方必须在技术、生产、销售等方面密切协调配合。合作生

产有利于引进方利用外资引进先进技术，并能减少进口，见效较快。

3. 补偿贸易

补偿贸易是目前国际技术贸易中常用的方式之一，其主要含义是输出方和接受方签订一个长期合作协议，规定输出方向接受方提供贷款的数额，接受方用这笔贷款向输出方购买成套机器设备等用于开发自然资源或兴建工业企业。然后用这些项目所生产的产品或双方商定的其他商品来偿还贷款及利息。

补偿贸易的具体做法很多，但基本上可分为回购式和反购式两种。

(1) 回购式。甲方贷款给乙方兴建企业，签约时规定在协议期间乙方以该厂所生产的全部或部分产品作为偿还甲方贷款的手段。

(2) 反购式。乙方购买甲方的设备等，在签约时规定甲方在一定时期内购买乙方一定金额的产品。反购式一般要签两个合同，一个是设备等的供应合同，一个则是产品的反销合同。

补偿贸易往往是对双方都有利的。对乙方来说，可以使利用外资和引进技术相结合，进口与出口相结合，使技术出口、商品出口和归还借款的外汇来源等得到保证。对甲方来说，可以通过签订较长期的贸易协定的方式，输出过剩的资金和技术，并保证某些商品的来源，同时还可获得一定贷款利息。

4. 合资经营

合资经营或合资生产建立联合企业，是当前国际经济合作中常见的做法，也是引进技术、利用外资的一种重要方式。合资企业以引进技术为基础，通过生产与销售，按双方的投资比例分配利润。合资经营的主要特点是共同投资、共同经营、共担风险、共负盈亏。

合资经营的形式大体有以下几种。

(1) 与外商合作在本国建立合资经营企业。我国现阶段大多采用这种形式，目的是不用或少用外汇，利用外资引进先进的技术与设备，增加新建项目，填补本国空白，加强产品在国际市场上的竞争能力。

(2) 与外商合作在外资提供方国内建立合资经营公司。其主要目的是销售自己的技术和设备，赚取外汇，并争取工业原材料的稳定供应。

(3) 与外商合作在第三国兴办建设项目。如联合勘探开发自然资源，成立工程设计与顾问合营公司，联合兴建厂矿企业等。

合资经营有利于解决资金和生产技术、设备问题，减少外债压力，有助于取得最新技术和学习现代化管理经验，增加企业收益；有利于利用外资和进入国外市场，扩大产品出口，增加外汇收入。

合资经营企业必须在维护国家主权和经济独立，有利于加速我国现代化建设的前提下，按照平等互利的原则建立。

为了更好地通过合资经营方式引进先进技术，我国已颁布了《中华人民共和国中外合资经营企业法》，确立了合资经营企业在我国的法律地位，这必将促进合资经营方式在我国的健康发展。

四、技术引进的意义

技术，是人类社会的共同财富，它本身没有国家与民族的界限，只有继承性。鉴于各国历史条件不同，自然条件也不同，对科学技术的认识、掌握和应用总是有先后、深浅之差。

如果一切都要亲自去实践，不仅做不到，也没有必要。所以人类的绝大多数知识是来自于间接经验，技术引进也是学习国外先进的间接经验，它是提高技术水平、加快经济发展的重要手段。许多发达国家就是依靠技术引进促进了本国的科学技术水平与国家经济的发展。

近代世界技术经济发展的历史表明：技术引进已成为迅速发展本国经济的必不可少的手段，它已引起各国的普遍重视。技术引进的意义在于：

1. 有益于促进国民经济的发展

世界上任何一个国家技术经济的进步都离不开技术引进。马可·波罗将中国发明的指南针、火药、造纸以及用煤作燃料等技术传到西方，从而促进了西方社会的繁荣和生产的发展，美国十八世纪就从英国引进了蒸汽机技术，并应用于内河航运、面粉加工、酿造等生产经济部门。十九世纪美国又从英国引进了其赖以生存的蒸汽动力、冶炼、铁路运输和机器制造等方面的技术。现在，美国已经是世界上较大的技术输出国，但仍大量从国外引进先进技术，每年为此花费 4 亿～5 亿美元。号称“第二经济大国”的日本，从明治维新起，利用引进的技术，发展国内经济并取得了巨大成就，这已是众所周知的事实，现在，日本每年还要引进大约两千项软件技术，价值超过 10 亿美元。前苏联的经济发展也与技术引进有很大关系，在前苏联“一五”期间签订的引进项目为 134 项，到 1945 年则达到 217 项。二次世界大战期间仅美国就从前苏联得到 12.5 亿美元的技术引进费用。20 世纪 60 年代和 70 年代，前苏联又从美、英、法、德、日等国引进了上千套技术设备。

自新中国成立以来，在技术引进工作中经历了十分曲折的历程。“一五”计划期间就从前苏联引进了 156 个大型项目，为建立我国工业体系和发展国民经济奠定了基础。后来由于极左路线的影响，放慢了技术引进的步伐。十一届三中全会以后，党中央制定了“对外开放，对内搞活经济”的经济政策，技术引进工作也大大向前推进了一步。

2. 有利于提高国内技术水平

科学技术是人类在征服大自然的劳动过程中，通过生产实践而被发展创造的，又通过相互交流借鉴而发展起来的。科学技术是人类共同的财富，任何国家和民族都可能通过各种合理可能的方式获得别国的科学技术成果为自己所利用。西方经济发达国家在掌握先进科学技术方面，在生产和经营方面有许多先进的知识和经验，对于他们的先进技术和有益经验，我们应该大胆引进，借人之长，避免走弯路，提高科学技术水平，加快我国的经济建设步伐。

3. 有利于改善商品结构，扩大出口量

做好技术引进工作，可以促进工业结构调整，改善商品生产结构，使商品生产过程从中间产品生产向最终产品生产过渡，提高最终产品的数量和质量。扩大最终产品的出口量，为国家多创外汇。

4. 有利于开发国内资源，增强自力更生能力

自力更生与技术引进不是相互对立、相互排斥的，而是相辅相成、相互促进的。随着技术贸易和技术交流活动的规模在国际范围内的不断扩大，现代科学技术的新成就已经不可能为一个国家或少数国家所垄断。同时，任何国家都不可能闭关自守，超然而立。不学习和引进他国的先进技术，就不可能使本国的国民经济高速发展。一个国家无论科学技术水平多么发达，都不可能生产自己所需的一切产品，也不可能在一切领域内都处于领先地位。

社会经济的发展历程表明，增强自力更生能力与发展科学技术交流有着十分密切的关系。在当今的世界中，生产规模日益社会化，导致国际市场的形成并不断的发展，使得各个

国家的技术、经济和生产都向国际化方向发展。科技交流、技术转让、信息交流在规模和速度上都达到了空前的程度。因此，我们必须充分利用国外先进科学技术成果，敢于引进，善于吸收，积极消化，才能尽快地掌握现代化装备的制造技术，掌握现代化科学经营管理方法，为加速经济建设服务。

五、技术引进的原则

先进技术本身是在一定条件下产生的。在技术引进之前，应充分考虑产生这种技术的条件是否与引进方的实际需要相符合，要经过认真周密的调查研究，实事求是地进行分析比较，然后再做决定，以免盲目引进，造成不应有的经济损失。为此，在引进技术时，应在以下几方面给予足够的重视。

1. 技术引进要以经济效益为中心

技术引进是一项十分复杂的工作，它涉及技术选择、外资利用等许多重要问题。因此，要求对技术引进项目反复进行认真周密的技术经济分析，讲究技术引进的经济效益。值得注意的是，我们所说的经济效益，既包括企业经济效益，又包括国家经济效益；既包括目前经济效益，又包括长远经济效益。这就要求进行技术引进时做到统筹兼顾，以国家长远经济效益为重点。

2. 技术引进要做好经济分析和可行性研究工作

经济分析和可行性研究是保证引进项目在技术上先进、经济上合理的首要条件。引进技术要紧密结合行业技术改造，有步骤、有重点地进行，要找出行业的薄弱环节和与国外的技术差距，有针对性、有步骤、有规划性地进行引进工作。

同时，要十分明确不宜引进的技术。目前针对我国具体情况，不宜引进的技术主要有以下几方面：

(1) 不能很好满足本国市场和消费者需要的技术；

(2) 过多依靠进口原材料，很少使用本地原材料的技术；

(3) 不适应本国技术水平，缺乏消化能力和难以稳定掌握的技术；

(4) 国内配套困难，零部件供应及修理要依赖外国的技术；

(5) 不能充分利用本国劳动力资源的技术。

3. 技术引进要坚持引进、消化、创新相结合

技术引进的目的是为了不断吸收国外科学技术的新成果，经过消化、吸收、创新、提高自己的经济技术水平，增强经济实力。为此，引进技术后，必须加快消化吸收的进程，组织好科研、设计、制造、使用等部门协同分析工作，研究、解剖、仿制、掌握引进技术的原理、技术参数、设计内容、制造工艺、经济数据等，进而不断发展、创新，逐步建立自己的技术体系，在技术领域、生产领域和经济领域缩小与国外先进技术经济水平的差距。

4. 技术引进要结合本国实际情况，量力而行

技术引进所引进的应该是适合本国国情的技术，因为技术引进是要花钱的，花费的又主要是外汇，而且常常是向技术输出方借贷，这些贷款一般利息较高，偿还期要求严格。因此，在组织技术引进时，首先要考虑资金的承担能力，量力而行。

5. 技术引进要着重引进软件，增强自力更生能力

国际上的实践已经证明，技术引进应以单项技术为主，必要时也可引进生产线，但重点是软件技术的引进，因此，应十分重视软件技术的引进，否则，软件比例太小，就不能收到

投资少、见效快的效果。而且硬件本身不是技术的重点，过多引进硬件将会影响本国自力更生发展技术的能力。

6. 技术引进要坚持统一规划与综合平衡的原则

技术引进是国家经济工作的一个重要的组成部分，必须纳入国民经济统一规划，进行综合平衡，以提高国民经济的综合经济效果。

综合平衡应包括资金的综合平衡、物资供应的综合平衡、生产与建设之间的综合平衡、配套工程项目建设的综合平衡等。其重点是资金的综合平衡。因此，必须考虑国家和企业的支付和偿还能力，对支付的本利、偿还期限及投资效果等都要进行科学的计算，作为技术引进的依据。

7. 要坚持技术引进与科学管理方法引进相结合的原则

引进技术应包括引进经营技术和科学管理方法。因为先进的技术与科学的管理是相辅相成的，没有现代化的管理，先进的技术就不能发挥其应有的作用。生产领域越是现代化，对科学管理的要求就越严格、越迫切。日本及西欧各国经济高速发展的经验之一，就是在实现技术现代化的同时，实现经营管理现代化。

第二节　技术引进的经济分析

一、投资利用的经济分析

进行技术引进需要的投资，一般有两方面基本来源：一是利用国内自有资金，如申请国内银行外汇贷款等；二是利用外资，如与外商合作生产、共同经营、利用国际信贷等，这是技术引进资金利用的主要途径。在这一点上，即使是经济十分发达的国家，过去和现在也无疑地将利用外资引进技术作为发展本国技术经济的一种重要手段。因此，在一定程度上利用外资和引进技术是不可分离的统一整体。

就投资而言，不论是利用自有资金还是利用外资，评价资金利用的常用指标有以下几种。

1. 投资利润指标

技术引进项目的经济效益不能只是以它所提供的产值的大小来衡量，也不应以它包括纳税金额在内的全部积累价值进行核算，而应该以其能够取得的利润与所需要的投资比来衡量。具体的投资利润指标有以下几种。

(1) 年平均投资利润率。

$$P=\frac{\overline{P}}{T}\times 100\% \tag{2-1}$$

式中　P——年平均投资利润率；

$\overline{P}$——引进期年平均利润；

T——引进项目总投资。

年平均投资利润率主要研究的是项目投入资金后，在引进期中单位投资每年平均能够收入的利润，它是衡量技术引进项目是否具有较好的经济效益以及衡量企业经营水平高低的实质性指标。同时，年平均投资利润率也是衡量偿还能力的重要指标。

(2) 投资增加利润率。

$$\Delta p = \frac{\Delta P}{T} \times 100\% \tag{2-2}$$

式中 Δp——投资增加利润率；

ΔP——引进期增加利润总额。

投资增加利润率反映的是应用内部资源，进行内涵扩大再生产所获得经济效益的情况，这一指标应用在评价技术引进后利润增加上是合适的。引进技术投入生产，达到引进技术的设计要求后又增加了利润，说明引进单位对引进的先进技术掌握、运用得好，为企业带来了更多的经济效益，提高了其偿还能力。

2. 创汇率指标

(1) 创汇率。

$$K = \frac{\overline{S}}{W} \times 100\% \tag{2-3}$$

式中 K——创汇率；

$\overline{S}$——引进期年平均外汇收入；

W——借用外资总额。

创汇率指标衡量的是利用外资项目本身所创造的外汇是否足以按期偿还借入外资的本金及其利息。因为有了一定的利润，还不足以说明有了足够的外汇，也不能说明有了足够的外汇偿还能力。借入的外汇必须用外汇来偿还，所以，只有当创汇率高于还本付息率时或引进项目的利润足以能兑换成所借的外汇的数量，才能够偿还借入的外汇，引进技术才有价值。

(2) 还本付息率。

$$h = \frac{\overline{H}}{W} \times 100\% \tag{2-4}$$

式中 h——还本付息率；

$\overline{H}$——引进期年平均还本付息金额。

在实际工作中，有些引进项目是面向国内市场的，其产品不出口、不创汇，这时我们应以该产品代替进口商品所节约的外汇，或以其提高其他企业商品的创汇额来计算该项目的创汇率。

(3) 引进期年平均收入。引进期年平均外汇收入取决于商品的出口数量和出口价格。

$$\overline{S} = \overline{P} \times Q \tag{2-5}$$

式中 $\overline{S}$——引进期年平均收入；

$\overline{P}$——产品年平均价格；

Q——产品年出口量。

其中，产品年平均价格可以按下面公式来计算。

$$\overline{P} = P_l \times \frac{(1+D_a)^{n+1} - (1+D_a)}{D_a} \times \frac{1}{n} \tag{2-6}$$

式中 $\overline{P}$——产品年平均价格；

P_l——签订合同时产品国际市场价格；

D_a——引进期间年平均价格增长率；

n——引进年限。

3. 外资偿还年限

只有当借入的外资在借入期限内所获得的全部利润足以超过还本付息总和时，才有可能按期偿还借入的外资，技术引进才能够取得经济效益。从一个国家或地区的全部外资利用情况来看，要综合考虑外资的偿还年限，偿还年限越短，经济效益就越大。

在计算外资的偿还年限时，需要考虑资金的时间价值。因为，国际上许多通用的利用外资的形式，都是有一定的利息率，也就是说利用外资必须支付利息。因此，考虑外资偿还年限不能忽略偿还利息，否则，将会带来错误的决策。

二、引进利益分配的经济分析

不论技术引进还是技术输出，都是为了一定的经济利益目的而进行的。引进方的目的是输入新的先进技术并为自己所用，从而取得经济效益；输出方的目的则是通过技术输出占领国际技术市场，保持自身的技术优势，从而同样获得经济效益。

利用外资引进技术，国际上通常采用的费用支付方式一般有一次总算和提成支付两大类。

一次总算即将技术转让的一切费用，包括专有技术费用、资料费、培训费、专家咨询费等在签订合同时一次算清，然后一次或分期支付。

提成支付即引进技术后，按生产产品的产量或销售量，每年提取一定百分比的提成费，作为部分技术转让的费用。目前国际上通常采用的就是这种方式，但多结合第一种方式进行，即先支付一笔定金，然后逐年按产量或销售量提成支付。

从引进方角度来看，衡量技术引进是否合理，通常可以利用以下指标。

1. 提成基数

提成基数是按产量、销售价格或利润来确定的提成费。

(1) 按产量计算。这种方式计算的费用数额比例固定，不随成本、销售价格等因素的变动而变动。

(2) 按销售价格计算。这种计算方法中的价格指的是净销售价格，即在总销售价格中，减掉与输出方提供的技术所创造的价值无关的其他成本、价值或费用而得出的价格。一般情况下，用净销售价格计算提成费用，对引进方比较有利。

(3) 按利润计算。这种计算方法下的提成费用的高低取决于引进技术所创利润的高低，利润高时，提成费用也高，利润低时，提成费用也相应地低。当引进方在该引进项目上亏损时，甚至可以不计提成费。因此，这是对引进方最有利的一种计算提成费用的方式，但输出方一般情况下不愿接受这种计算提成费用方式。

2. 提成基价

提成基价是指计算销售价格的标准。一般采用随工资物价指数变动而变化的浮动基价。计算浮动基价的经验公式为

$$q_t = q_0 \times \left(0.2 + 0.35\frac{R_t}{R_0} + 0.45\frac{C_t}{C_0}\right) \tag{2-7}$$

$$q_t = q_0 \times \left(0.5 + 0.5\frac{R_t}{R_0}\right) \tag{2-8}$$

$$q_t = q_0 \times \left(0.5 + 0.3\frac{R_t}{R_0} + 0.2\frac{C_t}{C_0}\right) \tag{2-9}$$

式中 q_t——当年应付的提成单价；

q_0——签订合同时的提成单价；

R_t——当年本国的最低工资指数；

R_0——签订合同时的最低工资指数；

C_t——当年本国材料费用指数；

C_0——签订合同时的材料费用指数。

式（2－8）、式（2－9）的常数均为0.5，即基数的1/2是固定不变的；式（2－7）的常数仅为0.2，其他都是可变的。故当工资、材料费上涨时，式（2－8）、式（2－9）常数值大，可变性小，对引进方比较有利。式（2－8）未考虑材料费用的变动，工资指数变动的权重占0.5；式（2－9）则考虑了材料费用与工资两项变动因素，故当工资上涨幅度大于材料费用上涨幅度时，采用式（2－9）相对减少了工资变动指数的权重，对引进方有利。

3. 提成率

利润提成率，即技术输出方与技术引进方利润分配的比例，是衡量技术引进项目经济效果的重要指标。

计算技术引进方与技术转让方利润比例的基本参数和公式为

$$Z_b = \frac{P_b}{P_a} \times 100\% \quad 或 \quad P_b = Z_b \times P_a \tag{2-10}$$

$$Z_r = \frac{P_c}{P_a} \times 100\% \quad 或 \quad P_c = Z_r \times P_a \tag{2-11}$$

$$Z_s = \frac{P_c}{P_b} \times 100\% \quad 或 \quad P_c = Z_s \times P_b \tag{2-12}$$

$$Z_s = \frac{Z_r}{Z_b} \times 100\% \quad 或 \quad Z_r = Z_b \times Z_s \tag{2-13}$$

式中 P_a——净销售额；

P_b——引进方利润额；

P_c——输出方利润额；

Z_b——引进方利润占净销售额的百分比；

Z_r——输出方提成率；

Z_s——输出方利润占引进方利润的百分比。

【例 2－1】 某企业引进某项技术后，项目投产年销售额为80万美元，利润率按15%计算，输出方要求的利润提成率为5%，则

$$P_b = Z_b \times P_a = \frac{15 \times 800\ 000}{100} = 120\ 000（美元）$$

输出方利润额为

$$P_c = Z_r \times P_a = \frac{5 \times 800\ 000}{100} = 40\ 000（美元）$$

输出方利润占引进方利润的比例为

$$Z_s = \frac{P_c}{P_b} \times 100\% = \frac{40\ 000}{120\ 000} \times 100\% = 33.3\%$$

或
$$Z_s = \frac{Z_r}{Z_b} \times 100\% = \frac{5}{15} \times 100\% = 33.3\%$$

计算结果表明，按 5%提成，输出方所获取的利润占引进方利润的 33.3%，比例偏高，如果规定输出方所获取的利润不应超过引进方利润的 20%，则可以计算出这时的提成率应降低为

$$Z_r = Z_b \times Z_s = \frac{15}{100} \times \frac{20}{100} = 3\%$$

即这时的提成率不应大于 3%。如按 3%提成，输出方的利润额为

$$P_c = Z_r \times P_a = \frac{3 \times 800\ 000}{100} = 24\ 000\ (\text{美元})$$

输出方此时比按 5%提成率提成少获利润额为

$$40\ 000 - 24\ 000 = 16\ 000\ (\text{美元})$$

这样，通过调整双方的提成率，使双方利润比例比较合理。要计算多少年才能收回全部投资，一般要求引进项目的标准投资回收期以四年左右为宜，也就是说，引进项目的投资收益率以 25%～30%为宜。

三、技术引进市场效果经济分析

从引进方角度看，技术引进的根本目的是要改变自身产品的落后状况，使产品的质量水平得到提高，更好地满足国内外用户的要求，加强自身产品在国内、国际市场上的竞争能力，不断扩大市场占有率，实现企业的经营战略目标。衡量技术引进市场效果的一个重要指标是市场占有率，其公式为

$$m = \frac{Q_i}{Q} \times 100\% \tag{2-14}$$

式中　m——引进技术产品在引进方国家或地区的市场占有率；

Q_i——引进技术产品在引进方国家或地区的销售量；

Q——同种产品在该国家或地区的市场总销售量。

计算市场占有率，要对市场进行周密的调查，掌握社会对产品的总需求量以及引进技术产品在市场中的地位。对出口产品，还需要了解国际市场的动态和产品在国际市场中的竞争能力情况。同时，在计算市场占有率时，还必须考虑到产品的生命周期。产品生命周期指一种新产品从投入市场开始，到被市场淘汰为止所经历的时间。产品生命周期一般经过投入期、成长期、成熟期和衰退期四个阶段。在技术引进过程中，对于技术新、处于成长期阶段的产品，即使市场占有率低，但有着很好的发展前途，待用户认识到这种产品的优越性时，就会带来极大的经济效益，因此，引进技术也是可行、有利的；对于技术老化、处于或接近衰退期阶段的产品，即使暂时市场占有率较高，但已不具备与新技术产品竞争的条件，“后劲”较差，因此，从长远来看，技术引进的经济效益也不一定好。

四、物质消耗的经济分析

1. 物资消耗

物资消耗可用每百元产值的物资消耗或单位数量物资所提供的产值来描述。物资消耗指标是反映引进技术资源利用程度的一项综合性指标。由于世界上有限的生物、矿产等资源正因高速消耗而急剧减少，人们正加紧努力进行物资资源的综合利用，以提高物资资源的利用程度。因此，所引进的技术应在节约物资消耗以及物资资源综合利用方面具有较先进的

水平。

2. 能源消耗

能源消耗可用每百元产值的能源消耗或单位数量能源所提供的产值来描述。能源总是世界性的重要问题。我国过去对这个问题重视不够，导致我国出现能源短缺和紧张的现状。在生产过程和经济建设过程中能否做到节约能源，将直接影响国民经济的发展和人民生活的改善。因此，我们在引进国外先进技术时，必须将能源消耗视为一项十分重要的经济效益指标，并以此为依据，研究和分析技术引进方案的合理性及可行性。

第三节 技术进步的含义及经济分析

一、技术进步的概念与基本内容

技术进步指人们对技术应用所期望达到的目标及其实现目标的方法等方面所取得的进化与革命。对原有技术进行研究、改造、革新，开发出一种新的技术，代替旧技术，从而使其应用效果达到或更为接近应用目标，这时我们就认为产生了技术进步。

科学技术进步已成为社会经济发展的强大动力。有关资料表明，经济发达国家的经济发展，60%以上是依靠科学技术进步。我国科学技术现代化建设对社会及经济发展所起到的关键作用也日趋明显。

随着科学技术的迅猛的发展，技术进步的内涵也在发生变化。过去人们认为技术进步一般指劳动手段的变化、工艺流程的改进、发展与完善等，即通过采用新技术、新工艺、新材料、新能源等进行生产活动，使生产力中物质技术基础发生进化与变革。然而，随着社会的进步与科学技术的发展，人们对技术的含义有了新的理解，对技术进步的含义也有了新的解释。人们认为技术应包括生产技术、管理技术和服务技术。生产技术包括物质生产技术和知识生产技术；管理技术包括生产管理技术、经营管理技术和服务管理技术等；服务技术包括生产服务技术和生活服务技术等。因此，技术进步就应包括生产技术进步、管理技术进步及服务技术进步等方面内容，其主要内容具体表现在以下几方面。

第一，表现在再生产过程中不断采用高效率的劳动工具和工艺方法，以及能够带来生产显著变化及劳动生产效率明显提高的组织管理、生产管理等方面的改进与完善。

第二，表现在用机器代替手工，用自动化代替机械化进行劳动，用电子计算机的自动控制代替人工的操作、管理。

第三，表现在人们在生产过程中不断改进技术，不断研制新材料以及不断完善技术管理、技术结构、技术服务等。

第四，表现在不断开发和利用各种新的高效能源，以及对其所进行管理、服务等技术的改进。

第五，表现在不断调整产业结构，协调各部门之间的比例关系，使技术密集、知识密集型产业不断发展壮大。

第六，表现在制定和实施新的能够带来生产效率显著提高的经济技术政策、措施等。

综上所述，技术进步的内涵应包括生产要素质量的变化、知识进展、资源的有效配置、规模经济性、政策影响等方面因素。技术进步的一个突出的特点就是能够使劳动生产率迅速提高。

可以肯定，未来社会的发展、物质财富的创造将更加依赖于技术进步，也只有在加速技术进步的基础上，经济发展的战略目标和长远规划才能够实现。经济发达国家技术进步的历史表明，技术进步对经济增长有着重要的影响作用，而且这种影响作用随着社会的发展将会越来越大。要提高劳动生产率，促进固定资产的有效利用，节约各类物质资源，提高产品的产量、质量，不能靠简单地增加投资、增加设备数量，也不能靠简单地增加劳动力数量、延长工作时间，而是要采用新技术、新装备，靠技术进步这个主导因素。这是因为技术进步可以创造出提高劳动生产率的新的因素；可以改变人们的劳动性质，提高人们在劳动中的积极性、创造性、管理能力和控制能力；可以创造高效率的劳动工具和工艺流程；可以创造多功能、多性能的新型材料与产品；可以使技术与生产力诸要素更加紧密地结合起来，从而更好地促进生产力的发展。

技术进步不仅是经济增长的主要源泉，也是实现经济增长的核心与关键。在当今世界中，在经济的发展越来越受到人力资源、物力资源、财力资源及自然资源等因素限制的情况下，不依靠技术进步发展经济是不可思议的。

具体地说，技术进步对经济的发展能够在以下几方面起到重要的作用。

(1) 技术进步可以提高劳动生产效率。

1) 技术进步可以减少手工劳动和重体力劳动；

2) 技术进步可以提高生产技术水平，挖掘生产潜力；

3) 技术进步可以降低单位产品中的劳动消耗；

4) 技术进步可以提高生产技术定额、劳动定额、材料消耗定额、设备负荷定额等定额的水平。

(2) 技术进步可以节约各类物质资源。

1) 技术进步可以提高原材料加工深度，提高原材料利用的附加价值；

2) 技术进步可以加速开发运用各种高效、节能的技术设备，积极制造、使用和推广先进的生产工艺；

3) 技术进步可以降低原材料、能源、动力的消耗。

(3) 技术进步可以提高固定资产的使用效率和利用效果。

1) 技术进步可以保证固定资产能被较为充分地利用；

2) 技术进步可以缩短建设工期，使建设项目尽快投产、达产；

3) 技术进步可以挖掘固定资产的利用潜力。

(4) 技术进步可以提高产品的质量水平。

1) 技术进步可以增加合格品、优质品在产品中的比重；

2) 技术进步可以节约企业内部的质量成本；

3) 技术进步可以降低用户的使用费用；

4) 技术进步可以降低产品对生产企业、用户及第三者所造成的质量损失程度。

二、技术进步经济效益分析

(一) 技术进步经济效益的含义

技术进步的经济效益指在技术进步过程中，所取得的有用效果与在这个过程中付出的劳动耗费的比较。可见，技术进步经济效益与一般经济效益的本质是一致的，都是产出与投入的比较。但是，技术进步是从科学到生产的多因素相互作用的复杂过程，它毕竟不同于一般的物质生产，因此，在进行技术进步经济效益分析时，要十分重视其特殊性。

首先，技术进步经济效益具有间接性。科学技术作为生产力的重要因素，在没有投入生产领域之前，还只是意识形态的东西，是潜在的生产力，只有将科学技术应用于生产过程之中，才能形成直接、现实的生产力。

其次，技术进步经济效益具有综合性。技术进步过程是包含许多因素的复杂过程，在这个过程中既包括生产工具的改进、劳动者素质的提高和工艺的完善，又包括管理水平的提高等。所以，技术进步经济效益是各种因素相互交错、相互制约影响、共同作用的结果，具有综合性的特点。

由于技术进步的经济效益具有上述两个特点，而且技术进步是与社会经济动态联系的，而社会经济又是一个极其复杂的、各种因素相互交错、共同作用的体系，所以很难从众多的因素共同对国民经济作用产生的效益结果中分离出来哪些是技术进步带来的效益。这样，分析计算技术进步经济效益的难度就较大，但经过长期实践，人们还是对其进行了许多探索和研究，提出了许多分析计算技术进步经济效益的方法。

（二）技术进步经济效益分析方法

1. 生产函数法

为了较准确地测算技术进步在国民经济中的作用，关键是要测算技术进步的投入与产出，考核其活劳动与物化劳动的消耗。这种定量测算具有相当的难度和复杂性，目前国内外都在进行着这方面的专题研究。诺贝尔经济学奖获得者，美国著名经济学家罗伯特·M·索洛在经过长期研究后提出了通过生产函数来估算技术进步所起作用的方法。

所谓生产函数是一种技术经济关系式，它表示在一定技术条件下，某一经济目标的投入与产出之间的数学关系。在众多形式的生产函数关系式中，柯布—道格拉斯函数最为著名。20世纪30年代初，美国数学家柯布（Charles. W. Cobb）和经济学家道格拉斯（Paul. H. Dongles）用统计方法测定了美国制造业的生产函数，他们提出的生产函数的形式为

$$Q = AK^{\alpha}L^{\beta} \tag{2-15}$$

式中 Q——产出量；

K——资本投入量；

L——劳动投入量；

A，α，β——常数。

将上述柯布—道格拉斯函数变形，即为生产函数的一般形式。

$$Y = A \cdot X_1^{a_1} \cdot X_2^{a_2} \cdot \cdots \cdot X_n^{a_n} \tag{2-16}$$

式中 Y——产出量；

X_1，X_2，…，X_n——n 个输出变量；

a_1，a_2，…，a_n——常数，表示各输出要素的弹性。

2. 技术进步率法

从经济学角度来看，技术进步的产出量增长速度应大于投入量的增长速度，如果单位投入得到的产出量增加，即说明产生了技术进步的经济效益。单位投入的产出量可用下式表达

$$f = \frac{Y}{T} \tag{2-17}$$

式中 f——单位投入的产出量，即生产率；

Y——产出量；

T——投入量。

对上式两边微分，得

$$\mathrm{d}f=\frac{T\cdot\mathrm{d}Y-Y\cdot\mathrm{d}T}{T^2}$$

两边同除以 f，得

$$f'=\frac{\mathrm{d}f}{f}=\frac{\mathrm{d}Y}{Y}-\frac{\mathrm{d}T}{T}$$

其中，f'为生产率的增长率，即技术进步率，它等于产出增长率 $\mathrm{d}Y/Y$ 与投入增长率 $\mathrm{d}T/T$ 的差额。

如果有多种产出和多种投入，其计算单位无法统一，所以无法直接相加，这时可以价值为权数进行计算。

设 P_{yi} 为第 i 种产出价格，P_{ij} 为第 j 种投入价格，则

$$K_i=Y_i\cdot P_{yi}\Big/\sum_{i=1}^{m}Y_i\cdot P_{yi}\tag{2-18}$$

$$V_i=T_j\cdot P_{ij}\Big/\sum_{j=1}^{n}Y_j\cdot P_{ij}\tag{2-19}$$

式中　K_i——第 i 种产出价值占产出总值的份额；

V_j——第 j 种投入价值占投入总值的份额；

m——产出种数；

n——投入种数。

则

$$f'=\sum_{i=1}^{m}Y_i\cdot K_i-\sum_{j=1}^{n}T_j\cdot V_j\tag{2-20}$$

这种计算方法适用于两个时间间距较近的时期，因为如果时间越长，权数本身的变化越大。

3. 增长因素分析法

增长因素分析法也称经济核算法，20 世纪 60 年代初，美国鲁金斯学会的研究人员丹尼森在西蒙·库兹涅茨所提出的国民收入核算与分析理论的基础上，利用历史统计资料对美国经济增长因素进行分解，提出了增长因素分析法。

根据丹尼森的分析，如果总投入增加 1%，实际国民收入的增长要大于 1%，丹尼森将国民收入增长超出投入增长的部分称为“单位投入的产出”，同时，他认为，影响实际国民收入增长的因素主要有两个：一是总投入，二是单位投入的产出。在总投入中主要有劳动力、土地和资本等生产要素；单位投入的产出主要表现在资源配置的改善、规模节约和技术进步三种因素的贡献，如图 2-1 所示。除技术进步外，增长因素中各项对国

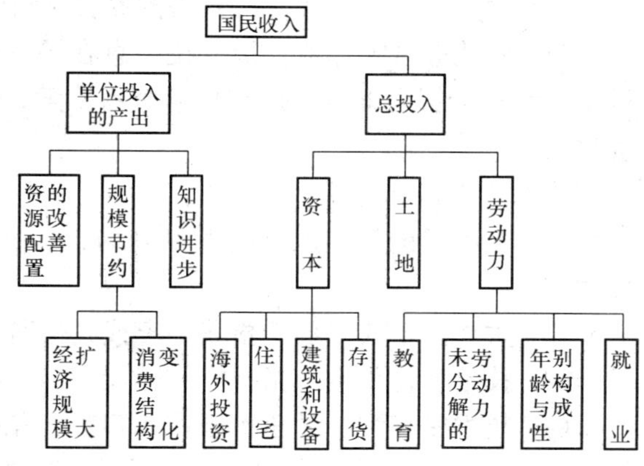

图 2-1　国民收入框图

民收入的增长速度的贡献都是可以直接估算出来的，技术进步的贡献则可以被间接计算出来。

丹尼森所给出的带来的产出增长速度公式为

$$f=y-m-(r+s) \tag{2-21}$$

式中 f——技术进步带来的产出增长速度；

y——国民收入国际增长速度；

m——总投入带来的产出增长速度；

r——资源配置改善带来的产出增长速度；

s——规模节约带来的产出增长速度。

丹尼森方法将国民收入的增长速度分解到各增长因素中去时，不存在“多重贡献”问题，所以对各增长因素的估价就更为准确了。

4. 科学技术综合能力分析法

科学技术综合能力指一个国家或地区的科技活动的资源投入能力、科学能力和技术能力之间的综合能力水平。科技活动的资源投入能力或投入量表明其综合能力的基础是否雄厚；科学能力是指人们认识客观世界的水平；技术能力则是指人们改造客观世界的能力水平。

评价科学技术综合能力的指标由科技资源投入或潜力指标、科学能力指标和技术能力指标三方面。

科技资源投入或潜力指标包括：

(1) 科技人员总数。指直接从事科技研究和开发工作的研究人员、工程技术人员及其辅助技术人员（包括引进科技人才）等方面人员总数。

(2) 科研经费总额。指可以直接投入自主开发研究的科技项目中的所有预算费用。

(3) 科研仪器、设备经费。指已有科研用仪器及设备等固定资产总值。

(4) 科学技术引进投资总额。指软件性技术或人才引进所用经费总额。

科学能力指标包括：

(1) 论文发表数。指国际学术会议、国内外学术刊物上发表的论文数量。

(2) 科学合作交流人数。指国际合作研究、研讨会、学者互访、国际性学术组织、出国留学、培养国外留学生等方式进行人员交流的数量。

(3) 主要科学成果数。指获得国家自然科学奖、国家科技进步奖等的科研项目数。

(4) 科技信息附加值。指科技信息在国际或地区间传递转移所产生的价值。包括教育、科研、科技情报咨询等部门在信息资料检索、加工、报道、咨询等方面的信息服务中所获经济收入。

技术能力指标包括：

(1) 专利登记数。指经国家专利局、国外及国际专利组织批准而获得专利登记的专利件数。

(2) 重大技术成果数。指获国家或其他科技进步等奖励的技术开发成果数。

(3) 技术转让价值。指推广、转让、出口技术所创造的价值总额。

(4) 技术密集型产品总价值及出口额。指技术密集型产品所创总产值及出口创汇总额。技术密集型产品的生产和销售具有很强的时代性，是动态的过程。

(5) 制造业净产值。制造业是对原材料进行加工或对零部件进行组装的工业部门的统称。这个工业部门技术较密集，以其净产值作为一项评价指标，也是技术能力的一个表现。

对于技术综合能力的评价模式，可采用两种基本方式，一是用本国或本地区的技术综合能力现状与本国或本地区过去水平相比较；二是用本国或本地区技术综合能力现状与工业发达国家现在的水平相比较。前者可以看出自身逐年进步的水平，后者可以看出自身与国际先进水平的差距，以及间接地看出自身水平逐年提高的情况。

本章小结

本章主要介绍技术引进的含义。就一个国家而言，技术引进指一国引进国外的先进技术知识和经验。它包括引进产品设计、制造工艺、测试方法、材料配方等，也包括引进科学的管理技术。

技术引进的内容。一是以样机产品形式体现出来的引进；二是以制造技术形式体现出来的引进。

技术引进的途径。国际技术交流与传播有多种途径，但基本上可分为非贸易形式与贸易形式两种。

科技人员的交流、学者访问、专家讲学、出国考察、参加国际学术会议、交流技术情报、举办技术展览等，都属于非贸易方式的引进。这种引进方式代价不大，但潜在效果往往较好。另一种引进方式是有偿贸易技术引进，这是技术引进的主要方式。

技术引进的意义：①有利于促进国民经济的发展；②有利于提高国内技术水平；③有利于改善商品结构，扩大出口量；④有利于开发国内资源，增强自力更生能力。

技术引进的原则：①技术引进要以经济效益为中心；②技术引进要做好经济分析和可行性研究工作；③技术引进要坚持引进、消化、创新相结合；④技术引进要结合本国实际情况，量力而行；⑤技术引进要着重引进软件，增强自力更生能力；⑥技术引进要坚持统一规划与综合平衡的原则；⑦要坚持技术引进与科学管理方法引进相结合的原则。

技术进步的含义。技术进步指人们对技术应用所期望达到的目标及其实现目标的方法等方面所取得的进化与革命。对原有技术进行研究、改造、革新，开发出一种新的技术，代替旧技术，从而使其应用效果达到或更为接近应用目标，这时我们就认为产生了技术进步。

技术进步对经济发展所起到的作用：①技术进步可以提高劳动生产效率；②技术进步可以节约各类物质资源；③技术进步可以提高固定资产的使用效率和利用效果；④技术进步可以提高产品的质量水平。

技术进步经济效益的含义。技术进步的经济效益指在技术进步过程中，所取得的有用效果与在这个过程中付出的劳动耗费的比较。可见，技术进步经济效益与一般经济效益的本质是一致的，都是产出与投入的比较。

技术进步经济效益的分析方法：

（1）生产函数法；

（2）技术进步率法；

（3）增长因素分析法；

（4）科学技术综合能力分析法。

思考题

1. 简述技术引进的含义和基本内容。
2. 技术引进有哪些具体的途径?
3. 简述技术引进的意义和原则。
4. 简述技术进步的含义和基本内容。
5. 简述技术进步经济效益分析方法。

第三章　现金流量与资金的时间价值

第一节　资金的时间价值及有关概念

资金的时间价值是商品经济中的一个普遍现象。在扩大再生产和资金流通周期过程中，资金随时间变化而产生的增值，以及在银行储蓄中所支取的利息，都是资金时间价值的具体体现。资金的时间价值告诉我们，一定的资金在不同的时点上具有不同的价值，资金必须与时间相结合才能体现出其真实的价值。

一、资金时间价值的内涵

在工程经济分析中，无论是技术方案所发挥的经济效益还是所消耗的人力、物力和自然资源，最后基本上都是以货币形态，即资金的形式表现出来的。资金运动反映了物化劳动和活劳动的运动过程，而这个过程也是资金随时间运动的过程。因此，在工程经济分析时，不仅要着眼于方案资金量的大小，而且也要考虑资金发生的时点。因为今天可以用来投资的一笔资金，即使不考虑通货膨胀的因素，也比将来同等数量的资金更有价值。在市场经济条件下，资金是一种可以流通的稀缺资源。无论对资金借方还是贷方，都注重资金的盈利能力。要使资金盈利，资金借方和贷方都必须等待。贷方按一定利率借出资金，等待一段时间，可以获得超出原有金额的额外增量。同样，借方可用更高的利率把所借到的资金转借出去或将所借资金转化为生产性资产，以获得更多的收益。由此看来，资金是时间的函数，资金随时间的推移而增值，其增值的这部分资金就是原有资金的时间价值。为理解资金的时间价值的内涵实质和经济意义，应首先明确下列有关基本概念。

二、基本概念

（一）利息和利率

1. 利息

广义讲，利息是占用资金（或放弃使用资金）所付出的代价。利息体现着资金的盈利能力，是对贷方管理费用的支付和对贷方承担的风险与因贷出资金而失去的使用机会所支付的补偿费用；也是借方为获得某些投资机会所付出的代价，否则，借方将会因缺少资金而失去投资盈利机会。

$$I = F - P \tag{3-1}$$

式中　I——利息；

F——还本付息总额；

P——本金。

在经济分析中，利息常常被看成是资金的一种机会成本。这是因为如果一笔资金投入在某一工程项目中，就相当于失去了在银行产生利息的机会，也就是说，使用资金要付出一定的代价，当然投资于项目是为了获得比银行利息更多的收益。从投资者的角度来看，投资就是为了在未来获得更大的回收而对目前的资金进行某种安排。很显然，未来的回收应当超过现在的投资，正是这种预期的价值增长才能刺激人们从事投资。

2. 利率

利率是在一定时间内，所获利息与本金之比。利率实质上是资金预期达到的生产率的一种量度。利率通常由国家根据国民经济发展状况统一制定，利率作为一种经济杠杆可对资金进行宏观调控。

$$i=\frac{I}{P}\times 100\% \tag{3-2}$$

式中 i——利率；

I——一定时间内的利息；

P——借款本金。

用于表示计算利息的时间单位称为计息周期，计息周期通常为年、半年、季、月。

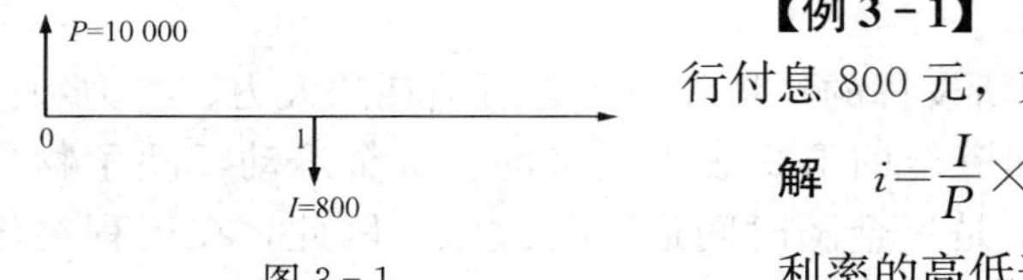

图 3-1

【例 3-1】 某人年初从银行借款 10 000 元，年末向银行付息 800 元，如图 3-1 所示，求这笔借款的年利率。

解 $i=\frac{I}{P}\times 100\%=\frac{800}{10\ 000}\times 100\%=8\%$

利率的高低通常由下列因素决定：

(1) 社会平均利润率。在通常情况下，平均利润率是利率的最高界限。因为如果利率高于利润率，借款人投资后无利可图，也就不会去借款了。

(2) 金融市场上借贷资本的供求状况。在平均利润率不变的情况下，借贷资本供大于求，利率便下降；反之，利率上升。

(3) 银行所承担的贷款风险。借出资本要承担一定的风险，而风险的大小也影响利率的波动。风险越大，利率也就越高。

(4) 通货膨胀率。资金贬值往往会使实际利率无形中成为负值。

(5) 借出资本的期限长短。借款期限长，不可预见因素多，风险大，利率也就高；反之，利率就低。

3. 利息和利率在工程经济活动中的作用

(1) 利息和利率是以信用方式动员和筹集资金的动力。以信用方式筹集资金的一个重要特点是自愿性，而自愿性的动力在于利息和利率。比如一个投资者，他首先要考虑的是投资某一项目所得到的利息或利润是否比把这笔资金投入其他项目所得的利息或利润多。如果多，他就可能给这个项目投资；反之，他就可能不会投资这个项目。

(2) 利息促进企业加强经济核算，节约使用资金。企业借款需要付出利息，增加支出负担，这就促使企业必须精打细算，把借入资金用到刀刃上，减少借入资金的占用时间以少付利息，同时可以使企业自觉压缩库存限额，减少各环节占压资金。

(3) 利息和利率是国家宏观调控的重要杠杆。国家在不同时期制定不同的利率政策，对不同部门不同的贷款用途规定不同的利率标准。如对于限制发展的部门和行业，利率规定的高一些；对于扶植发展的部门或行业利率规定的低一些，从而引导部门和企业的生产经营服从国民经济发展的总方向。同样，资金占用时间短的项目，利率较低；资金占用时间长，收取较高的利息。

(4) 利息和利率是金融企业经营发展的重要条件。金融机构作为企业，必须获取利润。由于金融机构的存、贷款利率不同，其差额成为金融机构业务收入。此差额扣除相关费用后就是金融机构的利润，以此保障金融机构的经营发展。

（二）单利与复利

利息计算有单利和复利之分。单利就是只按本金计算利息，而利息不再计息。复利就是不仅本金计息，而且利息也计息，这即为平常所说的“利滚利”。单利和复利的计算公式为

$$F = P(1 + ni) \tag{3-3}$$

$$F = P(1 + i)^n \tag{3-4}$$

式中　F——本利和（终值）；

P——本金（现值）；

i——利率；

n——计算利息的次数（要注意 n 和 i 的匹配。若 i 为年利率，则 n 为计息的年数；若 i 为月利率，则 n 为计息的月数）。

【例 3-2】 假如某人年初从银行借款 10 000 元，年利率 8%，第 4 年年末偿还，如图 3-2 所示，试分别用单利法和复利法计算各年利息和本利和。

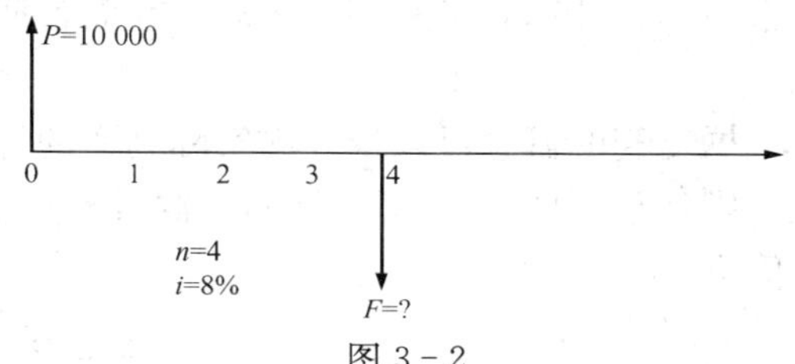

图 3-2

解　单利法的计算过程和计算结果见表 3-1。

表 3-1　**单利法利息计算表**　元

年末	借款本金	利　息	本利和
0	10 000		
1		10 000×8%=800	10 800
2		10 000×8%=800	11 600
3		10 000×8%=800	12 400
4		10 000×8%=800	13 200

复利法的计算过程和计算结果见表 3-2。

表 3-2　**复利法利息计算表**　元

年末	借款本金	利　息	本利和
0	10 000		
1		10 000×8%=800	10 800
2		10 800×8%=864	11 664
3		11 664×8%=933.12	12 597.12
4		12 597.12×8%=1007.77	13 604.89

从本例可以看出，同一笔借款，在利率和计息期均相同的情况下，用复利计算出的利息金额比单利计算出的利息金额大。本金越大，利率越高，计息期数越多时，两者差距就越大。单利法由于没有考虑利息的增值因素，即没有完全反映资金的时间价值，因此在工程经济分析中使用较少；复利计息比较符合资金在社会再生产过程中运动的实际情况，因此，在实际中得到了广泛的应用，我国现行财税制度规定：投资贷款实行差别利率并按复利计息。同样，在工程经济分析中，一般采用复利计息。

（三）名义利率和实际利率

在复利计算中，一般采用年利率。而年利率的计息周期可以等于一年也可能短于一年。若利率为年利率，实际计息周期也是一年，这时年利率就是实际利率；若利率为年利率而实际计息周期小于一年，如按每季、每月或每半年计息一次，则这种年利率就是名义利率。例如，年利率为12%，每月计息一次，此年利率就是名义利率，实际上它相当于月利率为12%/12=1%。又如季利率为2%，则年名义利率即为2%×4=8%。因此，年名义利率可定义为：计息周期利率×每年的计息周期数。即

$$r=i\times m \tag{3-5}$$

式中 r——名义利率；

i——计息周期利率；

m——计息周期数。

很显然，计算名义利率时忽略了前面各期利息可再生利息这一因素，这与单利法的思路相同。

根据复利的概念可以推导出实际利率的计算公式。设名义利率为 r，在一年内计算利息 m 次，则计息周期利率为 $i=r/m$，假设开始有资金 P，根据复利计算公式可知该利率周期的终值 F 为

$$F=P\left(1+\frac{r}{m}\right)^m$$

根据利息的定义可知该利率周期的利息 I 为

$$I=F-P=P\left(1+\frac{r}{m}\right)^m-P=P\left[\left(1+\frac{r}{m}\right)^m-1\right]$$

再根据利率的定义可得该利率周期的实际利率 i_{eff} 为

$$i_{\text{eff}}=I/P=\left(1+\frac{r}{m}\right)^m-1 \tag{3-6}$$

由式（3-6）可知，当 $m=1$ 时，实际利率等于名义利率；当 $m>1$ 时，实际利率大于名义利率；而且 m 越大，二者相差也越大。在技术经济分析中，如果各方案的计息期不同，就不能简单的按名义利率来评价，而应换算成实际利率计算。

第二节 现 金 流 量

一、现金流量的概念

在进行工程经济分析时，可把所考察的对象视为一个系统，这个系统可以是一个工程项目、一个企业，也可以是一个地区、一个国家。而投入的资金、花费的成本、获取的收入，均可看成是以货币形式体现的该系统的资金流出或资金流入。这种在一定时期各时点上发生的资金流出或资金流入称为现金流量，其中流出系统的资金称为现金流出（CO），流入系统的资金称为现金流入（CI），现金流入与现金流出之差称为净现金流量。

二、现金流量图

现金流量图是用数轴图形直观形象地表示一个投资活动现金收支与时间关系的图形。横轴表示时间，向右延伸表示时间的延续，轴上每一刻度表示一个时间单位，常以年为间隔，0、1、2、…、n。相对于时间轴的垂直箭头表示现金流量的方向和大小，向上为现金流入，

向下为现金流出。箭头与时间轴的交点即为现金流量发生的时点，若没特别指明，一般指发生在该期期末。箭头长短应按现金流量大小比例标划，但由于经济系统中各时点现金流量的数额常常相差悬殊无法成比例绘出，故在现金流量图绘制中，箭头长短只是示意性的体现各时点现金流量数额的差异，可在各箭头上方或下方注明其现金流量的数值。现金流量图示例如图 3-3 所示。

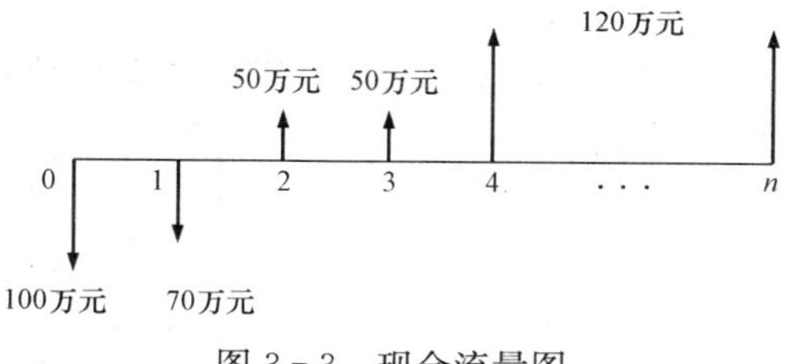

图 3-3　现金流量图

应该注意的是，现金流入和流出总是针对某一具体对象而言的，贷款方的流入就是借款方的流出；反之亦然。通常工程项目现金流量的方向是针对资金使用者的系统而言的。现金流量图是技术经济分析的有效工具和方法，应熟练掌握。

三、资金等值

资金有时间价值，即使金额相同，因其发生在不同时点，其价值就不同；反之，不同时点数额不等的资金，在时间价值的作用下却可能具有相等的价值。资金等值是指在不同时点上绝对值不等，但从资金的时间价值观点来看是价值相等的资金。而且，如果两个现金流量等值，则对任何时刻的时值必然相等。在工程经济分析中，等值是一个十分重要的概念，它为我们提供了一个计算某一经济活动有效性或者进行方案比较、优选的可能性。资金等值的三要素是：①资金额；②计息期数；③利率。

第三节　等值计算及公式

由于利息就是资金时间价值的表现形式，因此，资金时间价值的计算公式就是复利计算公式。这些公式及其换算关系在技术经济分析中经常用到，应熟练掌握、灵活运用。

一、基本参数及其含义

为掌握和运用资金时间价值的计算公式，首先要明确公式所用参数的含义。

1. i（利率或收益率，%）

在技术经济分析中，利率一般为年利率。利率和收益率是有区别的：利率是一个固定值；而收益率是一个变值，它反映投资收益水平。

2. n（期数，年）

在利息计算中，它是计算利息的次数；在技术经济分析中，它代表项目的寿命。

3. P（现值）

在利息计算中，它代表本金；在技术经济分析中，它代表现金流量图中 0 点的投资或整个投资项目折算到 0 点的价值。

4. F（终值）

在利息计算中，它代表本金经过 n 期计息后的将来值（本利和）；在技术经济分析中，它代表相对现值的将来时间的价值。

5. A（年金）

它代表在 n 次等额支付中，每次支出或收入的金额。

在技术经济分析中，上述五个基本参数必有四个一定出现，而四个出现的参数中，必有三个是已知的，问题在于如何求第四个未知参数。

二、计算公式

资金时间价值的计算公式，就是复利计算利息的公式。根据不同的支付方式，分为两类六种计算公式。

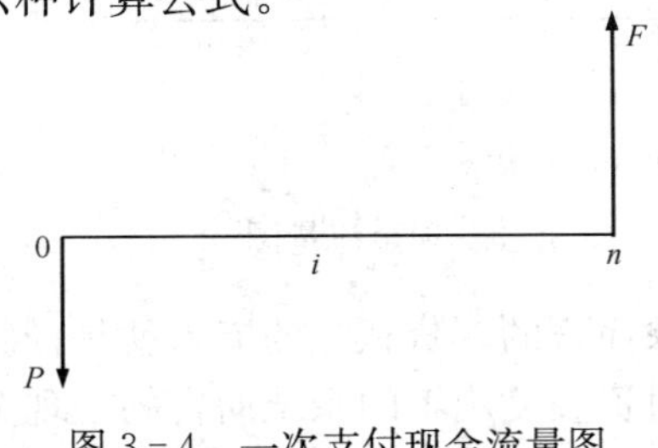

图 3－4　一次支付现金流量图

1. 一次支付公式

在一次支付情况下，i、n、P 和 F 一定出现，其中 i 和 n 一般为已知，而 P 和 F 有一个为已知，另一个为未知。一次支付情况的现金流量图如图 3－4 所示。

（1）复利终值公式。

已知 P、i 和 n，求终值 F。公式为

$$F = P(1+i)^n = P(F/P, i, n) \tag{3-7}$$

式中　$(1+i)^n$——一次支付终值系数，用符号 $(F/P, i, n)$ 表示。在 $(F/P, i, n)$ 这类符号中，括号内斜线上的符号表示所求的未知数，斜线下的符号表示已知数，$(F/P, i, n)$ 表示在已知 i、n、P 的情况下求 F 的值。为了计算简便，在计算 F 时，只要从终值系数表中查出终值系数 $(F/P, i, n)$ 的值，再乘以本金 P 即为所求。

【例 3－3】 某人借款 1000 元，年利率 $i=10\%$，复利计息，问借款人第 5 年末连本带利一次偿还所需支付的金额是多少？（如图 3－5 所示）

解　$F=P(F/P, i, n)=1000(F/P, 10\%, 5)$

从附录中终值系数表查出 $(F/P, 10\%, 5)=1.6105$，代入上式得

$$F = 1000 \times 1.6105 = 1610.5\text{（元）}$$

（2）复利现值公式。

已知 F、i 和 n，求现值 P，公式为

$$P = F(1+i)^{-n} = F(P/F, i, n) \tag{3-8}$$

式中　$(1+i)^{-n}$——一次支付现值系数，用符号 $(P/F, i, n)$ 表示。

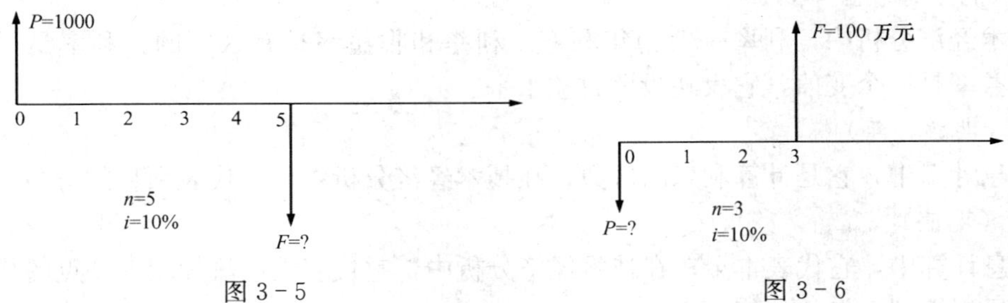

图 3－5　　　　图 3－6

【例 3－4】 某企业现在准备向银行存入一笔款项，以备 3 年后购置 100 万元的设备之用，若银行年利率为 10%，问现应存入多少钱？（如图 3－6 所示）

解　$P=F(P/F, i, n)=100(P/F, 10\%, 3)=100\times0.7513=75.13$（万元）

由 P、F、i、n 的换算关系可知，在 i 不变的情况下，n 越小、F 越大，其现值 P 就越大；n 越大、F 越小，其现值 P 就越小。故对某建设项目来说，收益获得的时间越早、数额越大，其现值也越大，因此，应使建设项目早日投产，早日达到设计生产能力，早获收益，

多获收益，才能达到最佳经济效益；从投资方面看，投资支出的时间越晚、数额越小，其现值越小，因此，应合理分配各年投资，在不影响项目正常实施的前提下，不要使建设初期投资额过大。

2. 等额多次支付公式

在等额多次支付情况下，i、n、A 三个参数一定出现，再加上 P 或 F，共四个参数。因有 A，所以称等额多次支付。等额多次支付情况的现金流量图如图 3-7 所示。

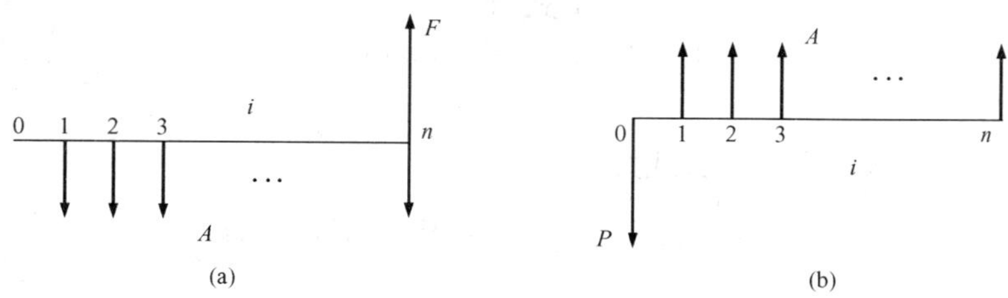

图 3-7　等额序列现金流量图

(a) 年金与终值的关系；(b) 年金与现值的关系

(1) 年金终值公式。

已知 A、i 和 n，求终值 F。公式为

$$F = A[(1+i)^{n-1} + (1+i)^{n-2} + \cdots + (1+i) + 1]$$

$$F = A\frac{(1+i)^n - 1}{i} = A(F/A,\ i,\ n) \tag{3-9}$$

式中 $\frac{(1+i)^n-1}{i}$——年金终值系数，用符号 $(F/A,\ i,\ n)$ 表示。

【例 3-5】 某人 10 年内，每年年末存入银行 1000 元，年利率 8%，复利计息，问 10 年末他可从银行连本带利取出多少钱？（如图 3-8 所示）

解 $F=A(F/A,\ i,\ n)=1000\times(F/A,\ 8\%,\ 10)$

查表可知，$(F/A,\ 8\%,\ 10)=14.4866$，代入上式得

$$F = 1000 \times 14.4866 = 14\,486.6\ (\text{元})$$

(2) 偿债基金公式。

已知 F、i 和 n，求年金 A。公式为

$$A = F\frac{i}{(1+i)^n - 1} = F(A/F,\ i,\ n) \tag{3-10}$$

式中 $\frac{i}{(1+i)^n-1}$——等额序列偿债基金系数，用符号 $(A/F,\ i,\ n)$ 表示。

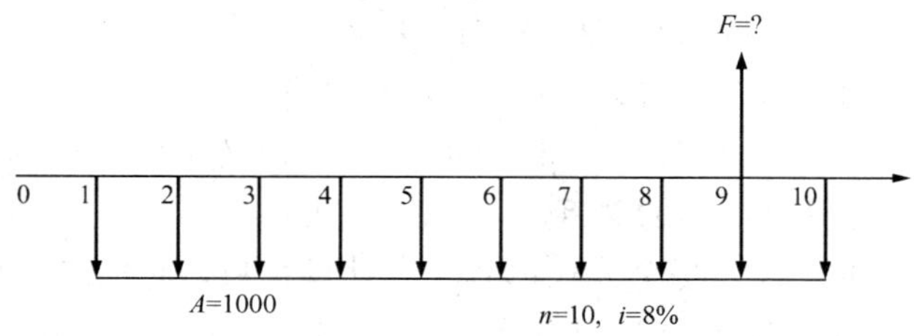

图 3-8

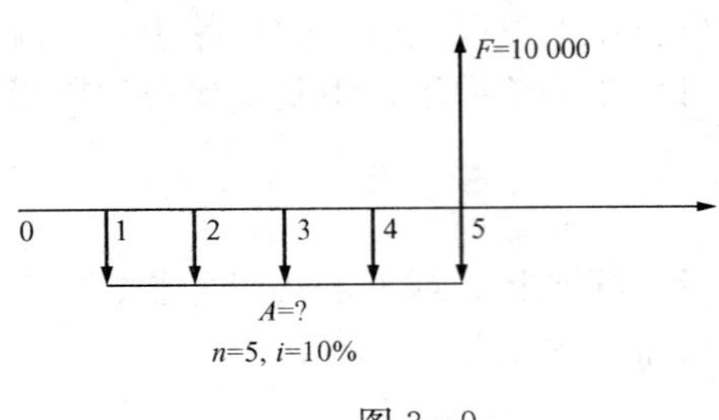

图 3－9

【例 3－6】 某人欲在第 5 年年末获得 10 000 元，若每年存款金额相等，年利率为 10%，复利计息，则每年年末需要存款多少元？（如图 3－9 所示）

解 $A=F(A/F,\ i,\ n)=10\ 000\times(A/F,\ 10\%,\ 5)$

查表可知，$(A/F,\ 10\%,\ 5)=0.1638$，代入上式得

$$A=10\ 000\times0.1638=1638\ (\text{元})$$

（3）资金回收公式。

已知 P、i 和 n，求年金 A。公式为

$$A=P\frac{i(1+i)^n}{(1+i)^n-1}=P(A/P,\ i,\ n) \tag{3-11}$$

式中 $\frac{i(1+i)^n}{(1+i)^n-1}$——等额序列资金回收系数，用符号 $(A/P,\ i,\ n)$ 表示。

【例 3－7】 若某人现在投资 10 000 元，年回报率 8%，每年年末等额获得收益，10 年内收回全部本利，则每年应收回多少元？（如图 3－10 所示）

解 $A=P(A/P,\ i,\ n)=10\ 000\times(A/P,\ 8\%,\ 10)$

查表可知，$(A/P,\ 8\%,\ 10)=0.1490$，代入上式得

$$A=10\ 000\times0.1490=1490\ (\text{元})$$

（4）年金现值公式。

已知 A、i 和 n，求现值 P。公式为

$$P=A\frac{(1+i)^n-1}{i(1+i)^n}=A(P/A,\ i,\ n) \tag{3-12}$$

式中 $\frac{(1+i)^n-1}{i(1+i)^n}$——年金现值系数，用符号 $(P/A,\ i,\ n)$ 表示。

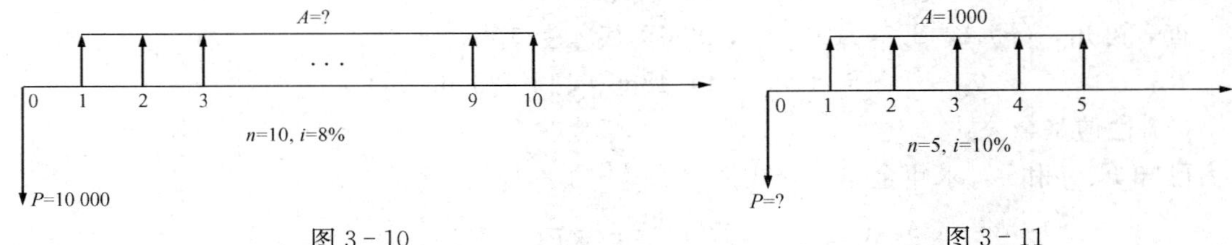

图 3－10　　　　图 3－11

【例 3－8】 若某人想在今后 5 年内每年年末从银行取出 1000 元，年利率 10%，复利计息，问他必须现在向银行存入多少钱？（如图 3－11 所示）

解 $P=A(P/A,\ i,\ n)=1000\times(P/A,\ 10\%,\ 5)$

查表可知，$(P/A,\ 10\%,\ 5)=3.7908$，代入上式得

$$P=1000\times3.7908=3790.8\ (\text{元})$$

三、计算公式中各计算系数间的关系

上述六个公式为基本公式，每个公式都有一个计算系数，它们之间存在下列关系。

（1）倒数关系：① $(F/P,\ i,\ n)=1/(P/F,\ i,\ n)$

② $(A/P,\ i,\ n)=1/(P/A,\ i,\ n)$

③ $(A/F, i, n)=1/(F/A, i, n)$

(2) 乘积关系：① $(F/A, i, n)=(P/A, i, n)(F/P, i, n)$

② $(F/P, i, n)=(A/P, i, n)(F/A, i, n)$

(3) 差值关系：$(A/P, i, n)-(A/F, i, n)=i$

四、资金的时间价值计算小结

从上述计算公式可知，资金的价值不但表现在数量上，而且也表现在时间上。只考虑资金的数量而不考虑资金的时间价值的计算方法叫静态计算法；既考虑资金的数量，又考虑资金的时间价值的计算方法叫动态计算法。在技术经济分析中采用动态计算法，具体计算时常采用以下两种解法。

(1) 按计算公式求解。这种方法的优点是不受利率 i 和计算周期 n 等的限制，可求任意不同 i、n 下的各种数值。其缺点是计算复杂，容易出错。

(2) 查表法。查表法的优点是简单、方便、迅速，缺点是受表内所列数字限制，有时查不到所需要的数值。为此，在实际工作中将两种方法结合起来使用，或用线性插值法求出所需数据。

在运用复利计算式时，要特别注意以下几点：

(1) 本期末即等于下期初。0 点就是第一期期初，也叫零期。

(2) P 发生在 0 期期末或第一期期初。

(3) F 发生在考察期期末，即 n 期期末。

(4) 各期的等额支付 A 发生在各期期末。

(5) 当问题包括 P 与 A 时，序列的第一个 A 与 P 隔一期，即 P 发生在序列 A 的前一期。

(6) 当问题包括 A 与 F 时，序列的最后一个 A 是与 F 同时发生。

第四节　等值计算及应用

为使读者深刻理解资金时间价值等值计算公式的经济含义，并能对公式灵活运用，现举若干实例如下。

【例 3-9】 某商品的价格每年递增 8%，问 10 年后要花多少钱才能买到现在价值为 100 元的商品？(如图 3-12 所示)

解　设 10 年后该商品的价值为 F，则

$$F=100(F/P, 8\%, 10)=100\times 2.160=216\ (\text{元})$$

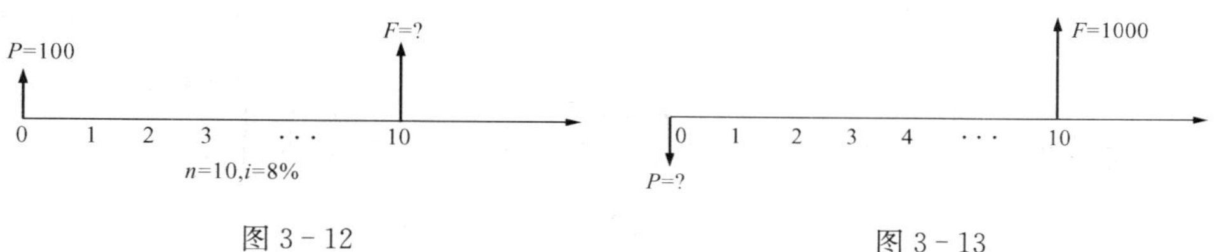

图 3-12　　图 3-13

【例 3-10】 为在 10 年内积蓄 1000 元，试问现在必须存入银行多少钱？设年利率为 8%，复利计算按每半年为一期。(如图 3-13 所示)

解　设现在存入的钱为 P，则

$$P=1000(P/F, 4\%, 20)=1000\times 0.4560=456\ (\text{元})$$

【例 3-11】 某工厂以 20 000 元投资购买一台设备，使用年限为 8 年，8 年后的残值为 2000 元。那么该设备每年运行成本是多少？($i=10\%$)（如图 3-14 所示）

解 初始投资的年等值与残值年等值之差就是该设备的运行成本。

$$A = 20\,000(A/P, 10\%, 8) - 2000(A/F, 10\%, 8)$$
$$= 20\,000 \times 0.1874 - 2000 \times 0.0874 = 3573.2\ (\text{元})$$

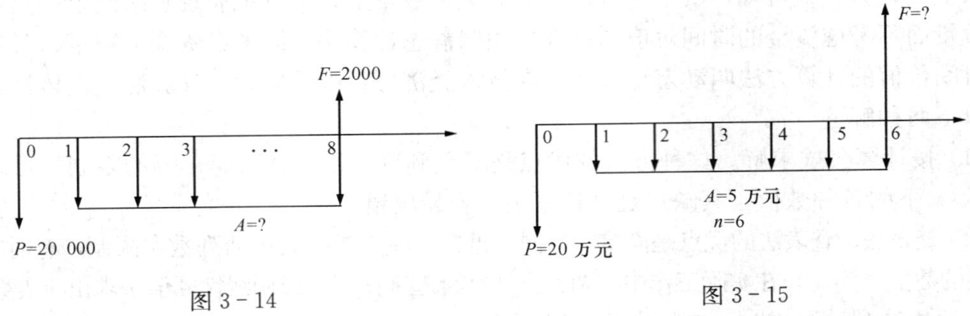

图 3-14　　图 3-15

【例 3-12】 某公司从每年收入中留取 5 万元，以备将来扩大再生产使用，并打算把这笔资金存入银行，年利率为 8%。目前该公司银行账户已有基金为 20 万元，那么 6 年后该公司共可取得资金多少元？（如图 3-15 所示）

解
$$F = 200\,000(F/P, 8\%, 6) + 50\,000(F/A, 8\%, 6)$$
$$= 200\,000 \times 1.587 + 50\,000 \times 7.336$$
$$= 684\,200\ (\text{元})$$

【例 3-13】 有一笔贷款，其名义利率为 12%，按月计算复利，求实际利率为多少？

解 12%的名义利率按月计息时，月利率为 12%/12=1%。从而有

$$i_{\text{eff}} = \left(1+\frac{r}{m}\right)^m - 1 = (1+1\%)^{12} - 1 = 12.68\%$$

【例 3-14】 有一男孩今年 11 岁。在他 5 岁生日时，他祖父给他 4000 元作为生日礼物。这 4000 元以名义利率为 4%、半年计息的 10 年期债券的方式用于投资。其父母计划在孩子 19 岁、20 岁、21 岁和 22 岁生日时，各用 3000 元资助他上大学学习。祖父的礼物债券到期后将所获收益存入银行，用于孩子将来上大学。问从今年开始，到孩子 18 岁生日时，父母需每年等额支付多少钱才能完成孩子的上大学学习计划？假设年利率为 6%。（如图 3-16 所示）

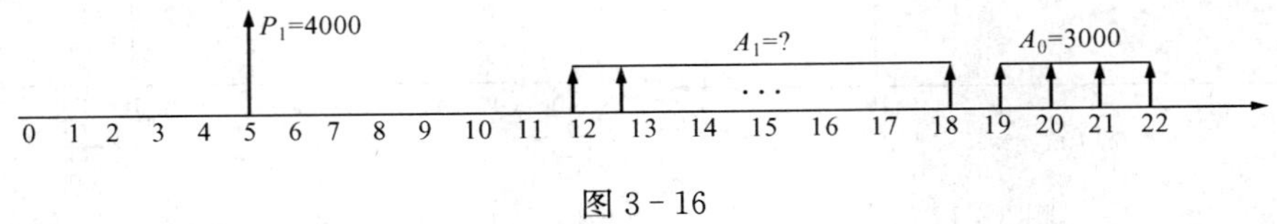

图 3-16

解 孩子 18 岁生日时，上大学所需费用的年金现值为

$$P(18) = A(P/A, 6\%, 4) = 3000 \times 3.4650 = 10\,395\ (\text{元})$$

祖父的礼物 4000 元的未来值为

$$P(18) = P(F/P, 2\%, 20)(F/P, 6\%, 3)$$

$= 4000 \times 1.4859 \times 1.1910 = 7079$（元）

所以，从 12 岁生日开始所需等额年金支付额为

$$A = F(A/F, 6\%, 7) = (10\ 395 - 7079) \times 0.119\ 14 = 395 \text{（元）}$$

【例 3－15】 某技术改造项目现需投资 70 万元，项目寿命周期 6 年，银行贷款年利率前两年为 4%，中两年为 6%，后两年为 10%，预期项目投产后第 2 年收入 20 万元，第 4 年收入 30 万元，第 6 年收入 50 万元，不考虑残值，请作出投资决策。（如图 3－17 所示）

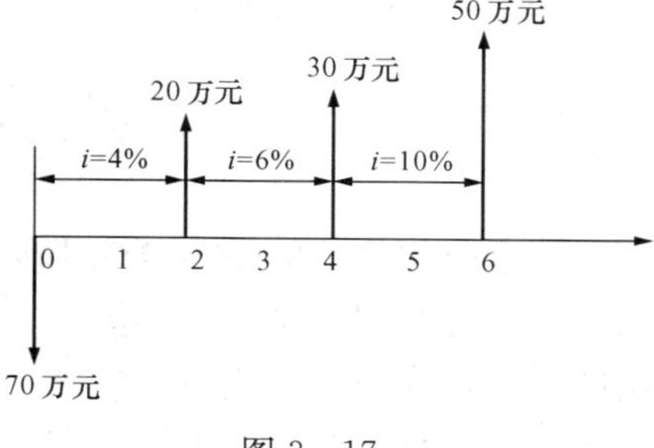

图 3－17

解 把所有收与支均换算为现值，然后加以比较。若$\sum_{收} > \sum_{支}$，则投资；若$\sum_{收} < \sum_{支}$，则不投资。

$$\begin{aligned}\sum_{收} &= 20(P/F, 4\%, 2) + 30(P/F, 6\%, 2)\\&\quad \times (P/F, 4\%, 2) + 50(P/F, 10\%, 2)\\&\quad \times (P/F, 6\%, 2) \times (P/F, 4\%, 2)\\&= 77.18 \text{ 万元} > 70 \text{ 万元}\end{aligned}$$

所以可以投资。

【例 3－16】 某项目初始投资 50 万元，建设期 2 年，生产期 8 年，$i = 10\%$，残值 2.5 万元，求投产后每年应至少等额收回多少才能收回投资？（如图 3－18 所示）

解 因为 $50 = A[(P/A, 10\%, 10) - (P/A, 10\%, 2)] + 2.5(P/F, 10\%, 10)$

$= A(6.1446 - 1.7355) + 2.5 \times 0.3855$

所以 $A = 11.12$（万元）

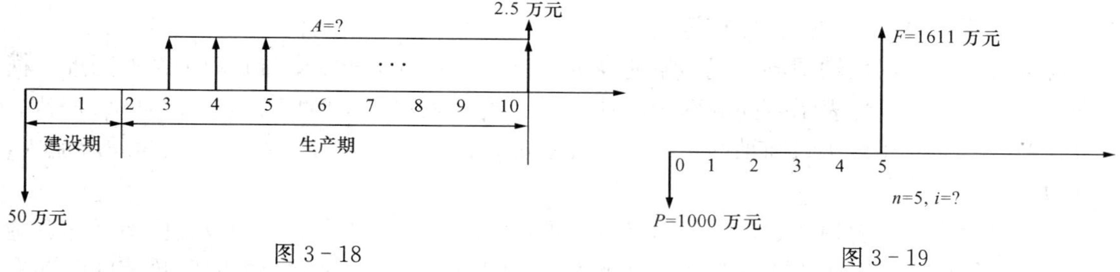

图 3－18

图 3－19

【例 3－17】 现在存款 1000 万元，5 年后得本利 1611 万元，求存款年利率 i 为多少？（如图 3－19 所示）

解 因为 $1611 = 1000(F/P, i, 5)$

所以 $(F/P, i, 5) = 1.611$

查表得 $i = 10\%$。

【案例分析】

某企业以年利率 8%向银行借款 100 万元，准备在 4 年内将本利还清。暂不考虑通货膨胀等因素的影响，可以有多种还款方式，下面选择两种方式：

（1）每年年末归还 25 万元，并加上当年借款的利息，4 年还清。

（2）前三年每年年末仅归还借款的利息 100 万元×8%＝8 万元，第四年年末归还全部借

款和第四年借款的利息。

案例思考题：

(1) 这两个方式现金流量等值吗?

(2) 如果把这两个方式现金流量折算到0点，它们分别是多少?

(3) 如果把这两个方式现金流量都计算到第二年年末，它们会相等吗?

本章小结

资金时间价值的基本概念主要有：现值、终值、年金、折现率、期数。可以用现金流量图反映对应时间内系统现金流出、现金流入的情况。其中，同一时点上的现金流入和现金流出的差额称为净现金流量。

计算利息的方法有单利法和复利法两种，其中复利法应用更广泛。资金时间价值的普通复利公式主要有：一次支付终值公式、一次支付现值公式、等额支付序列终值公式、等额支付序列现值公式、等额支付序列偿债基金公式、等额支付序列资金回收公式。

名义利率是指计息期利率乘以一年中计息的次数；实际利率是指以计息周期利率为基数，在一年内的复利有效利率。

等值计算是将不同方案在不同时间上的资金序列采用相同的折现率将它们折算到同一时点的过程。资金等值是考虑了资金时间价值后的等值。

资金有时间价值，即使金额相同，因其发生在不同时点，其价值就不同；反之，不同时点数额不等的资金，在时间价值的作用下却可能具有相等的价值。资金等值是指在不同时点上绝对值不等，但从资金的时间价值观点来看是价值相等的资金。而且，如果两个现金流量等值，则对任何时刻的时值必然相等。

现金流量图是用数轴图形直观形象地表示一个投资活动现金收支与时间关系的图形。横轴表示时间，向右延伸表示时间的延续，轴上每一刻度表示一个时间单位，常以年为间隔，0、1、2、…、n。相对于时间轴的垂直箭头表示现金流量的方向和大小，向上为现金流入，向下为现金流出。

资金的价值不但表现在数量上，而且也表现在时间上。只考虑资金的数量而不考虑资金的时间价值的计算方法叫静态计算法；既考虑资金的数量，又考虑资金的时间价值的叫动态计算法。在技术经济分析中采用动态计算法，具体计算时常采用以下两种解法：①按计算公式求解；②查表法。

思考题

1. 资金的时间价值如何理解?
2. 简述资金等值及其三要素。
3. 单利法和复利法的区别有哪些?
4. 什么叫名义利率，实际利率? 两者有何关系?
5. 只要是货币就具有时间价值吗? 为什么?
6. 什么叫现金流量?

7. 什么是终值、现值？

练 习 题

1. 某企业以年利率 6%单利借出 200 万元，期限为 2 年，到期后以年利率 10%复利把本息再借出，期限为 3 年，问 5 年后企业可获得多少本利和？

2. 某发明人与两家公司谈判转让专利权，A 公司提出每年付 100 万元，共付 9 年，首次付款在专利出让后一年；B 公司提出一次付 600 万元立即买下专利，年利率 10%，问发明人应将专利转让给哪家公司收益更高？

3. 某厂欲购买某种设备，售价为 20 万元，但无能力马上付清购货款。若年利率为 10%，问：

(1) 第一次付给 42000 元后，其余款项 6 年年末等额偿付，每年偿付额应为多少？

(2) 第一次偿付后，其余在 10 年每年末等额偿付 8000 元，第一次应偿付多少？

4. 某家庭以抵押贷款的方式购买了一套价值为 30 万元的住宅，如果该家庭首期付款为房价的 30%，其余为在 20 年内按月等额偿还的抵押贷款。若年贷款利率为 12%，问每月还款额为多少？

5. 某企业兴建一项目，第一年投资 2000 万元，第二年投资 1500 万元，两笔投资由银行贷款，贷款利率 12%，预计项目从第三年起开始获利并偿还贷款，银行贷款分六年等额偿还，问每年应偿还银行多少万元？

6. 某企业年初从银行贷款 1200 万元，并商定从第一年开始每年末偿还 200 万元，若贷款利率为 12%，复利计息，则企业大约在第几年可还清这笔贷款？

7. 某企业向银行贷款 1500 万元，借用六年后一次还清。甲银行贷款利率为 7%，按年单利计息；乙银行贷款年利率 6%，按月复利计息，问企业向哪家银行贷款较经济？

8. 某项目第一年年初投资 700 万元，第二年初投资 100 万元，第二年获净收益 500 万元，至第六年净收益逐年递增 6%，第七年至第九年每年获净收益 800 万元，若年利率为 10%，求与该项目现金流量等值的现值和终值。

9. 某企业从银行贷款 20 万元，计划分 10 年偿还，贷款年利率 8%。

(1) 若到期一次还本付息，到期应偿还多少？

(2) 若每年等额偿还，每年需偿还多少？每年的等额偿还中，本金和利息各是多少？

(3) 若每年偿还等额的本金和当年的利息，每年需偿还多少？每年的偿还额中，本金和利息各是多少？

(4) 若企业有能力提前偿还贷款，选择哪种还款方式对企业更有利？

第四章　企业基础财务数据分析

基础财务数据预测是对项目投资额、成本费用、销售收入、税金、利润和项目经济寿命等进行预测，是企业经济效果评价的基础。企业经济效果评价指标的计算，依赖于这些数据合理、科学的预测，通过这些数据计算项目的财务费用、财务效益，进而计算其他评价指标，是企业经济效果评价的主要内容。

第一节　基础财务数据预测分析概述

一、基础财务数据预测分析的意义

基础财务数据是评估项目财务效益好坏的基础数据，是各项经济评估指标的计算基础。因此，在评估财务基础数据时要求实事求是，保证所采集的数据以及数据预测、分析方法的准确性、科学性、合理性和可靠性。

二、基础财务数据预测的内容

1. 总投资额的预测

项目总投资包括建设投资、固定资产投资方向调节税、建设期利息以及项目建成投产后所支付的流动资金等项目。总投资额是固定资产折旧、无形资产及递延资产摊销、贷款还本付息的预测基础。

2. 产品成本费用预测

产品成本费用是指项目建成投产后，在寿命期内各年的成本费用，是项目投资决策的重要基础数据。

3. 销售收入预测

销售收入是指项目建成投产后，在寿命期内各年的销售收入，包括产品销售收入、劳务收入和其他收入，也是投资决策的重要基础数据。

4. 销售税金及附加的预测

销售税金是指销售环节发生的各种税金，有增值税、消费税、营业税、资源税、城乡维护建设税及教育费附加。

5. 利润预测

利润是指项目正常生产年份的年利润和总利润，是项目建成投产后为社会提供剩余产品的货币表现。分析利润的形成与分配，为财务效益评估，特别是为贷款偿还提供依据。

6. 项目寿命期预测

项目寿命期预测是指经济寿命期，即项目经济合理经营年限的预测。包括项目的建设期和生产期，是项目财务效益的计算期。

第二节 总投资测算

一、总投资的概念及构成

建设项目总投资指某项工程从筹建开始到全部竣工投产为止所发生的全部资金投入。包括建设投资、固定资产投资方向调节税、建设期借款利息和流动资金等项目。同时建设项目总投资可以划分为静态投资和动态投资。其中建设投资中的建筑工程费、设备及工器具购置费、安装工程费，以及工程建设其他费用中不涉及时间变化因素的部分，作为静态投资；而涉及价格、汇率、利率、税率等变动因素的部分，作为动态投资。为了准确地估算建设项目总投资，不仅要求准确无误地计算出项目的静态投资，还要考虑投资的动态部分和流动资金。建设项目总投资的构成见表 4 - 1。

表 4 - 1　　建设项目总投资的构成

<table>
<tr><td rowspan="9">建设项目总投资</td><td rowspan="6">建设投资</td><td rowspan="3">工程费用</td><td>设备及工器具购置费</td><td>静态投资</td></tr>
<tr><td>建筑工程费</td><td>静态投资</td></tr>
<tr><td>安装工程费</td><td>静态投资</td></tr>
<tr><td colspan="2">工程建设其他费</td><td>静态投资</td></tr>
<tr><td rowspan="2">预备费用</td><td>基本预备费</td><td>静态投资</td></tr>
<tr><td>涨价预备费</td><td>动态投资</td></tr>
<tr><td colspan="3">建设期借款利息</td><td>动态投资</td></tr>
<tr><td colspan="3">固定资产投资方向调节税</td><td>动态投资</td></tr>
<tr><td colspan="3">流动资金</td><td></td></tr>
</table>

1. 设备、工器具购置费

设备购置费是指为工程建设项目购置或自制达到固定资产标准的设备所发生的相关费用。固定资产的标准是：使用年限在一年以上，单位价值在规定限额以上。

工器具购置费是指项目初步设计规定必须购置的不够固定资产标准的设备、仪器、生产家具、备件等的费用。设备、工器具投资构成如图 4 - 1 所示。

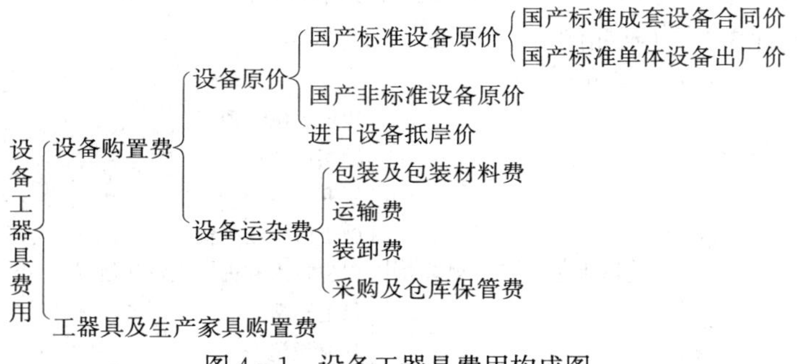

图 4 - 1　设备工器具费用构成图

2. 建筑安装工程费

建筑安装工程投资由建筑工程费和安装工程费两部分组成。建筑安装工程费用构成如图 4 - 2所示。

3. 工程建设其他费

工程建设其他费是指从工程筹建到竣工验收交付使用止的整个期间，为保证工程建设顺

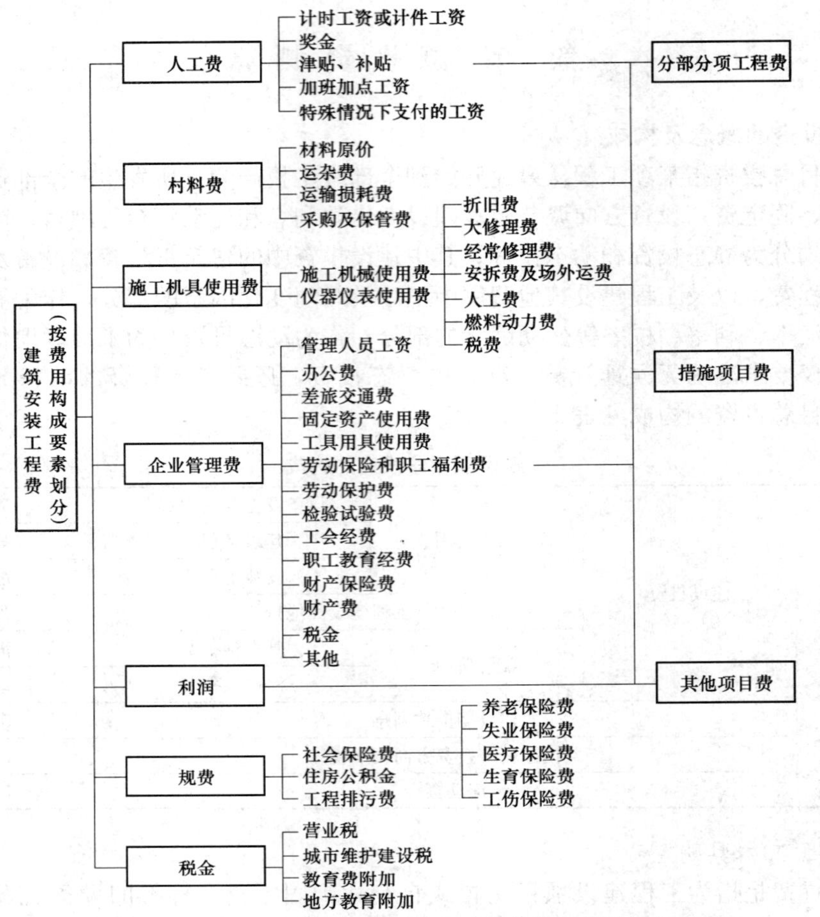

图 4-2 按费用构成要素划分的建筑安装工程费用组成

利完成和交付使用后能正常发挥效用而发生的各项费用。工程建设其他费大体可分为三类：第一类为土地费用；第二类为与项目建设有关的其他费用；第三类为与未来生产经营有关的费用。工程建设其他费用构成如图 4-3 所示。

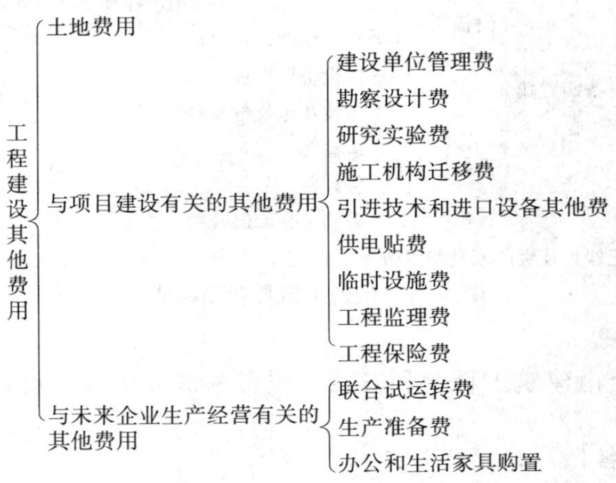

图 4-3 工程建设其他费用构成

4. 基本预备费

基本预备费是指在项目实施中可能发生的难以预料的支出，又称工程建设不可预见费，主要指设计变更及施工过程中可能增加工程量的费用。包括在批准的初步设计范围内，技术设计、施工图设计及施工过程中增加的工程和费用；设计变更、局部地基处理等所增加的费用；一般自然灾害所造成的损失和预防自然灾害所采取措施的费用；竣工验收时为鉴定工程质量对隐蔽工程进行必要的挖掘和修复的费用。

5. 涨价预备费

涨价预备费是对建设工期较长的项目，由于在建设期内可能发生材料、设备、人工等价格上涨引起投资增加，工程建设其他费用调整，利率、汇率调整等，需要事先预留的费用。

6. 建设期利息

建设期利息是指项目在建设期内因使用债务资金而支付的利息。

7. 固定资产投资方向调节税

总投资中的固定资产投资方向调节税是体现国家产业政策的一项税收，其计税依据是实际完成固定资产投资额，其适用税率按开发项目内各单项工程所属种类分别确定。如在建设开发项目中，对市政工程、学校等适用税率为0%，一般民用住宅适用税率为5%，商住楼适用税率为15%，楼堂馆所适用税率为30%。这项税收目前国家暂不征收。

8. 流动资金

总投资中的流动资金，是指项目建成投产后，为保证正常生产所必需的周转资金，以货币形式表示用于垫付原材料、燃料、辅助材料、低值易耗品等和支付用于职工工资福利、日常办公用品和差旅费等，它是流动资产与流动负债的差额。

二、建设投资估算

（一）分类估算法

分类估算法是根据项目的初步设计及有关资料，以单项工程为基础，按编制概预算规则，分别测算投资项目各个单项工程的建筑工程费、安装工程费、设备购置费、工器具购置费以及其他工程费用，然后将各单项工程的投资费用汇总，即为投资总概预算。此法是国内常用的一种建设投资估算方法。

估算步骤：

（1）分别估算各单项工程所需的建筑工程费、设备及工器具购置费和安装工程费。

（2）在汇总各单项工程费用的基础上估算工程建设其他费。

（3）以工程费用和工程建设其他费用为基础估算基本预备费。

（4）在确定工程费用分年投资计划的基础上估算涨价预备费。

（5）加和求得建设投资总额。

1. 建筑工程费估算

建筑工程费由直接费、间接费、利润和税金组成。估算时，先根据规模估算建筑工程量，再根据各种不同结构类型，将各类工程按概算指标规定的计量单位和地区单位估价表估算出工程直接费。然后以直接费为基础，根据规定的间接费率估算出间接费。最后，计算利润和税金，汇总即为建筑工程费。

2. 设备购置费估算

设备购置费，包括国内设备的购置费、进口设备购置费和工器具及生产家具购置费。设备购置费应按国内设备和进口设备分别估算，工器具购置费一般按占设备费的比例计取。设备购置费由设备原价和设备运杂费构成。

(1) 国内设备购置费的估算。国内设备购置费是指为建设项目购置或自制的达到固定资产标准的各种国产设备的购置费用。它由设备原价和设备运杂费构成。

1) 国产标准设备原价。国产标准设备是指按照主管部门颁布的标准图纸和技术要求，由国内设备生产厂批量生产的、符合国家质量检测标准的设备。国产标准设备原价一般指设备制造厂的交货价，即出厂价。设备的出厂价分两种情况，一是带有备件的出厂价，二是不带备件的出厂价，在计算设备出厂价时，一般按带备件的出厂价计算。如只有不带备件的出厂价，应按有关规定另加备品备件费用。如设备由设备成套公司供应，则以订货合同价为设备原价。

2) 国产非标准设备原价。国产非标准设备是指国家尚无定型标准，设备生产厂家不可能采用批量生产，只能根据具体的设计图纸按订单制造的设备。非标准设备原价有多种不同的计算方法，如成本计算估价法、系列设备插入估价法、分部组合估价法、定额估价法等。无论采用哪种方法都应使非标准设备计价接近实际出厂价，并且计算方法要简便。

3) 设备运杂费。通常包括运输费、装卸费、运输包装费、供销手续费和仓库保管费等各项费用，一般按设备原价乘以设备运杂费率计算。设备运杂费率按部门、行业或省、市的规定执行。

(2) 进口设备购置费的估算。进口设备购置费由进口设备货价、进口从属费用及国内运杂费组成。

1) 进口设备的货价。进口设备货价按交货地点和方式的不同，分为离岸价（FOB）和到岸价（CIF）两种价格，一般多为离岸价。离岸价（FOB）是指出口货物运抵出口国口岸交货的价格；到岸价（CIF）是指进口货物抵达进口国口岸交货的价格，包括进口货物的离岸价、国外运费和国外运输保险费；进口设备货价可依据向有关生产厂商的询价、生产厂商的报价及订货合同价等研究确定。

2) 进口从属费用。进口从属费用包括国外运费、国外运输保险费、进口关税、进口环节消费税、进口环节增值税、外贸手续费、银行财务费和海关监管手续费。

进口从属费用＝国际运费＋运输保险费＋进口关税＋增值税
＋外贸手续费＋银行财务费＋海关监管手续费

① 国外运费。即从装运港（站）到达我国抵达港（站）的运费。计算公式为

国外运费＝进口设备离岸价（FOB）×国外运费费率；　(4-1)

或　国外运费＝单位运价×运量　(4-2)

国外运费费率或单位运价参照有关部门或进出口公司的规定执行。

② 国外运输保险费。国外运输保险费是被保险人根据与保险人（保险公司）订立的保险契约，为获得保险人对货物在运输过程中发生的损失给予经济补偿而支付的费用。计算公式为

国外运输保险费＝（进口设备离岸价＋国外运费）×国外运输保险费率　(4-3)

国外运输保险费率按照有关保险公司的规定执行。进口设备按到岸价计价时，不必计算国外运费和国外运输保险费。

③ 进口关税。进口关税的计算公式为

$$进口关税=进口设备到岸价\times人民币外汇牌价\times进口关税率 \tag{4-4}$$

进口关税率按照我国海关总署发布的《中华人民共和国海关进出口税则》的规定执行。

④ 进口环节消费税。进口适用消费税的设备（如汽车），应按规定计算进口环节消费税，计算公式为

$$进口环节消费税=\frac{进口设备到岸价\times人民币外汇牌价+进口关税}{1-消费税税率}\times消费税税率 \tag{4-5}$$

⑤ 进口环节增值税。计算公式为

$$进口环节增值税=组成计税价格\times增值税率 \tag{4-6}$$

$$组成计税价格=进口设备到岸价\times人民币外汇牌价+进口关税+消费税 \tag{4-7}$$

增值税税率为17%。

⑥ 外贸手续费。外贸手续费是指按国家有关主管部门制定的进口代理手续费收取办法计算。计算公式为

$$外贸手续费=进口设备到岸价\times人民币外汇牌价\times外贸手续费费率 \tag{4-8}$$

外贸手续费费率按合同成交额的一定比例收取，成交额度小，费率较高；成交额度大，费率较低。在可行性研究阶段外贸手续费费率一般取1.5%。

⑦ 银行财务费。按进口设备货价计取，计算公式为

$$银行财务费=进口设备货价\times人民币外汇牌价\times银行财务费费率 \tag{4-9}$$

银行财务费费率一般为0.4%～0.5%。

⑧ 海关监管手续费。海关监管手续费是指海关对发生减免进口税或实行保税的进口设备，实施监管和提供服务收取的手续费。计算公式为

$$海关监管手续费=到岸价\times人民币外汇牌价\times海关监管手续费率 \tag{4-10}$$

一般海关监管手续费率为0.3%。

对全额征收关税的货物不收海关监管手续费。

3）国内运杂费。国内运杂费通常由运输费、运输保险费、装卸费、包装费和仓库保管费等费用构成。计算公式为

$$国内运杂费=进口设备离岸价\times人民币外汇牌价\times国内运杂费率 \tag{4-11}$$

国内运杂费费率按部门、行业或省、市的规定执行。

【例4-1】 某公司拟从国外进口一套机电设备，重量1600吨，离岸价为400万美元。其他有关费用参数为：国外运费标准为360美元/吨；海上运输保险费费率为0.266%；银行财务费费率为0.5%；外贸手续费费率为1.5%；关税税率为22%；进口环节增值税税率为17%；人民币外汇牌价为1美元=6.84元人民币，设备的国内运杂费费率为2.5%。估算该套设备的购置费（保留两位小数）。

解　根据式（4-1）～式（4-11）各项费用的计算公式，则有

进口设备离岸价=400×6.84=2736（万元）

国外运费=360×6.84×1600÷10 000=393.98（万元）

国外运输保险费=(2736+393.98)×0.266%=8.33（万元）

进口关税＝(2736＋393.98＋8.33)×22％＝690.43（万元）

进口环节增值税＝(2736＋393.98＋8.33＋690.43)×17％＝650.89（万元）

外贸手续费＝(2736＋393.98＋8.33)×1.5％＝47.07（万元）

银行财务费＝2736×0.5％＝13.68（万元）

国内运杂费＝2736×2.5％＝68.4（万元）

设备购置费＝2736＋393.98＋8.33＋690.43＋650.89＋47.07＋13.68＋68.4

＝4608.78（万元）

(3) 工具、器具及生产家具购置费的估算。工具、器具及生产家具购置费是指新建或扩建项目初步设计规定的，保证初期正常生产必须购置的没有达到固定资产标准的设备、仪器、工卡模具、器具、生产家具和备品备件的购置费用。

工具、器具及生产家具购置费＝设备购置费×定额费率 (4-12)

3. 安装工程费的估算

需要安装的设备应估算安装工程费，安装工程费用内容一般包括以下两项。

(1) 生产、动力、起重、运输、传动和医疗、实验等各种需要安装的机械设备的装配费用，与设备相连的工作台、梯子、栏杆等装设工程费用，附属于被安装设备的管线敷设工程费用，以及被安装设备的绝缘、防腐、保温、油漆等工作的材料费和安装费。

(2) 为测定安装工程质量，对单台设备进行单机试运转、对系统设备进行系统联动无负荷试运转工作的调试费。

安装工程费通常按行业或专门机构发布的安装工程定额、取费标准和指标估算。具体计算可按安装费率、每吨设备安装指标或者每单位安装实物工程量费用指标进行估算。计算公式为

安装工程费＝设备原价×安装费率 (4-13)

或 安装工程费＝设备吨位×每吨安装费 (4-14)

或 安装工程费＝安装工程实物量×每单位安装实物工程量费用指标 (4-15)

4. 工程建设其他费用估算

工程建设其他费用是指工程造价中除建筑工程费、设备及工器具购置费、安装工程费以外的其他费用。主要包括与土地使用有关的费用、与项目建设有关的费用和与企业未来生产有关的费用等。工程建设其他费用按各项费用科目的费率或者取费标准估算后，应编制工程建设其他费用估算表，见表4-2。

表4-2 工程建设其他费用估算表 万元

序 号	费 用 名 称	计算依据	费率或标准	总 价
1	土地使用费			
2	建设单位管理费			
3	勘察设计费			
4	研究试验费			
5	建设单位临时设施费			
6	工程建设监理费			
7	工程保险费			
8	施工机构迁移费			

续表

序　号	费　用　名　称	计算依据	费率或标准	总　　价
9	引进技术和进口设备其他费用			
10	联合试运转费			
11	生产职工培训费			
12	办公及生活家具购置费			
⋮	……			

5. 基本预备费估算

基本预备费是指在项目实施中可能发生难以预料的支出，需要事先预留的费用，又称工程建设不可预见费，主要指设计变更及施工过程中可能增加工程量的费用。

基本预备费主要由下列 3 项内容构成。

(1) 在批准的初步设计范围内，技术设计、施工图设计及施工过程中所增加的工程费用，设计变更、工程变更、材料代用、局部地基处理等增加的费用；

(2) 一般自然灾害造成的损失和预防自然灾害所需要的费用；

(3) 竣工验收时为鉴定工程质量对隐蔽工程进行必要的挖掘和修复费用。

基本预备费按工程费用（建筑工程费、设备及工器具购置费和安装工程费之和）和工程建设其他费用两者之和乘以基本预备费的费率计算，公式如下。

$$基本预备费 = (工程费用 + 工程建设其他费用) \times 基本预备费率 \tag{4-16}$$

其中，基本预备费率见表 4-3。

表 4-3　**基本预备费费率**

序号	设　计　阶　段	基本预备费率（%）
1	项目建议书、可行性研究	10～15
2	初步设计	7～10

【例 4-2】 某项目估算的建筑工程费为 2935.1 万元，设备购置费为 2883.6 万元，安装工程费为 297.5 万元，工程建设其他费用为 1587.2 万元，估算该项目的基本预备费。（基本预备费率取 10%）

解　该项目基本预备费=(2935.1+2883.6+297.5+1587.2)×10%=770.3（万元）

6. 涨价预备费估算

涨价预备费是对建设工期较长的项目，由于在建设期内可能发生材料、设备、人工等价格上涨引起投资增加，需要事先预留的费用，亦称价格变动不可预见费。涨价预备费以建筑工程费、设备及工器具购置费、安装工程费之和为计算基数。计算公式为

$$PC = \sum_{t=1}^{n} I_t[(1+f)^t - 1] \tag{4-17}$$

式中　PC——涨价预备费；

I_t——第 t 年的建筑工程费、设备及工器具购置费、安装工程费等之和；

f——建设期价格上涨指数；

n——建设期。

建设期价格上涨指数，政府部门有规定的按规定执行，没有规定的由可行性研究人员预测。

【例 4-3】 某项工程的工程费用投资为 20 800 万元，按本项目进度计划，项目建设期为 3 年，3 年的投资分年使用，比例为第 1 年 20%、第 2 年 50%、第 3 年 30%，建设期内年平均价格变动率预测为 6%，估计该项目建设期的涨价预备费。

解 第 1 年投资计划用款额为

$$I_1 = 20\,800 \times 20\% = 4160\text{（万元）}$$

第 1 年涨价预备费额为

$$PC_1 = I_1[(1+f)-1)] = 4160 \times [(1+6\%)-1] = 249.6\text{（万元）}$$

第 2 年投资计划用款额为

$$I_2 = 20\,800 \times 50\% = 10\,400\text{（万元）}$$

第 2 年涨价预备费额为

$$PC_2 = I_2[(1+f)^2-1] = 10\,400 \times [(1+6\%)^2-1] = 1285.44\text{（万元）}$$

第 3 年投资计划用款额为

$$I_3 = 20\,800 \times 30\% = 6240\text{（万元）}$$

第 3 年涨价预备费额为

$$PC_3 = I_3[(1+f)^3-1] = 6240 \times [(1+6\%)^3-1] = 1191.94\text{（万元）}$$

所以，建设期的涨价预备费为

$$PC = PC_1 + PC_2 + PC_3 = 249.6 + 1285.44 + 1191.94 = 2726.98\text{（万元）}$$

（二）单位生产能力测算法

单位生产能力测算法是按照投资项目的综合生产能力与国内同类企业装置单位生产能力的建设投资进行测算，计算公式为

$$I_2 = I_1 Q_2 \tag{4-18}$$

式中 I_2——拟建项目总投资；

I_1——同类企业单位生产能力投资；

Q_2——拟建项目设计生产能力。

此方法一般适用于投资项目和已有项目的生产能力相近，具有类似的生产规模的测算。但要对涨价、建设条件、环境等因素进行考虑，否则误差较大。因此，对建设投资估算的准确度不高，可在项目评估中做粗略的投资分析使用。

（三）装置能力指数法

装置能力指数法是根据装置能力与装置投资之间存在着相关关系的原理来进行投资估算的。这种关系是一种指数关系，它适用于工艺线路相似，装置规模不同，而且变化范围不大时，进行建设投资估算，是国外常用的一种投资估算方法。计算公式为

$$I_2 = I_1\left(\frac{Q_2}{Q_1}\right)^n \cdot f \tag{4-19}$$

式中 I_2——项目建设投资；

I_1——已有同类项目的实际投资；

Q_2——投资项目的生产规模；

Q_1——已有同类项目的生产规模；

f——价格指数，一般为1；

n——指数，一般为0.6。

当规模扩大到50倍以下时，指数按以下原则选取：

若用增加设备容量来扩大生产规模时，$n=0.6\sim0.7$；

若用增加设备数量来扩大生产规模时，$n=0.8\sim1.0$。

【例4-4】 某拟建水泥厂设计年生产能力600万吨，当地已有年生产能力400万吨的同类厂，其实际投资为60亿元。用指数法估算新厂投资总额。

解 $I_2 = I_1\left(\frac{Q_2}{Q_1}\right)^n \cdot f = 60\left(\frac{600}{400}\right)^{0.6} = 76.525$（亿元）

此方法由于装置指数难以准确确定，因此，估算的标准性较差。所以，此法只作为辅助估算方法。

（四）固定资产投资方向调节税估算

$$应纳税额 = 总投资额 \times 使用税率 \tag{4-20}$$

税率是根据国家产业政策确定的发展序列和经济规模要求，实行差别税率。征收投资方向调节税是国家利用经济杠杆进行宏观调控，贯彻产业政策，控制投资规模，引导投资方向，实现产业调整的一种必要手段，也是保障国家重点设施建设的一项重大措施。

三、流动资金投资估算

（一）分项详细估算法

对构成流动资金的各项流动资产和流动负债分别进行估算。为简化计算，仅对存货、现金、应收账款、预付账款和应付账款、预收账款六项内容进行估算，计算公式为

$$流动资金 = 流动资产 - 流动负债 \tag{4-21}$$

$$流动资产 = 应收账款 + 预付账款 + 存货 + 现金 \tag{4-22}$$

$$流动负债 = 应付账款 + 预收账款 \tag{4-23}$$

$$流动资金本年增加额 = 本年流动资金 - 上年流动资金 \tag{4-24}$$

估算的具体步骤如下。首先计算各类流动资产和流动负债的年周转次数，然后再分项估算占用资金额。

1. 周转次数计算

$$周转次数 = 360天/最低周转天数 \tag{4-25}$$

存货、现金、应收账款和应付账款的最低周转天数，可参照同类企业的平均周转天数并结合项目特点确定，或按部门（行业）规定，在确定最低周转天数时应考虑储存天数、在途天数，并考虑适当的保险系数。

2. 应收账款估算

应收账款是指企业已对外销售商品、提供劳务尚未收回的资金，包括若干科目，在此只计算应收销售款。计算公式为

$$应收账款 = 年经营成本/应收账款年周转次数 \tag{4-26}$$

3. 预付账款估算

预付账款是指企业为购买各类材料、半成品或服务所预先支付的款项，计算公式为

$$预付账款 = 外购商品或服务年费用金额/预付账款周转次数 \tag{4-27}$$

4. 存货估算

存货是企业为销售或者生产耗用而储备的各种货物，主要有原材料、辅助材料、燃料、

低值易耗品、维修备件、包装物、在产品、自制半成品和产成品等。为简化计算，仅考虑外购原材料、外购燃料、在产品和产成品，并分项进行计算。计算公式为

外购原材料 = 年外购原材料/按种类分项周转次数 (4-28)

外购燃料 = 年外购燃料/按种类分项周转次数 (4-29)

在产品 =（年外购原材料 + 年外购燃料 + 年工资及福利费 + 年修理费 + 年其他制造费用）/在产品周转次数 (4-30)

产成品 =（年经营成本 − 年营业费用）/产成品周转次数 (4-31)

存货 = 外购原材料 + 外购燃料 + 在产品 + 产成品 (4-32)

5. 现金需要量估算

项目流动资金中的现金是指货币资金，即企业生产运营活动中停留于货币形态的那部分资金，包括企业库存现金和银行存款。计算公式为

现金需要量 =（年工资及福利费 + 年其他费用）/现金周转次数 (4-33)

年其他费用= 制造费用 + 管理费用 + 销售费用 −（以上三项费用中所含的工资及福利费、折旧费、维简费、摊销费、修理费） (4-34)

6. 流动负债估算

流动负债是指在 1 年或者超过 1 年的一个营业周期内，需要偿还的各种债务，包括短期借款、应付票据、应付账款、预收账款、应付工资、应付福利费、应付股利、应交税金、其他暂收应付款项、预提费用和 1 年内到期的长期借款等。在项目评价中，流动负债的估算只考虑应付账款和预收账款两项。计算公式为

应付账款 =（年外购原材料 + 年外购燃料）/应付账款周转次数 (4-35)

预收账款 = 预收的营业收入年金额/预收账款周转次数 (4-36)

【例 4-5】 某建设项目达到设计生产能力后，全厂定员为 1000 人，工资和福利费按照每人每年 7200 元估算，每年其他费用为 855 万元。年外购原材料、燃料、动力费估算为 18 900 万元。年经营成本为 20 000 万元，年修理费占年经营成本的 10%。各项流动资金最低周转天数分别为：应收账款 36 天，现金 40 天，应付账款 30 天，存货 40 天。试用分项详细估算法估算拟建项目的流动资金。

解 用分项详细估算法估算流动资金为

应收账款 = 年经营成本/应收账款年周转次数 = 20 000/(360/36) = 2000（万元）

现金=（年工资及福利费 + 年其他费用）/现金年周转次数
= (1000 × 0.72 + 855)/(360/40) = 175（万元）

外购原材料、燃料= 年外购原材料、燃料动力费/年周转次数
= 18 900/(360/40) = 2100（万元）

在产品=（年外购原材料、燃料费+年工资及福利费+年修理费+年其他费用）/在产品年周转次数
= (18 900 + 1000 × 0.72 + 20 000 × 10% + 855)/(360/40) = 2497.22（万元）

产成品= 年经营成本/产成品年周转次数
= 20 000/(360/40) = 2222.22（万元）

存货= 2100 + 2497.22 + 2222.22 = 6819.44（万元）

流动资产= 应收账款 + 现金 + 存货 = 2000 + 175 + 6819.44
= 8994.44（万元）

应付账款＝年外购原材料、燃料动力费/年周转次数

＝18 900/(360/30)＝1575（万元）

流动负债＝应付账款＝1575（万元）

流动资金＝流动资产－流动负债＝8994.44－1575＝7419.44（万元）

（二）扩大指标估算法

扩大指标估算法是按照流动资金占某种基数的比率来估算流动资金。一般常用的基数有营业收入、经营成本、总成本费用和建设投资等，究竟采用何种基数依行业习惯而定。所采用的比率根据经验确定，或根据现有同类企业的实际资料确定，或依行业、部门给定的参考值确定。扩大指标估算法简便易行，但准确度不高，适用于项目建议书阶段的估算。

具体方法包括：产值（或营业收入）资金率估算法、经营成本（或总成本）资金率估算法、建设投资资金率估算法、单位产量资金率估算法。如化工项目流动资金约占固定资产投资的15%～20%，一般工业项目流动资金占固定资产投资的5%～12%。

四、建设期利息估算

建设期利息是指项目借款在建设期内发生并计入总投资的利息。本项费用需根据筹资方式（银行贷款、企业债券）、金额及筹资费率（银行贷款利率、企业债券发行手续费率）等进行计算。建设期贷款利息的计算方法如下。

（1）贷款额在各年年初发放。具体计算公式为

各年利息＝（上一年为止贷款本息累计＋本年贷款额）×年利率　　(4－37)

【例4－6】 某建设单位从银行贷款1000万元，分3年发放，第1年年初500万元，第2年年初300万元，第3年年初200万元，贷款年利率5%，计算各年的贷款利息。

解　第1年的贷款利息＝500×5%＝25（万元）

第2年的贷款利息＝(500＋25＋300)×5%＝41.25（万元）

第3年的贷款利息＝(500＋25＋300＋41.25＋200)×5%＝53.31（万元）

因此，项目建设期贷款利息合计＝25＋41.25＋53.31＝119.56（万元）。

（2）贷款额在各年均衡发放。贷款不在每年年初发放，而是按季度、月份平均发放，为了简化计算，通常假设贷款均在每年的年中支用，贷款第1年按半年计息，其余各年份按全年计息，此时贷款利息的计算公式如下。

各年应计利息＝（上一年为止贷款本息累计＋本年借款额/2）×年利率　　(4－38)

【例4－7】 某建设单位从银行贷款1000万元，分3年发放而且各年按季度均衡发放，第1年贷款额500万元，第2年贷款额300万元，第3年贷款额200万元，贷款年利率5%。计算各年的贷款利息。

解　第1年的贷款利息＝1/2×500×5%＝12.5（万元）

第2年的贷款利息＝(500＋12.5＋300×1/2)×5%＝33.125（万元）

第3年的贷款利息＝(500＋12.5＋300＋33.125＋200×1/2)×5%＝47.28（万元）

因此，项目建设期贷款利息合计＝12.5＋33.125＋47.28＝92.91万元

第三节　总成本费用测算

总成本费用是指项目在一定时期内（一般为一年）所发生的一切费用，是以货币表示的

活劳动和物化劳动的总和。财务分析中总成本费用的构成和计算通常由以下两种表达方式。

一、生产成本加期间费用法（费用功能法）

总成本费用由生产成本和期间费用两部分组成。

（一）生产成本

生产成本是指企业生产经营过程中实际消耗的直接材料费、直接工资、其他直接支出和制造费用。

（1）直接材料费。包括企业生产经营过程中实际消耗的原材料、辅助材料、设备零配件、外购半成品、燃料、动力、包装物、低值易耗品以及其他直接材料费。

（2）直接工资。包括企业直接从事产品生产人员的工资、奖金、津贴和补贴等。

（3）其他直接支出。包括直接从事产品生产人员的职工福利费等。

（4）制造费用。指企业各个生产单位（分厂、车间）为组织和管理生产所发生的各项费用，包括生产单位（分厂、车间）管理人员工资、职工福利费、折旧费、维护费、修理费、低值易耗品摊销、劳动保护费、水电费、办公费、差旅费、保险费、环境保护费以及其他制造费用。

（二）期间费用

期间费用是指在一定会计期间发生的与生产经营没有直接关系和关系不密切的管理费用、财务费用、营业费用。期间费用不计入产品的生产成本，直接体现为当期损益。

（1）管理费用。指企业行政管理部门为管理和组织经营活动发生的各项费用，包括工厂总部管理人员工资、职工福利费、差旅费、办公费、折旧费、修理费、低值易耗品摊销、工会经费、交际应酬费、技术转让费、无形资产摊销以及其他管理费用等。

（2）财务费用。指企业为筹集资金而发生的各项费用，包括运营期间的利息支出、汇兑净损失、金融机构手续费以及在筹资过程中发生的其他财务费用等。

项目评价中一般只考虑财务费用中的利息支出。

（3）营业费用。指企业在销售产品、提供劳务过程中发生的各项费用以及专设销售机构的各项经费，包括应由企业负担的运输费、装卸费、包装费、委托代销费、广告费、展览费、销售部门人员工资、职工福利费、差旅费、办公费、折旧费、修理费、低值易耗品摊销以及其他经费等。

采用这种方法一般需要先分别估算各种产品的生产成本，然后与估算的管理费用、财务费用和营业费用相加。

二、生产要素估算法（费用性质法）

$$\begin{aligned}\text{总成本费用}=&\text{外购原材料}+\text{外购燃料动力}+\text{工资及福利费}+\text{修理费}\\&+\text{折旧费}+\text{维简费}+\text{摊销费}+\text{利息支出}+\text{其他费用}\end{aligned}\tag{4-39}$$

按现行会计制度，制造费用、管理费用和营业费用中均包括多项费用，且行业间不尽相同。为了估算简便，财务分析中可将其归类估算，上式其他费用是指由这三项费用中分别扣除工资及福利费、折旧费、摊销费、修理费以后的其余部分。

这种方法是从估算各种生产要素的费用入手汇总得到项目总成本费用，而不管其具体应归集到哪个产品上。即将生产和销售过程中消耗的全部外购原材料、燃料及动力等费用要素加上全部工资及福利费、当年应计提的全部折旧费、摊销费以及利息支出和其他费用，构成项目的总成本费用。采用这种估算方法，不必考虑项目内部各生产环节的成本结转，同时也较容易计算可变成本、固定成本和增值税进项税额。

（一）原材料、燃料、动力费

这部分费用是产品成本中的主要组成部分，其测算方法基本相同。公式为

$$原材料（燃料、动力）费 = 单位产品耗用量 \times 单价 \times 年产量 \tag{4-40}$$

其中，单位产品耗用量可按项目技术评估确定的原材料、燃料、动力消耗定额为依据，也可以可行性研究报告中的相应数据结合同类企业实际消耗定额调整确定。单价应采用生产经营期投入物的市场预测单位价格。

（二）工资

$$工资总额 = 职工总数 \times 年人均工资（含奖金和津贴） \tag{4-41}$$

职工总数可根据技术评估确定的各工序人员定额和企业管理人员占生产人员的比例来确定。年人均工资可根据历史经验数据并考虑一定比例的年增长率来确定。

（三）福利费

福利费按工资总额的一定比例提取，主要用于医药费、职工生活困难补贴以及按国家规定的其他职工福利支出，不包含职工福利设施的支出。计算公式为

$$福利费 = 工资总额 \times 规定提取比例 \tag{4-42}$$

（四）固定资产折旧

折旧是指在固定资产的使用过程中，随着资产损耗而逐渐转移到产品成本费用中的那部分价值。我国现行固定资产折旧方法一般有以下几种。

1. 平均年限法

平均年限法亦称直线法，即根据固定资产的原值、估计的残值率和折旧年限计算折旧。计算公式为

$$年折旧率 = \frac{1 - 预计净残值率}{折旧年限} \times 100\% \tag{4-43}$$

$$年折旧额 = 年折旧率 \times 固定资产原值 \tag{4-44}$$

其中，预计净残值＝固定资产原值×残值率，残值率一般为3%～5%。折旧年限参照国家有关部门对各类固定资产折旧最短年限的相关规定。随着科学技术的不断进步，折旧率有加大的趋向，以适应设备加速更新换代的需要。

【例4-8】 某企业某项固定资产原值为750 000元，预计净残值率为4%，预计使用年限为20年。其折旧率和折旧额计算如下。

固定资产年折旧率＝(1－4%)/20×100%＝4.8%

固定资产月折旧率＝4.8%/12＝0.4%

固定资产月折旧额＝750 000×0.4%＝3000（元）

2. 工作量法

工作量法是根据固定资产使用过程中的累计工作量计算折旧额。

(1) 交通运输企业和其他企业专用车队的客货运汽车，按照行驶里程计算折旧费。

$$单位里程折旧费 = \frac{原值 - 残值}{规定的总行驶里程} \tag{4-45}$$

$$年折旧费 = 单位里程折旧费 \times 年行驶里程$$

（2）大型专用设备，按工作小时计算折旧费。

$$每小时折旧费 = \frac{原值 - 残值}{规定的总工作小时} \tag{4-46}$$

$$年折旧费 = 每小时折旧费 \times 年工作小时$$

【例 4-9】 某企业运输汽车一辆，原值为 400 000 元，预计净残值率为 5%，预计行驶总里程为 800 000 千米。某月该汽车行驶 6000 千米。该汽车采用工作量法计提折旧，单位工作量折旧额和当月折旧额的计算如下。

$$单位工作量折旧额 = 400\ 000 \times (1 - 5\%)/800\ 000 = 0.475\ (元/千米)$$

$$当月折旧额 = 0.475 \times 6000 = 2850\ (元)$$

工作量法一般适用于价值较高的大型精密机床以及运输设备等固定资产的折旧计算。这些固定资产的价值较高，各月的工作量一般不很均衡，采用平均年限法计提折旧，会使各月成本费用的负担不够合理。

3. 加速折旧法

加速折旧法又称递减折旧法，是指在固定资产使用初期提取折旧较多，在后期提取较少，使固定资产价值在使用年限内尽早得到补偿的折旧计算方法。它是一种鼓励投资的措施，即国家先让利给企业，加速回收投资，增强还贷能力，促进技术进步。加速折旧的方法很多，常用的有双倍余额递减法和年数总和法。

（1）双倍余额递减法。

双倍余额递减法是以平均年限法确定的折旧率的双倍乘以固定资产在每一会计期间的期初账面净值，从而确定当期应提折旧的方法。计算公式为

$$年折旧率 = \frac{2}{折旧年限} \times 100\% \tag{4-47}$$

$$年折旧费 = 年初固定资产账面净值 \times 年折旧率 \tag{4-48}$$

$$年末固定资产净值 = 固定资产原值 - 已提累计折旧额 \tag{4-49}$$

实行双倍余额递减法，应当在其固定资产折旧年限到期前两年内，将固定资产净值扣除预计净残值后的余额平均摊销，即最后两年改用直线折旧法计算折旧。

【例 4-10】 某企业某项固定资产原值为 60 000 元，预计净残值为 2000 元，预计使用年限为 5 年。该项固定资产采用双倍余额递减法计提折旧。年折旧率及各年折旧额计算见表 4-4。

表 4-4　双倍余额递减法折旧计算　元

年份	期初净值	年折旧率	年折旧额	累积折旧	期末净值
1	60 000	40%	24 000	24 000	36 000
2	36 000	40%	14 400	38 400	21 600
3	21 600	40%	8640	47 040	12 960
4	12 960	—	5480	52 520	7480
5	7480	—	5480	58 000	2000

（2）年数总和法。

年数总和法是以固定资产原值扣除预计净残值后的余额作为计提折旧的基础，按照逐年递减的折旧率计提折旧的一种方法。采用年数总和法的关键是每年都要确定一个不同的折旧

率。计算公式为

$$年折旧率 = \frac{折旧年限 - 已使用年数}{折旧年限 \times (折旧年限 + 1) \div 2} \times 100\% \tag{4-50}$$

$$年折旧额 = (固定资产原值 - 预计净残值) \times 年折旧率 \tag{4-51}$$

【例 4-11】 某企业固定资产原值为 62 000 元，预计净残值为 2000 元，预计使用年限为 5 年。该项固定资产按年数总和法计提折旧。该项固定资产的年数总和为

$$年数总和 = 5 + 4 + 3 + 2 + 1 = 15$$

采用年数总和法计算的各年折旧率和折旧额见表 4-5。

表 4-5　年数总和法折旧计算　元

年份	应计提折旧总额	年折旧率	年折旧额	累积折旧
1	62 000－2000＝60 000	5/15	20 000	20 000
2	60 000	4/15	16 000	36 000
3	60 000	3/15	12 000	48 000
4	60 000	2/15	8000	56 000
5	60 000	1/15	4000	60 000

（五）修理费

固定资产修理费一般按固定资产原值的一定百分比计提，计算公式为

$$修理费 = 固定资产原值 \times 修理费率 \tag{4-52}$$

修理费率可根据经验数据或参考同类企业的实际数额加以确定。

（六）维简费

维简费是指采掘、采伐工业按生产产品数量提取的固定资产更新和技术改造资金，即维持简单再生产的资金，企业发生的维简费直接计入成本，其计算方法和折旧费相同。这类采掘、采伐企业不计提固定资产折旧。

（七）摊销费

摊销费是指无形资产和递延资产在一定期限内分期摊销的费用。无形资产是指企业能长期使用而没有实物形态的资产，包括专利权、非专利技术、商标权、著作权、土地使用权等。递延资产是指应当在运营期内前几年逐年摊销的费用，包括开办费和以经营租赁方式租入的固定资产改良工程支出等。

（1）无形资产摊销，一般采用直线法，每期摊销额为

$$应摊销数额 = \frac{无形资产价值}{摊销年限} \tag{4-53}$$

式中　无形资产价值——按取得的实际成本计价；

摊销年限——若规定了无形资产有效使用年限的，按规定的使用年限摊销，没有规定有效使用年限的，按不少于 10 年的期限分期摊销。

（2）递延资产摊销，主要计算开办费的摊销。开办费应从项目生产期开始，按照不能短于 5 年的期限分期摊销。

（八）财务费用

在项目评估时，生产经营期的财务费用计算一般只考虑长期负债利息支出和短期负债利

息支出，即建设投资借款利息和流动资金借款利息。在未取得可靠计算依据时，可不考虑汇兑损失及相关的金融机构手续费。

建设期利息的计算前面已经介绍过，流动资金的借款属于短期借款，利率较长期借款利率低，通常为季利率。在工程经济分析中，为简化计算，一般采用年利率，每年计息一次。流动资金借款利息计算公式为

流动资金利息 ＝ 流动资金借款累计金额×年利率 (4－54)

（九）其他费用

其他费用是制造费用、管理费用、财务费用和营业费用中扣除工资及福利费、折旧费、修理费、摊销费、维简费和利息支出后的费用。在工程经济分析中，其他费用一般可根据原材料成本、燃料动力成本、工资及福利费、折旧费、修理费、维简费之和的一定百分比计算，并按照同类企业的经验数据加以确定。

三、经营成本

经营成本是工程经济学特有的概念，它是为了进行工程项目的经济分析和评价而提出的一个概念。经营成本与融资方案无关，因此在完成建设投资和营业收入估算后，就可以估算经营成本，为项目融资前的现金流量分析提供数据。

经营成本的构成可用下式表示：

经营成本＝外购原材料费＋外购燃料及动力费＋工资或薪酬＋修理费＋其他费用 (4－55)

经营成本与总成本费用的关系如下：

经营成本＝总成本费用－折旧费－摊销费－利息支出 (4－56)

因为工程经济分析主要考察的是工程项目的实际现金流出和现金流入情况，而在企业的总成本费用中，包含的折旧费和摊销费既不属于实际的现金流出也不属于实际的现金流入，因此要把它们从总成本费用中扣除。为了反映项目的客观盈利能力，在评价工程项目全部投资的经济效果时，可假定全部资金为自有资金，故也不将借款利息计入现金流出项中。为了计算与分析的方便，工程经济分析中通常将经营成本作为一个单独的现金流出项。

第四节　销售收入和税金测算

一、销售收入

销售收入是指在建设项目投产以后，由于销售产品或提供劳务所得到的收入。年销售收入是产品销售单价和产品年销售量的乘积。在现实生活中，产品年销量不一定等于年产量，这主要是因市场波动等不可预见因素导致产量与销售量的差别。但在工程项目经济分析中，难以准确的估算出由于市场波动引起的库存量变化，因此在估算销售收入时，假设当年生产出来的产品当年全部售出。如果项目有多种产品，则各产品销售收入之和为项目的年销售总收入；若产品有部分外销，应将外销销售收入折算为人民币，并计入销售总额。销售单价采用预测价格，并应注意预测的合理性。

在财务评价时，作为企业收入（现金流入）的项目不仅包括销售收入，还包括回收固定资产残值、回收流动资金。固定资产残值回收额为固定资产折旧费估算表中固定资产期末净值合计。

二、销售税金及附加

销售税金及附加包括由于销售产品而支付的增值税、消费税、资源税、营业税、城乡维护建设税与教育费附加等项目。

1. 增值税

增值税是对我国境内销售货物、进口货物以及提供加工、修理劳务的单位和个人，就其取得货物的销售额、进口货物金额、应税劳务收入额计算税款，并实行税款抵扣制的一种流转税。实行价外税，也就是由消费者负担，有增值才征税，没增值不征税。

在实际当中，商品新增价值或附加值在生产和流通过程中是很难准确计算的。因此，中国也采用国际上的普遍采用的税款抵扣的办法。即根据销售商品或劳务的销售额，按规定的税率计算出销项税额，然后扣除取得该商品或劳务时所支付的增值税款，也就是进项税额，其差额就是增值部分应交的税额，这种计算方法体现了按增值因素计税的原则。

由于增值税实行凭增值税专用发票抵扣税款的制度，因此对纳税人的会计核算水平要求较高，要求能够准确核算销项税额、进项税额和应纳税额。但实际情况是有众多的纳税人达不到这一要求，因此《中华人民共和国增值税暂行条例》将纳税人按其经营规模大小以及会计核算是否健全划分为一般纳税人和小规模纳税人。

一般纳税人按以下公式计算增值税：

$$\text{增值税应纳税额}=\text{销项税额}-\text{进项税额} \tag{4-57}$$

上式中，销项税额是指纳税人销售货物或提供应税劳务，按照销售额和增值税率计算并向购买方收取的增值税额，其计算公式为

$$\begin{aligned}\text{销项税额}&=\text{销售额}\times\text{增值税率}\\&=\text{营业收入（含税销售额）}\div(1+\text{增值税率})\times\text{增值税率}\end{aligned} \tag{4-58}$$

进项税额是指纳税人购进货物或接受应税劳务所支付或负担的增值税额，计算公式为

$$\text{进项税额}=\text{外购原材料、燃料、动力费}\div(1+\text{增值税率})\times\text{增值税率} \tag{4-59}$$

一般纳税人适用的税率有：17%、13%、11%、6%、0%。

【例 4-12】 某生产企业为增值税一般纳税人，适用增值税税率17%，2006年5月有关生产经营业务如下：销售甲产品给某大商场，开具增值税专用发票，取得不含税销售额75万元；另外，开具普通发票，取得销售甲产品的运货运输费收入6万元。购进货物取得增值税专用发票，注明支付的货款60万元、进项税额10.2万元；另外支付购货的运输费用5万元，取得运输公司开具的普通发票。计算该企业2006年5月应缴纳的增值税税额。

解　销售甲产品的销项税额：

$$75\times17\%+6\div(1+17\%)\times17\%=12.75+0.87=13.62\text{（万元）}$$

外购货物应抵扣的进项税额：

$$10.2+5\times7\%=10.55\text{（万元）}$$

该企业5月份应缴纳的增值税额：

$$13.62-10.55=3.07\text{（万元）}$$

小规模纳税人按以下公式计算增值税：

$$\text{应纳税额}=\text{不含税销售额}\times\text{征收率}=\text{含税销售额}/(1+\text{征收率})\times\text{征收率} \tag{4-60}$$

小规模纳税人适用征收率，征收率为3%。

由于销项税款是纳税人向购买方收取的税款，由购买方承担。而进项税款虽然是纳税人

在进货时向销货方支付的税款，但由于进项税款可以从销项税款中扣除，即纳税人在向税务部门缴纳增值税时，只需缴纳销项税款减去进项税款后的余额税款，此时纳税人在进货时支付的税款就得到了补偿。因此，从这个过程来看，增值税最终是由消费者来负担，纳税企业只是为国家履行收取税款的义务。

由于增值税时价外税，销售价格和进货价格中都不包含有增值税款，故增值税既不进入销售收入，也不进入成本费用。因此，从企业角度进行投资项目现金流量分析时，可以不考虑增值税。

2. 消费税

消费税是对工业企业生产、委托加工和进口的部分应税消费品按差别税率或税额征收的一种税。消费税是根据消费政策、产业政策的要求，有选择的对部分消费品征收的一种税种，如对烟酒、化妆品等进行征税。目前，我国的消费税共设 11 个税目，13 个子目。消费税采用从价定率和从量定额两种计税方法计算应纳税额，一般以应税消费品的生产者为纳税人，于消费时纳税。

实行从价定率办法计算的为

$$\text{应纳消费税税额} = \text{应税消费品销售额} \times \text{适用税率} = \frac{\text{销售收入(含增值税)}}{1 + \text{增值税率}} \times \text{消费税率} \tag{4-61}$$

实行从量定额方法计算的为

$$\text{应纳消费税税额} = \text{应税消费品销售数量} \times \text{单位税额} \tag{4-62}$$

【例 4-13】 某化妆品生产企业为增值税一般纳税人，2006 年 4 月向某大型商场销售化妆品一批，开具增值税专用发票，取得不含增值税销售额 30 万元；向某大型超市销售化妆品一批，开具普通发票，取得含增值税销售额 17.55 万元。该化妆品公司 4 月应缴纳的消费税额为多少?

解 化妆品适用消费税税率为 30%。

$$\text{化妆品的应税销售额} = 30 + 17.55 \div (1 + 17\%) = 45\ (\text{万元})$$

$$\text{应缴纳的消费税额} = 45 \times 30\% = 13.5\ (\text{万元})$$

3. 资源税

资源税是国家对在我国境内开采应税矿产品或者生产盐的单位和个人征收的一种税。计算公式为

$$\text{应纳资源税税额} = \text{应税产品课税数量} \times \text{单位税额} \tag{4-63}$$

4. 营业税

营业税是对在我国境内从事交通运输业、建筑业、金融保险业、邮电通信业、文化体育业、娱乐业、服务业或有偿转让无形资产、销售不动产行为的单位和个人，就其营业额所征收的一种税。计算公式为

$$\text{应纳营业税税额} = \text{营业额} \times \text{适用税率} \tag{4-64}$$

适用税率根据不同行业按规定选取，一般在 5%～20%之间。免营业税的行业有：幼儿园、养老院、残疾人福利机构、殡葬服务、教育、农业畜牧防护、博物馆、美术馆、展览馆、图书馆、宗教场所举办的宗教活动门票收入等。

【例 4-14】 某生产企业转让 10 年前建成的旧生产车间，取得收入 1200 万元，该车间

的原值为1000万元，已提取折旧400万元。还转让一块土地使用权，取得收入560万元。年初取得该土地使用权时支付金额420万元，转让时发生的相关费用为6万元。试确定该企业应缴纳的营业税。

解　应缴纳营业税＝1200×5％＋(560－420)×5％＝67（万元）

5. 城乡维护建设税

城乡维护建设税是以纳税人实际缴纳的流转税额为计税依据征收的一种税，按纳税人所在地区实行差别税率。计算公式为

$$应纳税额 = (增值税 + 消费税 + 营业税)的实纳税额 \times 适用税率 \tag{4-65}$$

6. 教育费附加

教育费附加是为了加快地方教育事业的发展，扩大地方教育经费的资金来源而开征的一种附加费。根据有关规定，凡缴纳消费税、增值税、营业税的单位和个人，都是教育费附加的缴纳人。

$$应纳教育费附加额 = (消费税 + 增值税 + 营业税)的实纳税额 \times 适用税率 \tag{4-66}$$

第五节　利　润　测　算

一、利润总额测算

利润总额是企业在一定时期内生产经营活动的最终财务成果，它集中反映了企业生产经营各方面的效益。

现行会计制度规定，利润总额等于营业利润加上投资净收益、补贴收入和营业外收支净额的代数和。其中，营业利润等于主营业务收入减去主营业务成本和主营业务税金及附加，加上其他业务利润，再减去营业费用、管理费用和财务费用后的净额。在对工程项目进行经济分析时，为简化计算，在估算利润总额时，假定不发生其他业务利润，也不考虑投资净收益、补贴收入和营业外收支净额，并且视项目的主营业务收入为本期的销售（营业）收入。则利润总额的估算公式为

$$利润总额 = 产品销售收入 - 销售税金及附加 - 总成本费用 \tag{4-67}$$

二、所得税计算及净利润的分配

1. 所得税计算

根据税法的规定，企业取得利润后，先向国家缴纳所得税，即凡在我国境内实行独立经营核算的各类企业或者组织者，其来源于我国境内、境外的生产、经营所得和其他所得，均应依法缴纳企业所得税。

纳税人每一纳税年度的收入总额减去准予扣除项目的余额，为应纳税所得额。在工程项目的经济分析中，一般按照利润总额作为企业应纳税所得额。应纳税所得额乘以所得税率即为企业应缴纳的所得税。

$$所得税应纳税额 = 利润总额 \times 税率 \tag{4-68}$$

【例4-15】　某企业2005年实现收入300万元，发生成本费用总额为210万元，计算该企业2005年应缴纳的企业所得税。

解　应纳税所得额＝300－210＝90（万元）

应纳税额＝90×25％＝22.5（万元）

2. 净利润的分配

净利润是指利润总额扣除所得税后的差额，计算公式为

$$净利润 = 利润总额 - 所得税 \tag{4-69}$$

在工程项目的经济分析中，一般视净利润为可供分配的净利润，可按照下列顺序分配。

(1) 提取盈余公积。一般企业提取的盈余公积分为两种：一是法定盈余公积，在其金额累计达到注册资本的50%以前，按照可供分配的净利润的10%提取；达到注册资本的50%，可以不再提取。二是任意盈余公积，是企业为了适应经营管理，控制利润分配水平，以及调整各年度利润分配波动等方面的需要，在向投资者分配利润前，按公司章程或董事会决议，从税后利润中按一定比例提取的一种准备金。

(2) 法定公益金，按可供分配的净利润的5%提取。

(3) 向投资者分配利润（应付利润）。企业以前年度未分配利润，可以并入本年度向投资者分配。

(4) 未分配利润，即未做分配的净利润。可供分配利润减去盈余公积、公益金和应付利润后的余额，即为未分配利润。

第六节 项目寿命期测算

项目寿命期是指项目从开始建设项目经济寿命期终止所经历的时间，包括建设期和生产期两个阶段。

一、项目建设期

项目建设期是指项目从提出建议到建成投产所需要的时间。建设期是经济主体为了获得未来的经济效益而筹措资金、垫付资金的过程，在此期间，只有投资没有收入，因此在不影响工程质量的情况下，要求项目建设期越短越好，尽量提前投产，早出效益。建设期短，可节省利息，减少投资，降低工程造价。

建设期长短受项目的规模、物质条件及建设方式等因素制约，一般可按单位工程、单项工程分别确定，然后汇总即为项目建设期；也可按项目直接确定总工期。

二、生产期

生产期也叫经济寿命期，是指项目建成投产后的生产期限，即从投产开始，直到其主要设备在经济上不宜再继续使用所经历的所有时间。项目投产后，由于产品的试生产，生产能力往往达不到设计能力，此段时间称为投产期；产品达到设计产量后的生产期称为达产期。因此，经济寿命周期由投产期和达产期两个阶段构成。经济寿命期的长短对投资方案的经济效益影响很大，因此要认真分析，合理地加以确定。

1. 按产品的寿命周期确定

随着科学技术的迅猛发展，产品更新换代的速度越来越快。对于特定性较强的工程项目，由于其厂房和设备的专用性，当产品已无销路时，必须终止生产，同时又很难转产，不得不重建或改建项目。因此对轻工和家电产品这类新陈代谢较快的项目就适合按产品的寿命周期确定项目的经济寿命周期。

2. 按主要工艺设备的经济寿命确定

这种方法适用于通用性较强的制造企业，或者生产产品的技术比较成熟，因而更新速度

较慢的工程项目类型。

3. 综合分析确定

一般大型复杂的综合项目采用综合分析法确定其经济寿命周期。如钢铁企业规模大，涉及问题多，综合各种因素，我国规定其经济寿命周期为 20 年左右；机械制造企业一般为 10 年左右。

本章小结

本章主要介绍了工程技术经济学的基本概念和工程技术经济分析的基本经济要素。

经济效果评价是工程技术经济学的核心内容。经济效果是指人们在各种社会实践活动中，为达到某一目的所取得的劳动成果与劳动消耗的比较。技术方案经济效果评价的实质是在一定的劳动成果下使社会劳动中的物化劳动和活劳动消耗总额达到最少。经济效益是有益的经济效果，是社会劳动所带来的能满足社会需要的产品价值。

技术经济分析的基本经济要素主要有投资、成本、折旧、价格、销售收入、税金和利润，技术经济分析实际上就是对这些基本经济要素给方案所带来的收益或支出进行分析。掌握各基本经济要素的内涵和估算方法是正确分析技术方案的前提。

投资是为获取未来价值对项目的实施与经营而预先垫付的资金。建设项目的投资主要包括固定资产投资和流动资产投资，另外，建设期贷款利息和固定资产投资方向调节税也属于项目投资内容。固定资产投资大小的估算方法主要有单位生产能力法、生产规模指数法等。

成本是指以货币形式表现的产品在生产或销售过程中所消耗的劳动手段和劳动对象的价值，以及支付给劳动者的工资。成本的估算方法主要有详细估算法和概略估算法，详细估算法按总成本的有关内容逐项估算，在缺乏详细资料和定额的情况下可用概略法进行成本的估算。

折旧是指固定资产在使用或闲置过程中由于磨损而逐步转移到产品价值中的价值，从产品销售收入中提取折旧费用是对固定资产价值损耗的补偿。折旧费的计提方法主要有平均年限法、工作量法、双倍余额递减法和年数总和法。在我国，一般企业的固定资产折旧费用的提取使用前两种方法，这两种方法统称为直线折旧法，后两种方法都是加速固定资产折旧的方法，主要用于在国民经济中具有重要地位、技术进步较快的电子产业等的固定资产折旧费的提取。

价格是以货币形式表现的生产该种产品的社会生产费用，通常由成本、利润和税金构成。技术经济分析中采用的价格主要有市场价格和影子价格。在技术方案的企业评价中，方案的费用与效益都是用市场价格来计量的，影子价格是为计量方案对整个国民经济所带来的费用与收益而设立的，在技术方案的国民经济评价中必须采用影子价格。

销售收入是技术方案向社会提供商品或劳务的货币收入，利润是销售收入扣除总成本和税金后的余额，税金是国家对有纳税义务的单位和个人征收的财政资金。

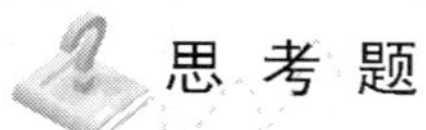

思考题

1. 财务基础数据有哪些？

2. 简述总投资的构成及测算方法。

3. 建设期利息如何计算?

4. 折旧的计算方法及各方法的异同?

5. 营业税金及附加中包括哪些税种?

6. 利润总额、净利润及未分配利润有何关系?

练习题

1. 某项目计划采用进口设备,设备重1000吨,离岸价为400万美元,国际运费标准为300美元/吨,海上运输保险费率为0.266%,中国银行费率为0.5%,外贸手续费率为1.5%,关税税率为22%,增值税税率为17%,美元的银行牌价为6.83元人民币,设备的国内运杂费率为2.5%。

问题:试对该设备估价。

2. 某项目的工程费为250 000万元,按本项目进度计划,项目建设期为5年,5年的工程费分年度使用比例为第一年10%,第二年20%,第三年30%,第四年30%,第五年10%,建设期内年平均价格变动率为6%,试估计该项目建设期的涨价预备费。

3. 某工业建设项目投资构成中,设备及工器具购置费为500万元,建筑安装工程费为1500万元,建设工程其他费用为200万元。本项目预计建设期为3年,初步估算假定,建筑安装工程费在建设期内每年等额投入,设备及工器具购置费和建设工程其他费用在第三年投入,基本预备费率为10%,建设期内预计年平均价格总水平上涨率为6%,贷款利息为135万元。

问题:(1)试述建设项目总投资是由哪些项目构成的;

(2)试估算该项目的建设投资。

4. 某项目固定资产投资估算为4500万元,全部由银行贷款,年利率8%,各年按季度均衡发放,第一年支付650万元,第二年2500万元,第三年1350万元,求建设期利息。

5. 某建设项目达到设计生产能力后,全厂定员为1100人,工资和福利费按照每人每年7200元估算。每年其他费用为860万元(其中,其他制造费用为660万元)。年外购原材料、燃料、动力费估算为19 200万元。年经营成本为21 000万元,年修理费占年经营成本10%。各项流动资金最低周转天数分别为:应收账款30天,现金40天,应付账款30天,存货40天。试用分项详细估算法估算拟建项目的流动资金。

6. 某地拟建年产6亿粒三七通舒胶囊的制药项目。根据可行性研究提供的主厂房工艺设备清单和询价资料,估算出该项目主厂房设备投资约4223万,主厂房的建筑工程费占设备投资的18%,安装费占设备投资的12%,该厂房投资有关的辅助工程及附属设备投资系数见表4-6。

表4-6　　辅助工程及附属设备投资系数

辅助生产项目	公用工程	服务性工程	环境保护工程	总图运输工程	工程建设其他费
9%	12%	0.7%	2.8%	1.5%	32%

本项目的资金来源为自有资金和贷款,贷款总额为6416万元(不含利息),贷款利率为

6%（按年计息）。建设期 3 年，第 1 年投入 30%，第 2 年投入 50%，第 3 年投入 20%。预计建设期物价平均上涨 3%，基本预备费率为 10%。项目达到设计生产能力后，劳动定员 240 人，年标准工资为 1.5 万元/人，年福利费为工资总额的 14%。年其他费用 20 820 万元（其中其他制造费用 820 万元），年外购原材料、燃料动力费 9482 万元。经营成本为 30 877 万元。年修理费按固定资产原值的 2.5%计取（建设投资中工程建设其他费用全部形成无形及其他资产）。年销售收入为 50 000 万元。各项流动资金最低周转天数分别为：应收账款 45 天，现金 30 天，应付账款 60 天，原材料、燃料动力 90 天，在产品 3 天，产成品 20 天。

问题：(1) 试用分类估算法估算该项目主厂房投资和项目建设的工程费与其他费投资。

(2) 估算该建设项目投资和建设期利息。

(3) 用分项详细估算法估算拟建项目的流动资金。

7. 某项目固定资产原值 600 000 万元，预计使用年限 8 年，残值率 10%，按平均年限法、双倍余额递减法和年数总和法分别计算每年的折旧费，并加以分析比较。

8. 某企业一台精密机床，原值为 35 万，预计净残值率为 6%，预计完成的总工作量为 13 160h。5 月份该机床实际工作 220h。请采用工作量法计算该机床 5 月份应提折旧额。

9. 某公司以 100 万元购进一台设备，残值率为 5%，按规定使用年限为 10 年，每年设备的工作量数见表 4-7。试分别用平均年限法、工作量法、双倍余额递减法、年数总和法计算各年应该计提的折旧额是多少。

表 4-7　按不同折旧方法计算的设备每年折旧额

使用年限	年工作量（h）	年计提折旧额（万元）			
		平均年限法	工作量法	双倍余额递减法	年数总和法
1	20				
2	30				
3	30				
4	30				
5	40				
6	40				
7	40				
8	40				
9	30				
10	20				
合计	320				

10. 甲建筑公司以 1.6 亿元的总承包额中标为某房地产开发公司承建一幢写字楼，之后甲建筑公司又将该写字楼的装饰工程以 7000 万元分包给乙建筑公司。工程完工后，房地产开发公司用其自有的市值 4000 万元的两幢普通住宅楼抵顶了甲建筑公司的工程劳务费；甲建筑公司将一幢普通住宅楼自用，另一幢市值 2200 万元的普通住宅抵顶了应付给乙建筑公司的工程劳务费。试分别计算有关各方应缴纳和应扣交的营业税税款。

第五章 工程项目经济评价方法

工程项目经济评价是在完成市场调查与预测、拟建规模、技术方案论证、投资估算与资金筹措等可行性分析的基础上，对拟建项目各方案投入与产出的基础数据进行推测、估算，对拟建项目各方案进行评价和选优的过程。

工程项目经济评价包括企业经济评价和国民经济评价，我们将在本章和下一章分别进行讨论。本章重点介绍企业经济评价的主要内容、理论、方法。

第一节 企业经济评价概述

一、企业经济评价的意义

企业经济评价是在国家现行财税制度和市场价格体系下，分析预测项目的财务效益与费用，计算经济评价指标，考察拟建项目的盈利能力和清偿能力以及外汇平衡能力等财务状况，据以判断项目的财务可行性，因此也被称为企业财务评价。企业经济评价是建设项目经济评价的重要组成部分，是项目决策的重要依据。企业经济评价是从企业或项目的角度出发，根据国民经济、社会发展战略和行业地区发展规划的要求，在做好产品的市场需求预测及场址选择等工程技术的基础上，分析项目建成后在财务上的获利状况及借款偿还能力，从微观方面对其建设的财务可行性和经济合理性进行分析论证，最大限度地提高投资效益，为项目的科学决策提供可靠的依据。

企业经济评价对项目投资决策、获得贷款和有关部门审批具有十分重要的意义。

1. 企业经济评价是项目投资决策的重要依据

通过企业经济评价，能科学的分析拟建项目的盈利能力、偿还能力，进而为投资决策提供了科学的依据，也为项目实施后加强经营管理、提高经济效益打下了良好的基础。

2. 企业经济评价是银行提供贷款决策的重要依据

通过企业经济评价，银行可以科学的分析项目的偿还能力，从而正确做出贷款决策，以保证银行资金的安全性、流动性和增值性。同时，也可促使银行不断积累经验，提高贷款决策科学化、规范化水平，提高贷款的使用效益。

3. 企业经济评价是有关部门审批项目的重要依据

在市场竞争中，企业的生存和发展主要取决于自身的财务效益好坏。因此，有关部门在审批拟建项目时，往往以其财务效益作为重要依据。

二、企业经济评价的目的

1. 衡量项目的盈利能力

盈利水平是评估项目财务效益好坏的根本标志。考察项目的盈利能力，主要是为了弄清项目本身有无自我生存能力和自我发展能力。其衡量指标有绝对指标、相对指标、静态指标、动态指标等。因此，评估项目盈利能力的过程实质就是指标的计算和分析过程。

2. 衡量项目的清偿能力

建设项目建成投产后，需要多少时间才能收回全部投资和清偿银行贷款，这是投资者和银行最为关心的问题之一，也是财务效益好坏的重要标志。只有按期收回全部投资和清偿贷款本息，其回收期和偿还期不超过有关规定，项目的清偿能力方能满足要求。

3. 衡量项目的外汇效果

有涉及外汇收支的项目，还要计算项目的外汇效果。通过计算外汇收入、换汇成本、节汇成本等指标，衡量项目外汇效果的好坏，是项目财务效益可行性评估的重要指标之一。

三、企业经济评价的原则

1. 效益与费用计算价值尺度一致的原则

财务效益评价只计算项目本身的直接效益和直接费用，不考虑外部效果。为此，在财务评估中计算效益和费用时，应注意计算价值尺度的一致性，避免人为扩大效益和费用的计算范围，使费用与效益缺乏可比性，造成财务评价效果失真。

2. 静态分析与动态分析相结合，以动态分析为主的原则

静态分析是一种不考虑资金时间价值的分析方法。它具有计算简便、容易理解掌握等特点，但也存在计算结果不够客观、不能正确反映项目财务真实效益等缺点。而动态分析恰好弥补了静态分析的不足，它是一种充分考虑了资本金时间价值因素，根据项目整个经济寿命期各年的现金流入量和流出量进行分析的方法，尽管动态分析的计算过程稍显复杂，但计算出的指标能够较为准确的反映拟建项目的财务效益。因此，在财务评价中，应坚持以动态分析为主，静动结合的分析原则。

3. 以预测价格为原则

由于项目的计算期一般较长，受市场供求关系变化等因素影响，投入物和产出物的价格在计算期内肯定会发生变化。若以现行价格作为价值衡量尺度，不考虑市场供求关系变化，不考虑物价上涨等因素，则计算出的费用和效益难免失真。为此，在财务评价中应采用以现行价格体系为基础的预测价格，对拟建项目的财务效益做出客观评价。

第二节　企业经济评价的指标体系

对工程技术方案进行经济性评价，其核心内容是经济效果的评价。其目的在于确保决策的正确性和科学性，避免或最大限度的减少工程项目投资的风险，明确建设方案投资的经济效果水平，最大限度的提高工程项目投资的综合经济效益。为此，正确选择经济效果评价的指标和方法是十分重要的。

评价工程项目方案经济效果的好坏，一方面取决于基础数据的完整性和可靠性，另一方面则取决于选取的评价指标体系的合理性，只有选取正确的评价指标体系，经济评价的结果能与客观实际情况相吻合，才具有实际意义。

在工程项目评价中，按计算评价指标时是否考虑资金的时间价值，将评价指标分为静态评价指标和动态评价指标。静态评价指标是在不考虑时间因素对货币价值影响的情况下直接通过现金流量计算出来的经济评价指标。静态评价指标的最大特点是计算简便，适用于评价短期投资项目和逐年收益大致相等的项目。动态评价指标是在分析项目的经济效益时，要对发生在不同时间的效益、费用计算资金的时间价值。动态评价指标能较全面的反映投资方案

整个计算期的经济效果，适用于计算期较长的方案评价。

在工程项目评价中，按评价指标的性质，也可将评价指标分为盈利能力分析指标、清偿能力分析指标和财务生存能力分析指标。项目评价指标的分类如图5-1和图5-2所示。

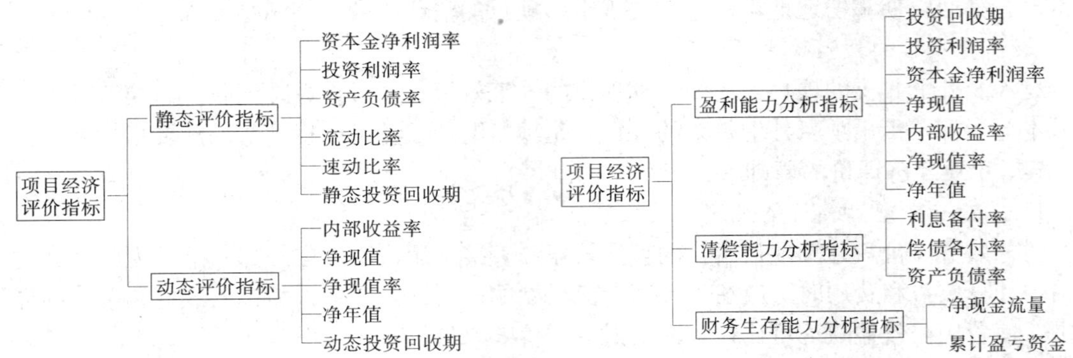

图5-1 项目经济评价指标体系

图5-2 按项目经济评价的性质划分的指标体系

根据计算资金时间价值的五个要素分类，评价指标和方法可以分为：现值分析法、年值分析法、终值分析法、回收期法和收益率法，其中终值分析法较少采用，还有其他的分类方法，这里就不逐一叙述了。本章将选取项目经济评价指标体系中较常用的一些指标，分析它们的计算方法及经济判别标准。

第三节 工程项目经济评价方法

一、现值分析法

现值分析法是在对方案未来的现金流量进行科学合理的预测和估算的基础上，把方案在寿命周期内所发生的现金流量按照要求达到的折现率折算到建设期初的现值之和，并根据该数值的大小来评价、选择方案的方法。现值法是动态的评价方法。

（一）净现值法

方案的净现值（NPV），是指将方案在寿命期内各年的净现金流量（$CI-CO$）$_t$，按照一个预定的基准收益率 i_c 折现到期初时的现值之和，它表示投资项目在整个寿命周期内折算为起始点的总经济效益。其表达式为

$$NPV=\sum_{t=0}^{n}(CI-CO)_t(1+i_c)^{-t} \tag{5-1}$$

式中 NPV——净现值；

$(CI-CO)_t$——第 t 年的净现金流量，其中 CI 为现金流入，CO 为现金流出；

i_c——基准收益率；

n——方案的计算期（年）。

当建设期初有投资 C，各年有等额净现金流量 A 时，NPV 的表达式为：

$$NPV=A(P/A,i_c,n)-C \tag{5-2}$$

当 $NPV=0$ 时，表示未来的净收益刚好能收回投资，投资收益率正好等于 i_c；当 $NPV<0$时，表示未来的净收益不能将投资全部收回，投资收益率低于 i_c，当 $NPV>0$ 时，

表示未来的净收益不仅能将投资收回，而且还有剩余，净现值越大，盈利越大，项目投资收益率高于 i_c。因此，用净现值指标评价单个方案的准则是：若 $NPV \geqslant 0$，方案可行；若 $NPV < 0$，则方案不可行。当多方案比较时，若各方案的寿命期相同，在没有投资限额的约束下，投资者所追求的目标是获得最大的经济效益，则净现值越大的方案相对越优；若各方案的寿命期不相同，则必须通过一些假设条件使各方案具有相同的研究周期。

【例 5-1】 某设备的购价为 40 000 元，每年的运行收入为 15 000 元，年运行费用 3500 元，4 年后该设备可以按 5000 元转让，如果基准折现率 $i_c = 20\%$，问此项设备投资是否值得？

解 按净现值指标进行评价。

$$NPV = -40\,000 + (15\,000 - 3500)(P/A, 20\%, 4) + 5000(P/F, 20\%, 4)$$
$$= -7818.5\ (万元)$$

由于 $NPV < 0$，此投资方案不可行。

【例 5-2】 在上例中，若其他情况相同，如果基准折现率 $i_c = 5\%$，问此项投资是否值得？

解 计算此时的净现值。

$$NPV = -40\,000 + (15\,000 - 3500)(P/A, 5\%, 4) + 5000(P/F, 5\%, 4) = 4892.5\ (万元) > 0$$

即若基准收益率为 5%，此项投资是可行的。

显然，净现值的大小与基准折现率 i_c 有很大关系。一般情况下，同一净现金流量的净现值随着折现率 i_c 的增大而减小，故基准折现率 i_c 定得越高，能被接受的方案越少。因此，国家正是通过制定并颁布各行业的基准收益率，作为投资调控的手段。国家按照企业和行业的平均投资收益率，并考虑产业政策、资源劣化程度、技术进步和价格变动等因素，分行业确定并颁布基准收益率。

净现值法的主要优点是：考虑了资金的时间价值，全面考虑了项目整个寿命期的经营情况，经济意义明确，计算简便。

净现值法的缺陷是：①需要预先给定折现率，而给定折现率的高低又直接影响净现值的大小。如果折现率定的略高，可行的项目就有可能被拒绝；折现率定的低，不合理的项目也可能被接受。因此，运用净现值法，需要对折现率进行客观、准确的估计。②净现值不能反映项目投资中单位投资的使用效率，不能直接说明在项目运营期间各年的经营成果。因为一个效益较好的小型项目的净现值，比一个效益不太好的大型项目的净现值可能要小的多。比如方案甲投资 100 万元，方案净现值为 50 万元，方案乙投资 10 万元，按同一折现率计算的方案净现值为 20 万元，我们可以认为两方案都可行，因为两方案在规定的折现率下都存在超额收益。但是，在资金有限的条件下不能因为方案甲的净现值大于方案乙的净现值，就说方案甲优于方案乙。此时，还应考虑效益费用比，因为甲方案的投资现值为乙方案的 10 倍，而其净现值只有 2.5 倍，如果建设 10 个乙方案项目，则净现值可达 200 万元，与甲方案投资相同而效益翻两番。③在互斥方案评价时，净现值必须慎重考虑互斥方案的寿命，如果互斥方案寿命不等，必须构造一个相同的研究期，才能进行各个方案之间的比选。

（二）净现值率法

由于净现值只能衡量项目净收益的大小，而没有反映出净收益是在多大投资额下获得的，因而不直接反映资金的利用效率。为了克服净现值的这一缺点，考察资金的利用效率，人们通常用净现值率（$NPVR$）作为净现值的辅助指标。在资金有限的条件下，$NPVR$ 常作为投资项目排列优先次序的依据，$NPVR$ 大的项目应优先安排。净现值率是项目净现值与项目投资总额现值 I_p 之比，其经济含义是单位投资现值所能带来的净现值，表示单位投资获取收益的能力。其计算公式为

$$NPVR = \frac{NPV}{I_p} \tag{5-3}$$

式中 I_p——项目投资额的现值。

对于单一方案评价而言，若 $NPV \geqslant 0$，则 $NPVR \geqslant 0$（因为 $I_p > 0$），项目可行；若 $NPV < 0$，则 $NPVR < 0$（因为 $I_p > 0$），项目不可行。故净现值率法与净现值法评价单一项目经济效果时，总能得出相同的结论，是等效评价指标。即，净现值率为负数、正数或零，分别表示项目达不到、超过、刚好达到基准收益率。

【例 5-3】 有两个投资方案，有关数据见表 5-1，试用 $NPVR$ 法分析两方案是否可行。在资金有限的约束下，哪个方案应优先考虑？

表 5-1

方案	初始投资（万元）	年收益（万元）	寿命（年）	收益率 i（%）
1	3000	1000	5	15
2	3650	1200	5	15

解 $$NPVR_1 = \frac{NPV}{I_p} = \frac{1000(P/A, 15\%, 5) - 3000}{3000} = \frac{352.2}{3000} = 0.1174$$

$$NPVR_2 = \frac{NPV}{I_p} = \frac{1200(P/A, 15\%, 5) - 3650}{3650} = \frac{372.6}{3650} = 0.1020$$

两方案的 $NPVR$ 均大于零，两方案都是可行的。但在有资金约束的条件下，虽然方案 1 的净现值为 352.2 万元，小于方案 2 的净现值 372.6 万元，但方案 2 比方案 1 多投资了 650 万元，进一步计算两方案的净现值率可知，方案 1 的 $NPVR$ 是 0.1174，大于方案 2 的 0.1020，故在考虑资金约束的条件下，方案 1 优于方案 2。

由［例 5-3］可知，用净现值指标来选择方案时，往往趋向于选择投资额大、盈利相对较多的方案；而用净现值率为标准，则往往会选择资金利用效率高的方案，这在资金缺乏的情况下，更具有吸引力。在实际应用时应视具体情况而定，一般是将净现值率配合净现值，作为净现值的辅助指标而用。

二、年值分析法

与净现值指标相类似的还有一个评价指标是年值（AE），它是通过资金等值计算，将项目的净现值分摊到寿命期内各年的等额年值。其表达式为

$$AE = NPV(A/P, i_c, n) \tag{5-4}$$

由于 $(A/P, i_c, n) > 0$，所以，只要 $NPV \geqslant 0$，则 $AE \geqslant 0$，方案在经济效果上就是可行的；若 $NPV < 0$，则 $AE < 0$，方案在经济效果上应予否定。因此，年值与净现值是等效评价指标，在评价单个方案是否可行时，两者总能得出相同的结论。而且，两者都要在给出的基准收益率的基础上进行计算。

【例 5-4】 根据［例 5-1］，用年值法判断项目是否可行。

解 $AE = NPV(A/P, i_c, n) = -7818.5(A/P, 20\%, 4) = -3020.3$（万元）

由于 $AE<0$，此投资方案不可行。

对于单一方案取舍，实践中通常采用净现值指标；而在多方案选优时，尤其是对寿命期不相等的方案进行经济效果比较时，年值法具有独特的优点，它无需将各方案换算为相等的分析周期即可进行比较评价，计算简便。

三、收益率分析法

净现值法和年值法虽然简单易行，但必须事先给定一个折现率，而且计算的结果只是知道方案是否达到或超过基本要求的效率，并没有求得方案实际达到的投资效率。内部收益率法则可以弥补这一不足，它不需要事先给定折现率，通过计算求出的就是项目实际能达到的投资效率（即内部收益率）。

内部收益率（IRR），简单地说就是使投资方案在计算期内各年净现金流量的现值累计等于零时的折现率。其计算公式为

$$\sum_{t=0}^{n}(CI-CO)_t(1+IRR)^{-t}=0 \qquad (5-5)$$

式中　$(CI-CO)_t$——第 t 年的净现金流量，其中 CI 为现金流入，CO 为现金流出；

n——方案的计算期；

IRR——内部收益率。

设基准收益率为 i_c，用内部收益率指标 IRR 评价单一方案的判别准则是：

若 $IRR \geqslant i_c$，则项目在经济效果上可以接受；

若 $IRR < i_c$，则项目在经济效果上应予否定。

一般情况下，当 $IRR \geqslant i_c$ 时，会有 $NPV \geqslant 0$；反之，当 $IRR < i_c$ 时，则 $NPV<0$。因此，对于单一方案的评价，内部收益率准则与净现值准则，其评价结论是一致的。

对于常规投资项目而言，NPV 的总趋势是随着 i 的增大而减小，即 NPV 是 i 的递减函数，二者的关系见图 5-3。

在图 5-3 中，随着折现率的不断增大，净现值不断减小，当净现值为零，此时的折现率即为内部收益率 IRR。

内部收益率是一个未知的折现率，由式（5-5）可知，求方程式中的折现率需解高次方程，不易直接求解。在实际工作中，通常采用“线性内插法”求 IRR 的近似解。

$$IRR=i_1+\frac{NPV_1}{NPV_1+|NPV_2|}(i_2-i_1) \qquad (5-6)$$

其原理如图 5-4 所示。

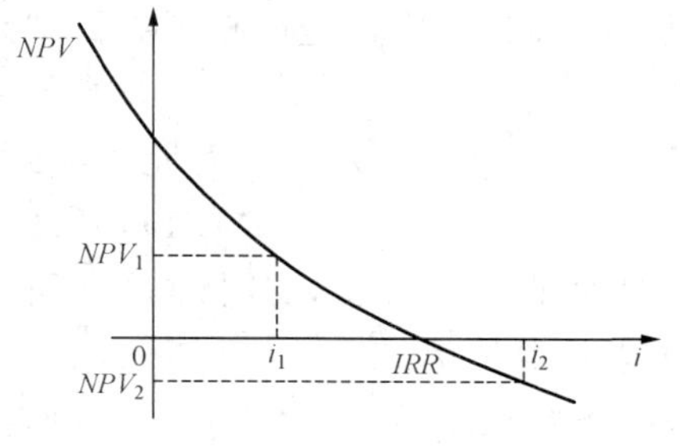

图 5-3　净现值函数曲线

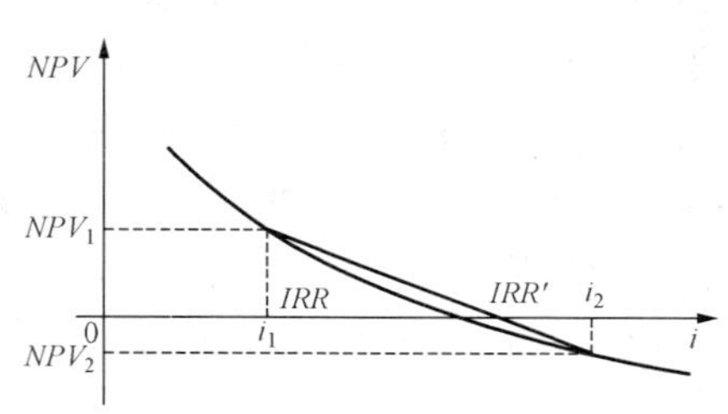

图 5-4　内部收益率线性内插法示意图

从图 5-4 可以看出，IRR 在 i_1 与 i_2 之间，用 IRR'近似代替 IRR，其计算精度与 i_1 和 i_2 的距离有关。i_1 和 i_2 之间的差距越小，IRR'就越接近 IRR 的真实值，计算结果就越精确；反之，结果误差就越大。故为了保证 IRR 的计算精度，i_1 和 i_2 之间的差距一般不超过 2%，最大不宜超过 5%。用线性内插法计算 IRR 的步骤如下。

(1) 设初始折现率值 i_1，一般可以先取基准收益率 i_c 作为 i_1，并计算对应的净现值 NPV_1。

(2) 若 $NPV_1 \neq 0$，则根据 NPV_1 是否大于零，再设 i_2。若 $NPV_1 > 0$，则试用 i_2（$i_2 > i_1$）计算 NPV_2，若 $NPV_1 < 0$，则用 i_2（$i_2 < i_1$）计算 NPV_2。

(3) 如果 NPV_2 的计算结果与 NPV_1 同为正或同为负，则再用 i_3 来计算 NPV_3，直到出现 NPV_n 与 NPV_{n-1}异号为止，这样就能使 $NPV=0$ 时的 IRR 在 i_{n-1}和 i_n 之间，将相关数据代入式（5-6），用线性内插法求得 IRR 近似值。

【例 5-5】 某建厂方案的初始投资为 5000 万元，预计寿命期 10 年中每年可得净收益 800 万元，第 10 年末收回残值 2000 万元，基准收益率为 10%，计算该项目的内部收益率，并判断项目是否可行。

解 $NPV = \sum_{t=0}^{n}(CI-CO)_t(1+IRR)^{-t} = -5000 + 800(P/A, IRR, 10) + 2000(P/F, IRR, 10)$

用试算法计算：

假设 $i_1=10\%$，$NPV_1 = -5000 + 800(P/A, 10\%, 10) + 2000(P/F, 10\%, 10) = 686.6 > 0$

假设 $i_2=12\%$，$NPV_2 = -5000 + 800(P/A, 12\%, 10) + 2000(P/F, 12\%, 10) = 164.2 > 0$

假设 $i_3=13\%$，$NPV_3 = -5000 + 800(P/A, 13\%, 10) + 2000(P/F, 13\%, 10) = -69.8 < 0$

用线性内插法求 IRR：

$$IRR = 12\% + \frac{164.2}{164.2 + 69.8} \times (13\% - 12\%) = 12.7\%$$

即该项目的内部收益率为 12.7%，大于基准收益率 10%，所以该项目在经济效果上是可行的。

内部收益率是项目投资的盈利率，由项目现金流量决定，即内在决定的，反映了投资的使用效率。但是，内部收益率反映的是项目寿命期内没有回收的投资的盈利率，而不是初始投资在整个寿命期内的盈利率。因为在项目的整个寿命期内按内部收益率 IRR 折现计算，始终存在未被回收的投资，而在寿命结束时，投资恰好被全部收回。也就是说，在项目寿命期内，项目始终处于“偿付”未被收回的投资的状况，内部收益率正是反映了项目“偿付”未被收回投资的能力，它取决于项目内部。

比如，某方案初期投资 1000 万元，IRR 为 10%，第一年净收入 350 万元，第二年净收入 300 万元。由于初期投资在第一年末的等值为 1100 万元（即 1000×1.1），所以第一年末被回收的资金为 750 万元（1100－350）。根据 IRR 的经济含义，10%是未回收的资金的收益率，那么第一年未回收的 750 万元到第二年末的等值为 825 万元（即 750×1.1），减去第二年的净收入 300 万元，到第二年末未回收的资金为 525 万元，依此类推，到寿命期结束，使得未回收的资金正好等于零。在这里假定了已回收资金用于再投资的收益率与

IRR 相等。

需要指出的是内部收益率计算适用于常规投资方案，否则会出现 IRR 的多个解，用 IRR 指标评价方案失效。所谓常规投资方案，是在寿命期内除建设期或者投产初期的净现金流量为负值之外，其余年份均为正值，寿命期内净现金流量的正负号只从负到正变化一次，且所有负现金流量都出现在正现金流量之前。

内部收益率指标的优点除了与其他动态指标一样，考虑了资金的时间价值以及项目在整个计算期内的经济状况外，还有自己独特的优点：一是内部收益率值取决于项目的净现金流量的情况，这种项目内部决定性，使它在应用中具有一个显著的优点，即避免了净现值指标须事先确定基准收益率这个难题，当要对一个项目进行开发，未来的情况和未来的折现率有高度的不确定性时，采用内部收益率对项目进行评价，往往能取得较好的效果；二是用百分比表示，与传统的利息形式一致，非常直观；三是它能反映单位投资的收益性，当投资来源有限，必须把有限资金分配给最能有效利用资金的项目时，内部收益率是一种适宜的评价指标。内部收益率法的不足是计算比较麻烦，对于非常规现金流量的项目来讲，内部收益率可能出现多个解或内部收益率不存在，造成投资决策的困难。

【案例分析】

内部收益率法与净现值法的比较

W 公司是一个经济实力较强的生产加工企业，产品适销对路，经济效益连年上涨。基于市场需求，公司计划扩大生产规模，经多方调研，公司决定在投资项目 A 和 B 中选择一个。预测两个项目将来的现金流量见表 5-2，项目的资金成本为 10%。

表 5-2　　万元

年份	0	1	2	3	4	5	6
项目 A	−250	100	100	75	75	50	25
项目 B	−250	50	50	75	100	100	125

1. 分析要点及要求

（1）根据 W 公司的资料，分别计算两个项目的内部收益率，进行项目投资的初步决策；

（2）根据 W 公司的资料，分别计算两个项目的净现值，进行项目投资的初步决策；

（3）根据计算结果，画出两个项目的净现值及内部收益率曲线加以比较，以便进行项目投资决策的最终选择。

2. 问题探讨

（1）在进行单一方案可行性分析时，内部收益率法和净现值法的结论是否总是相同？

（2）在多方案比较时，内部收益率法和净现值法的结论是否总是相同？

（3）为什么净现值法比内部收益率法计算简便，但后者却在方案可行研究中得到了广泛的应用？

四、投资回收期分析法

所谓投资回收期，是指投资回收的期限，也就是用投资方案所产生的净现金收入回收全部投资所需的时间。也可以表述为，使项目的累计净现金流量为零的时间。这个指标反映了投资回收速度，也就从一定方面描述了方案的风险，对于投资者来讲，投资回收期越短，投资的回收速度越快，投资方案的风险也越小。

计算投资回收期时，根据是否考虑资金的时间价值，可分为静态投资回收期和动态投资回收期，单位通常用“年”表示。

(一) 静态投资回收期

静态投资回收期，是指在不考虑资金时间价值因素的情况下，用项目每年的净收益回收项目全部投资所需要的时间。其表达式为

$$\sum_{t=0}^{P_t}(CI-CO)_t=0 \tag{5-7}$$

式中 P_t——静态投资回收期（年）；

CI——现金流入量；

CO——现金流出量。

静态投资回收期是考察项目在财务上的投资回收能力的主要静态评价指标，其具体计算又分以下两种情况。

(1) 项目投产建成后各年的净现金流量均相同，则静态投资回收期的计算公式为

$$P_t=\frac{I}{A} \tag{5-8}$$

式中 I——项目投入的全部资金；

A——每年的等额净现金流量。

【例5-6】 某项目投资2000万元，每年的净收益为1000万元，求静态投资回收期。

解 $P_t=\frac{I}{A}=\frac{2000}{1000}=2$（年）

(2) 项目建成投产后各年的净收益不相同，则静态投资回收期的计算公式为

$$P_t=（累计净现金流量开始出现正值的年份数-1）+\frac{上一年累计净现金流量的绝对值}{出现正值年份的净现金流量} \tag{5-9}$$

对于单一方案而言，将计算出来的静态投资回收期 P_t 与基准投资回收期 P_c 比较，若 $P_t \leqslant P_c$，表明项目投入的资金能在规定的时间内收回，方案可以接受；若 $P_t > P_c$，则方案不可行。基准投资回收期可以是国家或部门制定的标准，也可以是企业自己的标准，其确定的主要依据是全社会或全行业投资回收期的平均先进水平，或者是企业期望的投资回收期水平。

对多方案而言，一般不用该方法进行择优比较，但是，在其他条件相同且小于基准投资回收期的前提下，静态投资回收期最小的方案最优。

(二) 动态投资回收期

动态投资回收期是指在给定的基准折现率下，用项目投产后每年净收益的现值来回收全部投资的现值所需要的时间。其表达式为

$$\sum_{t=0}^{P'_t}(CI-CO)_t(1+i_c)^{-t}=0 \tag{5-10}$$

式中 P'_t——动态投资回收期（年）；

i_c——基准收益率。

计算动态投资回收期更为实用的公式为

$$P'_t = (\text{累计净现金流量折现值开始出现正值的年份} - 1) + \frac{\text{上年累计净现金流量折现值的绝对值}}{\text{出现正值年份净现金流量折现值}} \tag{5-11}$$

判别准则：设基准动态投资回收期为 P'_c，若 $P'_t \leqslant P'_c$ 则项目可行，否则应予以拒绝。

【例 5-7】 对于表 5-3 中的净现金流量序列求静态和动态投资回收期，$i_c=10\%$，$P_c=12$ 年。

表 5-3　**净现金流量表**

年份	净现金流量	累计净现金流量	折现系数	折现值	累计折现值
1	−180	−180	0.9091	−163.64	−163.64
2	−250	−430	0.8264	−206.60	−370.24
3	−150	−580	0.7513	−112.70	−482.94
4	84	−496	0.6830	57.37	−425.57
5	112	−384	0.6209	69.54	−356.03
6	150	−234	0.5645	84.68	−271.35
7	150	−84	0.5132	76.98	−194.37
8	150	66	0.4665	69.98	−124.39
9	150	216	0.4241	63.62	−60.77
10	150	366	0.3855	57.83	−2.94
11	150	516	0.3505	52.57	49.63
12～20	150	1866	2.018	302.78	352.41

解　静态投资回收期＝8−1＋84/150＝7.56（年）

动态投资回收期＝11−1＋2.94/52.57＝10.06（年）

由于静态投资回收期和动态投资回收期均小于 12 年，方案可行。

对同一投资项目，由于考虑了资金的时间价值，方案的动态投资回收期要大于静态投资回收期，也就是说，考虑了资金时间价值后项目被拒绝的机会增加了。

（三）投资回收期法的局限性和应用范围

投资回收期法的优点是直观、简单。它反映资金的周转速度，从而对提高资金利用率很有意义。该指标不仅在一定程度上反映了项目的经济性，而且反映了项目的风险大小。这是因为，项目决策面临着未来不确定因素的挑战，这种不确定性所带来的风险，随着时间的延长而增加，为了减少这种风险，就必然希望投资回收期越短越好。因此，投资回收期迎合了那些怕担风险的投资者的心理，是一个易被人们接受的短期评价指标。但是，投资回收期法自身的局限性，决定了该方法一般只作为一个辅助指标与其他指标配合使用。

1. 投资回收期法的局限性

(1) 投资回收期是以投资回收速度作为方案取舍标准，只考虑投资回收以前的效果，没有考虑投资回收以后方案的情况，也没有考虑投资方案的使用年限，因而不能全面反映项目在整个寿命期内真实的经济效果。对于某些试生产期长、项目前期收益较少的长期方案来讲，当评价标准是选择经济效益最高的方案时，如果仅以投资回收期作为取舍的依据，可能得出错误的结论。

(2) 投资回收期在评价方案的风险时可以发挥一定的作用，但这种作用是有限的。投资存在风险，时间越长，不确定性因素发生的机会越多，风险越大，从这个意义上说，回收期可以作为一种度量风险的工具，即投资回收越快，意味着亏本的可能性越小。但是，投资的主要目的不是为了回收资金，而是为了充分发挥投资的效益并获得盈利。投资的风险不仅表现在能否回收资金上，也表现在能否实现预期的盈利上。由于投资回收期法没有考虑投资回收以后方案的收支与盈利，所以它不能反映投资的全部风险。

2. 投资回收期法的应用范围

投资回收期法虽然不宜作为评价经济效益的主要方法，但由于它具有简单易用的优点和一定的评价风险能力，所以在下列情况下，仍然有一定的使用价值。

(1) 资金来源困难的企业，期待尽早收回资金。采用投资回收期法，把投资回收速度作为评选方案的标准，对加速资金回收有一定的意义。

(2) 缺乏预测能力的企业或投资风险较大的方案，为避免蒙受损失，少担风险，采用投资回收期法也具有一定的价值。

(3) 当企业投资的目标是以盈利为主，兼顾资金回收速度时，可以同时采用两种方法进行评价，即以 *NPV* 法为主度量投资的盈利水平，以投资回收期法为辅测定资金的回收速度，做到两者兼顾。

(4) 对于投资额较小且各备选方案的现金流量近似的项目，为了计算简便也可采用回收期法进行方案评价。

第四节 工程项目经济评价的其他指标

一、投资利润率

投资利润率是指项目达到设计生产能力后的一个正常生产年份的利润总额与项目总投资的比率。而一些生产期内各年的利润总额变化幅度较大的项目，应该计算生产期内年平均利润总额与项目总投资的比率。其计算公式为

$$投资利润率 = \frac{年利润总额或年平均利润总额}{总投资} \times 100\% \tag{5-12}$$

式中

年利润总额＝年销售收入－年总成本费用－年销售税金及附加

年销售税金及附加＝年增值税＋年营业税＋年资源税＋年城市维护建设税＋年教育费附加

项目总投资＝建设投资＋建设期利息＋流动资金

项目总投资构成如图 5-5 所示。投资利润率是贷款项目评价的重要指标之一，是反映项目获利能力的静态指标。投资利润率需要与行业平均投资利润率进行比较，以衡量其是否达到本行业的平均水平。投资利润率越高，说明该项目投资效果好。

二、投资利税率

投资利税率是指项目达到生产能力后的一个正常的生产年份的利润和税金总额，或项目生产期内的平均利税总额与总投资的比率。其计算公式为

$$投资利税率 = \frac{年利税总额或年平均利税总额}{总投资} \times 100\% \tag{5-13}$$

年利税总额 = 年销售收入 − 年总成本费用

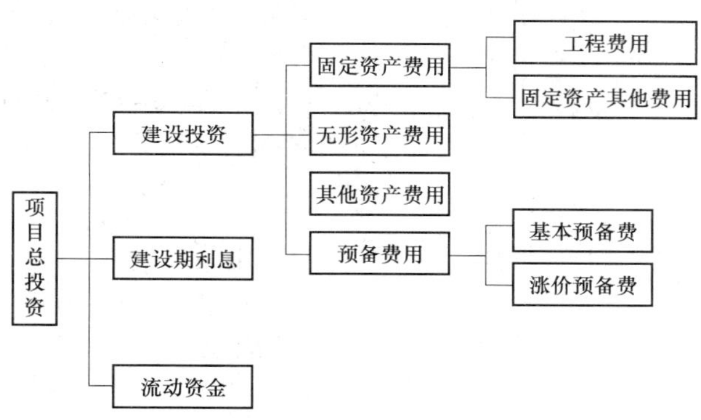

图 5-5　项目总投资构成（按形成资产法分类）

投资利税率越大，说明项目为社会提供的利润和向国家缴纳的税金就越多。同样，投资利税率需要和同行业平均投资利税率做比较，以判断项目盈利水平。

以上两个指标在进行方案比较时，必须遵循可比性原则，在同国内外同类企业的投资收益率进行比较时，必须采用相同的指标，如计算口径不一，则应进行修正计算，否则将会得出不准确的评价结论。

三、流动比率

$$\text{流动比率} = \frac{\text{流动资产}}{\text{流动负债}} \tag{5-14}$$

流动比率越高，表明企业偿付短期负债能力越强。满意的流动比率数值一般要求达到2，比值过高，说明项目持有闲置的（不能盈利的）现金余额；比值过低，不利于企业获得贷款，表明项目可能会面临清偿到期账单、票据的某些困难。

四、速动比率

$$\text{速动比率} = \frac{\text{速动资产或(流动资产} - \text{存货)}}{\text{流动负债}} \times 100\% \tag{5-15}$$

速动比率，反映迅速变现的能力。在流动资产中，现金、银行存款、应收账款、应收票据、短期投资等容易变现，称为速动资产；其数值满意的范围为 1.7～1.0，过高或过低都表示企业财务状况不理想。

五、资产负债率

$$\text{资产负债率} = \frac{\text{各期末负债总额}}{\text{资产总额}} \times 100\% \tag{5-16}$$

适度的资产负债率，表明企业经营安全、稳健，具有较强的筹资能力，也表明企业和债权人的风险较小。对该指标的分析，应结合国家宏观经济状况、行业发展趋势、企业所处竞争环境等具体条件判定。

六、资本金净利润率

项目资本金净利润率表示项目资本金的盈利水平，指项目达到设计能力后正常年份的年净利润或运营期内年平均净利润与项目资本金的比率。

第五节　工程项目外汇效果分析

对于涉及产品出口创汇及替代进口节汇的项目，还应进行外汇效果分析，主要分析指标有外汇净现值和换汇成本、节汇成本。

一、流量分析

外汇流量分析是指外汇流入或流出实际发生的外币数量。

1. 外汇流入量

外汇流入量 FI 主要包括产品外销收入和其他外汇收入。

2. 外汇流出量

外汇流出量 FO 主要是进口原材料、零部件、技术引进、偿付外汇借款利息以及其他外汇支出。

3. 外汇净流量

外汇净流量是指各年外汇流入量与外汇流出量之差（$FI-FO$）。

二、替代进口收入

替代进口收入是指项目经确认可替代进口产品而为国家节省的外汇额。

三、指标计算

1. 外汇净现值

外汇净现值是指根据一定的折现率将各年外汇净现金流量折算为现值之和，是分析和评估项目外汇效益的重要指标，用以衡量项目对国家外汇的净贡献或净消耗。其表达式为

$$NPV_F = \sum_{t=0}^{n}(FI - FO)_t \times (1+i)^{-t} \tag{5-17}$$

式中　NPV_F——外汇净现值；

$(FI-FO)_t$——第 t 年的外汇净流量；

i——折现率，一般可取外汇贷款利率。

该指标直观、明确地反映项目对国家外汇的影响情况。指标数值为正，说明项目对国家外汇有净贡献；指标数值为负，说明项目对国家外汇有净消耗。

对于替代进口的项目，可由净外汇效益替代项目净外汇现金流量来计算外汇净现值。外汇效益为净外汇现金流量与产品替代进口收入之和。

2. 换汇成本

换汇成本是指换取单位外汇所需要的人民币金额。换汇成本是分析、评价项目产品在国际上的竞争力而判断其产品应否出口的指标。其计算式为

$$换汇成本 = \frac{\sum_{t=1}^{n} DR_t(1+i)^{-t}}{\sum_{t=1}^{n}(FI-FO)_t(1+i)^{-t}}\left(\frac{人民币}{美元}\right) \leqslant 当时汇率 \tag{5-18}$$

式中　DR_t——项目第 t 年生产出口产品所需投入的国内资源，包括投资、原材料、工资福利等，单位为人民币（元）；

$(FI-FO)_t$——第 t 年的外汇净流量，单位为美元。

指标值低于或等于当时汇率，认为项目出口可行，项目是可取的；如果高于当时汇率，则应放弃该项目。

3. 节汇成本

节汇成本是指生产替代进口产品每节省1美元外汇需要投入的人民币数额。其计算式为

$$\text{节汇成本}=\frac{\sum_{t=1}^{n}DR_t(1+i)^{-t}}{\sum_{t=1}^{n}(FI-FO)_t(1+i)^{-t}}\left(\frac{\text{人民币}}{\text{美元}}\right)\leqslant\text{当时汇率} \tag{5-19}$$

式中　DR_t——项目第 t 年为生产替代进口产品所投入的国内资源。

计算出的节汇成本与当时汇率相比，如低于当时汇率，则项目是可行的；如果高于当时汇率，则项目是不可行的。

本章小结

本章主要介绍了工程项目经济效果评价指标及外汇效果分析。

工程项目经济效果的企业评价也叫财务评价，它是从企业自身角度出发，对工程项目的直接效益和直接费用进行比较，来衡量工程项目经济效果（实际上是财务效果）的大小，进而进行工程项目的取舍或优选。工程项目经济效果的企业评价是项目可行性研究的主要内容之一。

经济效果评价指标是工程项目企业经济评价的依据和标准。主要有投资回收期、净现值、净年值、净现值率、内部收益率、资产负债率、流动比率等指标。这些指标按其是否考虑了资金时间价值可分为静态评价指标和动态评价指标。以上指标中净现值和内部收益率是两个非常重要的评价指标，二者在决定对单一方案的取舍时，结论总是一致的，但在多方案选优时，结果就未必一致了。投资回收期指标是兼有经济性和风险性测度功能的辅助评价指标。对单一方案评价，净现值与净年值、净现值率是等效的评价指标，但在多方案选优时，结果也未必是一致的。年值法对寿命期不等的多方案比选，具有其独特的优点。

所谓投资回收期，是指投资回收的期限，也就是用投资方案所产生的净现金收入回收全部投资所需的时间。也可以表述为，使项目的累计净现金流量为零的时间。这个指标反映了投资回收速度，也就从一定方面描述了方案的风险，对于投资者来讲，投资回收期越短，投资的回收速度越快，投资方案的风险也越小。

静态投资回收期，是指在不考虑资金时间价值因素的情况下，用项目每年的净收益回收项目全部投资所需要的时间。

动态投资回收期是指在给定的基准折现率下，用项目投产后每年净收益的现值来回收全部投资的现值所需要的时间。

投资回收期法的优点是直观、简单。它反映资金的周转速度，从而对提高资金利用率很有意义。该指标不仅在一定程度上反映了项目的经济性，而且反映了项目的风险大小。这是因为，项目决策面临着未来不确定因素的挑战，这种不确定性所带来的风险，随着

时间的延长而增加，为了减少这种风险，就必然希望投资回收期越短越好。因此，投资回收期迎合了那些怕担风险的投资者的心理，是一个易被人们接受的短期评价指标。但是，投资回收期法自身的局限性，决定了该方法一般只作为一个辅助指标与其他指标配合使用。

投资利润率是指项目达到设计生产能力后的一个正常生产年份得利润总额与项目总投资的比率。而一些生产期内各年的利润总额变化幅度较大的项目，应该计算生产期内年平均利润总额与项目总投资的比率。

投资利税率指项目达到生产能力后的一个正常的生产年份的利润和税金总额，或项目生产期内的平均利税总额与总投资的比率。

在对涉及产品出口创汇或替代进口节汇的投资项目进行评价时需要进行项目外汇效果分析。外汇效果分析的主要评价指标有外汇净现值和换汇成本、节汇成本等。

外汇净现值是指根据一定的折现率将各年外汇净现金流量折算为现值之和，是分析和评估项目外汇效益的重要指标，用以衡量项目对国家外汇的净贡献或净消耗。

换汇成本是指换取单位外汇所需要的人民币金额。换汇成本是分析、评价项目产品在国际上的竞争力而判断其产品应否出口的指标。

节汇成本是指生产替代进口产品每节省1美元外汇需要投入的人民币数额。

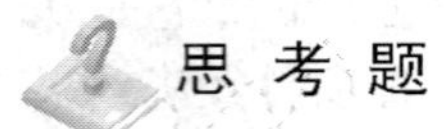

思考题

1. 内部收益率的经济含义是什么？
2. 流动比率、速动比率有何区别？
3. 工程项目经济评价指标中，静态指标和动态指标各有哪些？
4. 简述投资回收期的优、缺点及适用范围。
5. 什么是净现值？基准收益率的变化对项目评价有何影响？

练习题

1. 表5-4为某方案的初始投资、年净收益及使用寿命。

表5-4　项目现金流量表

年	投资	现金流入	现金流出	净现金流量
0	400			
1	750			
2		600	350	
3		550	700	
4～10		500	360	

试完成表中的净现金流量列，在折现率为10%的条件下，判断项目的可行性。

2. 表5-5是某项目的现金流出和现金流入。

表 5－5　项目现金流量表　万元

序号	工作项目	2004 年	2005 年	2006 年	2007 年	2008 年
1	现金流出	1000	1000	800	800	800
2	现金流入	—	800	1200	1500	1500
3	净现金流量					
4	累计净现金					
5	9%的贴现系数	0.9174	0.8417	0.7722	0.7084	0.6499
6	净现值					
7	累计净现值					

（1）将表中 3、4、6、7 行的空格填满。

（2）计算该项目的净现值。

（3）计算静态投资回收期。

（4）计算动态投资回收期。

3. 某工程项目经过几次试算，结果为以折现率 35%计算的净现值是－800 万元，以折现率 33%计算的净现值是－400 万元，以折现率 32%计算的净现值是 1100 万元，试计算其内部收益率。

4. 有一项工程项目计划投资 2000 万元，年总收入 500 万元，年总支出 300 万元，预计 10 年末残值回收为 1000 万元，求该项目的内部收益率。

5. 某新产品开发方案，各年的净收益均相等，若静态投资回收期为 3 年，投资贷款利率为 8%，求动态投资回收期。

6. 某设备的购价为 40 000 元，每年的运行收入为 15 000 元，年运行费用为 3500 元，4 年后该设备可以按 5000 元转让，如果基准折现率为 20%，问此项设备投资是否值得？

7. 购置一间临时仓库约为 8000 元，但一经拆毁无残值。假定每年仓储净收益为 1260 元，问：

（1）若使用 8 年，其 *IRR* 为多少？

（2）如果行业基准收益率为 10%，问该仓库至少使用多少年才值得投资？

8. 设某项目投资为 100 万元，4 年内各年末收益分别为 40 万元、37 万元、24 万元和 22 万元。问：

（1）该项投资的静态投资回收期为多少年？

（2）如 $i=8\%$，该项投资的动态投资回收期为多少年？静态、动态投资回收期何者较长，为什么？

（3）试做投资项目现金流量图并计算 *NPV*（8%）的数值。

（4）计算内部收益率。

第六章　投资方案选择

前面我们介绍的工程项目经济效果的评价指标和判别标准，主要是对评价单一方案而言的。但是，技术经济分析的一个突出的特点是对多个工程项目方案的比较和选优。选优就是从多个可行方案中，通过比较，选择一个或几个技术上先进、经济上合理的最佳方案或满意方案。比较是选优的基础，项目方案之间的比较要做到合理正确，必须明确方案之间的相互关系及可比条件。在项目方案经济效果比较的实践中，由于方案之间关系的复杂性以及资源状况、工艺设备、生产规模和服务寿命等的不同，往往不能简单地用第六章中所讲的评价指标和判别标准来决定方案的取舍或选优。投资决策不仅取决于资源状况等客观条件的限制，而且取决于对方案之间相互关系的正确分析及对评价指标和判别标准的正确掌握。因此，本章主要介绍建筑工程项目多方案之间的相互关系及多方案经济效果比较的评价指标和选优标准。

第一节　工程项目方案之间的相互关系

在多方案的比选中，考察的对象不是单一方案，而是一个方案群，评价追求的目标不是单一方案的局部最优，而是方案群的整体最优。因此，要做出正确的选择，应首先明确方案间的相互关系，然后再选用适宜的指标和方法进行比较和选优。

按项目方案之间的技术、经济、空间、时间等因素的关系，方案群可分为相互排斥型方案、相互独立型方案、相互依存型方案和混合型方案。简称为互斥方案、独立方案、依存方案和混合方案。

一、互斥方案

互斥方案是指方案群中，各方案之间存在着互不相容、互相排斥的关系，接受其一，就要放弃其他，方案不能同时被选择或接受。在一个投资项目的不同备选方案之间，就存在着互斥关系。例如，在某个确定的地点，是用来建工厂、商店、住宅、学校，还是建公园，就是互斥方案。因为只要选择其一，就必须放弃其他，方案间存在着互不相容性。互斥方案的效益之间不具有加和性，决策有较强的优选性，从多个方案中优选一个最佳的方案实施。

二、独立方案

独立方案是指方案群中，各方案之间具有互不相关性，对任何一方案的取舍都不会影响其他方案的取舍，方案可同时存在，没有排他性。例如，某部门欲在几个地点建几个产品不同、销售额互不影响的工厂时，这些方案之间的关系就是独立的，它们组成独立方案群。但是，需要指出独立方案是在资源无限量条件下相互独立的，这种独立方案叫做完全独立方案。若资源有限，不能满足方案群中所有可行项目时，则方案间会相互影响，具有部分互斥关系，此时的独立方案叫做不完全独立方案，或资源限量条件下的独立方案。

三、依存方案

依存方案是指方案群中，某方案的实施要以另一方案或多个方案的实施为条件，方案间存在着相互依存、相互补充的关系。例如，某地住宅小区的建设，要以土地开发、三通（道路通、水通、电通）为前提。这里，小区的建设与土地开发、三通具有依存关系，是依存方案。

四、混合方案

混合方案是指在方案群中，各方案间兼有互斥、独立和依存关系的方案群。例如某企业改造工艺的方案有 A_1、A_2 两个，它们是互斥关系；开发新产品的方案有 B_1、B_2、B_3 三个，它们是独立关系，但开发新产品必须同时解决三废治理，开发新产品与三废治理间存在着依存关系，这就是一个混合方案群。

不同类型的投资方案比较优选的目的只有一个：最有效的利用资金，以取得最佳的经济效益。重要的是根据不同方案的类型，正确选择和使用评估方法。

五、投资方案优选的意义

我国是一个短缺型经济国家，短缺型经济的一个主要特征是供给方面的经常性不足，尤其是资金、资源短缺，希望能用有限的资源获得尽可能多的收益，这就需要对不同方案进行分析比较，从中选出最佳方案加以实施。投资方案优选的主要意义在于：

（1）投资方案优选是实现资源优化配置的有效途径。我国资源短缺，人均拥有量大大低于世界平均水平。这就需要运用定量分析方法对拟建项目诸方案进行筛选，选出一个最佳方案加以实施，以实现有限资源的最优配置，取得最佳的经济效益。

（2）投资方案优选是实现投资决策科学化、民主化的重要手段。经济运行有其特有的客观规律。长期以来，由于受计划经济和认识水平的限制，在决策时容易以主观愿望代替客观规律，造成决策失误和社会资源的浪费。投资方案优选是一种科学的定量分析方法，通过对拟建项目诸方案的分析，选出最优方案，实现投资决策科学化和民主化。

（3）投资方案优选是寻求合理的经济和技术决策的必然选择。在投资过程中，影响投资决策的因素很多，必须经过多方案比较，才能得出正确的结论。不同的投资方案采用的技术经济措施不同，其成本和效益会有较大的差异。因此，通过方案的比较筛选，就可选出一个经济合理、技术先进和效益好的最佳方案。

以下重点介绍互斥方案和独立方案间的经济效果的比较与选优。

第二节 互斥方案的经济效果比较与选择

互斥方案经济效果的比较与选择应包括两个方面的内容：一是考察各个方案自身的经济效果，叫做绝对经济效果检验；二是考察方案间的相对优劣，叫做相对经济效果检验。两种检验的目的和作用各不相同，通常缺一不可，以确保所选方案不但可行而且最优。只有在众多互斥方案中必须选择其中之一时，才可以只进行相对效果检验。

一、投资项目静态优选法

静态法是指投资方案比优时，不考虑时间价值因素的一种优选分析方法。常用的方法有差额投资回收期法、差额收益率法、年折算费用法、总折算费用法。

（一）差额投资回收期法

差额投资回收期是用互斥方案经营成本的节约或增量净收益来补偿其增量投资的年限。假设现有甲、乙两个互斥方案，其效用相同或基本相同，如果其中一个方案的投资额和经营成本都为最小，则该方案就是最理想的方案。但是实践中往往达不到这样的要求。经常出现的情况是某一个方案的投资额小，但经营成本却很高；而另一个方案其投资额较大，但经营成本却较低。这样，投资额大的方案与投资额小的方案就形成了差额投资，此时，就可以用差额投资回收期法进行方案的比较。

差额投资回收期 P_t，是两个方案投资差额 I_2-I_1（$I_2>I_1$）与年经营成本差额 C_1-C_2（$C_1>C_2$）或增量净收益 A_2-A_1($A_2>A_1$）的比值，即

$$P_t=\frac{I_2-I_1}{C_1-C_2}=\frac{I_2-I_1}{A_2-A_1} \tag{6-1}$$

两个方案比优时，差额投资回收期法的判断准则是：若 P_t 小于标准投资回收期 t_0，则投资额大的方案为优；否则，投资额小的方案为优。

【例 6-1】 A 方案投资额为 100 万元，B 方案为 200 万元。A 方案年经营成本为 80 万元，B 方案年经营成本为 60 万元，若标准投资回收期为 6 年，试对方案进行优选。

解
$$P_t=\frac{I_2-I_1}{C_1-C_2}=\frac{200-100}{80-60}=5(\text{年})<6(\text{年})$$

因此，投资额大的 B 方案为优。

以上优选两个方案的生产规模必须相同，方可具备可比性。若两个方案生产规模不相同，为使两者具备可比性，可用每一方案的单位产量投资与单位产量年经营成本或单位产量净收益进行计算比较，此时，计算式为

解
$$P_t=\frac{\dfrac{I_2}{Q_2}-\dfrac{I_1}{Q_1}}{\dfrac{C_1}{Q_1}-\dfrac{C_2}{Q_2}}=\frac{\dfrac{I_2}{Q_2}-\dfrac{I_1}{Q_1}}{\dfrac{A_2}{Q_2}-\dfrac{A_1}{Q_1}} \tag{6-2}$$

式中　Q_1、Q_2——分别为两方案的年产量。

若以上案例年产量分别为 18 万件和 20 万件，则差额投资回收期为

$$P_t=\frac{\dfrac{200}{20}-\dfrac{100}{18}}{\dfrac{80}{18}-\dfrac{60}{20}}=3.08(\text{年})<6(\text{年})$$

结果仍是投资额大的 B 方案为优。

在应用中需要注意的是，差额投资回收期法只能用于两个方案择优的比较，但并不能说明方案本身是否可行。

（二）*差额投资收益率法*

差额收益率法是指通过计算两个方案的差额投资收益率来进行方案比优的一种方法。差额投资收益率为差额投资回收期的倒数，计算式为

两方案产量相同时：
$$R_d=\frac{C_1-C_2}{I_2-I_1}\times 100\%=\frac{A_2-A_1}{I_2-I_1}\times 100\% \tag{6-3}$$

两方案产量不相同时：
$$R_d=\frac{\dfrac{C_1}{Q_1}-\dfrac{C_2}{Q_2}}{\dfrac{I_2}{Q_2}-\dfrac{I_1}{Q_1}}\times 100\%=\frac{\dfrac{A_2}{Q_2}-\dfrac{A_1}{Q_1}}{\dfrac{I_2}{Q_2}-\dfrac{I_1}{Q_1}}\times 100\% \tag{6-4}$$

两个投资方案比优时，若 R_d 大于基准收益率，则投资额大的方案为优，它表明投资的增量（I_2-I_1）完全可以由经营费用的节约（C_1-C_2）或增量净收益（A_2-A_1）来得到补

偿；否则，投资额小的方案为优。

差额投资回收期和差额投资收益率法的优点是简单易懂，能反映追加投资的回收期和收益率，但仍有如下缺点：

(1) 没有考虑资金的时间价值因素，从而夸大了投资方案的投资回收速度；

(2) 没有考虑方案的寿命期，对不同寿命期的方案难以比优；

(3) 没有考虑差额投资回收期之后的收支情况。

(三) 年折算费用法

当互斥方案个数较多时，用差额投资回收期法和差额投资收益率法进行方案比较，要两两比较逐个淘汰，计算量较大。而运用年折算费用法，只需将投资额用标准投资回收期分摊到各年，再与各年的年经营成本相加。方案比优时，年折算费用最小的方案为最优。年折算费用为

$$M = C + \frac{I}{t_0} \tag{6-5}$$

式中　M——年折算费用；

C——年经营成本；

I——项目投资额；

t_0——标准投资回收期。

【例 6-2】 某拟建项目有 4 个投资方案，其投资额和年经营成本见表 6-1，设标准投资回收期为 5 年，且各方案生产规模相同，试用年折算费用法优选方案。

表 6-1　**各方案投资额和年经营成本表**　万元

投资方案	A	B	C	D
投资额 I	500	400	300	200
年经营成本 C	100	150	200	250

解　将有关数据代入年折算费用计算式得

$$M_A = 100 + 500/5 = 200\ (万元)$$
$$M_B = 150 + 400/5 = 230\ (万元)$$
$$M_C = 200 + 300/5 = 260\ (万元)$$
$$M_D = 250 + 200/5 = 290\ (万元)$$

因为 A 方案的年折算费用最小，所以 A 方案为最优。

由 $M=C+\frac{I}{t_0}$ 可知，当 t_0 取值较大时，$\frac{I}{t_0}$ 对年折算费用的影响不如年经营成本 C 敏感，这样，投资额大的方案易被选上。但由于 t_0 较大，资金回收慢，风险增加，经济效益差；当 t_0 取值较小时，$\frac{I}{t_0}$ 对年折算费用的影响增加，投资额大的方案可能就不易被选上，而投资大的方案往往是采用较为先进技术的方案。所以，t_0 取值过小会影响先进技术的采用，不利于技术改造和更新。由此可见，选取一个适当的 t_0 值相当关键，既要考虑新技术的采用，又要考虑经济效益的提高。

(四) 总折算费用法

总折算费用是方案的投资和标准投资回收期内年经营成本的总和。方案比优时，总折算

费用最小的方案为最优。总折算费用为

$$S = I + C \times t_0 \tag{6-6}$$

式中 S——总折算费用；

C——年经营成本；

I——项目投资额；

t_0——标准投资回收期。

【例 6-3】 仍用上例中的有关数据，用总折算费用法优选方案。

解 $S_A=500+100\times5=1000$（万元）

$S_B=400+150\times5=1150$（万元）

$S_C=300+200\times5=1300$（万元）

$S_D=200+250\times5=1450$（万元）

因为 A 方案的总折算费用最小，所以 A 方案为最优。

年折算费用法和总折算费用法在多方案比优时，比差额投资回收期法和差额投资收益率法简单。但折算费用法必须已知标准投资回收期方能进行计算和比较。

折算费用法与差额投资回收期法、差额投资收益率法一样，都没有考虑资金时间价值因素和方案的寿命期，所以误差是难免的。另外，折算费用法也不能反映方案总的盈利情况和投资回收速度。

二、投资项目动态优选法

动态法是指投资方案比优时，考虑资金时间价值因素的一种优选分析方法。下面根据各备选方案寿命周期是否相同，分别说明动态优选法的各种主要评价方法。

（一）寿命周期相同时方案经济效果评价

1. 净现值（NPV）法和费用现值（PC）法

对互斥方案评价，首先分别计算各个方案的净现值，剔除 $NPV<0$ 的方案，即进行方案绝对效果检验，然后对所有 $NPV\geqslant0$ 的方案比较其净现值，选择净现值最大的方案为最佳方案。此为净现值法评价互斥方案的判断准则，即净现值大于或等于零，且在各备选方案中净现值最大的方案是最优可行方案。

在工程经济分析中，对方案所产生的效益相同（或基本相同），但效益无法或很难用货币直接计量的互斥方案进行比较时，常用费用现值 PC 的比较来替代净现值进行评价，采用费用现值 PC 或净现值 NPV 两种方法所得出的结论是完全一致的。两者的区别在于，采用费用现值 PC 法，以费用现值较低的方案为最佳。其表达式为

$$PC = \sum_{t=0}^{n} CO_t(1+i_c)^{-t} = \sum_{t=0}^{n} CO_t(P/F, i_c, t) \tag{6-7}$$

式中 PC——费用现值；

CO_t——第 t 年的现金流出量；

i_c——基准折现率。

采用净现值 NPV 法，以净现值较高的方案为最佳。其表达式为

$$NPV = \sum_{t=0}^{n} (CI - CO)_t(1+i_c)^{-t} = \sum_{t=0}^{n} A_t(P/F, i_c, t) \tag{6-8}$$

式中 NPV——净现值；

$(CI-CO)_t$——第 t 年的净现金流量；

i_c——基准折现率。

【例 6-4】 有 4 个投资方案，初始投资各为 18 万元、25 万元、30 万元、35 万元；年收益各为 12.15 万元、13.4 万元、14 万元、16.5 万元；年经营费用各为 8.1 万元、9 万元、7.7 万元、10 万元；寿命期同为 12 年，基准折现率为 10%，用 NPV 法优选方案。

解

$$NPV_1=-18+(12.15-8.1)(P/A,10\%,12)=9.6\ (\text{万元})$$

$$NPV_2=-25+(13.4-9)(P/A,10\%,12)=4.98\ (\text{万元})$$

$$NPV_3=-30+(14-7.7)(P/A,10\%,12)=12.93\ (\text{万元})$$

$$NPV_4=-35+(16.5-10)(P/A,10\%,12)=9.29\ (\text{万元})$$

四个方案净现值均大于零，故四个方案均可行。其中方案 3 净现值最大，为最优方案。

【例 6-5】 有两个投资方案 A 与 B，寿命期同为 11 年，且两方案效益基本相同，基准收益率 $i_c=10\%$，有关数据见表 6-2。试用费用现值法优选方案。

表 6-2　各方案投资额和年经营成本表　万元/年

项目＼方案／年份	A			B		
	0	1	2～11	0	1	2～11
各年投资额	200	400		300	400	
各年经营成本			200			180

解

$$PC_A=200+400(P/F,10\%,1)+200(P/A,10\%,10)(P/F,10\%,1)=1680.85(\text{万元})$$

$$PC_B=300+400(P/F,10\%,1)+180(P/A,10\%,10)(P/F,10\%,1)=1669.13(\text{万元})$$

因为 $PC_A>PC_B$，所以 B 方案为优。

净现值法是对计算期相同的互斥方案进行相对经济效果评价最常用的方法，而且这种方法只能用于计算期相同的互斥方案选优。

费用现值法由于只考察了方案的费用支出而没有考虑收益指标，不能直接判断方案是否可行。主要适用于满足相同需求的多个方案间的对比分析，尤其是收益很难量化的公益项目和大型基础设施项目，例如教育投资、国防等。如果比较的多个方案间寿命周期不等，需运用相应的方法使其遵循时间可比的原则。

2. 净现值率（$NPVR$）法

单纯用净现值最大为标准进行方案选优，往往导致评价人趋向于选择投资大、盈利多的方案，而忽视盈利额较少，但投资更少，经济效果更好的方案。因此，在互斥方案经济效果实际评价中，当资金无限制时，用净现值 NPV 法选择净现值最大的方案；当有资金限制时，可以考虑用净现值率 $NPVR$ 进行辅助评价。

净现值率大小说明方案单位投资所获得的超额净效益大小。用 $NPVR$ 评价互斥方案，当对比方案的投资额不同，且有明显的资金总量限制时，先行淘汰 $NPVR<0$ 的方案，对余下 $NPVR\geqslant0$ 的方案，选择其中净现值率较大的方案。

【例 6-6】 用净现值率法评价［例 6-4］中的四个方案。

解
$$NPVR_1=\frac{9.6}{18}=0.53$$
$$NPVR_2=\frac{4.98}{25}=0.20$$
$$NPVR_3=\frac{12.93}{30}=0.43$$
$$NPVR_4=\frac{9.29}{35}=0.27$$

因为第一个方案净现值率最大，所以方案1为最优。

本例用净现值法选优，因第3个方案净现值最大，故方案3为最优方案。可见，在多方案选优时，用净现值率 $NPVR$ 评价方案所得的结论与用净现值 NPV 评价方案所得的结论可能会不一致，因为净现值率法是以经济效益作为评价标准的。

3. 增量内部收益率（ΔIRR）法

如果应用内部收益率（IRR）对互斥方案评价，能不能直接按各互斥方案的内部收益率（$IRR_j \geqslant i_c$）的高低来选择呢？答案是否定的。因为内部收益率不是项目初始投资的收益率，而且内部收益率受现金流量分布的影响很大，净现值相同的两个分布状态不同的现金流量，会得出不同的内部收益率。因此，直接按互斥方案内部收益率的高低来选择方案并不一定能选出净现值最大的方案。我们通过一个例题来说明这个问题。

【例6-7】 现有两互斥方案，其净现金流量见表6-3。设基准收益率为10%，试用净现值和内部收益率评价方案。

表6-3 **各方案净现金流量表**

方案	净现金流量（万元）				
	0	1	2	3	4
1	−7000	1000	2000	6000	4000
2	−4000	1000	1000	3000	3000

解 （1）计算各方案净现值 NPV。

$$NPV_1=-7000+1000(P/F,10\%,1)+2000(P/F,10\%,2)+6000(P/F,10\%,3)+4000(P/F,10\%,4)=2801.7\text{（万元）}$$

$$NPV_2=-4000+1000(P/F,10\%,1)+1000(P/F,10\%,2)+3000(P/F,10\%,3)+3000(P/F,10\%,4)=2038.4\text{（万元）}$$

（2）计算各方案内部收益率 IRR。

由
$$-7000+1000(P/F,IRR_1,1)+2000(P/F,IRR_1,2)+6000(P/F,IRR_1,3)+4000(P/F,IRR_1,4)=0$$

解得：$IRR_1=23.67\%$

由
$$-4000+1000(P/F,IRR_2,1)+1000(P/F,IRR_2,2)+3000(P/F,IRR_2,3)+3000(P/F,IRR_2,4)=0$$

解得：$IRR_2=27.29\%$

从计算结果可知，$IRR_1<IRR_2$，如果以内部收益率高者为优作为判别标准，方案2优于方案1；而以净现值为评价准则，$NPV_1>NPV_2$，方案1优于方案2。这就产生了矛盾，到底哪个指标作为评价准则得出的结论正确呢？

由净现值的经济含义可知，净现值最大准则符合收益最大化的决策准则，是正确的。因此，内部收益率 IRR 指标一般不用于多方案的优选上，只能用于单一方案的可行性判断上。实际上，无论采用哪种方法进行方案选优，比较的实质都是判断投资额大的方案与投资额小的方案相比，增量投资能否被其增量净收益抵消或抵消有余，即对增量净现金流量的经济效果做出判断。也就是要看方案 1 比方案 2 多花的投资的内部收益率（即增量投资内部收益率 ΔIRR）是否大于基准收益率 i_c，若 $\Delta IRR \geqslant i_c$，表明多投资能取得满意的经济效益，则投资额大的方案为优；若 $\Delta IRR < i_c$，表明多投资的差额达不到标准要求，则投资额小的方案为优。

增量投资内部收益率 ΔIRR 是指两个投资方案各年差额净现金流量的现值之和为零时的折现率。其表达式为

$$\sum_{t=0}^{n}[(CI-CO)_2-(CI-CO)_1]_t(1+\Delta IRR)^{-t}=0 \tag{6-9}$$

式中　$(CI-CO)_2$——投资额大的方案的净现金流量；

$(CI-CO)_1$——投资额小的方案的净现金流量；

ΔIRR——增量内部收益率。

将表达式（6－9）移项得：$$\sum_{t=0}^{n}(CI-CO)_{2t}(1+\Delta IRR)^{-t}=\sum_{t=0}^{n}(CI-CO)_{1t}(1+\Delta IRR)^{-t} \tag{6-10}$$

因此，增量内部收益率又是两方案净现值相等时的折现率。用增量内部收益率进行方案选优的情形如图 6－1 所示。

在图 6－1 中，两方案净现值曲线交点所对应的折现率即为两方案的增量内部收益率 ΔIRR。若基准收益率为 i_c，因 $\Delta IRR > i_c$，所以投资额大的 B 方案为优，此时 $NPV_B > NPV_A$，用净现值法判断也是 B 方案为优，两指标优选结果一致。若基准收益率为 i_c'，因 $\Delta IRR < i_c'$，则投资额小的 A 方案为优，此时 $NPV_A' > NPV_B'$，用净现值法判断也是 A 方案为优。因此，用增量内部收益率 ΔIRR 与净现值 NPV 两指标优选方案的结论总是一致的。

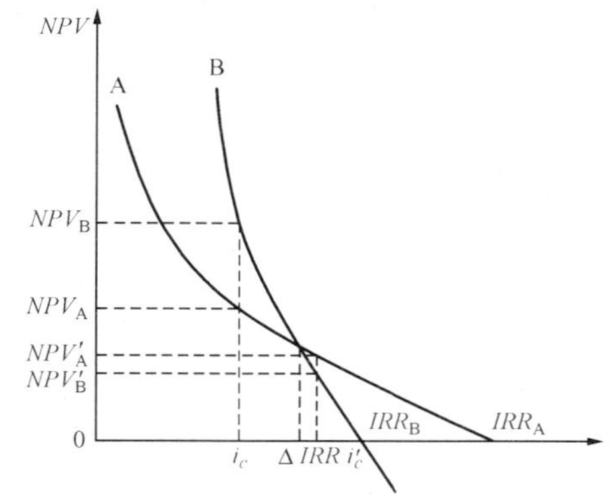

图 6－1　增量内部收益率示意图

增量内部收益率反映的是增量投资的经济效益，只能用于两方案比优上，不能用于判断某个方案是否可行。判别单一方案是否可行，仍需用 $NPV \geqslant 0$ 或 $IRR \geqslant i_c$ 为判别标准。也就是说若两方案均未通过绝对经济效果检验，那么，无论其增量内部收益率大小如何，也不能根据增量内部收益率的大小来选择最优方案，除非必须选出一个较优方案。

用 ΔIRR 进行方案比优的步骤如下：

（1）把各方案按其投资额由小到大排列，如 A_1，A_2，…，A_n。A_1 为投资额最小的方案，A_n 为投资额最大的方案。

（2）用 $NPV \geqslant 0$ 或 $IRR \geqslant i_c$ 对 A_1 进行可行性检验。若 A_1 通过检验，可进行下一步；否则，淘汰 A_1，对 A_2 进行可行性检验，依次类推，直至有方案通过可行性检验为止。

(3) 假设 A_1 通过可行性检验，表明 A_1 方案可行，则可计算 A_1 与 A_2 的增量内部收益率。若小于基准收益率，则 A_1 优于 A_2，淘汰 A_2，以 A_3 代替 A_2 继续进行计算；若大于基准收益率，说明 A_3 优于 A_1，淘汰 A_1，计算 A_3 与 A_4 的增量内部收益率，舍次取优。依次类推，直至选出最优方案。

【例 6-8】 有 4 个投资方案，初始投资和年收益分别为 400 万元和 85 万元、200 万元和 50 万元、300 万元和 65 万元、100 万元和 30 万元，计算期 $n=10$ 年，$i_c=10\%$。用 ΔIRR 优选方案。

解 (1) 将各方案按投资额从小到大排列，见表 6-4。

表 6-4 万元

方　案	A_1	A_2	A_3	A_4
初始投资	100	200	300	400
年 收 益	30	50	65	85

检验 A_1 的可行性：$NPV=-100+30(P/A,10\%,10)=84.3$（万元）$>0$，方案 A_1 可行。

(2) 计算 A_1 与 A_2 的增量内部收益率 ΔIRR_{1-2}。

$$-(200-100)+(50-30)(P/A,\Delta IRR_{1-2},10)=0$$

运用线性内插法，求得 $\Delta IRR_{1-2}=15.1\%>10\%$，投资额大的方案优，舍方案 A_1 取 A_2。

(3) 计算 A_2 与 A_3 的增量内部收益率 ΔIRR_{2-3}。

$$-(300-200)+(65-50)(P/A,\Delta IRR_{2-3},10)=0$$

求得 $\Delta IRR_{2-3}=8.3\%<10\%$，投资额小的方案优，舍方案 A_3 取 A_2。

(4) 计算 A_2 与 A_4 的增量内部收益率 ΔIRR_{2-4}。

$$-(400-200)+(85-50)(P/A,\Delta IRR_{2-4},10)=0$$

求得 $\Delta IRR_{2-4}=11.7\%>10\%$，投资额大的方案优，舍方案 A_2 取 A_4。

最后选择 A_4 为最优投资方案。

由本例可知，计算增量内部收益率的方法同计算内部收益率类似，都是采用线性内插法；用增量内部收益率 ΔIRR 优选多个方案时，须将方案两两逐一比较，每次比较后淘汰一个备选方案，当备选方案较多时，这种方法的计算较为繁琐。

4. 年值（AE）法或年成本（AC）法

寿命期相等或不等的方案都可用年值法或年成本法进行评价。当比较寿命期相同的方案时，因为年值法的计算结果仅比净现值多了一个换算系数（A/P，i，n），所以用年值法与净现值评价方案是等价的（或等效的）。同样，在互斥方案评价时，只需按方案年值的大小直接进行比较即可得出最优可行方案。在具体应用年值评价互斥方案时，与净现值法和费用现值法类似，常根据应用的条件不同，分为年值法与年成本法两种情况。

第一种情况，当给出“+”、“−”现金流量时，分别计算各方案的年值 AE。凡年值小于 0 的方案，先行淘汰，在余下的方案中，选择年值大者为优。若各方案的年值均为“−”，且必须从中选择一个方案时，择其绝对值小者为优。

第二种情况，当各方案产生的效益相同或基本相同，或者当各方案所产生的效益无法或

很难用货币直接计量时，可以用等额年成本（AC）替代年值进行评价，以年成本最低的方案为最佳。其表达式为

$$AC = \sum_{t=0}^{n} CO_t(P/F, i_c, t)(A/P, i_c, n) \tag{6-11}$$

$$AE = \sum_{t=0}^{n} (CI - CO)_t(P/F, i_c, t)(A/P, i_c, n) \tag{6-12}$$

【例 6-9】 根据［例 6-4］，用年值法优选方案。

解 $AE_1 = 9.6(A/P, 10\%, 12) = 1.41$（万元）

$AE_2 = 4.98(A/P, 10\%, 12) = 0.73$（万元）

$AE_3 = 12.93(A/P, 10\%, 12) = 1.90$（万元）

$AE_4 = 9.29(A/P, 10\%, 12) = 1.36$（万元）

方案 3 年值最大，为最优方案。这与净现值法的评价结论是一致的。

【例 6-10】 根据［例 6-5］，用年成本法优选方案。

解 $AC_A = 1680.85(A/P, 10\%, 11) = 258.85$（万元）

$AC_B = 1669.13(A/P, 10\%, 11) = 257.05$（万元）

因为 $AC_A > AC_B$，所以 B 方案为优。这与费用现值法的评价结论是一致的。

年成本法只考察了方案的费用支出而没有考虑收益指标，不能直接判断方案是否可行。同费用现值法一样，主要适用于满足相同需求的多个方案间的对比分析，尤其是收益很难量化的公益项目和大型基础设施项目，例如社会福利项目、教育投资、国防投入和江河大堤的加固等。

（二）寿命周期不同的方案经济效果评价

以上所讨论的都是备选方案寿命周期相同的情形。然而，现实中很多方案的计算期往往是不同的。此时，需要对各方案的服务寿命进行适当处理，使计算期不等的互斥方案能在一个共同的计算期基础上进行比较，以得到合理的结论。

解决方案服务寿命不相等的方法通常有最小公倍数法、年值法、研究期法。

1. 最小公倍数法

此方法是以各备选方案计算期的最小公倍数作为方案比选的共同计算期，并假设各个方案均在这样一个共同的计算期内重复进行，各方案分别以不变的规模重复投资、消耗不变的费用、获得不变的收益并有同样不变的残值即各备选方案在其计算期结束后，均可按与其原方案计算期内完全相同的现金流量序列循环下去直到共同的计算期。在此基础上计算出各个方案的净现值，以净现值最大的方案为最佳方案。

【例 6-11】 有 A、B 两个方案，方案 A 的初始投资为 900 万元，寿命期为 4 年，每年末净收益为 330 万元；方案 B 的对应数据为 1400 万元、8 年 400 万元。两方案均无残值，基准收益率为 12%，试用最小公倍数法进行方案选优。如图 6-2 所示。

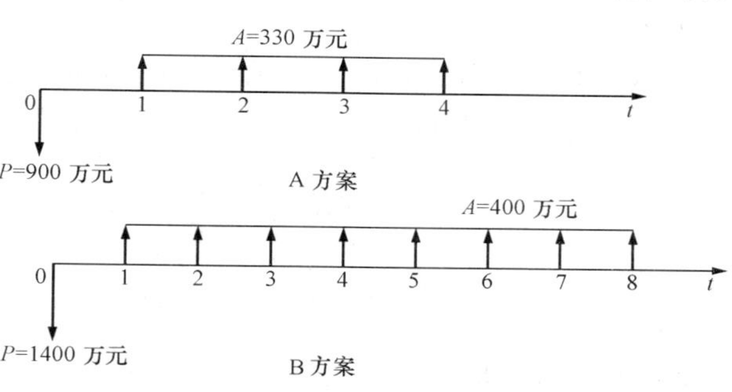

图 6-2　A、B 两方案现金流量图

解 两方案寿命期的最小公倍数为 8 年。

$$NPV_A=330(P/A,12\%,8)-900(P/F,12\%,4)-900=167.49\text{（万元）}$$

$$NPV_B=400(P/A,12\%,8)-1400=587.2\text{（万元）}$$

因为 $NPV_B>NPV_A$，所以 B 方案优于 A 方案。

利用最小公倍数法有效地解决了寿命不等的方案之间净现值的可比性问题。但这种方法所依赖的方案可重复实施的假定不是在任何情况下都适用的。对于某些不可再生资源开发型项目，在进行计算期不等的互斥方案比选时，方案可重复实施的假定不再成立，这种情况下就不能用最小公倍数法确定计算期。有的时候最小公倍数求得的计算期过长，甚至远远超过所需的项目寿命期或计算期的上限，这就降低了所计算方案经济效果指标的可靠性和真实性，故也不适合用最小公倍数法。

2. 年值法

年值法实际也采用了最小公倍数法对寿命期限的处理方法，只是由于无论方案重复多少次，所形成的寿命期相同的可比方案年值都与原初方案的年值相同。从各原始方案年值的大小，即可判断方案效益的大小。年值法对计算复杂的方案尤为适用。

【例 6-12】 若上例中再增加一个 C 方案，其初始投资为 1800 万元，寿命期为 11 年，年收益 390 万元，寿命期末残值为 770 万元，试比较三个方案。

解 若采用最小公倍数法计算，寿命周期的最小公倍数为 88 年，计算复杂，故采用年值法。

$$AE_A=330-900(A/P,12\%,4)=33.72\text{（万元）}$$

$$AE_B=400-1400(A/P,12\%,8)=118.18\text{（万元）}$$

$$AE_C=390-1800(A/P,12\%,11)+770(A/F,12\%,11)=124.15\text{（万元）}$$

因为方案 C 的年值最大，所以 C 方案为最优方案。

在对寿命不等的互斥方案进行比选时，净年值是最为简便的方法，当参加比选的方案数目众多时，尤其是这样。

3. 研究期法

最小公倍数法和年值法都是设方案能够重复执行至达到可比要求为前提。这种假设通常被认为是合理的，但有时并不符合实际情况，因为技术是不断进步的，完全相同的方案不可能反复实施很多次。针对上述问题，一般比较可行的方法是研究期法，通常取寿命最短方案的寿命期为研究期。通过比较各个方案在该研究期内的净现值来对方案进行比选，以净现值最大的方案为最佳方案。

设两方案的寿命期分别为 n_1 和 $n_2(n_2>n_1)$，先将寿命期 n_2 换算为年值，再将年值按较小寿命期 n_1 换算为现值即可进行比优。其换算式为

$$NPV_1=\sum_{t=0}^{n_1}(CI-CO)_t(P/F,i,t)$$

$$NPV_2=\left[\sum_{t=0}^{n_2}(CI-CO)_t(P/F,i,t)\right](A/P,i,n_2)(P/A,i,n_1)$$

【例 6-13】 根据［例 6-11］，用研究期法评价两方案。

解 $NPV_A=330(P/A,12\%,4)-900=102.31$（万元）

$NPV_B=[400(P/A, 12\%, 8)-1400](A/P, 12\%, 8)(P/A, 12\%, 4)=359.02$（万元）

因为两方案均为 4 年，在时间上具有可比性，且 $NPV_B>NPV_A$，所以 B 方案为最优。

（三）寿命期限无限长的处理

如果方案的使用寿命很长，或者在不断维护下可无限使用下去，这时方案寿命期可视为无限长，如水坝灌溉、运河及高速公路等工程。对于寿命期无限长的方案，实施中现金流量往往为等额序列，则可求方案的现值为

$$PC = I + C\lim_{n\to\infty}(P/A, i, n) = I + C\lim_{n\to\infty}\frac{(1+i)^n-1}{i(1+i)^n}$$

$$= I + C\lim_{n\to\infty}\frac{1-\dfrac{1}{(1+i)^n}}{i} = I + \frac{C}{i} \tag{6-13}$$

式中 I——初始投资（或初始收益）；

C——年维修费（或等额收益）。

比优原则：若计算的值为费用，则以 PC 最小为优；若计算值为收益，则以计算值最大者为优。

【例 6-14】 拟建水坝有两个方案，A 方案初期投资 10 万元，年维修费 1.5 万元；B 方案初期投资 15 万元，年维修费 1 万元。此坝可长期使用，基准收益率为 5%，试优选方案。

解

$$PC_A = 10 + \frac{1.5}{5\%} = 40\text{（万元）}$$

$$PC_B = 15 + \frac{1}{5\%} = 35\text{（万元）}$$

因为 $PC_A>PC_B$，所以应选 B 方案。

【例 6-15】 拟建立一项奖学基金，银行存款年利率为 6%，开始 5 年每年支付 3000 万元，以后每年支付 4200 万元，长期支付下去，问现在应向银行存款多少？

解 （1）计算前 5 年支付的现值：

$$P_1 = 3000(P/A, 6\%, 5) = 12\,637\text{（万元）}$$

（2）计算以后从第 6 年开始永久支付下去的资金现值：

$$P_2 = (4200/0.06)\times(P/F, 6\%, 5) = 52\,311\text{（万元）}$$

因此，现应向银行存款：$P=P_1+P_2=12\,637+52\,311=64\,948$（万元）

（四）一次投资与分期投资方案的评价

在企业决策中常会遇到这样的问题：一次投资购买大型设备好，还是先购买小型设备以满足近期生产要求，待将来产量增加时再增添几台设备好。即在购买设备时，是否考虑一步到位。近期产量小，小型设备可满足要求且投资少，但将来扩大产量时需追加投资，两次投资总和较大，生产成本也较高。若购买大型设备，则近期一次投资多，而且还会因负荷不满而使成本增加，但将来扩大产量时无须再投资，总投资比小型设备小，从长远来看，生产成本会小些。当然，哪种方案好，还是要通过计算予以比较评价。

【例 6-16】 某厂如果现在购买一台 120 万元的设备，年运行成本 30 万元。预计该厂

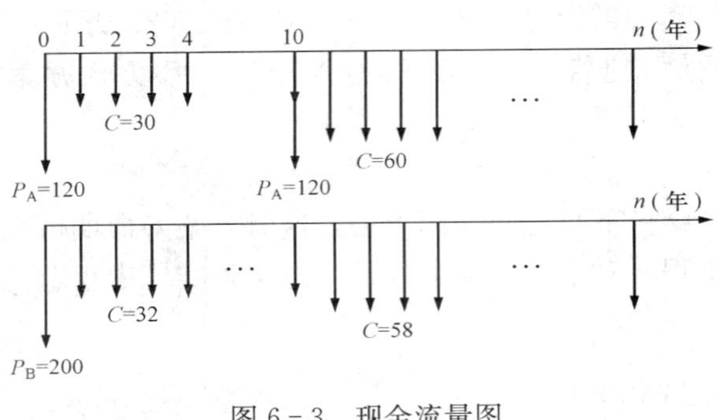

图 6-3 现金流量图

10 年后产量将成倍增长，到时还需增加一台同样的设备，需再投资 120 万元，年运行成本将为 60 万元。如果现在购买一台大型设备，现在投资为 200 万元，10 年内年运行成本为 32 万元，10 年后产量成倍增长时不需要再投资，到时年运行成本为 58 万元，如图 6-3 所示。假设该厂设备寿命为无限长，利率 $i=8\%$。试决策哪种方案好？

解 $PC_A = 120 + 30(P/A, 8\%, 10) + (120 + 60/8\%)(P/F, 8\%, 10) = 724.28$（万元）

$PC_B = 200 + 32(P/A, 8\%, 10) + 58/8\% \times (P/F, 8\%, 10) = 750.54$（万元）

因为 $PC_A < PC_B$，所以优选小型设备分期投资方案。

第三节 独立方案的经济效果比较与选择

当资金足够多时，在独立方案群中，由于对任何一方案的取舍都不会影响其他方案的取舍，方案的取舍只决定于方案自身的经济效果，即绝对经济效果。独立方案评价选择的实质是在“做”与“不做”之间进行选择。因此，独立方案在经济上是否可接受，取决于方案自身的经济性，即方案的经济效果是否达到或超过了预定的评价标准或水平。所以，对于资金足够多的独立方案经济效果的评价，就如单一方案经济效果评价一样，只需用经济效果评价指标（如 *NPV*、*AE*、*IRR* 等）及其判别标准进行绝对经济效果检验。凡通过绝对经济效果检验的方案即可接受，否则应予拒绝。

但是，当现有资金有限不能满足独立方案群中所有可行方案时，局部看来相互独立的方案间，便产生了部分互斥性。对于这类不完全独立方案评价的目的是在资金总额一定的条件下，寻求总体经济效果最大的方案组合。比选的方法主要有“互斥组合法”和“净现值指数排序法”。

一、互斥组合法

互斥组合法是把独立方案群中所有通过绝对经济效果检验的各独立方案的各种可能组合视为互斥方案，然后再按互斥方案相对经济效果检验的方法选择最优组合方案。互斥组合法的一般步骤是：

第一步，对独立方案群中各独立方案进行绝对经济效果检验，保留所有通过绝对经济效果检验的可行方案，淘汰不可行方案。

第二步，列出第一步中保留方案的所有互斥组合方案。

第三步，保留投资总额不超过资金限额的组合方案，淘汰其余组合方案。

第四步，利用互斥方案相对经济效果检验的方法从第三步中保留的组合方案中选出最优组合方案。

【例 6-17】 某项目有三个相互独立的备选方案 A、B、C，其初期投资额和年净收益见表 6-5，它们的服务寿命都是 10 年。若资金限额为 450 万元，基准折现率为 10%，试进行方案选优。

表 6-5　独立方案 A、B、C　万元

方　　案	A	B	C
初期投资额	100	250	300
年净收益	23	49	58

解　(1) 进行独立方案 A、B、C 的绝对经济效果检验。它们的净现值分别为

$$NPV_A = -100 + 23(P/A, 10\%, 10) = 41.31 \text{（万元）}$$

$$NPV_B = -250 + 49(P/A, 10\%, 10) = 51.06 \text{（万元）}$$

$$NPV_C = -300 + 58(P/A, 10\%, 10) = 56.35 \text{（万元）}$$

由于三个方案的净现值均大于零，所以都通过绝对经济效果检验，都可保留。

(2) 列出方案 A、B、C 的所有互斥组合方案，见表 6-6。

表 6-6　独立方案 A、B、C 的互斥组合方案　万元

组合序号	组合方案	初始投资	年净收益	净现值
1	A	100	23	41.31
2	B	250	49	51.06
3	C	300	58	56.35
4	AB	350	72	92.37
5	AC	400	81	97.64
6	BC	550	107	
7	ABC	650	130	

(3) 保留投资总额不超过资金限额 450 万元的 1、2、3、4、5 号组合方案。6、7 号组合方案的总投资额超过 450 万元，予以淘汰。

(4) 计算 1、2、3、4、5 号组合方案的净现值，计算结果已列于表 6-6 中。由于 5 号方案的净现值最大，故应选择方案 A 和方案 C 的组合方案。

互斥组合法的优点：一是遵循了互斥方案的评价方法，因而比较全面；二是在评价中，追求组合方案最大的经济效果，因此可以实现资金限制条件下独立方案总效果最大的目标。

互斥组合法的缺点是计算量大，当方案群中具有 m 个可行方案时，其互斥组合方案就有 2^m-1 个。当 m 较大时，组合方案的个数是非常多的。

二、净现值率排序法

净现值率排序法是在资金限量的条件下，根据各方案的净现值率的大小确定各方案分配资金的优先顺序，并依次选取项目方案，直至所选取方案的投资总额最大限度的接近资金限量为止。净现值率排序法的基本思想是单位投资的净现值越大，在一定资金限量条件下所能获得的净现值总额就越大。

净现值率排序法的基本步骤：

第一步，计算各方案的净现值率，淘汰净现值率小于零的方案；

第二步，将各备选方案按净现值率由大到小排序；

第三步，依方案排序选择方案，直至所选方案的投资总额最大限度的接近或等于资金限量。

【例 6-18】 用净现值率排序法对［例 6-17］中的三个独立方案 A、B、C 进行选择。

解 (1) 计算各方案的净现值率 *NPVR*，其结果见表 6-7。

表 6-7 净现值率排序

方案	初期投资额（万元）	年净收益（万元）	*NPVR*	排序
A	100	23	0.413	1
B	250	49	0.204	2
C	300	58	0.188	3

(2) 将各方案按 *NPVR* 由大到小排序，结果为 A、B、C 分别是 1、2、3 号方案。

(3) 按排序结果选择方案 A 和 B，所用资金总额为 350 万元，最接近资金限量 450 万元。

【例 6-19】 某公司高级副总裁接到了 A、B、C、D、E 五个项目的立项申请，每个项目的初始投资额、净现值见表 6-8。经过初步审查，这些项目都符合公司的战略发展要求，但是公司可用的项目投资限额为 3600 万元，需要对这些项目进行筛选。试按照每个项目净现值率从大到小的决策准则，给出项目组合选择的计算过程和结果。

表 6-8 净现值率排序表

费用收益 项目	初始投资额	净现值	净现值率
A	900	90	0.100
B	1000	120	0.12
C	1200	150	0.125
D	1300	160	0.123
E	1500	200	0.133

解 (1) 计算各方案净现值率，见表 6-8；

(2) 按照净现值率从大到小排列进行项目的选取，如果超出预算限额，则尝试下一个项目能否被选中。

首先，尝试将项目 E 选入，这时投资总额为 1500 万元，不超限额，可以将其选入；

其次，尝试将项目 C 选入，这时投资总额为 2700 万元，不超限额，可以将其选入；

第三，尝试将项目 D 选入，这时投资总额为 4000 万元，超限额，不能将其选入；

第四，尝试将项目 B 选入，这时投资总额为 3700 万元，超限额，不能将其选入；

第五，尝试将项目 A 选入，这时投资总额为 3600 万元，不超限额，可以将其选入；

所以，建议选择项目 E、C、A，投资总额 3600 万元，总收益为 440 万元。

由于投资项目的不可分性，净现值率排序法在许多情况下，不能保证现有资金的充分利用，因而不能达到净现值最大的目标所致。用净现值率排序法所选的方案只有在符合下列条件之一时，才能达到或接近净现值最大的目标：

(1) 各方案投资额占资金限量总额的比例很小。

(2) 各方案投资额相差不大。

(3) 各入选方案投资累加额与资金限量总额相差不大或等于零。

净现值率排序法的优点是简便易算，特别是在方案很多时更是如此。缺点是往往实现不了经济效果最大的目标。

第四节 混合方案的选择问题

混合方案是指在方案群中，各方案间兼有互斥、独立和依存等关系的方案群。如果无资金限额的约束，只要从各独立项目中选择净现值最大的排他型方案加以组合即可。当有资金约束时，选择方法比较复杂，常用的方法是混合型方案的排他化法。

混合型方案的排他化法处理思路是通过真值表将所有可能形成的排他型方案组合全部列出来。计算出各方案组合所需的资金量，并按资金约束删除不符合条件的方案组合，对余下的方案组合依排他型方案评价方法进行评价，选出符合最优条件的方案组合。

【例 6-20】 公司有两个独立型项目 A、B，每个项目又各有两个排他型方案 A_1，A_2，B_1，B_2，这个混合型方案的排他化可列成表 6-9 真值表所示的 9 个方案。

表 6-9

排他型方案组合	方案			
	A_1	A_2	B_1	B_2
1	0	0	0	0
2	0	0	0	1
3	0	0	1	0
4	0	1	0	0
5	1	0	0	0
6	0	1	0	1
7	0	1	1	0
8	1	0	0	1
9	1	0	1	0

方案组合的选优方法与独立方案的选优方法相同。

如果 S 代表相互独立方案的个数，M_j 代表第 j 组中排他型方案数目，则可以组成的排他型方案组合数目 N 为

$$N=\prod_{j=1}^{S}(M_j+1)=(M_1+1)(M_2+1)(M_3+1)\cdot\cdots\cdot(M_S+1) \qquad (6-14)$$

若有 10 个独立项目，每个项目各有 2 个排他型方案，则可能组成的排他型方案共有 59 049个，显然其计算量是巨大的。

本章小结

本章主要介绍了建筑工程项目多方案间的相互关系及多方案经济效果的比较与选择的方法。

在建筑工程项目方案群中，如果各方案间存在着互不相容、互相排斥的现象，则称为互

斥方案；如果各方案间存在着不相关性，方案可同时存在，没有排他性，则称为独立方案；如果某方案的实施要以另一方案或多个方案的实施为条件，则称为依存方案；如果各方案间兼有互斥关系、独立关系和依存关系，则称为混合方案。

互斥方案与资金限量条件下独立方案经济效果的比较与选择通常要进行方案绝对经济效果检验和相对经济效果检验。方案绝对经济效果的检验就是单一方案经济效果检验，凡是通过绝对经济效果检验的方案，都认为是可以被考虑接受的方案。

互斥方案经济效果的比较与选择，若各方案的服务寿命相等，则它们是在相同的时间基础上计算的，具有时间可比性；若各方案的服务寿命不相等，由于评价指标计算的时间基础不同，则它们不具有时间可比性。此时，需要对各方案的服务寿命加以适当处理，使各方案的经济效果具有时间可比性。

在进行方案间相对经济效果比较时，净现值（或净年值）基于折现率的经济意义，其最大准则是正确的，而内部收益率最大准则可能会导致错误的结论。利用内部收益率指标时需计算方案间的增量内部收益率。

资金足够多时，独立方案的选择只需进行绝对经济效果检验，凡通过绝对经济效果检验的方案，都应被选择。在资金限量条件下，独立方案经济效果比较与选择的方法有互斥组合法和净现值率排序法。互斥组合法遵循了互斥方案的评价方法，可以实现组合方案总效果最大的目标；由于投资项目的不可分割性，净现值率排序法往往实现不了经济效果最大的目标。

混合方案的选择通常采用混合型方案的排他化法，但计算量往往非常繁重。

思考题

1. 方案之间的关系有哪些？各有何特点？

2. 互斥方案相对经济效果比较的方法有哪些？优、缺点各是什么？

3. 互斥方案相对经济效果比较时，内部收益率最大准则为何不再适用？应如何比较？

4. 对服务寿命不等的互斥方案进行比较与选择时，净年值指标独特的优点是什么？

5. 资金限量条件下独立方案经济效果比较的方法有哪几种？

6. 为什么净现值率排序法往往实现不了组合方案总经济效果最大的目标？在什么情况下才能实现总经济效果最大？

7. 在多方案评价时，用净现值法、年值法、增量内部收益率法所得结论有什么区别与联系？

8. *IRR* 与 ΔIRR 有何区别？

练习题

1. 某开发公司欲投资建设一项目，现有四个方案 A、B、C、D 可供选择，其投资额分别是 400 万元、420 万元、450 万元、520 万元。年净收益分别是 140 万元，180 万元，195 万元，210 万元。若基准收益率为 8%，寿命周期都是 5 年，试选择最优方案。

2. 互斥方案 A、B、C 的服务寿命不相等，其初期投资额、年净收益和寿命期分别见

表 6－10。若基准折现率为 10%，试选择最优方案。

表 6－10 寿命不等的互斥方案 A、B、C

方 案	A	B	C
初始投资（万元）	100	250	350
年净收益（万元）	40	60	65
寿命期（年）	4	6	12

3. 现有相互独立的四个方案 A、B、C、D，它们的服务寿命都是 7 年，它们的初始投资额和年净收益见表 6－11。若基准折现率为 10%，试就下列情况进行选择。

(1) 资金足够多；

(2) 资金限量为 750 万元时，分别用互斥组合法和净现值率排序法进行方案选择，并比较两种方法的结果。

表 6－11 独立方案 A、B、C、D

方案	A	B	C	D
初始投资	200	300	400	500
年净收益	40	90	110	138

4. 某投资公司欲对其下属三个工厂进行投资，投资寿命为 6 年。各方案的投资额、年净收益见表 6－12。各厂间的决策结果相互独立，各厂自身的方案互相排斥。公司资金限量为 500 万元。若基准收益率为 10%，试选择方案。

表 6－12 A、B、C 三个工厂各方案的资料 万元

A厂			B厂			C厂		
方案	投资	净收益	方案	投资	净收益	方案	投资	净收益
A_1	100	26	B_1	100	29	C_1	100	25
A_2	200	50	B_2	200	57	C_2	200	48
A_3	300	82				C3	300	76

5. 有 4 个投资方案 A、B、C、D，初期投资和年收益各为 533 万元和 100 万元、960 万元和 200 万元、1524 万元和 300 万元、1727 万元和 400 万元。$N=8$ 年，基准收益率 12%，试用 ΔIRR 优选方案。

6. 有两个设备更新方案，设备 A 需投资 35 万元，年收入 19 万元，年经营成本 7 万元，寿命期 4 年，无残值；设备 B 需投资 50 万元，年收入 25 万元，年经营成本 14 万元，寿命 8 年，无残值。若基准收益率 10%，试分析用 *NPV*、*AE* 和 ΔIRR 分析方案优劣，并对上述计算过程的难易程度进行评价。

7. 有两个方案，方案甲投资 1000 万元，年收入 800 万元，年经营成本 520 万元；方案乙投资 1500 万元，年收入 1100 万元，年经营成本 700 万元，两方案寿命均为 10 年，基准收益率 10%，试分别用 *NPV*、*IRR* 比较方案优劣。

8. 独立方案A、B、C的投资分别为100万元、70万元和120万元，计算各方案的净年值分别为30万元、27万元和32万元，如果资金有限，不超过250万元投资，问如何选择方案?

9. 有3个独立方案A、B、C可供选择，A、B、C的投资额均为500万元，寿命均为20年，各方案的年净收益不同，方案A的年净收益为80万元，方案B为70万元，方案C为60万元。但是3个方案由于所处的投资环境及投资内容不同，各方案融资的成本不一样，其中方案A为新设工厂，融资无优惠；方案B为环保项目，可以得到250万元的无息贷款；方案C为新兴扶植产业，当地政府可以给予400万元的低息贷款（年利率4%）。问在这种情况下，如何选择独立方案（基准收益率为13%)?

第七章　工程项目风险与不确定性分析

第一节　风险与不确定性分析概述

项目经济评估所采用的各种参数，大都来自预测和估算。由于缺乏足够的信息，对有关因素和未来情况无法做出精确无误的预测，或者是因没有全面考虑所有可能的情况，因此项目实施后的实际情况难免与预测情况有所差异，这种差异有可能带来风险。也就是说，立足于预测和估算进行项目经济评价的结果有不确定性。为了分析不确定性因素对经济评估指标的影响，必须进行不确定性分析，以估计项目可能承担的风险，确定项目在经济上的可行性。

一、产生不确定性的原因

(1) 投资项目是一个将来的经济活动，未来总是不能确定的。市场情况、社会发展、技术进步、资源开发、社会经济环境，总是会给予项目经营活动各种多变的影响。这些未来变化的情况几乎无法准确地加以预测，尤其是将来市场价格的变化。因此，项目将来存在着不确定性是必然的，不可避免的。

(2) 项目经济评估中，很多无形资产的费用与效益以及将来价格的估算，均靠分析者的主观判断来完成。主观判断往往总是不能与未来的客观情况相符，而且准确程度因人而异，尤其对于无法量化的外部效果的定性估价，更是纯主观性的。

(3) 分析者掌握的信息有限，必然影响其预测并得出结论的准确性。

二、主要的不确定性因素

1. 销售收入

影响项目销售收入的因素有产品市场价格、产品质量、生产期限等。在市场经济条件下，由于价值规律的作用，市场价格和需求量总在不断变化；社会发展和科技进步也会促进产品的不断更新换代，从而影响原计划的项目生产规模和生产期限。而且，原材料、能源供应得不到满足、交通运输不配套、技术操作不熟练、管理水平不高等均会造成生产能力达不到原设计水平。但最重要的一条是市场情况变化，产品销售不畅，使销售收入下降，从而影响项目的经济效益和评估指标。

2. 生产成本

影响生产成本的主要因素有原材料、能源价格及其耗用量、投资、生产规模、技术创新、工资福利、经济寿命期、管理水平等。生产成本的变化，必然影响项目的经济效益和经济评估指标。

3. 投资额

如果在进行项目评估时，对投资估计不足，偏低或偏高，以及项目建设期和投产期缩短或延长，均会引起项目总投资发生变化，从而影响项目的经济效益。

4. 经济寿命期

项目评估中很多指标均以项目经济寿命期为计算基础，如净现值、内部收益率等。随着科学技术的进步，项目采用的一些技术、设备、工艺等很可能提前老化，从而使其寿命期提前结束。另外，随着经济的发展和市场需求的变化，有可能使项目产品的寿命期缩短。在科学技术大发展的今天，项目寿命期的变化，无疑会极大地影响项目的效益。

三、项目风险与不确定性的含义

一般认为，风险是指某一事件出现的实际状况与预期状况相背离，从而产生的一种损失。这种损失有时表现为实际值的绝对减少，有时表现为相对值的减少，有时表现为机会的损失，或者兼而有之。对于由于不确定性因素可能给项目带来的后果的分析与评价称为项目风险与不确定性评价。从理论上讲，风险与不确定性是有区别的，风险是指由于随机原因所引起的项目实际值与预期值之间的差异，其结果可用概率分布来表述；而不确定性则是指缺少足够信息来估计其变化的因素对项目实际值与预期值所造成的偏差，其结果无法用概率分布规律来描述。然而，从投资项目评价的实用性角度来看，区别风险与不确定性没有太大的实际意义。因此，多数人认为两者含义相同，可以相互通用。

我们需要了解各种外部、内部条件发生的不确定性对投资项目方案经济效果的影响，需要掌握投资方案对各种条件变化的承受能力，需要了解可能发生的条件变化引起投资方案经济效果的概率分布变化，需要了解外部条件变化带来的投资风险及风险条件下投资决策的原则和方法。项目风险评价的方法有很多，本章重点介绍常用的盈亏平衡分析、敏感性分析和概率分析等几种方法。

第二节 盈亏平衡分析

一、盈亏平衡分析的含义及分类

1. 盈亏平衡分析的含义

盈亏平衡分析又叫“量本利”分析，是根据项目正常生产年份的产量、成本、售价和税金等数据，计算分析产量、成本和盈利三者之间的平衡关系，确定销售收入等于生产成本时的盈亏平衡点的一种方法。对于一个工程项目而言，随着产销量的变化，盈利与亏损之间一般至少有一个转折点，这种转折点称为盈亏平衡点。在盈亏平衡点上，项目既不盈利，也不亏损。在不确定性分析中，根据盈亏平衡点处于何种水平来判断项目风险的大小。一般来说，盈亏平衡点越低，项目盈利的可能性就越大，对不确定因素变化所带来的风险的承受能力就越强。

2. 盈亏平衡分析的分类

盈亏平衡分析按分析方法可分为图解法和代数法；按分析要素之间的函数关系可分为线性盈亏平衡分析和非线性盈亏平衡分析。

二、线性盈亏平衡分析

线性盈亏平衡分析是成本、收益和产量呈线性变化的一种分析方法。为进行盈亏平衡分析，必须将生产成本分为固定成本和可变成本，并需满足以下假设：

(1) 产量等于销量；

(2) 产量变化，单位可变成本不变，从而总生产成本是产量的线性函数；

(3) 产量变化，销售单价不变，从而销售收入是销售量的线性函数；

(4) 只生产单一产品，或者生产多种产品，但可换算为单一产品计算。

线性盈亏平衡分析通常采用图解法和代数法。

（一）图解法

图解法是用图表的形式来确定盈亏平衡点的方法。这种图表称之为盈亏平衡图（如图 7-1 所示）。用图表的方式表明产量 Q、成本 C 和利润的关系，并确定盈亏平衡点 BEP，是一种简单直观的方法。

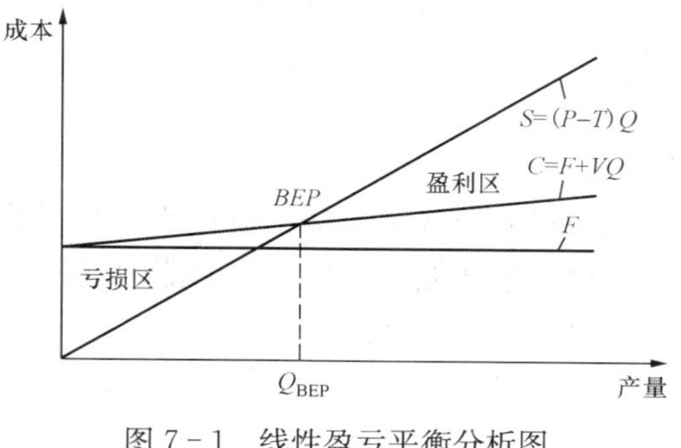

图 7-1　线性盈亏平衡分析图

盈亏平衡点可以根据以下两等式作图。

$$S=(P-T)Q \qquad (7-1)$$

$$C=F+VQ \qquad (7-2)$$

式中　S——正常生产年销售收入；

C——年生产成本；

Q——年产量；

P——销售单价；

T——单位产品销售税金；

F——年固定成本；

V——单位产品可变成本。

利用图 7-1 所示的产品销售收入、产品总成本与产量的相互关系，分别绘出两条直线，其交叉点即为盈亏平衡点 BEP，其所对应的产量 Q_{BEP} 为达到盈亏平衡时的产量。

可见，盈亏平衡点的高低取决于产品固定成本与可变成本、销售单价与销售税金之间的差额关系，即取决于 S 和 C 的变化趋势。在其他条件不变的情况下，固定成本越大，盈亏平衡点的位置就越高，抗风险能力也就越弱。因此，要尽量降低项目的固定成本，促使盈亏平衡点下降，增强抗风险能力。同时，在其他条件不变的情况下，产品单位可变成本越低，盈亏平衡点位置也越低。因此，应尽力降低产品的单位可变成本，或相应地提高销售单价，均可促使盈亏平衡点位置降低，以增强项目的抗风险能力。

（二）代数法

代数法是用数学方程式来表达产品销售收入总成本和利润之间的关系，并据以确定盈亏平衡点的一种方法。

据假设条件可知

$$S=(P-T)Q$$

$$C=F+VQ$$

由盈亏平衡时，$S=C$ 可得

$$Q=\frac{F}{P-V-T}$$

下面用不同参数表示各自的盈亏平衡点。

1. 以产量表示

$$Q_{BEP}=\frac{F}{P-V-T} \qquad (7-3)$$

此公式的经济意义是：项目不发生亏损时所必须达到的最低限度的产品产量。此产量越小，项目抗产量变化风险的能力就越强。

2. 以生产能力利用率表示

$$R_{BEP}=\frac{Q_{BEP}}{Q}\times 100\%$$

式中 Q——设计年产量。

此公式的经济意义是：项目不发生亏损时所必须达到的最低限度的生产能力。此值越低，项目抗生产能力变化风险的能力就越强。

3. 以销售价格表示

$$P_{BEP}=\frac{F+QV}{Q}+T$$

此公式表明项目不发生亏损时产品所必须达到的最低限度的销售价格。此值越低，项目抗销售价格变动风险的能力就越强。

4. 以销售收入表示

$$S_{BEP}=\frac{F}{P-V-T}\times P$$

此公式表明项目不发生亏损时产品所必须达到的最低限度的销售收入。此值越低，项目抗销售收入变动风险的能力就越强。

以上各计算公式若不考虑税金，将税金 T 从公式中剔除即可。

【例 7-1】 某洗衣机项目年设计产量为 5 万台，每台售价 1500 元，单位税金 270 元，项目投产后年固定成本为 1001 万元，单位产品可变成本为 530 元，试对该项目进行盈亏平衡分析。

解

$$Q_{BEP}=\frac{F}{P-V-T}=\frac{10\ 010\ 000}{1500-530-270}=14\ 300(\text{台})$$

$$R_{BEP}=\frac{Q_{BEP}}{Q}\times 100\%=\frac{14\ 300}{50\ 000}\times 100\%=28.6\%$$

$$P_{BEP}=\frac{F+QV}{Q}+T=\frac{10\ 010\ 000}{50\ 000}+530+270=1000.2(\text{元})$$

$$S_{BEP}=\frac{F}{P-V-T}\times P=14\ 300\times 0.15=2145(\text{万元})$$

计算表明：产销量只要达到 14 300 台，生产能力利用率达到 28.6%，产品售价达 1000.2 元，销售收入达 2145 万元，项目就不会发生亏损。

【例 7-2】 某企业经销一种产品，已知产品单件变动费用 50 元，售价 100 元，每年固定费用 90 万元。试问此企业盈亏平衡点的产量为多少？如果企业年生产能力为 2.4 万件，企业每年能获得利润为多少（不考虑销售税金）？

解 (1) 确定企业盈亏平衡点的产量

$$Q_{BEP}=\frac{F}{P-V}=\frac{900\ 000}{100-50}=18\ 000$$

(2) 企业年生产能力为 2.4 万件时，其利润为

$$S-C=Q(P-V)-F=24\ 000\times(100-50)-900\ 000=300\ 000\ (\text{元})$$

答：企业盈亏平衡时的产量为 1.8 万件；当产量为 2.4 万件时，企业年利润达 30 万元。

【例 7-3】 同［例 7-2］。为满足市场对产品的需要，扩大生产，拟购置一条自动线，

每年需要增加固定费用 20 万元，但可以节约单件变动费 10 元。与此同时，为了扩大产品销售计划，拟降低售价 10%，此方案是否可行？

解　研究扩建自动线的可行性：

已知：年固定成本 $F=90+20=110$（万元），产品单件变动成本 $V=50-10=40$（元/件），售价 $P=100-10=90$（元/件）（降低 10%）

（1）扩建后新的盈亏平衡点

$$Q_{BEP}=\frac{1\ 100\ 000}{90-40}=22\ 000\text{（件）}$$

（2）如果维持原有产量 2.4 万件，则每年获利为

$$S-C=90\times 24\ 000-(1\ 100\ 000+40\times 24\ 000)=100\ 000\text{(元)}$$

如不扩大产量，新方案实施后利润下降 30－10＝20（万元）

（3）如果要使利润保持 30 万元，新方案的产量应为

由于
$$S-C=P\times Q-(F+V\times Q)=300\ 000\text{（元）}$$

故
$$Q=\frac{1\ 100\ 000+300\ 000}{90-40}=28\ 000\text{（件）}$$

因此，只有市场需要超过 2.8 万件时，新方案才是可行的，否则应维持原方案。

三、非线性盈亏平衡分析

在现实生活中，生产成本往往与产量不呈线性关系，销售收入和销售价格也会随市场情况而变，与产量不可能一直保持线性函数关系。产品总生产成本与产量不再保持线性关系的原因可能是：当生产扩大到某一限度后，正常价格的原料、动力已不能保证供应，企业必须付出较高的代价才能获得，正常的生产班次也不能完成生产任务，不得不加班加点，增大了劳务费用。此外，设备的超负荷运行也带来了磨损的增大、寿命的缩短和维修费用的增加等；还可能是由于项目达到的经济规模导致产量增加，而单位产品的成本有所降低；由于市场需求关系以及批量折扣也会使销售净收入与产量不呈线性关系。这就要进行非线性盈亏平衡分析，一般用二次曲线表示。

成本
$$C=a+bQ+cQ^2$$

收入
$$S=dQ+eQ^2$$

式中　a，b，c，d，e——常数；

Q——产量。

盈亏平衡时 $S=C$，即

$$a+bQ+cQ^2=dQ+eQ^2$$

整理得
$$(c-e)Q^2+(b-d)Q+a=0$$

解方程得

$$Q_{min}=\frac{-(b-d)-\sqrt{(b-d)^2-4(c-e)a}}{2(c-e)}\qquad(7-4)$$

$$Q_{max}=\frac{-(b-d)+\sqrt{(b-d)^2-4(c-e)a}}{2(c-e)}\qquad(7-5)$$

非线性有两个平衡交点产量，项目产量只有保持在最小和最大产量之间方能盈利，达不到最小产量或超过最大产量均会产生亏损。因此，这两点也称盈亏平衡临界点。在两个临界

点之间，存在最大利润点，求解此时产量 Q_0 为

$$\frac{d(S-C)}{dQ}=\frac{d[(c-e)Q^2+(b-d)Q+a]}{dQ}=0$$

$$2(c-e)Q+(b-d)=0$$

解得
$$Q_0=\frac{d-b}{2(c-e)} \tag{7-6}$$

非线性盈亏平衡分析图如图 7－2 所示。

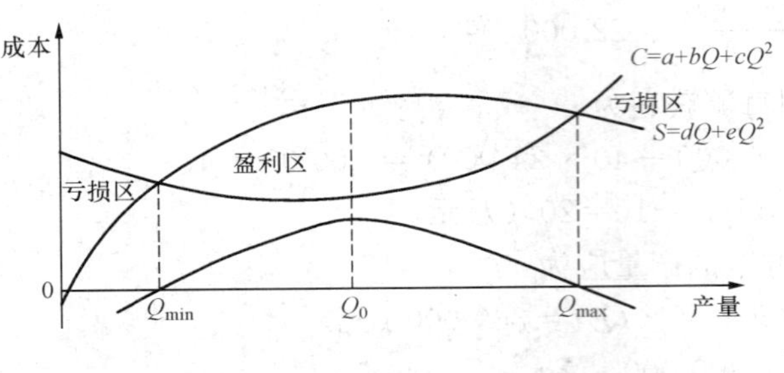

图 7－2 非线性盈亏平衡分析图

【例 7－4】 某项目固定成本是 28 800元，单位产品变动成本是 400 元/件，预计项目投产后其产品售价为 2000 元/件。根据市场预测，每多销售一件产品其售价将降低 3 元，其单位产品的变动将上升 5 元。求该项目的盈亏平衡点产量、最大利润点产量。

解 根据题意可知此项目方案是非线性盈亏平衡方案，其收入函数和总成本函数如下。

$$S=Q(2000-3Q)$$
$$C=28\,800+Q(400+5Q)$$

盈亏平衡时，$S=C$，即

$$8Q^2-1600Q+28\,800=0$$

解方程得两个盈亏平衡点产量分别为

$$Q_{min}=20\text{（件）}\quad Q_{max}=180\text{（件）}$$

项目的利润函数为 $R=S-C=-8Q^2+1600Q-28\,800$

当利润函数对产量求一阶导数，即

$\frac{d(S-C)}{dQ}=-16Q+1600=0$ 时，项目获最大利润，此时，$Q_0=100$（件）

四、盈亏平衡分析的局限性

通过盈亏平衡分析得出了盈亏平衡点，使决策的外部条件简单地表现出来。盈亏平衡分析除了有助于确定项目的合理生产规模外，还可以帮助项目规划者对由于设备不同引起生产能力不同的方案，以及工艺流程不同的方案进行投资选择。设备生产能力的变化，会引起固定成本的变化，同样，工艺流程的变化则会影响到单位产品的可变成本。当采用技术上先进的工艺流程时，由于效率的提高，原材料和劳动力都会有所节约而使单位产品的可变成本降低。通过对这些方案盈亏平衡值的计算，可以为方案决策提供有用的信息。根据盈亏平衡点的高低，还可了解项目抗风险能力的强弱。因此，这种分析方法简便实用。但它存在一定的局限性。首先，它是建立在生产量等于销售量的基础上，这实际上有些理想化；其次，这种分析方法要求产品单一并将所有不同的收入和成本都集中在两条线上表现出来，难以精确地描述出各种具体情况；再次，它所采用的数据是正常生产年份的数据，而项目投产后各年情况往往不尽相同，正常生产年份数据不易选定；最后，盈亏平衡分析是一种静态分析，没有考虑资金的时间价值因素和项目整个寿命期的现金流量变化。

尽管盈亏平衡分析有它的局限性，但由于其计算简便，可直接对项目的关键因素（盈利

性）进行分析，因此，至今仍作为项目不确定性分析的方法之一被广泛采用。

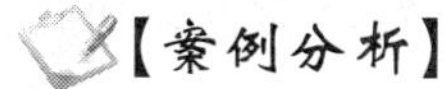

【案例分析】

晨光纸业利润预测

造纸在中国有着悠久的历史，但在改革开放后，造纸工业才得到较快的发展。从1978年到1995年，中国纸品年产量从439万吨增加到2812万吨，在数量上仅次于美国和日本居世界第三位。在国内造纸业中，晨光纸业逐步发展成为规模大、发展快、获利能力强的企业之一。根据市场调查分析，公司预计2000年产品销售量可达38万吨，每吨售价5600元，另外，产品的单位变动制造成本为3000元，单位变动销售费用为350元，单位变动管理费用150元，固定成本总额为4.45亿元，企业所得税税率为33%。

1. 分析要点及要求

(1) 利用盈亏平衡分析预测晨光纸业2000年的目标利润，并计算保本销售量和保本销售额；

(2) 若企业根据市场环境、生产能力、技术条件等因素确定企业2000年利润可达3亿元，试用盈亏平衡分析法预测出实现目标利润的销售量和销售额。

2. 问题探讨

(1) 盈亏平衡分析法在企业利润、风险预测实践中应首先做好哪些基础工作？这些基础工作对预测的影响有哪些？

(2) 盈亏平衡分析法在应用时应注意的问题有哪些？

第三节　敏感性分析

一、敏感性分析的概念

敏感性分析是通过测试、计算各种不确定性因素的变化对项目经济评估指标的影响，从中找出最敏感性因素并确定其敏感程度的一种分析方法。

在项目评估中，由于不确定性因素的存在，会影响到项目评估指标的可靠性和准确性。但不同的因素对项目经济评估指标的影响是不一样的，通常把那些对项目经济评估影响较大的因素称为敏感性因素，把一些对项目经济评估指标影响小的因素称为非敏感性因素。敏感性分析就是要找出项目的敏感因素，并确定其敏感程度，以预测项目承担的风险。

在分析时通常假定其他因素不变，而人为的把某一因素向不利方向变动，分析研究影响项目经济评估指标的程度，从中找出最敏感因素，采取相应的措施，确保投资决策的准确性。

通过这种分析，将各种不确定性因素按其对项目经济评估指标影响的敏感程度进行排列，使决策者能抓住重点，对敏感因素充分注意并采取相应措施，使其不利影响降到最小，确保项目的可行性。

二、敏感性分析的步骤

1. 确定敏感性分析指标

在进行敏感性分析时，首先要确定最能反映项目经济效益的分析指标，具有不同特点的项目，所应侧重的经济指标也不尽相同。如果主要分析方案状态和参数变化时对方案投资回收快慢的影响，则可选用投资回收期作为分析指标；如果主要分析产品价格波动对方案净收益的影响，则可选用净现值作为分析指标；如果主要分析投资大小对方案资金回收能力的影响，则可选用内部收益率等。当方案评价所处的阶段和要求深度不同，选用的经济评价指标亦有区别。如果在方案机会研究阶段，深度要求不高，可选用静态的评价指标；如果在详细可行性研究阶段，则选用动态指标评价。

2. 确定分析的不确定因素

影响项目经济评估的不确定因素很多，通常有产品销量、产量、价格、经营成本、项目建设期和生产期等。从理论上讲，任何一个因素的变化都会对投资效果产生或多或少的影响，在实际的敏感性分析中，没有必要也不可能对全部的不确定因素均进行分析，一般只选那些在费用效益构成中所占比重比较大，对项目经济指标影响较大，投资决策者特别关心的最敏感的几个因素进行分析。通常将销售收入、产品售价、产品产量、经营成本、计算期限、投资等因素作为敏感性因素进行分析。

3. 确定不确定性因素的变化范围

如销售收入，将来会受市场影响，项目产量和售价将在一定预测范围内变化，这个范围可通过市场调查或初步估计获得，我们假设其变化幅度和范围就应限制在这个范围之中。

4. 计算并绘制敏感性分析图

计算不确定性因素在变动范围内对经济效果指标的影响程度，绘制敏感性分析图并进行分析。计算各种不确定性因素在可能变动幅度和范围内导致项目经济评估指标的变化结果，并以一一对应的数量关系，绘制出敏感性分析图。

在进行分析计算过程中，先假设一个变量发生变化，其他因素变量不变，计算其不同变动幅度，如－5％～＋5％、－10％～＋10％等所对应的经济评估指标值，这样一个一个地计算下去，直到把所有敏感性因素计算完为止。然后，利用计算出来的一一对应关系，计算出当不确定性因素变动±1％时，经济效果指标变动的数值，即敏感度。

绘制敏感性分析图，纵坐标表示敏感性分析指标，横坐标表示各敏感性因素变化，零点为原来基本方案的情况；分析曲线的变化趋势，确定线形，最大允许变化幅度和最敏感因素。

敏感性分析主要是为了表明项目承担风险的能力，如某个不确定性因素变化引起项目经济评估指标的变化不大，则认为项目抗风险能力强。显然，项目经济评估指标对不确定性因素的敏感程度越低越好。敏感性分析，主要是寻找引起项目经济评估指标下降的最敏感因素并对其进行综合评价，提出把风险降到最低的对策，为投资决策者提供参考。

三、单因素敏感性分析

单因素敏感性分析是在分析不确定性因素对项目方案经济效果指标的影响时，每次只变动一个因素，而假定其他不确定性因素不变的一种敏感性分析。

【例 7－5】 某工程项目全部投资 100 万元，设计年生产能力 10 万件。预计每件产品售价 12 元，单位产品经营成本 8 元，项目寿命期 10 年，期末可获残值 5 万元。若基准折现率为 10％，试根据项目特点选择总投资、经营成本、产品价格和年产量四个不确定性因素，各按±10%和±20%的变动幅度，对该工程项目的净现值作敏感性分析。

解　NPV=－投资＋(价格－经营成本)×年产量×(P/A，10%，10)＋残值×(P/F，10%，10)

其单因素敏感性分析结果见表7-1。

表7-1　**单因素敏感性分析**

项目		总投资	年产量	售价	单位产品经营成本	残值	项目寿命	折现率	净现值	敏感度
单位		万元	万件	元/件	元/件	万元	年	%	万元	万元
基本方案		100	10	12	8	5	10	10	147.71	
投资变动	－20%	80	10	12	8	5	10	10	167.71	－1
	－10%	90	10	12	8	5	10	10	157.71	－1
	＋10%	110	10	12	8	5	10	10	137.71	－1
	＋20%	120	10	12	8	5	10	10	127.71	－1
经营成本变动	－20%	100	10	12	6.4	5	10	10	246.02	－4.92
	－10%	100	10	12	7.2	5	10	10	196.87	－4.92
	＋10%	100	10	12	8.8	5	10	10	98.55	－4.92
	＋20%	100	10	12	9.6	5	10	10	49.40	－4.92
售价变动	－20%	100	10	9.6	8	5	10	10	0.24	＋7.37
	－10%	100	10	10.8	8	5	10	10	73.98	＋7.37
	＋10%	100	10	13.2	8	5	10	10	221.45	＋7.37
	＋20%	100	10	14.4	8	5	10	10	295.18	＋7.37
年产量变动	－20%	100	8	12	8	5	10	10	98.55	＋2.46
	－10%	100	9	12	8	5	10	10	123.13	＋2.46
	＋10%	100	11	12	8	5	10	10	172.29	＋2.46
	＋20%	100	12	12	8	5	10	10	196.87	＋2.46

根据表7-1的计算结果绘制敏感性分析图，如图7-3所示。

从表7-1和图7-3可以看出：投资和经营成本的变动与方案净现值的变动方向相反；价格和产量的变动与净现值的变动方向相同。其中产品销售价格为该工程项目的最敏感因素，只要产品价格增长或降低1%，项目方案的净现值就可增长或降低7.37万元，其次是单位产品经营成本，再次为年产量，本例中最不敏感因素为总投资额。

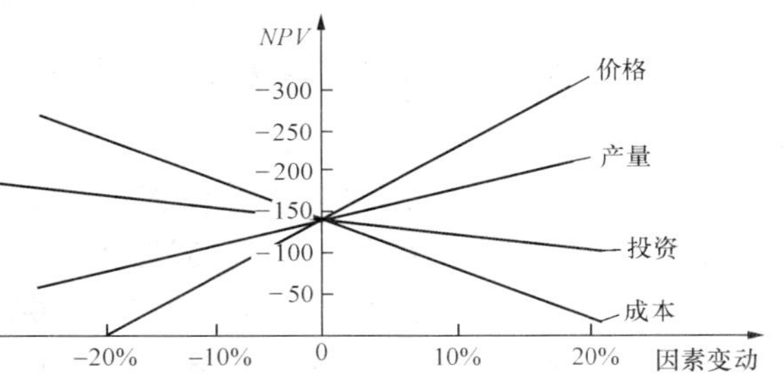

图7-3　单因素敏感性曲线图

四、多因素敏感性分析

在进行单因素敏感性分析的过程中，当计算某个特定因素的变动对项目经济效果指标的影响时，假定其他因素不变。实际上，一个不确定性因素的变动往往也伴随着其他不确定性因素的变动。这种研究两个或两个以上不确定性因素的同时变动对项目经济效果指标的影响的分析方法称为多因素敏感性分析。

多因素敏感性分析要考虑各种不确定性因素可能发生的不同变动幅度的多种组合，计算起来比单因素敏感性分析复杂得多。如果需要分析的不确定性因素不超过三个，则可以用解析法和绘图法相结合的方式进行分析。

【例 7-6】 某工程项目初始投资 25 万元，年销售收入 10 万元，年经营成本 4.5 万元，寿命期 10 年，期末残值 2 万元。若基准折现率为 15%，试以初始投资额和年销售收入作为不确定性因素分析两个因素的同时变动对项目净现值的影响。

解 设初始投资额变化的百分数为 x，年销售收入变化的百分数为 y，则两个不确定性因素同时变化时，项目的净现值为

$$NPV = -25(1+x) + [10(1+y) - 4.5](P/A, 15\%, 10) + 2(P/F, 15\%, 10)$$
$$= -25x + 50.19y + 3.10$$

令 $NPV=0$，则有

$$-25x + 50.19y + 3.10 = 0$$

即
$$y = 0.4918x - 0.0618$$

这是一个直线方程，将其在坐标图上表示出来即为 $NPV=0$ 时的临界线，如图 7-4 所示。这条直线将整个坐标平面分成两个区域：在临界线上方的区域，$NPV>0$；在临界线下方的区域，$NPV<0$。

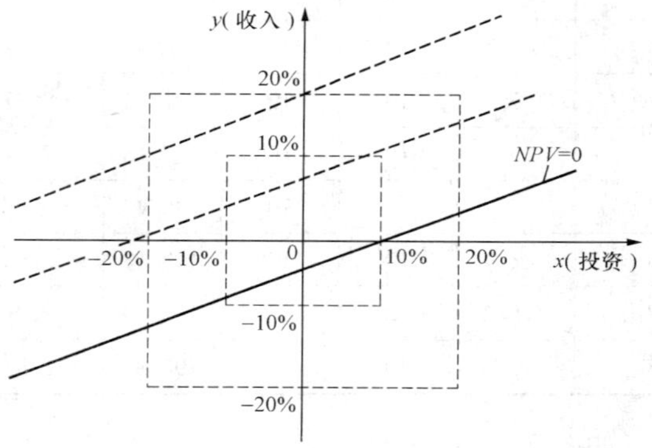

另外，若令 $NPV=z$（z 可取不同值），则可在坐标平面中绘出净现值不等的一组等值线。等值线上各点表明了两个不确定性因素同时变动时对项目净现值的影响。

图 7-4 双因素敏感性分析图

【例 7-7】 ［例 7-6］中的工程项目，若寿命周期也是不确定因素，试分析三个不确定性因素同时变动时对项目净现值的影响。

解 设寿命周期变化的年数为 k 年，则三个因素同时变化时，项目的净现值为

$$NPV = -25(1+x) + [10(1+y) - 4.5](P/A, 15\%, 10+k) + 2(P/F, 15\%, 10+k)$$

分别取 $k=0$、±1、±2 年，并令 $NPV=0$，可得一系列临界线为

当 $k=-2$，即 $n=8$ 时：$y=0.5572x+0.0149$

当 $k=-1$，即 $n=9$ 时：$y=0.5239x-0.038$

当 $k=0$，即 $n=10$ 时：$y=0.4981x-0.0618$

当 $k=1$，即 $n=11$ 时：$y=0.4776x-0.0806$

当 $k=2$，即 $n=12$ 时：$y=0.4612x-0.0957$

将以上方程分别在同一坐标图中绘出即为项目方案在不同服务寿命期内 $NPV=0$ 时

的临界线，如图 7－5 所示。在初始投资和年销售收入的±20%变化范围内，当寿命期$n=$9、10、11、12 时，$NPV>0$ 的区域大于$NPV<0$ 的区域；当寿命期$n=8$ 时，则相反。同时，各临界线的斜率随着寿命期的减小而增大，这就表明随着寿命期的减小项目的净现值指标对初始投资额这个不确定性因素变化的敏感性增加。

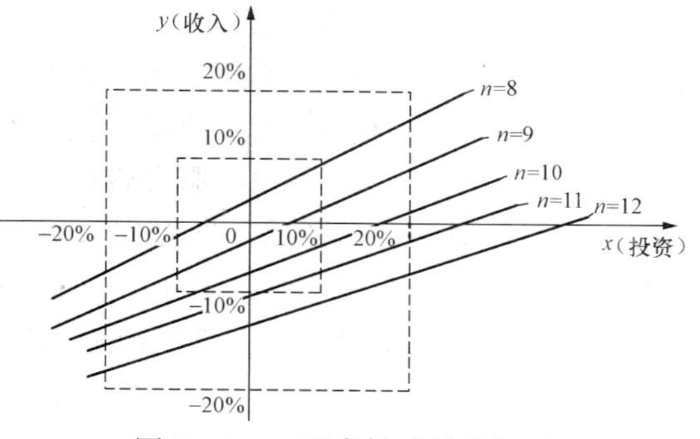

图 7－5　三因素敏感性分析图

五、敏感性分析的局限性

敏感性分析在一定程度上就各种不确定因素的变动对项目经济指标的影响做了定量描述，这有助于决策者了解项目的风险情况，有助于确定在决策过程中及项目实施中需要重点研究与控制的因素。敏感性分析能够表明不确定因素对项目经济效益的影响，得到维持项目可行所能允许的不确定因素发生不利变动的幅度，从而预测项目承担的风险，但是，敏感性分析没考虑各种不确定因素在未来发生一定幅度变动的概率，即不能表明这种风险发生的可能性有多大。在实际中常常会出现这样的情况，通过敏感性分析找出的某个敏感性因素未来发生不利变动的概率很小，实际引起的风险并不大；若另一个不太敏感的因素未来发生不利变动的概率却很大，实际上所引起的风险反而比那个敏感性因素更大。这类问题是敏感性分析所无法解决的，为弥补这一不足，可借助于风险分析。

第四节　风　险　分　析

风险分析又称为概率分析，是指利用概率理论定量的研究各种不确定性因素的随机变动对项目经济效果指标的影响，以判断项目方案风险程度的一种不确定性分析方法。它是假定各个因素是服从某种分布的相互独立的随机变量，因而作为变动因素函数的投资项目经济评估指标也是一个随机变量，在进行概率分析时，先对参数值做出概率估计，并以此为基础计算项目的经济效益，然后通过经济效益的期望值、累计概率、标准差等来反映项目的风险与不确定程度。

一、风险分析的相关概念

1. 概率

随机事件的出现总有各种可能性，这种可能性可以用概率来表示。通常把出现某种随机事件的次数与各种可能出现随机事件的总和之比称为随机事件的概率。一般用 $P(X)$ 来表示，其基本性质有：

（1）概率是非负值，即 $P(X)\geqslant 0$；

（2）任何随机事件的概率都在 0 与 1 之间，即 $0\leqslant P(X)\leqslant 1$；

（3）所有随机概率事件的概率总和等于 1，即 $\sum P(X_i)=1$，式中 i 为随机事件发生的次数；

（4）在项目评估中进行概率分析时，一般只分析研究离散型随机变量的概率分布情况。离散型随机变量的概率分析，是根据分析人员的主观判断，取有限个随机变量，并能以各种确定的概率值表示概率分布情况。

例如，原材料价格在项目经济寿命周期内可能上涨5%、10%、15%、20%，这些上涨比例是有限和可数的，故称为离散型随机变量。如果确认上述随机变量有相应确定的概率值，其概率分布为0.2、0.3、0.3、0.2，那么就可以利用表格形式描述其概率分布情况，见表7-2。

表7-2

原材料价格上涨（%）	5	10	15	20
概率 $P(X_i)$	0.2	0.3	0.3	0.2

2. 期望值

对于离散型随机变量 X，其期望值为

$$E(X) = X_1P_1 + X_2P_2 + \cdots + X_nP_n = \sum X_iP_i \tag{7-7}$$

式中　$E(X)$——随机变量 X 的期望值；

X_i——随机变量 X 的各种取值；

P_i——对应于 X_i 的概率值。

从期望值的定义可见，它实际是一个加权平均值。随机变量 X 取值越多，相应的概率分布值 $P(X)$ 也就越多，其加权平均值越接近于实际值。因此，它仅仅是期望得到的一个数值，而不是一个真实的准确数值。

计算表7-2列出的原材料价格上涨的期望值为

$$E(X)=5\%\times0.2+10\%\times0.3+15\%\times0.3+20\%\times0.2=12.5\%$$

3. 标准差

方案的风险程度与经济效益的概率分布有着密切的联系。概率分布越集中，经济效益期望值实现的可能性就越大，风险程度就越小。标准差就是反映一个随机变量实际值与其期望值偏离程度的指标。这种偏离程度可以作为度量方案风险与不确定性的一种尺度，标准差越大，表示随机变量可能变动的范围越大，不确定性与风险也越大。标准差也称均方差，是指期望值与实际值的偏差程度，其计算公式为

$$\sigma = \pm\sqrt{\sum_{i=1}^{n}(\overline{X} - X_i)^2 P(X_i)} \tag{7-8}$$

式中　$\overline{X}$——随机变量 X 的平均值，可用 $E(X)$ 代替；

X_i——随机变量 X 的各种取值；

$P(X_i)$——随机变量 X 的概率值。

当取 $\pm\sigma$ 时，其值可靠度为68.3%；当取 $\pm2\sigma$ 时，其值可靠度为95.4%；当取 $\pm3\sigma$ 时，其值可靠度为99.7%。一般项目取 $\pm\sigma$ 均方差即可。

上例中计算原材料价格上涨率的标准差为

$$\sigma=\pm\sqrt{(12.5\%-5\%)^2\times0.2+(12.5\%-10\%)^2\times0.3+(12.5\%-15\%)^2\times0.3+(12.5\%-20\%)^2\times0.2}$$

$$=\pm5.12\%$$

计算结果表明，原材料价格上涨幅度最大可能为12.5%，上下有5.12%的偏差；下限12.5%−5.12%=7.38%，上限为12.5%+5.12%=17.62%；其实际值落在该区域的可靠性达到68.3%，即尚有31.7%的风险性。

4. 离散系数

标准差是一个绝对指标，一般地，变量的期望值越大，其标准差也越大，因此，标准差

往往不能准确反映期望值不同的方案风险程度的差异。而离散系数是一个相对数，可以更好地反映方案的风险程度。

离散系数的计算公式：

$$V=\frac{\sigma}{E} \tag{7-9}$$

式中　V——离散系数；

σ——标准差；

E——期望值。

建设有A、B两个项目，其净现值的期望值分别为400万元和200万元，其标准差分别为200万元和150万元，那么是不是可以说，由于A项目的标准差大，它的风险就一定大于B项目呢？答案是否定的，我们通过它们各自的离散系数来考察一下。

A项目：$V=\frac{200}{400}=0.5$

B项目：$V=\frac{150}{200}=0.75$

虽然A项目的标准差大于B项目，但离散系数则表明B项目的实际净现值相对期望值的离散程度大于A项目，因而B项目的风险大于A项目。

结论：标准差只能用来比较期望值相同项目的风险大小，而离散系数既可用于期望值相同的项目，也可用于期望值不同的项目。

二、风险分析的一般步骤

1. 确定分析对象

分析的对象包括项目方案经济效果指标和不确定性因素。表述项目方案经济效果的指标有很多，没有必要对所有的经济效果指标都进行风险分析，实际工作中一般采用净现值或内部收益率作为风险分析的对象。不确定性因素的选择一般要根据敏感性分析中所确定的对该经济效果指标影响较大的敏感因素，以及投资者最关心的因素来确定。

2. 对所选定的不确定性因素进行概率估计

不确定性因素概率的确定是风险分析的关键，它对项目方案的风险分析的可靠性起着决定性作用。

3. 计算项目方案经济效果指标的概率分布

项目方案经济效果指标概率分布的计算，就是在已知不确定性因素主观概率分布的前提下，按经济效果指标与不确定性因素的关系式计算该经济效果指标在各种概率下的取值。

4. 计算项目方案经济效果指标的期望值和标准差

在风险分析中不能仅仅依据经济效果指标某种取值出现的概率来决定方案的取舍，而是依据效果指标的期望值选择方案。此外，还要考虑经济效果指标的各种取值与期望值的偏离程度——标准差来考察方案的风险性大小。标准差越小，说明经济效果指标的取值与其期望值的偏离程度越小，项目的风险性越小；反之，则风险性越大。

5. 对项目方案经济效果指标的风险分析做出结论

根据项目方案经济效果指标的概率分布，计算方案经济效果指标值小于或大于某一取值的概率值，根据概率值的大小来判断方案风险性的大小，做出分析结论。

三、风险分析实例

【例7-8】 某水泥企业为了制订10年长远发展规划，组织10名专家对2024年该市水泥需求量进行预测。专家预测数据见表 7－3。请计算专家预测值的期望值，计算预测值的标准差，并估计在置信度 68.3％的水平下预测值的区间分布。

表 7－3 **专家估计的概率分布**

概率（％）		需求量（万 t）				
		48	52	55	60	65
专家	1	5	20	40	25	10
	2	10	25	30	20	15
	3	5	10	25	40	20
	4	30	50	10	10	0
	5	20	20	30	20	10
	6	25	55	20	0	0
	7	5	15	35	25	20
	8	10	15	45	20	10
	9	15	25	35	15	10
	10	20	40	20	15	5

解 （1）首先计算专家预测值的概率。

需求量为 48 万 t 的专家估计概率的平均值为

$$(5\%+10\%+5\%+30\%+20\%+25\%+5\%+10\%+15\%+20\%)/10=14.5\%$$

同样可以计算出，52 万吨、55 万吨、60 万吨、65 万吨的概率分别为：27.5％、29％、19％和 10％。

（2）计算专家估计需求量的期望值。

$$\bar{x}=\sum P_i x_i=14.5\%\times48+27.5\%\times52+29\%\times55+19\%\times60+10\%\times65=55.11\text{（万 t）}$$

（3）计算专家估计需求量的方差及标准差。

$$\begin{aligned}\text{方差}&=\sum P_i(\bar{x}-x_i)^2\\&=14.5\%\times(55.11-48)^2+27.5\%\times(55.11-52)^2+29\%\times(55.11-55)^2\\&\quad+19\%\times(55.11-60)^2+10\%\times(55.11-65)^2\\&=24.32\end{aligned}$$

$$\text{标准差 }\sigma=\sqrt{24.32}=4.93$$

在置信度 68.3％的水平下，预测区间为 $x\pm S$，即 55.11±4.93。含义是有 68.2％的可能性，需求量在 50.18 万～60.04 万 t 之间。

【例 7－9】 某项目经济寿命期为 10 年，残值不考虑，基准收益率 10％，其投资、年收入、年成本及其概率如图 7－6 所示。

图 7－6 为此项目风险决策图，○表示结点，内数表示概率值；每一个分支表示在不确定条件下可能发生的事件，共有 8 个分支。投资有 300 万元、概率 0.6 和 200 万元、概率 0.4 两种可能，概率之和为 1，下面又各有两个分支，分别对应的年收入为 120 万元与 90 万元和 80 万元与 60 万元，其概率分别为 0.3 和 0.7，概率之和为 1，下面又各有两个分支，分别对应的年成本为 45 万元与 15 万元、30 万元与 20 万元，其概率分别为 0.3 和 0.7，概率之和为 1。

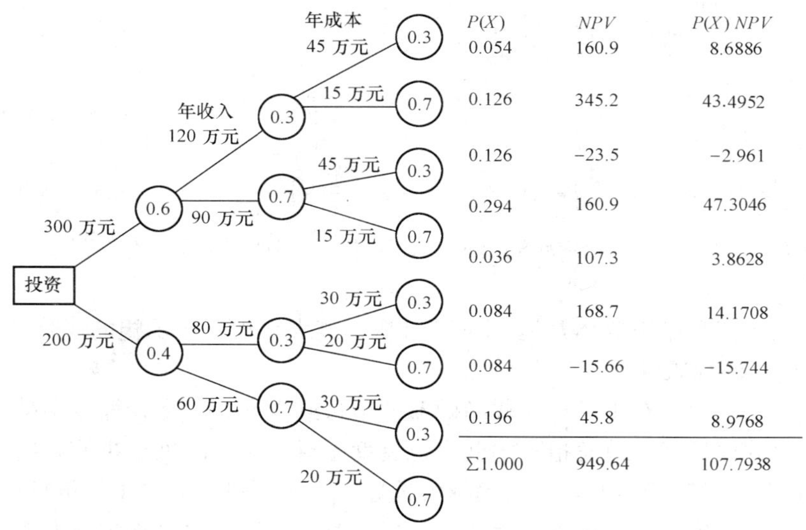

图 7-6　项目风险决策图

解　1. 分别计算各分支的概率值 $P(X)$

第一分支为 0.6×0.3×0.3=0.054，

第二分支为 0.6×0.3×0.7=0.126，

……

第八分支为 0.4×0.7×0.7=0.196，

各分支的概率之和总等于 1。

2. 分别计算各分支的净现值 NPV

第一分支为：−300+(120−45)(P/A，10%，10)=160.9，

第二分支为：−300+(120−15)(P/A，10%，10)=345.2，

……

第八分支为：−200+(60−20)(P/A，10%，10)=45.8。

3. 分别计算各分支的加权净现值 $P(X)NPV$

第一分支为：160.9×0.054=8.6886，

第二分支为：345.2×0.126=43.4952，

……

第八分支为：45.8×0.196=8.9768，

加权净现值之总和为 107.7938，即为净现值的期望值。

4. 列出净现值累计概率，求净现值大于或等于零时的累计概率值

按 NPV 大小排列，其概率相加得累计概率值。

NPV	累计概率值
345.2	0.126
168.7	0.210
160.9	0.264

160.9　　0.558
107.3　　0.594
45.8　　0.790
−15.66　　0.874

$$P(NPV \geqslant 0) = 0.790 + (0.874 - 0.790) \times \frac{45.8}{45.8 + |-15.66|} = 0.8526 \times 100\% = 85.26\%$$

净现值 $NPV \geqslant 0$ 的累计概率为 85.26%，而且，净现值的期望值为正值，说明该项目风险不大。

净现值的期望值和净现值 $NPV \geqslant 0$ 的累计概率越大，项目所承担的风险就越小。

四、风险分析的局限性

在其他条件相同时，对于具有同样净效益的项目或方案，其变动性越小越好。此外，通过概率分析所得的项目经济效益指标的概率也有助于对项目风险做出决策，判断其风险的可靠程度。NPV 大于或等于零的累计概率越大越好，表明项目的风险小，可靠程度高。

但是，如果不能确定未来可能发生状况的概率时，则风险决策将难以发挥作用。当不能确定未来状态的发生概率时，则需要运用不确定条件下的决策分析。

【案例分析】

电器公司的投资决策

北京某电器公司是一家生产程控电话交换机的小型企业。由于考虑拓展农村市场，该公司决定扩大电话交换机的生产能力，并确定了 5 年内使总利润达到 300 万元的目标。按照这个目标，公司共拿出三个方案供决策选择。

(1) 建设一个 200 平方米的生产车间，增加一批新设备，预计需投资 200 万元，3 年后才能投产。投产后，如销路好，每年可获利 120 万元；如销路差，每年就要亏损 10 万元。

(2) 在原有生产车间基础上，通过技术改造，重组电话交换机生产线。此方案需投资 50 万元，1 年后投产。投产后，如销路好，每年可获利 60 万元；如销路差，可获利 30 万元。

(3) 联合另外 4 家企业按配套件组织协作生产，不需额外投资，马上就可投产。投产后，如销路好，每年可获利 90 万元；如销路差，每年可获利 30 万元。

另外，经预测，未来 5 年内电话交换机出现销路好的概率为 0.4。

1. 分析要点及要求

(1) 对以上三个方案的收益与风险进行计算；

(2) 进行方案评价。

2. 问题探讨

(1) 产生经营风险的原因有哪些？

(2) 进行风险决策时考虑的主要因素有哪些？

第五节　不确定性分析

由于未来每种状态的发生概率无法确定，而仅存在每种状态下各方案的损益值，因此，决策分析时只能依据决策者的主观偏好和决策策略，这也是不确定条件下决策分析的关键。

表 7－4　损　益　矩　阵　万元

方案＼损益值＼状态	Q_1	Q_2	Q_3
A_1	30	22	－16
A_2	24	18	0
A_3	14	14	14

对于不确定条件下的决策问题，因决策者对不确定性的态度和主观判断不同而可采取不同的决策方法。以表 7－4 为例，具体说明不确定条件下的决策方法。

1．最大最大决策法（乐观准则）

该准则表示决策者要追求最大的损益值，表明了决策者充满乐观情绪，对损失和失败不加考虑。其计算公式为

$$W_1 = \overset{\max}{A_i}\ \overset{\max}{Q_i}\{C_{ij}\} \tag{7-10}$$

对于本例

因为 $A_1 = \overset{\max}{Q_j}\{C_{1j}\} = \max\{30, 22, -16\} = 30$

$$A_2 = \overset{\max}{Q_j}\{C_{2j}\} = \max\{24, 18, 0\} = 24$$

$$A_3 = \overset{\max}{Q_j}\{C_{3j}\} = \max\{14, 14, 14\} = 14$$

所以 $W_1 = \overset{\max}{A_j}\{30, 24, 14\} = 30$

因此，最优方案为 A_1。

2．最大最小决策法（悲观准则）

该准则是先对每种方案的损益值求一次最小，然后再从这些值中求最大者，从而找出最优决策方案。采用这种方案时的最小损益值，即最保险的收益是所有方案中最大者。这种方法表明决策者偏于保守，决策者对待风险持回避和悲观态度。其计算公式为

$$W_2 = \overset{\max}{A_i}\ \overset{\min}{Q_i}\{C_{ij}\} \tag{7-11}$$

对于本例

因为 $A_1 = \overset{\min}{Q_j}\{C_{1j}\} = \min\{30, 22, -16\} =-16$

$$A_2 = \overset{\min}{Q_j}\{C_{2j}\} = \min\{24, 18, 0\} = 0$$

$$A_3 = \overset{\min}{Q_j}\{C_{3j}\} = \min\{14, 14, 14\} = 14$$

所以 $W_2 = \overset{\max}{A_j}\{-16, 0, 14\} = 14$

因此，最优方案为 A_3。

3．加权系数（α）准则

加权系数（α）准则是上述两种准则的折中，从而表现为既不那么乐观，又不那么悲观。其计算公式为

$$WA_i = \alpha \overset{\max}{A_i}\{C_{ij}\} + (1-\alpha)\overset{\min}{Q_j}\{C_{1j}\}$$

$$W_3 = \overset{\max}{A_i}\{WA_i\} \tag{7-12}$$

加权系数反映决策者对风险的好恶，其取值在 0～1 之间。显然，当 $\alpha=1$ 时为最大最大（乐观）法；当 $\alpha=0$ 时，为最大最小（悲观）法。本例中，取 $\alpha=0.6$ 时的计算结果见表 7－5。

表 7-5 **加权系数法计算结果** 万元

方案	最大损益值	最小损益值	加权平均值	最大加权平均值
A_1	30	−16	30×0.6−16×0.4=11.6	14.4
A_2	24	0	24×0.6+0×0.4=14.4	
A_3	14	14	14×0.6+14×0.4=14	

决策结果应为方案 A_2。

4. 等概率准则

等概率准则，认为既然不能确认概率，就按同等概率对待每个方案。对于本例，认为 Q_1、Q_2、Q_3 状态的发生概率均为 1/3，从而 A_1、A_2、A_3 的期望值分别为

$E(A_1)=1/3(30+22-16)=12$

$E(A_2)=1/3(24+18+0)=14$

$E(A_3)=1/3(14+14+14)=14$

因此，选方案 A_2、A_3 均可。

5. 最小最大后悔准则

决策者在选定方案后，如实践证明选择另一方案比原先预计的要好，这时就遭受了机会损失，从而决策者会感到后悔。决策者先算出各种状态下各方案的最大后悔值（即各状态的最大收益值与各方案收益值之差），然后选择最大后悔值最小的方案作为较满意的方案。对于本例，各方案后悔值 R_{ij} 见表 7-6。

表 7-6 **后 悔 值**

后悔值 状态 / 方案	Q_1	Q_2	Q_3	最大后悔值	最小最大值
A_1	0	0	30	30	14
A_2	6	4	14	14	
A_3	16	8	0	16	

其计算方法如下。

$$R(A_1)=\overset{\max}{Q_j}\{R_{ij}\}=\max\{0,0,30\}=30$$

$$R(A_2)=\overset{\max}{Q_j}\{R_{ij}\}=\max\{6,4,14\}=14$$

$$R(A_3)=\overset{\max}{Q_j}\{R_{ij}\}=\max\{16,8,0\}=16$$

各最大后悔值中的最小者为

$$\overset{\min}{A_i}(A_i)=\min\{30,14,16\}=14$$

所以方案 A_2 为最优方案。

以最小最大后悔准则作为决策标准的决策者，可使其决策产生最小可能损失。这一准则使决策者处于相对保险的地位，因而说这是一种偏保守的决策准则。

本例说明，对于同一决策对象，由于决策者采取的决策准则不同，其决策结果也会不同。

本章小结

本章主要介绍了建筑工程项目经济效果不确定性分析的基本方法。我们在对工程项目的经济效果进行分析和评价时，都是在项目方案实施前进行的，评价过程中所使用的数据都是对未来状况的预测和估计，这就难免受不确定性因素的影响，从而影响工程项目经济效果评价的准确性。因此，有必要对工程项目进行不确定性分析。

工程项目不确定性分析的目的是预测项目方案的风险性及项目方案实施后抵御不确定性因素变化的抗风险能力，以便为决策者提供经济效果好、风险小的方案或对将来可能发生的不利因素采取有效的控制措施。

对工程项目方案进行不确定性分析的主要方法有：盈亏平衡分析、敏感性分析和概率分析。它们分别从不同的角度对项目方案实施后的风险性大小及抗风险能力进行分析，分析的方法和内容也各不相同。

盈亏平衡分析是在一定的市场条件下研究工程项目方案的产量、成本与盈利之间的关系，确定项目方案的盈利与亏损在不确定性因素方面的界限，并分析和预测这些不确定性因素的变动对项目方案盈亏界限的影响的一种分析方法。通过盈亏平衡分析可以考察项目方案在某种条件下能够承受多大风险而不致发生亏损的能力。盈亏平衡分析根据项目方案的销售收入、成本与产量之间的关系，可分为线性盈亏平衡分析和非线性盈亏平衡分析。在线性盈亏平衡分析中，项目的风险性随着平衡点产销量、平衡点销售收入、平衡点生产能力利用率、平衡点价格的减小而降低，呈同方向变化。非线性盈亏平衡分析存在两个盈亏平衡点，在两平衡点之间方案盈利，且有一最大利润点产量，在两平衡点之外方案亏损。

敏感性分析是研究由于不确定性因素的变动而导致工程项目经济效果指标变动的一种分析方法。通过敏感性分析，可以找出项目方案的敏感因素和不敏感因素，并确定其对项目经济效果指标的影响程度，以便对敏感因素采取有效的控制措施，减小工程项目的风险。敏感性分析分为单因素敏感性分析和多因素敏感性分析。通过对影响项目方案经济指标的多个不确定性因素进行单因素敏感性分析，可以确定不确定性因素敏感性大小的顺序，进而找出最敏感因素。多因素敏感性分析要考虑各种不确定因素不同变动幅度的各种组合，计算起来比单因素敏感性分析要复杂得多。敏感性分析的局限性在于它没有考虑各种不确定性因素在将来变动的可能性大小。

概率分析是利用概率理论定量的研究各种不确定性因素的随机变动对项目经济效果指标的影响的一种分析方法，其目的是通过对影响项目方案经济效果指标的不确定性因素变动的概率分布的研究，得出描述项目方案风险程度的定量结果。通过概率分析可以提高工程项目方案经济效果预测的准确性，为投资决策提供可靠的依据。不确定性因素概率分布的确定是概率分析的关键，它对概率分析的可靠性起着决定性作用。概率分析的基本方法是期望值法。期望值法把各备选方案在所有状态下的经济效果指标损益值的期望值求出，根据期望值的大小按照一定的决策准则进行最佳方案的选择。

思考题

1. 什么是不确定性分析？

2. 什么是盈亏平衡分析？它有什么特点？

3. 什么是敏感性分析？怎样进行敏感性分析？如何确定最敏感性因素及其最大的允许变化幅度？

4. 怎样进行概率分析？概率分析有何特点？

5. 如何进行单因素敏感性分析？它有哪些不足之处？

练习题

1. 某项目年设计生产某产品 3 万件，单位产品售价 3000 元，总成本费用为 7800 万元，其中固定成本 3000 万元，可变成本与产品产量成正比关系，求分别以实际产量、销售收入、生产能力利用率和销售单价表示盈亏平衡点，画出盈亏平衡图，并加以风险分析比较。

2. 某项目现金流量见表 7－7，分析预测投资、经营成本和产品价格均有可能在±20%的范围内变动，基准收益率 10%，试以 *NPV* 和 *IRR* 为指标对上述三个不确定因素进行敏感性分析，并加以分析比较。

表 7－7 万元

年　　份	0	1	2～10	11
投　　资	15 000			
销售收入			19 800	19 800
经营成本			15 200	15 200
期末残值				2000
净现金流量	－15 000	0	4600	4600＋2000

3. 某投资为 1 亿元，固定资产残值为 2000 万元，年销售收入为 5000 万元，年经营成本为 2000 万元，项目经济寿命期为 5 年，基准收益率 8%。试进行投资和年收入两因素的敏感性分析。

4. 某项目初期投资 20 万元，建设期为 1 年。预测投产后年收入有 3 种可能：5 万元、10 万元和 12.5 万元，其概率分别为 0.3、0.5 和 0.2。基准收益率为 10%。生产期有 4 种可能：2 年、3 年、4 年、5 年，其概率分别为 0.2、0.2、0.5、0.1。试进行概率分析，并加以风险评价。

5. 某房地产开发企业欲建商品房，根据市场预测，今后房屋销售有三种市场前景：X_1 为房屋销路好，其概率是 0.3；X_2 为房屋销路一般，其概率是 0.5；X_3 为房屋销路差，其概率是 0.2。目前，该开发企业面临三种选择：大批量建房、中批量建房和小批量建房。三种方案对应不同的市场前景企业盈利和亏损额见表 7－8。试对方案进行决策。

表 7-8　不同方案在各状态下的损益值

损益值（万元）／市场前景／方案	X_1	X_2	X_3
大批量建房	3000	2300	−150
中批量建房	2500	2000	0
小批量建房	1300	1000	800

6. 某企业今年生产的某种产品销售情况如下：销售价格 500 元/件，固定成本总额为 800 万元，单位产品变动成本为 300 元/件，销售量 10 万件。该企业通过市场调查和预测，发现明年该产品销量有继续上升趋势，现有生产能力不能满足市场需求，因此准备扩大生产规模。由于需要购进专用设备而使固定成本总额上升到 1000 万元，单位产品变动成本下降 5%，若销量上升到 15 万件，试分析是否应扩大生产规模。

第八章 工程项目可行性研究

工程项目的可行性研究是工程项目投资决策前进行技术经济分析论证的科学方法和手段，是一门综合性的边缘科学。它是随着科学技术、经济科学和管理科学的不断发展而产生和发展的。经过近些年不断的充实和完善，可行性研究已经发展成为一套完善的科学分析方法，被广泛应用到世界各国、各地区，并取得显著的经济效益，成为工程项目投资决策之前需要从事的重要工作。

第一节 可行性研究的地位、作用

一、可行性研究的含义

可行性研究是指在建设项目投资决策前对有关建设方案、技术方案和生产经营方案进行的技术经济论证。可行性研究必须从系统总体出发，对技术、经济、财务、商业以至环境保护、法律等多个方面进行分析和论证，以确定建设项目是否可行，为正确进行投资决策提供科学依据。

可行性研究被广泛应用于新建、扩建和技术改造项目。在对工程项目作出投资决策之前，通过做好可行性研究，使投资决策工作建立在科学和可靠的基础之上，从而达到工程项目在建设上可能、在技术上先进可行、在经济上合理有利时才予以投资建设，从而实现项目投资决策科学化、民主化，减少和避免投资决策失误，提高投资的经济效益。

可行性研究本身不是目的，而是一种研究技术经济问题的科学方法。它是促进生产领域和经济建设部门，尊重客观实际，按客观经济规律办事，提高投资经济效益的有效措施，它是用科学的方法确保建设项目以尽可能少的耗费，取得最佳经济效果的有效手段，同时也是供领导部门对建设项目作出决策的重要依据。

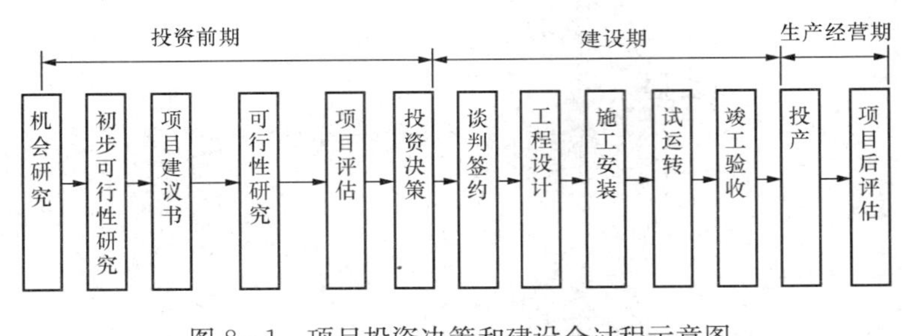

图 8-1 项目投资决策和建设全过程示意图

一个建设项目要经历投资前期、建设期及生产经营期三个时期，其全过程如图 8-1 所示。

可行性研究是项目投资前期阶段中的一项重要工作，是研究和控制的重点。

二、可行性研究的目的

可行性研究是工程项目进行投资决策和建设的一个基本先决条件和主要依据，其主要目的有以下几点。

(1) 避免错误的项目投资决策。由于科学技术、经济科学和管理科学发展很快，市场竞争激烈，客观上要求在进行项目投资决策之前作出准确地判断，避免错误的项目投资。

(2) 减少项目的风险。现代化的工程项目规模大、投资额大，如轻易做出决策，一旦遭到风险，损失太大。

(3) 避免项目方案多变。工程项目方案的可靠性、稳定性是非常重要的。因为项目方案的多变无疑会造成人力、物力和财力的巨大浪费和时间的延误，这将大大影响工程项目的经济效果。

(4) 保证项目不超支、不拖延。做到在估算的投资额范围和预定的建设期限内使项目建成投产。

(5) 对项目因素的变化心中有数。对项目在施工过程中或项目竣工后，可能出现的某些因素（市场状况、价格波动等）的变化后果，做到心中有数。

(6) 达到最佳经济效果。投资者往往不满足于一定的资金利润率，要求在多个可能的投资方案中优选最佳方案，力争达到最好的经济效果。

三、可行性研究的特点

(1) 先行性。可行性研究是在项目确定之前进行的研究、分析、论证工作。同时正因为可行性研究在项目尚未实施之前进行，因此应为其提供充足的时间，使之得以深入地、全面地进行。

(2) 不定性。可行性研究的结果包含可行或者不可行两种可能。项目可行，为项目的确定提供了科学的依据；项目不可行，避免了无谓的投资。其结果无论是可行还是不可行都是有意义的。

(3) 预测性。可行性研究是对未来发生的事物的分析、论证，必然有一定的误差。因此对待可行性研究的精确程度要有客观的认识。同时，对可行性研究更要慎重从事，尽可能将各种信息考虑周到，降低预测偏差。

(4) 决策性。可行性研究为项目的决策提供理论依据。

四、可行性研究的地位和作用

（一）可行性研究的地位

目前，可行性研究已被世界各国普遍采用，并已成为一门决定建设项目投资命运的综合性边缘科学。只有经过可行性研究并确认可行的项目，才允许进行设计、施工和试运行。自1979年以来，我国开始学习和引进国外的可行性研究，并主要用于工程项目建设前期的技术经济分析，国家计划部门将可行性研究列入基本建设程序，作为编制和审批项目设计任务书的基础和依据，肯定了可行性研究在基本建设中的地位和作用。

1981年国务院颁发了《技术引进和设备进口工作暂行条例》。条例指出：“技术引进和设备进口工作必须讲究经济效果，按经济规律办事，认真做好可行性研究”。“所有技术引进和设备进口项目，都需参照条例附录所要求，编制项目建议书和项目可行性研究报告”。

1981年国务院颁发了《关于加强基本建设计划管理、控制基本建设规模的若干规定》。规定指出“所有新建、扩建大中型项目，不论用什么资金安排的，都必须先由主管部门对项目的产品方案和资源地质情况，以及原料、材料、煤、电、油、水、运输等协作配套条件，经过反复周密地论证和比较后，提出项目可行性研究报告，并应有国家计委批准的设计任务书和国家建委批准的设计文件”。“把可行性研究作为建设前期工作中一个重要技术经济论证阶段，纳入基本建设程序”。“所有利用外资进行基本建设的项目都要有批准的项目建议书、可行性研究报告以及设计任务书（有些项目的设计任务书可由可行性研究报告代替），都要落实外汇偿还能力、国内工程和配套项目所需的国内投资，以及原料、燃料、动力、供水、交通运输等项条件。必须经过以上工作后，才能正式签约”。

1982年国家计委和国家建委颁发的《关于缩短建设工期，提高投资效益的若干规定》指出“基本建设项目决策必须建立在科学、可靠的基础上。上项目之前一定要认真负责、精心细致地进行可行性研究和技术经济论证”。“凡是没有可行性研究，或可行性研究深度不够的建设项目，不应批准设计任务书，初步设计未经批准，不得列入年度基建计划”。

1983年国家计委颁发《关于建设项目进行可行性研究的试行管理办法》，办法指出：“可行性研究是建设前期工作的重要内容，是基本建设程序中的组成部分。利用外资的项目、技术引进和设备进口项目、大型工业交通项目（包括重大技术改造项目）都应进行可行性研究。其他建设项目有条件时，也应进行可行性研究”。“可行性研究的任务是根据国民经济长期规划和地区规划、行业规划的要求，对建设项目的技术、工程和经济上是否合理可行，进行全面分析、论证，作多方案比较，提出评价，为编制和审批设计任务书提供可靠的依据。并进一步明确了可行性研究报告的编制程序、内容和评审方法等”。

1987年国家又发布了《关于建设项目经济评价工作的暂行规定》和建设项目经济评价方法、建设项目经济评价参数、中外合资经营项目经济评价方法等，对我国开展建设项目可行性研究和经济评价工作，起到了很大的推动作用。

综上所述，可行性研究是保证提高建设项目投资效果的重要手段，在工程项目的建设中占有举足轻重的地位，它是决定投资项目命运的关键。

可行性研究是我们多年建设经验的科学总结，是一种行之有效的科学方法，也是提高项目经济效益的首要环节，所以可行性研究受到很大的重视，是当前社会各种项目开发前必不可少的重要一步。

（二）可行性研究的作用

可行性研究的作用主要表现在以下几方面。

1. 可行性研究是建设单位进行项目投资决策的依据

可行性研究对拟建项目所作出的经济评价，被用以考查项目的可行性。可行性研究报告为领导者决策提供可靠依据。领导决策主要包括两个方面：一方面可行性研究是投资者或企业本身决定此项目是否应该兴建的依据；另一方面还可以作为投资管理部门审批该项目是否可行的依据。

2. 可行性研究是建设单位向银行等金融机构及组织申请贷款、筹集资金的依据

目前，世界银行等国际金融组织都把可行性研究作为申请项目贷款的先决条件。我们国内的专业银行、商业银行在接受贷款申请时，也重视对贷款项目进行全面、细致的分析评估，确定项目具有偿还贷款能力、不承担过大风险时，才批准贷款。

3. 可行性研究是建设单位向当地政府及环保部门申请建设和施工的依据

可行性研究报告经投资部门和计划部门审批以后，建设单位还必须通过地方规划部门及环保部门的审查。审查的依据即为可行性报告中关于环境保护、三废治理以及选址对城市、区域规划布局的影响。通过可行性研究报告，地方规划部门及环保部门判断项目影响各项因素的方案是否符合市政或区域规划及当地环保要求。只有所有指标因素均符合其要求时，才会发给建设许可证书。

4. 可行性研究是建设单位进行综合设计和建设工作的依据

一般可行性研究报告对项目的建设方案、产品方案、建设规模、厂址、工艺流程、主要设备以及总图布置等均作较为详细的说明。因此，项目的可行性研究通过审批后，即可以作为建设单位编制项目综合设计和建设工作的依据。

5. 可行性研究是与项目协作单位签订各项经济协议或合同的依据

根据可行性研究所拟定的诸因素的方案，投资企业或部门就可以与有关部门签订各阶段的协议与合同。如项目建设期和生产所需的设计以及原材料、燃料、水电、运输、通信甚至产品销售等诸多方面的协议和合同。

6. 可行性研究是项目企业机构设置、组织管理、劳动定员的依据

企业在进行组织管理时，应依据可行性研究对工艺技术的设计、组织机构安排，进行职工技术培训，尽可能地做到“人尽其才，物尽其用”。

7. 可行性研究是对项目进行考核和后评价的依据

建设单位要对投资项目进行投资建设活动全过程的事后评价，就必须用项目的可行性研究作为参照物。项目可行性研究中有关效益分析的指标是项目后评价的重要依据。

第二节　可行性研究的阶段划分和工作程序

一、可行性研究的阶段

建设项目的可行性研究一般划分为三个阶段：机会研究（Opportunity Study）阶段、初步可行性研究（Pre-Feasibility Study）阶段、详细可行性研究（Feasibility Study）阶段。这三个阶段的工作内容、投资估算的精度以及所需费用各不相同。

1. 机会研究阶段

投资机会研究是进行项目可行性研究前的预备性调查研究，研究比较粗略。主要工作是提供一个可能进行的投资项目，要求时间短、花钱少。一旦证明项目投资设想可行，就可以转入下一步研究。

投资机会研究的主要任务是提出项目投资方向的建议，即在一个确定的地区或部门，根据对自然资源的了解和对市场需求的调查及预测、国内相关政策及国际贸易联系等情况，选择项目，寻找最有利的投资机会。

投资机会研究主要通过以下几个方面的研究来寻找投资机会：

（1）自然资源情况；

（2）农业、工业生产布局和生产情况；

（3）人口增长或购买力增长对消费品需求的潜力；

（4）产品进口情况，取代进口的可能性，产品出口的可能性；

（5）现有企业扩建的可能性、多种经营的可能性、将现有小型企业扩建到经济规模的可能性；

（6）其他国家发展工业成功的经验。

机会研究阶段的研究内容比较粗略。其投资费用的估算一般是以类似工程为例，误差允许在±30%以内，所需研究费用一般约占项目总投资的0.2%～1.0%，所需时间为1个月左右。

2. 初步可行性研究阶段

许多项目在机会研究后还很难决定取舍，还需要进行初步可行性研究。初步可行性研究也称项目建议书阶段，是机会研究和详细可行性研究之间的一个阶段，是在机会研究的基础上进一步弄清拟建项目的规模、厂址、工艺设备、资源、组织结构和建设进度等情况，以判断是否有可能和有必要进行下一步的详细可行性研究。

初步可行性研究的主要任务是：分析投资机会研究的结论；对关键问题进行专题的辅助性研究；论证项目的初步可行性；判定有无必要继续进行研究；编制初步可行性报告。

初步可行性研究与机会研究的区别主要在于所获资料的详细程度不同。如果机会研究有足够的资料数据，也可以越过初步可行性研究直接进入详细可行性研究。在提出项目初步可行性研究报告时，需提出项目的总投资。

初步可行性研究的内容与详细可行性研究基本相同，只是深度和广度略低。

具体内容是：

(1) 分析机会研究的结论，在占有详细资料的基础上做出是否投资的决定。

(2) 确定是否应该进行下一步详细的可行性研究。

(3) 确定有哪些关键问题需要进行辅助性专题研究，如市场调查、科学试验等。

(4) 判明这个建设项目的设想是否有生命力。

初步可行性研究是机会研究和详细可行性研究之间的一个阶段，它们的区别主要在于所获得资料的详尽程度不同。如果项目机会研究有足够的数据，也可以越过该阶段，直接进入详细可行性研究阶段。如果项目的经济效果不明显，就要进行该阶段的工作来断定项目是否可行。

初步可行性研究的投资估算可用生产规模指数法和系数估算法，其精度一般要求在±20%以内，所需研究费用约占总投资的0.25%～1.5%，研究时间一般是1～3个月。

3. 详细可行性研究阶段

详细可行性研究就是通常所说的可行性研究，也称最终可行性研究。它是项目投资决策的基础，为决策提供技术、经济等方面的依据。这个阶段是进行详细深入的技术经济论证阶段，即要研究市场需求预测、生产规模、资源供应、工艺技术和设备选型、厂址选择、工程实施计划、组织管理及机构成员，以及财务分析和经济评价等内容。

详细可行性研究是对项目进行详细深入的技术经济论证的阶段，是项目决策研究的关键环节。它必须对一个工程项目的投资决策提供技术上、经济上和管理上的依据。一般项目的详细可行性研究包括以下几方面的内容：

(1) 可行性研究的结论和建议；

(2) 项目的背景和历史说明；

(3) 市场预测的各项数据，生产成本、价格、销售收入和年利润的估算；

(4) 原材料投入；

(5) 项目实施的地点或厂址；

(6) 项目设计，包括生产工艺的选择、工厂的总体设计、建筑物的布置、建筑材料和劳动力的需求量、建筑物和工程设施的投资；

(7) 管理费用的估算；

(8) 项目相关人员的编制；

（9）项目建设期限及建设进度安排说明；

（10）项目的财务评价和国民经济评价；

（11）项目风险估计。

详细可行性研究阶段对建设项目投资估算的精度要求在±10%之内，所需研究费用，小型项目约占总投资的1.0%～3.0%，大型复杂项目约占总投资的0.8%～1.0%，所需研究时间是3～6个月或更长。

二、可行性研究的工作程序

可行性研究工作通常需要经过以下六个步骤。

1. 签订合同与筹划准备

当工程项目建议书（由机会研究阶段提出）经主管单位审查批准后，建设单位可与有关设计咨询公司等签订进行可行性研究工作的合同，在双方签订的合同中，应明确规定可行性研究工作的范围、进度安排、所需费用和支付办法以及协作方式、前提条件等具体内容。设计咨询公司等单位在接受可行性研究委托时，需获取项目建议书和有关指示文件，摸清委托单位对项目建设的意图和要求，同时注意收集与项目有关的各种基础资料和基本参数、指标、规范、标准等基准依据。

2. 调查研究与需求预测

调查研究包括市场调查与资源调查两方面。通过市场调查要查明和预测出社会对项目产品的需求量、产品价格水平及变动趋势和产品的竞争能力。通过资源调查要了解原材料、能源、劳动力、建筑材料、运输条件、环境保护等自然、社会、经济情况，据此进一步明确拟建项目的必要性和现实性。

3. 建立技术方案与比较选优

根据项目建议书，结合调查研究所获取的基础资料和基准数据，建立各种可能的建设方案和技术方案，并通过分析比较和评价，论证方案在技术上的先进适用性，优选最佳方案，并确定企业规模、产品方案、车间组织、设备选型、组织机构、人员配备等。

4. 编制项目实施进度计划

根据工程设计、设备订货和制造、工程施工、试车调试到正式投产的全过程和建设单位指定的建设工期，拟定可行的实施进度计划，在执行过程中加强控制和调整。

5. 财务分析与经济评价

对优选出的最佳技术方案进行财务分析和经济评价，研究工程项目在经济上的合理合算性。财务分析需计算项目的投资额、生产成本等。经济评价需计算项目的投资收益率、贷款偿还能力、净现值、内部收益率等经济效果指标，同时还要进行不确定性分析。

6. 编写可行性研究报告

在项目方案技术经济分析论证的基础上，根据可行性研究报告所包括的内容，编写详尽的可行性研究报告，提出结论性意见和建议上报决策部门审批。

三、项目评估

项目评估是由投资决策部门组织或授权建设银行、投资银行、工程咨询公司或有关专家，代表国家对上报项目的可行性研究报告进行全面审核和再评价。其主要任务是对拟建项目的可行性研究报告提出评价意见，最终决策该项目是否可行，确定最佳投资方案。见表8-1。

表 8-1 项目可行性研究的阶段划分及内容比较

工作阶段	机会研究	初步可行性研究	可行性研究	项目评估
工作性质	项目设想	项目初选	项目拟定	项目评估与决策
工作内容	鉴别投资方向，寻找投资机会，提出项目投资建议	对项目作专题辅助研究，广泛分析、筛选方案，确定项目的初步可行性	对项目进行深入细致的技术经济论证，重点分析财务效益和经济效益评价，作多方案比较，提出结论性建议，确定项目投资的可行性	综合分析各种效益，对可行性研究报告进行评估和审核，分析项目可行性研究的可靠性和真实性，对项目作出最终决策
工作成果及费用	提出项目建议，作为编制项目建议书的基础，为初步选择投资项目提供依据	编制初步可行性研究报告，确定是否有必要进行下一步的详细可行性研究，进一步说明建设项目的生命力	编制可行性研究报告，作为项目投资决策的基础和重要依据	提出项目评估报告，为投资决策提供最后的决策依据，决定项目取舍和选择最佳投资方案
估算精度	±30%	±20%	±10%	±10%
费用占总投资的百分比（%）	0.2～0.8	0.25～1.0	大中型项目 0.2～1.0 小型项目 1.0～3.0	—
需要时间（月）	1～3	4～6	大中型项目 12～24 小型项目 6～12	—

第三节 可行性研究报告编制的依据和要求

一、可行性研究报告编制的依据

对建设项目进行可行性研究，编制可行性研究报告的主要依据有以下几点。

1. 国民经济发展的长远规划、国家经济建设的方针、任务和技术经济政策

按照国民经济发展的长远规划和国家经济建设方针确定的基本建设的投资方向和规模，据此提出需要进行可行性研究的项目建议书。这样可以有计划地统筹安排各部门、各地区、各行业以及企业产品生产的协作与配套项目，有利于搞好综合平衡，也符合我国经济建设的要求。

2. 项目建议书和委托单位的要求

项目建议书是作各项准备工作和进行可行性研究的重要依据，只有在项目建议书上经上级主管部门和国家计划部门审查同意，并经汇总平衡纳入建设前期工作计划后，方可进行可行性研究的各项工作。建设单位在委托可行性研究任务时，应向承担可行性研究工作的单位提出对建设项目的目标和其他要求，以及说明有关市场、原材料、资金来源等。

3. 大型工程项目的要求

大型工程项目需有国家批准的资源报告、国土开发整治规划、区域规划、江河流域规划、路网规划、工业基地规划等。

4. 可靠的基础资料

进行厂址选择、工程设计、技术经济分析需要可靠的地理、气象、地质等自然和经济、社会等基础资料和数据。

5. 与建设项目有关的技术经济方面的规范、标准、定额等指标

承担可行性研究的单位必须具备这些资料，因此这些资料都是进行项目设计和技术经济评价的基本数据。

6. 有关项目经济评价的基本参数和指标

例如：基准收益率、社会折现率、固定资产折旧率、调整价格、外汇率、工资标准等，这些参数和指标都是进行项目财务评价和国民经济评价的基准和依据。一般来说，这些参数应由国家制定统一颁发公布实行，或由各主管部门根据本部门的行业特点自行拟定某些技术经济参数和价格系数，报国家计委备案。

二、可行性研究报告编制的要求

1. 实事求是、保证可行性研究报告的真实性和科学性

可行性研究是一项技术性、经济性、政策性很强的工作。编制单位必须保持独立性和站在公证的立场上，遵照事物的客观经济规律和科学研究工作的客观规律办事，在调查研究的基础上，按客观实际情况实事求是地进行技术经济分析论证、技术方案比较和评价，切忌主观臆断、行政干预、划框框、定调子、保证可行性研究的严肃性、客观性、真实性、科学性和可靠性，确保可行性研究的质量。

2. 编制单位必须具备承担可行性研究的条件

建设项目可行性研究报告的内容涉及面广，还有一定的深度要求。因此，需要由具备一定的技术力量、技术装备、技术手段和相当实际经验等条件的工程咨询公司、设计院等专业单位来承担。参加可行性研究的成员应由工业经济专家、市场分析专家、工程技术人员、机械工程师、土木工程师、企业管理人员、财会人员等组成，必要时可聘请地质、土壤等方面的专家短期协作工作。

3. 可行性研究的内容和深度及计算指标必须达到标准要求

不同行业，不同性质，不同特点的建设项目，其可行性研究的内容和深度及计算指标，必须满足作为项目投资决策和编制、审批设计任务书的依据等作用的要求。

4. 可行性研究报告必须经签证与审批

可行性研究报告编完之后，应有编制单位的行政、技术、经济方面的负责人签字，并对研究报告的质量负责。建设项目可行性研究报告编完后，必须上报主管部门审批。通常大中型项目可行性研究报告，由各主管部门、各省、市、自治区或全国性工业公司负责预审，报国家计委审批，或由国家计委委托有关单位审批。小型项目的可行性研究报告，按隶属关系由各主管部门、各省、市、自治区审批。重大和特殊建设项目的可行性研究报告，由国家计委会同有关部门预审，报国务院审批。

可行性研究的预审单位，对预审结论负责。可行性研究的审批单位，对审批意见负责。若发现工作中有弄虚作假现象，应追究有关负责人的责任。

第四节　工业建设项目可行性研究的内容

项目详细可行性研究是在项目建议书得到批准后，对项目进行的更为详细、深入的技术经济论证。习惯上我们将项目的详细可行性研究简称为项目可行性研究。工业建设项目可行性研究的基本内容一般包括以下几个方面。

1. 项目总论

总述项目概况，包括项目名称、建设单位、项目拟建地区和地点；承担可行性研究工作的单位和法人代表、研究工作依据；项目提出的背景、投资环境、工作范围和要求、研究工作情况、可行性研究的主要结论和存在的问题与建议；主要技术经济指标。

2. 项目背景

项目的发起过程、建设缘由、前期工作的发展过程、投资者意向、投资的必要性等。具体包括国家或行业发展规划、项目发起人以及发起缘由；已进行的调查研究项目及成果、试验试制工作（项目）概况、厂址初勘和初步测量情况、项目建议书的编制及审批过程。

3. 市场分析

详细阐述市场需求预测、价格分析，并确定建设规模。主要内容包括：国内外市场近期需求状况，未来市场趋势预测，国内现有生产能力估计，销售预测、价格分析，产品的市场竞争能力分析及进入国际市场的前景，拟建项目的产品方案和建设规模，主要的市场营销策略，产品方案和发展方向的技术经济论证比较等。

4. 厂址选择

在初步可行性研究（或者项目建议书）规划选址已确定的建设地区和地点范围内，进行具体坐落位置选择。具体包括建厂地区的地理位置，与原材料产地和产品市场的距离，对建厂的地理位置、气象、水文、地质、地形条件、地震、洪水情况和社会经济现状进行调查研究，收集基础资料，熟悉交通运输、通讯设施及水、电、汽、热的现状和发展趋势；厂址面积、占地范围，厂区总体布置方案，建设条件、地价，拆迁及其他工程费用情况。

5. 技术方案

主要包括多方案的比较和选择，确定项目的构成范围、主要单项工程（车间）的组成、厂内外主体工程和公用辅助工程的方案比较论证；项目土建工程总量的估算，土建工程布置方案的选择，包括场地平整、主要建筑和构筑物与厂外工程的规划；采用技术和工艺方案的论证、技术来源、工艺路线和生产方法，主要设备选型方案和技术工艺的比较；引进技术、设备的必要性及其来源国别的选择比较；设备的国外采购或与外商合作制造方案设想；以及必要的工艺流程。

6. 环境保护与劳动安全

对项目建设地区的环境状况进行调查，分析拟建项目废气、废水、废渣的种类、成分和数量，并预测其对环境的影响，提出治理方案的选择和回收利用情况；对环境影响进行评价，提出劳动保护、安全生产、城市规划、防震、防洪、防风、文物保护等要求以及采取相应的措施方案。

7. 企业组织和劳动定员

确定企业组织机构、劳动定员总数、劳动力来源以及相应的人员培训计划。具体包括：企业组织形式、生产管理体制、机构的设置；工程技术和管理人员的素质和数量要求；劳动定员的配备方案；人员的培训规划和费用估算。

8. 项目实施进度

项目实施进度是指建设项目确定到正常生产这段时间内，实施项目准备、筹集资金、勘察设计和设备订货、施工准备、施工和生产准备、试运转直到竣工验收和交付使用等各个工作阶段的进度计划安排，选择整个工程项目实施方案和总进度，用横道图和网络图来表述最佳实施方案。

9. 投资估算与资金筹措

这是项目可行性研究内容的重要组成部分，包括估算项目所需要的投资总额，分析投资的筹措方式，制订用款计划。估算项目实施的费用，包括建设单位管理费、生产筹备费、生产职工培训费、办公和生活家具购置费、勘察设计费等。资金筹措是研究落实资金的来源渠道和项目筹资方案，从中选择条件优惠的资金。在这两方面的基础上编制资金使用与借款偿还计划。

10. 经济评价和风险分析

通过对不同的方案进行财务、经济效益评价，比选推荐出优秀的建设方案。包括估算生产成本和销售收入，分析拟建项目预期效益及费用，计算财务内部收益率、净现值、投资回收期、借款偿还期等评价指标，以判别项目在财务上是否可行；从国家整体的角度考察项目对国民经济的贡献，运用影子价格、影子汇率、影子工资和社会折现率等经济参数评价项目在经济上的合理性；对项目进行不确定性分析、社会效益和社会影响分析等。

11. 结论与建议

运用各项数据综合评价建设方案，从技术、经济、社会、财务等各个方面论述建设项目的可行性，提出一个或几个方案供决策参考，对比选择方案，说明各种方案的优缺点，给出建议方案及理由，并提出项目存在的问题以及结论性意见和改进建议。

通过项目的可行性研究，一般能够回答以下几个问题：

(1) 本项目在技术上是否可行；

(2) 本项目在经济上是否有生命力；

(3) 本项目在财务上是否有利可图；

(4) 本项目需要多少投资；

(5) 能否筹集到项目所需的全部投资；

(6) 本项目的建设期和寿命期多长；

(7) 本项目需要多少人力、物力资源。

第五节　民用建设项目可行性研究的特点和内容

一、民用建设项目的概念和分类

民用建设项目是指居住建筑和公共建筑的总称。居住建筑是供生活起居用的建筑物的统称，如住宅、宿舍等；公共建筑是进行社会活动的非生产性建筑物的统称，如办公楼、图书馆、影剧院等。

民用建设项目按其使用能否带来营利可分为营利性民用建设项目和非营利性民用建设项目。

营利性民用建设项目有：旅游宾馆、大中型百货商店、影剧院、大餐馆、冷藏室、仓库、商品化住宅建筑和游乐场等工程项目。

非营利性民用建设项目有：大专院校、中小学校、医院、体育馆、体育场、文化馆、博物馆等工程项目。

民用建设项目按其使用功能可分为以下几种。

（1）居住建筑：指专供居住使用的房屋，如职工住宅、单身宿舍等。

（2）办公建筑：指办公楼、写字间等。

（3）教育建筑：指高等院校、职工学校、中等学校、小学校、幼儿园、托儿所等。

（4）文娱建筑：指剧场、电影院、俱乐部、文化馆等。

（5）博览建筑：指纪念馆、博物馆、图书馆、档案馆、展览馆等。

（6）体育建筑：指体育馆、体育场、游泳馆等。

（7）医疗建筑：指综合医院、专科医院、门诊部、疗养院等。

（8）交通邮电建筑：指汽车站、火车站、轮船客运站、航空港、邮电大楼、广播电台、电视台等。

（9）商业建筑：指百货商店、菜市场、饭店、书店、冷库等。

（10）旅馆建筑：指宾馆、招待所、旅馆等。

（11）金融保险建筑：指金融中心、保险公司、银行等。

（12）科研建筑：实验室、气象台站、计算中心等。

（13）其他建筑：如空调机房、锅炉房、变电室等。

二、民用建设项目可行性研究的特点

民用建设项目可行性研究不同于工业建设项目，由于民用建筑的各类项目使用功能各不相同，建筑技术与施工工艺要求复杂。因而，民用建设项目的调查研究范围大，牵涉面广，项目的经济评价和社会评价更为复杂、难度更大。其主要特点表现在以下几个方面。

1．主要评价其社会效果和宏观经济效果

像学校、影剧院、体育馆、医院、展览馆等类的民用建设项目，进行评价的主要目的不是评价分析其自身的盈利状况，虽然它们之中有时也能收取一定数量的服务费用，但它们兴建的主要目的是通过向社会提供一定的服务，提高人民的文化水平，满足人民的文化娱乐生活和健康的需要，以及推动技术进步，促进社会劳动生产的提高，减少污染、保护环境等。因此，其效果不能简单地用货币表示的经济指标来衡量，而主要应论证其是否适用、经济、美观、综合评价其社会效果和宏观经济效果。

2．更重视对间接效果和远期效果的评价

对民用建设项目进行效果评价，除了评价项目本身的直接效果之外，更重视涉及项目外部的间接效果，即项目产生的外部效果。间接效果具有远期性，需要经过一段较长的时间才能表现出来，同时还具有较大的不确定性。

3．项目的产生是为社会提供非物质财富和非生产性的劳务

民用建设项目的产生多数不是工业项目生产的可作为商品的产品，而是为社会提供非物质财富和非生产性劳务。这种非物质性财富和非生产性劳务的价值往往没有适当的市场价格来直接衡量。如公路、桥梁等非物质财富，又如公共娱乐设施、旅客旅行的安全、舒适等，是按使用者愿意为劳务支付的金额，作为该项目服务的预期收入。

4．项目的效果大部分是无形效果，难以规定统一的度量标准

某些民用建设项目的效果大部分是无形效果，不宜用货币进行衡量，因而不便规定统一的度量标准，只能用产品和劳务本身的效用来表示，而无法确定其实际利润额或利润率等经济效果。此时，对这类非营利性项目主要是采用“费用效益分析”法来分析评价设计方案的优劣。

5. 项目的投资回收期较长或难以回收

通常民用建设项目的投资回收期比其他经营性项目的投资回收期要长得多，有的非经营性民用建设项目的投资就根本无法加以回收。

三、民用建设项目可行性研究报告的内容

民用建设项目可行性研究报告，主要包括以下几个方面的内容。

1. 总论

主要说明该项目提出的社会背景及发展概况。其中包括：建设项目的名称、项目主办单位、项目投资的必要性和经济意义、项目研究工作的依据和范围、调查研究工作的简要情况和研究结果概要。

2. 社会和市场调查与需求预测

社会调查包括：了解社会人口数量、社会职业和人数、职工平均工资、购买力水平、文化水平、风俗习惯、社会对此类项目的需求程序、国家投资能力等。

市场调查和需求预测包括：了解国内外对之需求情况、同类产品或劳务的供需产销关系、销售预测和价格关系、分析竞争能力和进入国际市场的前景等。

3. 项目建设规模

根据预定的服务对象、经营内容、服务数量和质量要求，在选定的建设地点和用地范围内，遵照建设规划和建筑标准的要求，在多方案的技术经济分析论证的基础上，确定项目的合理经济规模，并附有有关的调查资料和技术经济计算数据。

4. 项目建设地点

在分析论证项目建设地区的地理位置、气象条件、水文地质、工程地质、地形地震、洪水等情况，社会经济状况，交通运输、水、电、气、热等供应状况和发展趋势，以及土地征购、移民拆迁和赔偿等条件的基础上，对多个选址方案进行综合的技术经济分析比较，提出选点意见，并附有选点的地形图、总平面图和调查资料。

5. 项目所需的资源和原材料

说明项目所需的原料、材料、燃料等的种类、数量、质量及其来源与供应的可能；项目所需的水、电、气等公用设施的数量及供应方式和供应条件。

6. 项目设计方案

项目设计方案包括项目的构成范围、主要建筑物方案设计图，项目工艺设计、水、电、暖、动力等专业设计的多方案技术经济分析比选情况；采用新技术、新结构、新工艺、新材料和新设备的情况；引进技术和设备的必要性和来源国别的比选情况；附属建筑物和构筑物的配套情况；公用辅助设施和场内外交通运输方案的选择；建设场地总体布局方案和总平面图，单项工程的土建工程量估算，以及投资估算表和主要设备、材料表。

7. 环境保护

对项目周围环境现状的调查、预测项目对周围环境的影响情况，制定环境保护、综合利用和“三废”治理方案，以及公共设施和绿化情况。

8. 组织机构、劳动定员和人员培训

项目的管理体制和组织机构的设置；劳动定员的编制，如技工、技术人员和管理人员的素质、数量；职工来源与工资水平，人员培训规划与费用的估算。

9. 项目实施计划

项目实施计划包括项目规划和勘察设计时间与进度安排；工程施工和设备安装时间与进度安排；整个项目实施的总进度计划的方案选择，并附有横道图或网络图。

10. 投资估算和资金筹措

投资总额包括：主体工程、协作配套附属设施的投资；项目建设期货款利息；土地征购费、居民迁移费、青苗补偿费；家具费、职工培训费；筹建单位管理费；流动资金等，并附投资估算表。

资金筹措方式包括：国家拨款、贷款、征税、发行公债；募捐、合资；自筹资金等，并附用款计划、贷款利率、还款方式、还款时间、还款计划。

11. 社会经济效果分析评价

对营利性民用建设项目应估算项目全年的营业支出、营业收入、毛利润、净利润；确定全年的职工工资、福利津贴；计算流动资金利息；固定资产折旧；列出各种财务表；测算项目的财务效益和社会效益；进行不确定性分析。

对非营利性民用建设项目应进行费用—效用分析。

对项目进行经济效果的分析评价时，应考虑与有可比性的同类型规模的企事业项目，进行各项技术经济指标的比较，以衡量项目投资的实际经济效果。

12. 综合评价与结论建议

对拟建项目的各种建设方案，采用多目标决策方法，进行综合分析评价与方案选择，从而推荐一个在技术、经济、财务、环境、社会等各方面都较可行的建设方案，同时提出该方案存在的不足。最后对该项目的投资决策提出结论性意见和建议。

本章小结

本章主要介绍了建设项目可行性研究的概念、阶段划分和内容、可行性研究报告编制的依据和要求以及工业和民用建筑项目可行性研究报告编制的内容和特点。

建设项目是指在一定地域内，为使某项事业在一定时期内获取预期效益而花费一定投资的建设活动，建设项目一般是指一个独立的工程项目。建设项目可行性研究是指对一个建设项目在作出投资决策之前，在调查研究、分析论证以及预测和评估的基础之上，对项目在技术上的先进适用性、在经济上的合理性和建设上的可行性进行的研究。通过建设项目的可行性研究，可以得出项目投资与否以及最佳投资建设方案的结论性意见，以避免错误的项目投资决策，减少项目的风险，使建设项目达到最佳经济效果。建设项目可行性研究是工程项目建设前期工作的重要组成部分，在项目投资决策过程中具有重要地位。

建设项目的可行性研究一般可划分为机会研究、初步可行性研究和详细可行性研究三个阶段。机会研究阶段的主要任务是为建设项目投资方向提出建议，研究的内容比较粗略，投资费用的估算误差较大。初步可行性研究阶段主要是做出是否投资的决定，确定关键问题的辅助性专题研究等。其研究的内容较机会研究阶段为细，投资费用的估算误差较小，详细可行性研究阶段是可行性研究的最后一个阶段，它为项目的决策提供技术、经济等方面的依据。详细可行性研究阶段对项目投资费用的估算精度要求较高，研究花费的时间最长。建设项目的可行性研究必须按科学的工作程序进行。

建设项目可行性研究主要是研究工程项目在技术上、财务上、经济上、商业上和管理上等方面的可行性，可行性研究虽然包括各个方面，但具体内容应根据工程项目的性质特点和条件的不同有所区别和侧重。

可行性研究报告编制的主要依据有：国民经济发展长远规划、国家经济建设的方针、任务和技术经济政策、项目建议书、可靠的基础资料、技术经济规范；标准和定额，以及项目经济评价的基本参数和指标等。可行性研究报告的编制要做到实事求是，对研究的内容和深度及指标的计算达到标准要求，另外编写可行性研究报告还必须经有关部门签证与审批。

工业建设项目通常为营利性建设项目，其可行性研究报告编制的内容与一般性建设项目可行性研究报告编制的内容基本相似。民用建设项目大多为非营利性建设项目，即使是营利性建设项目，其投资回收期也都比较长。民用建设项目的社会效果、间接效果和无形效果较为明显，因而其可行性研究的调查范围大、牵涉面广，项目的经济评价和社会评价更为复杂、难度更大。民用建设项目可行性研究与一般性工业建设项目可行性研究的侧重点不同。

思考题

1. 什么是可行性研究，其地位作用如何？
2. 可行性研究有哪些基本类型？
3. 可行性研究包括哪些内容？
4. 简述可行性研究在项目决策中的地位。
5. 可行性研究报告编制的依据和要求是什么？
6. 工业建设项目可行性研究报告编写的基本内容包括哪几方面？
7. 民用建设项目可行性研究的特点是什么？

第九章　国民经济评价

第一节　国民经济评价的意义和内容

在市场经济条件下，大部分工程项目财务评价结论可以满足投资决策的要求，但对于财务评价不能全面、真实地反映其经济价值的项目，还需要进行费用效益分析。这类项目主要包括：农业、水利、铁道、公路、民航、城市建设等具有公共产品特征的基础设施项目；环保、高科技产业等外部效果显著的项目；煤炭、石油、电力、钢铁等资源开发项目；其他受过度行政干预的项目。

一、国民经济评价的含义

项目的国民经济评价与项目的财务评价一道，共同组成了完整的项目经济分析与评价。项目的国民经济评价旨在把国家有限的各种投资资源用于国家最需要的投资项目上，使全社会可用于投资的有限资源能够合理配置和有效利用，使国民经济能够持续稳定地增长。具体地说，国民经济评价是采用费用与效益的分析方法，按照资源合理配置的原则，运用影子价格、影子汇率、影子工资和社会折现率等参数，计算分析项目对国民经济的净贡献，考虑投资行为的经济合理性和宏观可行性。

二、国民经济评价的内容

国民经济评价与企业财务评价相比较有许多不同之处，这从上面国民经济评价的含义中也可以看出来。下面从分析国民经济评价和企业财务评价的区别与相同点来阐述国民经济评价的内容。

1. 国民经济评价与企业财务评价的区别

（1）两者评价的出发点不同。企业财务评价是站在企业自身的角度上，衡量和计算一个投资项目为企业带来的利益，评价项目财务上是否有利可图；而国民经济评价是站在国家整体的角度上，计算和分析投资项目为国民经济所创造的效益和所作出的贡献，评价项目经济上的合理性。在某种程度上，前者主要为企业的投资决策提供依据，后者则是为政府宏观上对投资的决策提供依据。

（2）两者计算费用和效益的范围不同。企业财务评价中，投资项目所获效益中上交给国家或其他有关部门而企业得不到的部分，均不作为收益看待，而国家给予的补贴，尽管客观上不是项目创造的效益，均作为收益计算。在国民经济评价中，只要是项目客观上创造的效益，不管最终由谁来支配，均作为投资项目效益。投资费用的计算也与上述处理方法相同。也就是说，财务评价只计算项目发生的直接效益和直接费用，国民经济评价则还要计算和分析项目的间接效益和费用，即要考察项目的外部效果。因此，同一个投资项目，尽管其创造的效益客观上是一样的，但是采用财务评价方法和国民经济评价方法，其计算结果有差异，在某些情况下结论也会有差异，在评价中具体反映出来是现金流量不同。

（3）两者评价中使用价格不同。在企业财务评价中，由于要求评价结果反映投资项目实际发生情况，其计算使用的价格需要对市场进行调查和预测，确定出未来市场上可能发生的价格或市场上已经发生的价格；而国民经济评价，不仅要客观地评价项目，而且要求不同地区、相同行业的投资项目具有可比性，采用市场价格，往往因不同地区价格水平不同而影响项目的横向可比性。在国民经济中，必须采用统一的价格标准，即影子价格，以此作为国民经济评价的价格体系。影子价格反映了资源的稀缺性和利用的有效性，追求国民经济结构的合理化，纳入国内国际市场价格体系，反映市场供求关系。

（4）两者评价中使用的参数不同。所谓评价参数，主要指汇率、工资及现值计算的折现率。进行财务评价，上述各参数需根据各行业的不同企业，以及企业条件、企业环境自行选定。而进行国民经济评价时，同样为了达到横向投资项目可比等目的，上述各项均采用统一的通用参数。如财务评价采用官方汇率和行业基准收益率，国民经济评价采用国家统一测定的影子汇率和社会折现率。

2. 国民经济评价与企业财务评价的相同点

（1）评价的基础工作相同。两种分析都要在完成产品需求预测、工艺技术选择、投资估算、资金筹措方案等可行性研究内容的基础上进行。

（2）评价的基本方法相同。两者都要寻求以最小的投入获取最大的产出，都要考虑资金的时间价值，采用内部收益率、净现值等盈利性指标评价工程项目的经济效果。

（3）评价的计算期相同。

三、国民经济评价的意义

财务评价与国民经济评价结论都可行的项目可以通过，反之予以否定。财务评价与国民经济评价有时可能得出相反的结论，国民经济评价结论不可行的项目，一般应予否定；对某些国计民生急需的项目，若国民经济评价结论好，但财务评价结论不可行，则应重新考虑方案，必要时可申请经济优惠措施，使项目具有财务生存能力。这说明国民经济评价是十分重要的，概括地说，对投资项目进行国民经济评价有以下三方面的意义。

（1）国民经济评价能够客观地估算出投资项目为社会作出的贡献和社会也即国民经济为其付出的代价。这是因为，在国民经济评价中，其效益、费用，无论最终归谁支配，也无论由谁负担，只要发生了，就按其项目真正的投入产出值加以计算。不仅仅计算其盈利的大小，资金回收多少，对各类财政收入的增加、充分就业、环境保护与生态平衡、资源充分利用与合理分配都作为考虑的因素和内容。上述考核的方法和内容，相对财务评价而言，无疑更客观、更全面。

（2）运用国民经济评价方法对投资项目进行评价能够对资源和投资的合理流动起到导向的作用。在国民经济评价中采用了影子价格和社会贴现率。影子价格不仅能起市场信号反馈的作用，而且是在资源最优分配状态下的边际产出价值，因此能够对资源合理分配加以引导，达到宏观调控的目的。不管哪一行业，都采用统一的社会贴现率，可以使投资最终流向投资效率高、资金回收比率大的行业或生产部门，这无疑会促进资源高效利用，使社会整体效益提高。

（3）国民经济评价可以达到统一标准的目的。由于国民经济评价不仅统一采用评价价格体系即影子价格，而且采用统一的评价参数（影子汇率、影子工资、社会贴现率）。这样，就使不同地区、相同行业的投资项目，在经济评价中都站在同一“起跑线”上，达到相互之间可以在效益上、费用上具有可比性。这种横向可比对宏观上选择最优投资方向是十分有益的。

第二节 国民经济评价的费用和效益

一、费用和效益的识别

确定建设项目经济合理性的基本途径是将建设项目的费用与效益进行比较，进而计算其对国民经济的净贡献。正确地识别费用与效益，是保证国民经济评价正确性的重要条件。

识别费用与效益的基本原则是：凡项目对国民经济所做的贡献，均计为项目的效益，凡国民经济为项目付出的代价，均计为项目的费用。在考察项目的效益与费用时，应遵循效益和费用计算范围相对应的原则。费用和效益可分为直接费用与直接效益以及间接费用与间接效益。

二、直接费用与直接效益

项目的直接效益是由项目本身产生，由其产出物提供，并在项目范围内计算的经济效益。项目直接效益的确定，分为两种情况：如果项目的产出物用以增加国内市场的供应量，其效益就是所满足的国内需求，也就等于消费者支付意愿。如果国内市场的供应量不变：①项目产出物增加了出口量，其效益为所获得的外汇；②项目产出物减少了总进口量，即替代了进口货物，其效益为节约的外汇；③项目产出物替代了效益较低的相同或类似企业的生产，致使其减产或停产，其效益为被替代企业减产或停产从而减少国家资源耗费或者损失的效益。

项目的直接费用主要指项目使用投入物所形成，并在项目范围内计算的费用。项目直接费用的确定，也分为两种情况：如果拟建项目的投入物来自国内供应量的增加，即增加国内生产来满足拟建项目的需求，其费用就是增加国内生产所消耗的资源价值。如果国内总供应量不变：①项目投入物来自国外，即增加进口来满足项目需求，其费用就是所花费的外汇；②项目的投入物本来可以出口，为满足项目需求，减少了出口量，其费用就是减少的外汇收入；③项目的投入物本来用于其他项目，由于改用于拟建项目将减少对其他项目的供应因此而减少的效益。

三、间接费用与间接效益

项目的费用和效益不仅体现在它的直接投入物和产出物中，还会在国民经济相邻部门及社会中反映出来，这就是项目的间接费用（外部费用）和间接效益（外部效益），也可统称为外部效果。

外部费用指国民经济为项目付出了代价，而项目本身并不实际支付的费用。例如，工业项目产生的废水、废气和废渣引起的环境污染及对生态平衡的破坏，项目并不支付任何费用，而国民经济却为此付出了代价。

外部效益指项目对社会作出了贡献，而项目本身并未得到收益的那部分效益。如，在建设一个钢铁厂的同时，又修建了一套厂外运输系统，它除了为钢铁厂服务外，还使当地的工业生产和人民生活得益，这部分效益即为建设钢铁厂的外部效益。

概括来讲，外部效果应包括以下几个方面：

(1) 产业关联效果。例如建设一个水电站，一般除发电、防洪、灌溉和供水等直接效果外，还必然带来养殖业、旅游业的发展等间接效益。此外，农牧业还会因土地淹没而遭受一定的损失（间接费用）。这些都是水电站兴建而产生的产业关联效果。

（2）环境和生态效果。例如发电厂排放的烟尘可使附近田园的作物产量减少、质量下降；化工厂排放的污水可使附近江河的鱼类资源减少、危害人类健康等。

（3）技术扩散效果。技术扩散和示范效果是由于技术先进的项目会培养大量的技术人员和管理人员。他们除了为本项目服务外，由于人员流动、技术交流，对整个社会经济发展也会带来好处。

外部费用和外部效益通常较难计算，为了减少计量上的困难，应力求明确项目的“外界”。一般情况下可扩大项目的范围，特别是一些相互关联的项目可合在一起作为“联合体”进行评价，这样可使外部费用和外部效益转化为直接费用和直接效益。另外，在确定投入物和产出物的影子价格时，已在一定范围内考虑了外部效果，用影子价格计算的费用和效益在很大程度上使“外部效果”在项目内部得到了体现，通过扩大项目范围和调整价格两步工作，实际上已将很多外部效果内部化了。因此，在国民经济评价中，既要考虑项目的外部效果，又要防止外部效果扩大化。

四、转移支付

在识别费用与效益范围的过程中，将会遇到税金、国内借款利息和补贴的处理问题。这些都是企业经济评价中的实际收入或支出，但是从国民经济的角度看，企业向国家缴纳税金，向国内银行支付借款利息，或企业从国家得到某种形式的补贴，都未造成社会资源的实际耗费或增加，因此不能作为国民经济评价中项目的费用或效益，它们只是国民经济内部各部门之间的转移支付。

（1）税金。包括产品增值税、资源税、关税等。税金对拟建项目来说是一项支出，从国家财政来说是一项收入，这是企业与国家之间的一项资金转移。税金不是项目使用资源的代价，所有财政性的税金，都不能算做社会成本或社会效益。

（2）补贴。包括出口补贴、价格补贴等。补贴虽然增加了拟建项目的财务收益，但是这部分收入，企业并没有为社会提供等值的资源，而是国家从国民收入中拨出一部分资金转给了企业。所以，国家以各种形式给予的补贴，都不能算是社会收益或社会成本。

（3）利息。借款利息分为国内借款利息和国外借款利息。项目支付的国内借款利息，是企业和银行之间的一种资金转移，并不涉及社会资源的增减变化，所以，不能作为社会成本或社会效益。但国外借款利息支付，会造成国家外汇减少，是国民经济的一种损失，应列为项目的费用。

五、无形费用和无形效益

几乎所有的投资项目都有无形费用和无形效益，它们统称为无形效果。它们包含了各个方面的因素，诸如收入分配、地区均衡发展、就业、教育、健康、社会安定、国家安全等。这些无形效果是真实存在的，是进行项目选择时需要考虑的，因此需要仔细的进行识别。

由于不存在相应的市场和价格，无形效果一般很难赋予货币价值。长期以来，经济学家一直在试图寻找使用货币单位估价无形效果的方法，并把它们纳入自己的费用效益分析系统中去。例如，把减少发病率所避免的工作损失和医药损失以及提高工作效率所增加的产出作为卫生保健效果的价值，把受教育与未受教育者的收入差距作为衡量教育效果的价值等，虽然这方面的工作（特别是对环境保护问题的关注）还在继续之中，但很难说这些以货币形态估价无形费用和无形效益的方法已经到了可被普遍接受的地步。其原因之一，就是这类方法往往低估无形效果，从健康的体魄中所获得的益处要远远超过多工作几小时所创造的经济价值和医疗费用的节约，职工寿命的延长、免除疾病所获得的精神愉快与舒适，又该如何估价呢？同样，教育的价值不仅仅在于工资收入上的增加，教育对人的自我发展和自我完善更具有难以估量的作用。

当无形效果是项目的主要效果或不容忽视的重要效果时，经济分析人员首先应该努力尝试用货币形态计量无形效果，难以货币化的，应当尽力采用非货币单位进行计量，如项目的就业人数、受教育的人数、受益于劳动条件改善的人数等。对于不能量化的无形效果，例如，建筑物的美学价值，自然风景和文物古迹的保护效果等，则应尽量通过文字、图形、图表的方式给以定性描述。

第三节　国民经济评价价格——影子价格

一、影子价格的概念

影子价格的概念是20世纪30年代末、40年代初由荷兰数理经济学、计量经济学创始人之一詹恩·丁伯恩和前苏联数学家、经济学家、诺贝尔经济学奖金获得者康托罗维奇分别提出来的。

影子价格是当社会经济处于某种最优状态时，能够反映投入物和产出物的真实价值、资源稀缺程度和最终产品市场供求情况、使资源得到合理配置的价格。也就是说，影子价格是人为确定的、比交换价格更为合理的价格。这里所说的“合理”的标志，从定价原则来看，应该能更好地反映产品的价值，反映市场供求状况，反映资源稀缺程度；从价格产出的效果来看，应该能使资源配置向优化的方向发展。

如果某种资源数量稀缺，同时又有许多用途依靠于它，那么它的影子价格就高。如果这种资源的供应量增多，那么它的影子价格就会下降。进行国民经济分析时，项目的主要投入物和产出物价格，原则上都应采用影子价格。

二、影子价格的寻求思路

按照影子价格的概念，找出影子价格的前提是资源处于最佳分配状态。而事实上，由于资源的分配尽管趋向于合理流动，但是由于社会环境中各种各样人为因素的正向或负向干扰，都很难达到在一个国度内的资源最佳利用。从理论上讲，资源最佳分配有两种情况能够达到理想状态。第一，是将各种资源及其各种使用途径都一一列出，通过投入产出表进行优化，从而达到资源的最佳分配，此时各种资源最后一个单位的边际产出值就是这些资源的影子价格。第二，即根据西方经济学的观点，如果经济社会处于一种无行政或人为干扰的、理想的、纯粹的自由竞争状态，按照平均利润率的作用规律，资源也会趋向于合理分配，此时资源的市场价格比较接近于它的实际经济价值，也即这时市场价格能够近似地代替影子价格。

显而易见，如果按照第一种情况寻找影子价格，需要对国民经济各部门的相互联系以及各种资源的可用量掌握得比较清楚，同时还要考虑各种宏观政策变化对各部门使用资源量的影响。这样的大规模信息量的获得与处理难度相当大，如果仅就几种主要资源或仅就某一部门而言，做出资源优化还存在可能性，而如果为满足我国各部门项目评价要求，对许多种资源及各个不同部门均用投入产出方法进行优化，目前还存在困难。如果按照第二种情况寻找影子价格，在一个具体国度中（例如，某一国家内部），由于各种行政的、非行政的人为干扰无法避免，纯粹的自由竞争被破坏，西方经济理论中的平均利润率的实现也受到阻碍，因此，某一国家内的市场价格往往也会因为偏离其实际经济价值较远而不能作为影子价格来使用。尽管如此，如果超出某一国度，从国际市场的角度来分析，人为的干扰尽管存在，但是相对某一国家内部会少些。因此，在某些情况下可以用国际市场价格近似地替代影子价格。

如果再进一步分析，社会产品还可以分成中间产品和最终消费品两大类。如果将其视为社会资源，中间产品具有多种可供选择的用途，因此，它们的影子价格可以用机会成本或相同的边际产出价值来表示；最终消费品则没有可以选择的别种用途，此时影子价格无法用机会成本或边际产出价值来表示，对此只能以其使用价值的原则来表示它的实际经济价值，也即以用户的“支付意愿”作为最终消费品的影子价格。

根据上述理论分析，目前在实际的建设项目评价中，影子价格的寻求是按下述思路进行的：①将建设项目涉及的各种资源（统称为货物）分成可外贸货物和非外贸货物。②根据不同类型的货物来分别寻找各自的影子价格。对于可外贸货物，寻找其口岸价，即以国际市场价格来替代影子价格。对于非外贸货物，原则上以用户的“支付意愿”来确定。价格合理的，或按国家统一价格定价，或按国内市场价格替代；价格不合理的，用分解成本的办法，将财务价格调整为影子价格。

我国现行确定影子价格的方法遵循上述原则，或直接给出口岸价，或给出国家规定的财务价格与调整转换系数。后者根据财务价格和转换系数可以直接算出评价用的影子价格，其中转换系数是根据分解成本的办法计算出来的，其具体计算方法将在下面阐述。

三、影子价格的确定

在确定某种货物的影子价格之前，首先要区分该货物的类型。一个项目的产出和投入，必然会对国民经济产生各种影响。就产出的产量来看，可能会增加国民经济的总消费；减少国民经济其他企业的生产；减少进口或增加出口。就投入物的消耗来看，可能会减少国民经济其他部分的消费；增加国民经济内部的产量；增加进口或减少出口。如果主要影响国家的进出口水平，可划为外贸货物；如果主要影响国内供求关系，可划为非外贸货物。只有在明确了货物类型之后，才能针对货物的不同类型，采取不同的定价原则。

1. *贸易货物*

贸易货物影子价格的确定，是按照各项产出和投入对国民经济的影响，以口岸价格为基础，根据港口、项目所在地，投入物的国内产地，产出物的主要市场所在地和交通运输条件的差异，对流通领域的费用支出进行调整而分别制定的。具体计算公式如下。

（1）出口货物（产出物）。

出口货物（产出物）的影子价格＝离岸价（*FOB*）×影子汇率－国内运杂费－贸易费用 （9－1）

在组织产品出口时要消耗一定数量的资源，所以国内运杂费和贸易费用是出口所必需的社会成本。出口货物的影子价格应当从外汇收益中扣除这部分社会成本，按照净得的收益计算。贸易费用一般用货物的口岸价乘以贸易费率计算。

【例 9－1】 某新建煤矿向国外出口原煤，假定原煤在离新建煤矿最近的某口岸的离岸价格为每吨 50 美元，影子汇率按 8.40 元计算。新建煤矿项目所在地到最近口岸的运距为 300 公里，铁路运费的价格为每吨公里 0.053 元。贸易费用的经济价格按口岸价格的 9%计算（以下举例中的汇率、铁路每吨公里运价、贸易费用系数均按本例数据计算）。

解 根据公式计算如下。

$$50 \times 8.4 - (300 \times 0.053) - (50 \times 8.4) \times 9\% = 366.3 \text{（元）}$$

所以出口原煤的影子价格为 366.3 元/吨。

(2) 进口货物（投入物）。

进口货物（投入物）的影子价格＝到岸价格（*CIF*）×影子汇率＋国内运杂费＋贸易费用 (9-2)

国内运费和贸易费用是进口所必需的社会成本，所以要作为进口投入物影子价格的一部分。

【例 9-2】 某企业从国外进口铝锭。假定铝锭在离企业所在地最近的某口岸的到岸价格为每吨 1500 美元，某口岸到项目所在地的铁路运距为 200 公里。

解 根据公式计算如下。

$$1500 \times 8.4 + (200 \times 0.053) + (1500 \times 8.4) \times 9\% = 13\,744.6 \text{（元）}$$

所以进口铝锭的影子价格为 13 744.6 元/吨。

(3) 项目使用可出口货物（投入物）。

项目使用可出口货物（投入物）的影子价格＝离岸价格×影子汇率－从供应者到最近口岸的国内运费和贸易费用＋从供应者到项目所在地的国内运费和贸易费用 (9-3)

出口货物转为国内使用，国民经济损失的是离岸价格扣除供应者到口岸的国内运费和贸易费用后的净收益，应当作为项目使用该货物的社会成本。出口货物现在不出口了，应当再加上从供应者到项目所在地的国内运输费用和贸易费用作为影子价格的一部分。

在具体计算时，由于贸易费用是按口岸价格计算的，而且费率也是统一的，因此贸易费用可以忽略不计。

【例 9-3】 煤是贸易货物，用于项目的投入，就会减少出口。某新建煤矿生产的煤，供应给某地项目作为燃料，煤矿到项目所在地的铁路运距为 500 公里。其他条件同［例 9-1］。

解 根据公式计算如下。

$$50 \times 8.4 - (300 \times 0.053) + 500 \times 0.053 = 409.4 \text{（元）}$$

所以项目使用可出口煤的影子价格为 409.4 元/吨。

(4) 替代进口货物（产出物）。

替代进口货物（产出物）的影子价格＝到岸价格×影子汇率＋从购买者到最近口岸的国内运费和贸易费用－从购买者到项目所在地的国内运费和贸易费用 (9-4)

从购买者到口岸的国内运费和贸易费用是进口时必需的社会成本，应当作为影子价格的一部分。现在不进口了，这部分成本就成为项目的经济效益。同时要减去对内销售该货物必须消耗的国内运费和贸易费用，求得该产出的净收益。具体计算时，贸易费用也可忽略不计。

【例 9-4】 铝锭是进口贸易货物，作为项目的产出，就会减少进口。在某地新建一个铝厂，该厂生产的铝锭供应给［例 9-2］中的铝制品厂。铝厂项目所在地离铝制品厂的铁路运距为 800 公里。

解 根据公式计算如下。

$$1500 \times 8.4 + (200 \times 0.053) - (800 \times 0.053) = 12\,568.2 \text{（元）}$$

所以替代进口铝锭的影子价格为 12 568.2 元/吨。

在制定影子价格时，按照上述计算的贸易货物影子价格，通常只应用于主要的外贸产出和投入。在实际工作中，也可以把常用的贸易货物，根据资料测算，取各个贸易货物的换算系数。

换算系数是调整所得到的影子价格同国内市场价格的一个估计平均比率。其计算公式为

$$换算系数 = \frac{调整后的影子价格}{国内市场价格} \quad (9-5)$$

利用换算系数可以便于计算，只要将国内市场价格乘以换算系数，就能调整为影子价格。

【例 9-5】 出口煤的影子价格每吨 366.3 元，国内市场价格每吨 155 元，求换算系数。

解　换算系数＝366.3/155＝2.36

由于不同类别的商品价格差别很大，因此不同类型的商品要采取不同的换算系数。换算系数一般由国家或上级部门制定，并定期修正。

2. 非贸易货物

非贸易货物是指我国不进口（或不出口）的货物。这类货物如果是项目的产出，不论是供应市场，或被项目使用，都不会对我国的国际贸易产生影响。一种货物之所以成为非贸易货物，有的是由于运输费用太大，以致它的出口成本将高于可能的离岸价格，或者运到使用地的进口成本将高于当地的生产成本；也有的是限于国内或国外贸易政策的限制；还有一些是边远地区的自给产品或低质量产品。所以不同地区非贸易货物的比重也不同，大致越往内地，非贸易货物的比重越大。有些是“天然的”非贸易货物，如建筑安装、电力、国内运输、商业等。

非贸易货物的影子价格的制定比较复杂，现分述如下。

（1）非贸易产出物影子价格的确定。一是增加国内供应数量满足国内需求者，产出物影子价格从以下价格中选取：计划价格、计划价格加补贴、市场价格、协议价格、同类企业产品的平均分解成本。选取的依据是供求状况。供求基本均衡时，取上述价格中较低者；供不应求时，取上述价格中较高者；无法判断供求关系时，取较低者。二是替代其他企业的产出。某种货物的国内市场原已饱和，项目产出这种货物并不能有效地增加国内供给，只是在挤占其他生产同类产品企业的市场份额，使这些企业减产甚至停产。这说明这类产出物为长线产品，项目很可能是盲目投资、重复建设。在这种情况下，如果产出物在质量、花色、品种等方面并无特色，应该分解被替代企业相应产品的可变成本作为影子价格；如果质量确有提高，可取国内市场价格作为影子价格。

（2）非贸易投入物影子价格的确定。一是通过原有企业的挖潜来增加供应，项目所需某种投入物，只要发挥原有生产能力即可满足供应，不必新增投资，这说明这种货物原有生产能力过剩，属于长线投资。此时，可对它的可变成本进行成本分解，得到货物出厂的影子价格，加上运输费用和贸易费用，就是该项目货物的影子价格。二是通过新增生产能力来增加供给，项目所需的投入物必须通过投资扩大生产规模，才能满足项目需求。这说明这种货物的生产能力已充分利用，不属于长线投资。此时，可对它的全部成本进行成本分解，得到货物出厂的影子价格，加上运输费用和贸易费用，就是货物到项目货物的影子价格。三是无法通过扩大生产能力来供应项目需要的某种投入物，原有生产能力无法满足，又不可能新增生产能力，只有去挤占其他用户的用量才能得到。这说明这种货物是极为紧缺的短线物资。此时，影子价格取计划价格加补贴、市场价格、协议价格这三者之中最高者，再加上贸易费用和运输费用。

（3）成本分解。成本分解原则上应是对边际成本而不是平均成本进行分解，如果缺少资料，也可以用平均成本分解。用成本分解法对货物进行分解，得到该货物的分解成本。这是确定非贸易货物按其边际生产成本的构成要素，分解为贸易货物、非贸易货物、土地、劳动

力和资金，对要素中的贸易货物按国际市场价格计算，非贸易货物按影子价格定价。如果它的价值很大，为了更准确地测算，则需要继续第二次、第三次分解。这样，随着生产过程的向前推移，进行一级一级的分解，最后可以分解成贸易货物和劳动消耗两个组成部分，这样非贸易货物就可以按边境口岸价格作为统一尺度来衡量。在进行成本分解时，除原生产费用要素中的流动资金利息和固定资产折旧外，均要用流动资金回收费用和固定资产回收费用替代，在计算回收费用时应以社会折现率折现。成本分解的步骤为：

1）按成本要素列出某种贸易货物的财务成本、单位货物固定资产投资与流动资金，并列出该货物生产厂家的建设期限、建设期各年的投资比例。

2）剔除上述各数据中包含的税金。

3）对原材料、燃料动力等投入物进行费用调整，其中有些可直接使用给定的影子价格或换算系数，而对重要的非贸易货物可留待第二轮分解。

4）对折旧和流动资金利息进行调整，计算单位货物总投资（含固定资产和流动资金）的回收费用M。

$$M=(I-S_V-W)(A/P,\ i,\ n_2)+(W+S_V)i$$

因$I=I_f+W$，故

$$M=(I_f-S_V)(A/P,\ i,\ n_2)+(W+S_V)i \tag{9-6}$$

当$S_V=0$时，$M=I_f(A/P,\ i,\ n_2)+Wi$

式中 I——换算生产期初的总投资；

I_f——换算生产期初的固定资产投资，按可变成本分解时，$I_f=0$；

W——流动资金；

S_V——固定资产残值；

n_2——生产期；

i——社会折现率。

5）必要时对上述分解成本中涉及的非外贸货物再进行综合加总，便可得到该货物的分解成本。

【例9-6】 某地拟建一个年产彩色电视机150万台的项目。项目投产后，政府决定每年减少进口同样质量和规格的彩电50万台。为了保证国内市场供需平衡，彩电价格将由原来的每台3000元降为2600元。为此，预计国内原有某厂家将因生产成本过高而减少10万台。项目生产每台彩电的财务成本为2200元，减产厂家的财势成本为每台2800元，其中变动成本占总成本的88%，进口原材料占变动成本的60%。又知进口彩电的到岸价格为每台300美元。试计算项目每年产出的经济价值和每台彩电的影子价格。（取$OER=8.3$，$SER=9.0$）

解 第一，根据项目对国内生产、消费和进出口影响的类型，确定项目产品是贸易货物还是非贸易货物，并确定定价原则，见表9-1。

表9-1 项目产出物的类型及定价原则

影响类型	产品类型	定价原则
减少进口50万台	进口替代	到岸价格
减少国内生产10万台	非贸易货物	资源节省价值（变动成本分解）
其余的90万台增加国内消费	非贸易货物	支付意愿

第二，项目产出物——彩电经济价值的确定。对于替代进口的50万台。每台的经济价值按到岸价格乘以影子汇率计算。

300×9.0=2700（元）

50万台的总经济价值是

2700×50=135 000（万元）

对于取代国内减产的10万台，每台节省资源的经济价值按变动成本分解法计算。

每台的变动成本是

2800×88%=2464（元）

其中贸易货物成本是

2464×60%=1478.4（元）

折合成美元价值是

1478.4/8.3=178.1（美元）

其经济价值应为美元价值乘以影子汇率，即

178.1×9.0=1602.9（元）

其中非贸易货物成本是（此价值不需调整）

2464−1478.4=985.6（元）

所以，每台节省资源价值为

1602.9+985.6=2588.5（元）

10万台的总经济价值为

2588.5×10=25 885（万元）

对于增加国内消费的90万台，由于市场价格的下调，应包括部分消费者剩余，按消费者支付意愿计算其经济价值。

90万台的计算价格为

(3000+2600)/2=2800（元）

90万台的总经济价值为

2800×90=252 000（万元）

由以上计算可知，项目年产150万台的总经济价值为

135 000+25 885+252 000=412 885（万元）

每台彩电的影子价格为

412 885/150=2752.6（元）

第四节　国民经济评价参数

根据国家发改委颁布的《建设项目经济评价方法与参数》一书的要求，工程项目国民经济评价一般以经济内部收益率和经济净现值为主要指标。同时还应根据项目方案的特点和实际需要，计算项目的投资净收益率等静态指标。

对于涉及产品出口创汇或替代进口节汇的项目方案，还应进行外汇效果分析，计算项目方案的经济外汇净现值、经济换汇（节汇）成本等指标。

一、影子汇率

影子汇率是外汇的影子价格，是把单位外币兑换成人民币的真实价值，它不同于官方汇率。外汇是一种稀缺资源，应该用机会成本来测算其实际价值，影子汇率实际上等于外汇可自由兑换时的市场汇率，主要依据一个国家或地区一段时期内进出口的结构和水平、外汇的机会成本及发展趋势、外汇供求状况等因素确定。影子汇率是国民经济评估中一个重要的参数，应当由国家统一制定和定期调整。它体现从国家角度对外汇价值的估量，在国民经济评估中用于外汇与人民币之间的换算，同时，它又是经济换汇成本或经济节汇成本的判断依据。国家可以利用影子汇率作为杠杆，影响项目投资决策，影响项目方案的选择和项目的取舍。当项目在评价是引进国外设备、零部件还是购买国产设备时，如果外汇影子价格较高，则不利于引进方案，有利于用国产设备的方案。影子汇率的取值还可以影响对某些项目的取舍。对于那些主要产出物为贸易货物（包括直接出口、间接出口、顶替进口的货物）的建设项目，影子汇率对项目的可行性往往具有决策性的影响。外汇的影子价格较高时，较有利于这些项目获得批准实施。对于那些主要投入物为贸易货物的项目，影子汇率的高低也对项目的可行性具有决定性影响。

工程投入物和产出物涉及进出口的，应采用影子汇率换算系数计算影子汇率。

$$影子汇率=影子汇率换算系数\times官方汇率 \tag{9-7}$$

影子汇率换算系数由国家统一测定发布，目前根据我国外汇收支、供求、进出口结构、进出口关税等情况，影子汇率换算系数取值为 1.08；官方汇率可用国家定期发布的外汇牌价。

【例 9-7】 已知 2003 年 3 月 4 日国家外汇牌价人民币对美元的比值为 828.99/100，求人民币对美元的影子汇率。

解 影子汇率＝影子汇率换算系数×828.99/100＝1.08×828.99/100＝8.9531

二、影子工资

影子工资就是项目工资成本的影子价格，即劳动力的影子价格，应以劳动力的机会成本来计量，其实质是工人为本项目提供劳务而使国家和社会为此付出的代价。影子工资的大小与一个国家的社会经济状况、劳动力是否充裕以及经济评价方法体系等因素密切相关。影子工资直接影响着经济评价的许多方面，与财务评价中工资概念不同。财务工资一般称为名义工资，影子工资的计算可将名义工资乘以适当的换算系数即可。

$$影子工资=名义工资\times工资换算系数 \tag{9-8}$$

如何确定影子工资是国内外争论较多的十分复杂的问题。在我国，概括起来，存在以下几种意见。

（1）从我国目前劳动力结构来看，在现行的经济体制、分配体制下没有必要按地区、按劳动力类型确定分类的影子工资，只需要为所有劳动力确定一个综合的影子工资。对综合工资的取值有以下四种意见。

第一，影子工资为零。这种观点认为：我国劳动力资源极其丰富，在将来很长一段时间内，新增劳动力数量庞大。农村的经济体制改革解放出大量的农业劳动力，使之转向工业及服务业、商业、交通运输业。随着我国人口增长，城市和农村中有相当数量的自然新增劳动力，因此，国家面临着巨大的就业压力。另外，现有企业单位中，冗员过多，人浮于事的现象相当严重，人为造成部分职工工作轻闲，助长懒惰情绪的产生，以致设备不能充分利用。因此，在今后相当长一个时期内，一个建设项目使用并不会影响其他建设项目或原有企业的产出。

第二，影子工资等于名义工资的 2 倍，即工资换算系数为 2。这种观点主张的实际工资（即国家对职工个人的实际支付）作为影子工资。实际工资应当包括工资与补贴两大部分。国家对职工个人的实际支付不仅应当包括工资及奖金等现金形式支付（奖金也是工资的一部分），而且应该包括各种实物形式的补贴。照此计算，实际工资作为影子工资，影子工资应当等于名义工资的 2 倍，工资换算系数为 2。

第三，影子工资等于名义工资，即工资换算系数等于 1。持这种观点的理由是：①许多国外文献中都认为发展中国家劳动力影子工资近似地可取实际工资的一半。影子工资等于名义工资，约为实际工资的一半。②即使我国劳动力资源丰富，简单地看某一个单独的项目，也许其使用劳动力不致影响其他企业或项目的产出，但从国家建设总体来看，能够供新项目所使用的劳动力终归是有限的。③影子工资等于名义工资这种取值，可较好地处理劳动力资源与资金资源的相互替代关系，较好地选择资金密集或劳动密集型项目。④影子工资取名义工资而不取零，可避免社会折现率取值过高，防止过高地计算资金的时间价值，投资决策中偏爱近期效益，忽视远期效益，偏爱短期项目，忽略长期项目等行为。

第四，影子工资应取介于零与名义工资之间的一个值，即影子工资小于名义工资，但又不等于零。持这种观点的人所提出的理由与持影子工资等于名义工资观点的人们所提出的理由类似，但对于劳动边际产出的估算有些不同，而且由于这种估算不同，对影子工资换算系数究竟应该取 0.5 还是 0.25 或 0.8，也存在着不同意见。

(2) 应该对不同地区取不同工资。由于我国幅员辽阔，各地区经济发展很不平衡，资源情况相差很大，应对不同地区取不同的影子工资。对于人口稠密，就业压力大的地区取较低的影子工资；对于人烟稀少，劳动力缺乏的地区取较高的影子工资；对于经济落后，需要扶持发展的地区，取较低的影子工资；对于经济发达地区，取较高的影子工资。

(3) 对不同职业的劳动力取不同的影子工资。我国属发展中国家，文化和科学技术水平还相当落后，技术人员和熟练工人还很缺乏，而总的人口又过多，所以应对非熟练劳动力、熟练劳动力、技术人员、管理人员区别对待，分别取不同的影子工资。比如对非熟练劳动力工资换算系数取 0.5，对熟练劳动力取 1，对专业管理人员、工程技术人员取 2 或者 4。

三、社会折现率

社会折现率是投资项目的资金所应达到的按复利计算的最低收益水平，即站在国家角度项目投资应达到的收益率标准，反映国家对资金时间价值的估量和资金稀缺程度，由国家统一测定发布。

社会折现率作为一个基本的经济参数，是国家评价和调控投资活动的重要杠杆之一。社会折现率的高低对国民经济的发展具有不可忽视的作用，社会折现率的取值直接影响项目经济可行性判断的结果。社会折现率取值较高，会使本来可以通过的某些建设项目难于达到这一标准，难于获得批准，间接地起到了控制投资的作用，从而影响国家积累和消费的比例，影响总投资效果和经济发展速度。因此，社会折现率可以作为国家总投资规模的控制参数，适当的社会折现率有利于正确引导投资，改变国家的资源配置情况，达到社会资源的最佳配置，调节资金的供求平衡。

在微观上，社会折现率作为项目费用和效益换算为现值的折现率，将直接影响项目的取舍。一般来说，社会折现率高，对寿命期较短的项目有利；社会折现率低，对寿命期较长的项目有利。因此，适当的社会折现率有利于合理利用建设资金，促进资金在短期和长期项目之间的合理分配，调整产业结构。社会折现率应根据我国在一定时期内的收益水平、资金机会成本、资金供求状况、合理的投资规模等来确定并定期修正。社会折现率的确定应体现国家的经济发展目标和宏观调控政策。

四、土地的影子价格

1. 土地费用的计算原则

项目占用土地，国民经济要付出代价，这一代价就是土地费用，也就是土地的影子价格。一般来说，土地的影子价格包括两个部分：①土地用于建设项目而使社会放弃的原有效益；②土地用于建设项目而使社会增加的资源消耗。

项目所占用的土地，可以归纳为以下三种类型：

第一种是荒地或不毛之地，土地的影子价格为零。也就是说项目占用了这样的土地，国家不受任何损失。

第二种是经济用地，不管原来是用于农业、工业还是商业，项目占用之后都引起经济损失。这时应该用机会成本的观点考察土地费用，计算社会被迫放弃的效益。对于农业，应计算项目占用土地导致的农业净收益的损失。

第三种是居住用地或其他生产性建筑，非营利单位的用地。项目占用之后要引起社会效益的损失，但又很难用价值量计量。这时主要应该考察：如果土地被项目所占用，而原有的社会效益又必须保持，那么要使国民经济增加多少资源消耗。假如原来有住户，首先要为原住户购置新的居住地，其费用是新居住地土地的机会成本；其次要使原住户获得不低于以前的居住条件，其代价是实际花费的搬迁费用。两项费用之和，就是项目所占用居住用地的影子价格。

2. 土地费用的计算方法

项目占用农村地区的土地，可以根据土地的农业生产率来计算其影子价格。该地的总产值减去上年实现这一产出的成本（包括影子劳动力成本）的差额就是该地的租金（地租）。已知租金，根据经营土地的资本收益率可以推算出地块的影子价格。其公式为

$$土地的影子价格=租金/土地报酬率 \tag{9-9}$$

项目占用城市地区的土地，就不宜用上述方法估价。城市地块的机会成本更可能取决于它在某个可供选择的非农业用途上的生产率，一般来说，大大高于农村地区的租金，而且差别很大。大多数城市项目的发展初期占用农业土地，地价比较低，人口的增多，地价会不断地上升，因此，典型的城市地区的地价含有历史的因素，不可能用一个简单的公式做估价基础。

上述分析和处理，对于自然资源地区土地的估价也是适用的。一个荒山的矿物资源，初始开发时的地价可能为零。矿山建成发展以后，地价会上升，矿区都市化以后，矿区的地价应按某个非农业用途上的生产率来推算。

五、经济内部收益率（*EIRR*）

经济内部收益率是指项目方案寿命期内的累计经济净现值等于零时的折现率，它是反映

项目方案国民经济投资效率的相对指标。其表达式为

$$\sum_{t=0}^{n}(CI-CO)_t(1+EIRR)^{-t}=0 \tag{9-10}$$

式中 CI——用影子价格计量的现金流入；

CO——用影子价格计量的现金流出；

n——项目方案的寿命期；

$EIRR$——经济内部收益率。

对于单一项目方案，如果计算出的经济内部收益率大于或等于社会折现率，则项目从国民经济角度看是可以被接受的；否则，应被拒绝。

经济内部收益率用于互斥方案经济效果的比较与选择时，首先要进行各方案绝对经济效果检验，凡是 $EIRR \geqslant i_s$（社会折现率）的方案均通过绝对经济效果检验；凡是 $EIRR < i_s$ 的方案应予淘汰；其次是对通过绝对经济效果检验的各方案进行相对经济效果检验。在进行方案间相对经济效果检验时，要计算两方案的增量经济内部收益率（$\Delta EIRR$），若互斥方案的寿命相等，则 $\Delta EIRR$ 的表达式为

$$\sum_{t=0}^{n}(CI_A-CO_A)_t(1+\Delta EIRR)^{-t}-\sum_{t=0}^{n}(CI_B-CO_B)_t(1+\Delta EIRR)^{-t}=0 \tag{9-11}$$

若互斥方案的寿命不相等，则 $\Delta EIRR$ 的表达式为

$$\sum_{t=0}^{n_A}(CI_A-CO_A)(1+\Delta EIRR)^{-t}(A/P,\Delta EIRR,n_A)$$

$$-\sum_{t=0}^{n_B}(CI_B-CO_B)(1+\Delta EIRR)^{-t}(A/P,\Delta EIRR,n_B)=0 \tag{9-12}$$

由式（9-10）或式（9-11）计算出的增量经济内部收益率同社会折现率相比较，若 $\Delta EIRR > i_s$，则投资额或年均净现金流量大的方案优；若 $\Delta EIRR < i_s$，则投资额或年均净现金流量小的方案优。方案多于两个时可采用环比法相互比较。

六、经济净现值（*ENPV*）

经济净现值是指将项目方案寿命期内各年的净收益用社会折现率折算到项目方案建设起点的现值之和，它是反映项目方案对国民经济所做贡献的绝对指标。其表达式为

$$ENPV=\sum_{t=0}^{n}(CI-CO)_t(1+i_s)^{-t} \tag{9-13}$$

式中 i_s——社会折现率，其余符号同上。

对于单一项目方案，若 $ENPV \geqslant 0$，则项目可以接受；否则应予拒绝。

经济净现值用于互斥方案经济效果的比较与选择时，若互斥方案的寿命相等，则在经济净现值大于零的方案中选择一个经济净现值最大的方案就是最优方案；若互斥方案的寿命不相等，则应取各方案寿命的最小公倍数作为经济净现值计算的时间基础，然后在经济净现值大于零的方案中选择经济净现值最大的方案即为最优方案，或者将寿命不等的方案的经济净现值转换成年值，在年值的基础上进行比较，这样相对简便。

七、投资净收益率

投资净收益率是指项目方案达到设计生产单力时的一个正常生产年份内的净收益与项目方案的全部投资的比率；它是反映项目方案投产后单位投资对国民经济所作的年净贡献的静

态指标。当项目方案寿命期内各年的净收益变化幅度较大时，应计算项目方案寿命期内的年平均净收益与全部投资的比率。表达式为

$$投资净收益率=\frac{年净收益或年平均净收益}{全部投资额}\times 100\% \quad (9-14)$$

$$\begin{aligned}年净收益=&年产品销售收入+年外部效益-年经营成本\\&-年折旧费-年技术转让费-年外部费用\end{aligned}$$

一般情况下，计算出的投资收益率大于社会折现率时，才能认为该项目方案是可行的。投资净收益率指标一般不用于多方案的比较。

八、经济外汇净现值（$ENPV_F$）

经济外汇净现值是项目方案进行外汇效果分析的主要指标，是指按国民经济评价中效益、费用的划分原则，采用影子价格、影子工资、社会折现率，来分析、计算、评价项目方案实施后，对国家外汇收支影响的重要指标。表达式为

$$ENPV_F=\sum_{t=0}^{n}(FI-FO)_t(1+i_s)^{-t} \quad (9-15)$$

式中 FI——项目年外汇流入；

FO——项目年外汇流出；

i_s——社会折现率；

n——项目寿命期；

$ENPV_F$——经济外汇净现值。

当 $ENPV_F>0$ 时，说明项目方案对国家外汇有净贡献（创汇）；当 $ENPV_F<0$ 时，说明项目方案对国家外汇有净消耗（用汇）。当项目方案有产品替代进口时；经济外汇净现值可按实际外汇效果计算。

在项目方案的比较中，经济外汇净现值大的方案应予以优先考虑。

九、经济换汇（节汇）成本

经济换汇（节汇）成本是指用影子价格、影子工资和社会折现率计算的为生产出口产品或替代进口产品所耗费的国内资源价值的现值（人民币元）与外汇净收益现值（美元）之比，即获取1美元外汇收入或节省1美元外汇消耗所需消耗的国内资源价值。计算公式为

$$经济换汇(节汇)成本=\frac{\sum_{t=0}^{n}DR_t(1+i_s)^{-t}}{\sum_{t=0}^{n}(FI-FO)_t(1+i_s)^{-t}} \quad (9-16)$$

式中 DR_t——项目方案在第 t 年为生产出口产品或替代进口产品所投入的本国资源价值。

经济换汇（节汇）成本是分析、评价项目方案实施后，其产品在国际上的竞争能力的重要指标。当经济换汇（节汇）成本小于影子汇率时，说明该项目方案国际竞争力强；当经济换汇（节汇）成本大于影子汇率时，说明项目方案国际竞争力弱。

以上介绍了项目方案国民经济评价的基本指标，它们反映了对国民经济评价基本目标的贡献。但是，项目方案的国民经济评价还有其辅助目标，还需要通过辅助指标来反映对其辅助目标的贡献，常用的辅助指标有就业效果、分配效果等，这里不作介绍。

【例9-8】 表9-2是某世界银行贷款项目在财务数据基础上，对费用和效益进行识别并用影子价格计算之后得出的国内投资国民经济评价净现金流量表。若社会折现率取 $i_s=$

10%，试计算其经济净现值和经济内部收益率，并评价该项目方案。

表 9-2 **国民经济评价净现金流量** 万元

年份	1	2	3	4	5	6～14	15
净现金流量	−180	−240	−70	−10	50	170	315

解 根据项目方案国内投资国民经济评价净现金流量表计算的经济净现值和经济内部收益率如下。

$$\begin{aligned} ENPV =& -180(P/F, 10\%, 1) - 240(P/F, 10\%, 2) \\ & - 70(P/F, 10\%, 3) - 10(P/F, 10\%, 4) + 50(P/F, 10\%, 5) \\ & + 170(P/A, 10\%, 9)(P/F, 10\%, 5) + 315(P/F, 10\%, 15) \\ =& 292.94\ (\text{万元}) \end{aligned}$$

令 $EIRR=r$，由下式求 r。

$$-180(1+r)^{-1} - 240(1+r)^{-2} - 70(1+r)^{-3} - 10(1+r)^{-4} + 50(1+r)^{-5}$$

$$+170\sum_{t=6}^{14}(1+r)^{-t} + 315(1+r)^{-15} = 0$$

用试算内插法求得

$$EIRR = r = 18.64\%$$

由于项目方案国内投资的经济净现值大于零，经济内部收益率大于社会折现率（$i_s=10\%$），所以该项目方案在国民经济评价上是可行的。

本章小结

本章主要介绍了工程项目方案国民经济评价的概念、国民经济评价中费用与效益识别的原则和方法、影子价格及其确定、国民经济评价的指标体系和方法。

工程项目方案的国民经济评价就是从国家整体或全社会的角度出发，考察项目方案的费用与效益，计算、分析项目方案给国民经济带来的净效果，评价方案在经济上的可行性。国民经济评价与企业评价一起，共同组成了建设项目可行性研究的主要内容。国民经济评价与企业评价相比，在评价的角度和目标、费用与效益划分的范围和含义、采用的价格、折现率和汇率方面存在着不同。在我国，国民经济评价的结论是决定项目方案是否可行的主要依据。

国民经济评价中费用与效益识别的基本原则，一是要把握系统的边界是整个国家（国民经济），而不是项目方案本身；二是要牢记追踪的对象是社会资源，而不是货币。任何一个项目方案的实施，除了会对其自身带来直接效果（内部效果）外，还会对社会其他部门或单位带来间接效果（外部效果）；除了会产生有形效果外，还会产生无形效果。项目方案的外部效果主要有价格连锁效果、技术扩散和示范效果、环境和生态效果等。转移支付是社会实体间纯粹货币性的转移，并不引起社会资源的增减变动，它不是国民经济评价中的费用或效益。常见的转移支付有税金、补贴、国内贷款与还本付息及折旧四种。无形效果也是项目方案真实存在的，在国民经济评价中应当加以考虑。无形效果不能用货币计量的，应做定性描述。

影子价格是社会资源可用量的任一边际变化对国民经济增长目标的贡献值，用影子价格计量项目方案的费用和效益，正确反映了项目方案国民经济评价的目标。影子价格的确定通常先将货物区分为贸易货物和非贸易货物两大类，然后再根据项目方案的各种投入和产出对国民经济的影响分别处理。贸易货物确定影子价格的基础是国际市场价格（口岸价格）；非贸易货物影子价格的确定没有一定的基础，情况较复杂，应对不同情况作具体分析。特殊投入物主要有劳动力、土地和资金等。劳动力影子价格（影子工资）的确定主要是根据劳动力的充裕程度和技术熟练程度而定；土地影子价格的确定主要是根据土地的边际产出价值或支付意愿而定；资金影子价格要根据社会折现率来定。

思考题

1. 什么是国民经济评价？它与财务评价有何异同？
2. 什么是外部效益和外部费用？
3. 项目的外部效果分为哪几种类型？
4. 什么是影子工资？影子汇率？社会折现率？
5. 什么是影子价格？贸易货物的影子价格如何确定？

练习题

1. 某项目财务评价中非技术性工种劳动力的平均工资和福利费为 900 元/月，其影子工资换算系数为 0.8，求该项目中非技术性工种劳动力的影子工资。

2. 某进口产品，国内价格为 200 元/t，其影子价格换算系数为 2.4，国内运费及贸易费为 40 元，人民币对这种外币的影子汇率为 6.0，求该进口产品用外币表示的到岸价格。

3. 某项目 M 的投入物为 G 厂生产的 A 产品，由于项目 M 的建成使原用户 W 由 G 厂供应的投入物减少，一部分要靠进口，已知条件如下：M 距 G 100 公里，G 距 W 130 公里；W 距港口 200 公里，进口到岸价为 300 美元/ t，影子汇率 9 元人民币/美元，贸易费按采购价的 6%计算，国内运费为 0.05 元/(t · km)，求项目 M 投入物到厂价的影子价格。

4. 某工程项目占用农业用地 500 亩，项目寿命期为 20 年。占用前每亩土地平均可产粮食 0.8 吨，每吨粮食的国内价格为 2200 元，出口口岸价格为每吨 280 美元，国内运输费用为每吨 25 元，贸易费用按国内价格的 5%计算。生产粮食的经济成本约为国内价格的 20%，若这块土地的粮食产量以每年 4%的比率增长，试计算这块土地的经济价值和每亩地的影子价格（取影子汇率 $SER=9$ 元/美元，社会折现率 $i=10\%$）。

5. 某工程项目正常生产年份每年进口投入物的到岸价格总额为 500 万美元，进口关税率为到岸价格的 20%；每年耗用国内投入物的财务价值为 10 000 万元，价格换算系数为 1.1；项目产品全部出口，每年离岸价格总额为 2000 万美元。在忽略国内运输费用和贸易费用的情况下，倘若官方汇率为 8.3 元/美元，影子汇率为 9.2 元/美元，从国民经济评价的角度与企业评价角度相比较，项目每年的盈利额有何差异？

第十章　公用事业项目的经济评价

公用事业项目投资的基本出发点是社会公众福利，而非商业利润，项目的产出或提供的服务往往不具有市场价格，因此，这类项目的成本与收益的识别和计量，以及经济评价的方法与标准，较之营利性项目减少了规范性，增加了复杂性和困难。

第一节　公用事业项目的基本特点

公用事业项目通常是由政府（或社会团体）出资兴建的，它不以商业利润为基本追求，而以社会公众利益为主要目标。公用事业项目的上述特点是由项目产出的基本特性和政府目标的基本指向两个方面的因素决定的。

一、公用事业项目产出的公共品性和外部性

一个项目所能提供的产品或服务，按其使用或受益的性质可以区分为两类：公共品和私有品。公共品与私有品是相对而言的，区分它们的基本标志是使用或受益的排他性。私有品的使用具有明显排他性，即一旦某人享有了消费某物品或服务的权利，就排除了他人拥有这种权利，正如一人的衣物、饮食不能同时被他人所享有一样。相反，公共品不具有享用权上的排他性，而具有明显的公共性，即某人的享用不排除他人对同一物品或服务的享用权，正如一条市区道路和一座公园可同时为多人服务那样。公用事业项目所提供的产品或服务往往具有较强的公共品性，这是此类项目的显著特点之一。

从项目的成本与受益的角度来看，一个项目还会或多或少地存在外部性。所谓外部性，是外部收益和外部成本的统称。外部收益系指落在项目投资经营主体之外的收益，此项收益由投资经营主体之外的人免费获取。例如某投资主体兴建了一座水电站，它可以通过电能出售获得收益，而电站下游居民也从电站大坝的修建中获得了减少洪水灾害的收益，这种收益尽管可能很大，但下游居民却是免费获得的。外部成本系指落在项目投资经营主体之外的社会成本，但此成本却不由该投资经营主体给予等价补偿，而由外部团体和个人无偿地或不等价地承担。例如烟尘和污水的排放损害生态环境进而损害他人，但受损害者却难从污染制造者那里获得等价赔偿。公用事业项目往往具有较强的外部性，这是此类项目的又一显著特点。

二、公用事业项目的制度特征

一个项目的产出是公共品还是私有品，外部性较大还是较小，不但与项目的产出特性有关，而且还与制度安排特别是产权制度的安排有关。正如修建一所小学，是政府出资公立免费还是私人出资私立收费，亦如修建一条道路，是政府出资免费公用还是私人出资谋取利润，是由相应的制度安排决定的。制度是人的行为规则，是一种受益或受损的权利。决定制度安排的基本因素是制度效率或制度成本。任何一种制度安排都有其相应的成本，即建立并实施某项制度的成本（费用），这种成本又称作交易成本或交易费用，交易成本小的安排即为有效率的制度安排。有些项目之所以适于政府投资且是不以盈利为基本目的公用事业项

目，而另一些项目则是适于法人和私人投资且以盈利为基本追求目的的商业性项目，都与项目产出特性下的制度费用有关。

倘若一个项目所提供的产品或服务能够方便的计量和交易，使产品或服务的购买者能够获有排他性的享用权，即未经他的同意别人无权享用，使产品或服务的提供者能够获得排他性的全部收益，别人不能不付费的获取，那就可以推断，这类产出项目适于作为盈利性项目来安排，市场机制的价格系统可以有效地对其进行成本与收益的计算，并将其纳入投资经营主体之内，从而为追求利润的投资经营者提供足够的激励，使他们愿意投资于那些有利可图的项目，市场机制的竞争法则和供需法则能够有效地调节他们的行为，促使他们提高资源配置效率。

倘若一个项目的产出或服务不具有计量和交易的方便性，购买者不能实际拥有排他性的享用权，提供者不能通过产品或服务的出售而将全部或大部分收益内部化，别人可以免费从购买者或提供者那里获得收益，那就可以推断，这类产出或服务就会产生市场供给或（和）需求不足的问题：消费者将不愿花钱购买，他愿意别人购买而自己搭乘别人便车免费享用；提供者不愿投资经营，他不能从产品或服务的销售中获得全部或大部分收益，他的销售收入可能不足以抵偿他的投资支出和其他支出，他缺乏投资这类项目的利润激励。在这种情况下，即使这类项目具有很大的社会经济效益，但市场机制的竞争法则和供需法则将会失灵，市场机制的价格系统不能有效引导资源的优化配置。

从需求或消费的角度看，一种产品或服务的购买者能否实际获有排他性享用等权利，不仅仅取决于相应权利制度的规定，而且更取决于行使权利制度的费用，如果费用过高而使权利行使不经济，作为制度安排的权利规定或迟或早就会形同虚设而失去存在意义。举个例子，一个经常走夜道的人，他可能出于夜行安全需要而考虑是否买断路灯的照明享用权（他未买断道路通行权）。这里的问题出在该人是否能够真正独享路灯照明的收益。他可能无法阻止别人免费享受照明，他也无法同过往路人一一谈判收取照明费用，所以，他最终会因这一制度安排的交易费用过高而放弃购买打算。同样，别的过路人也会出于同样的考虑而放弃购买，这就导致了对路灯照明有偿使用的需求不足。

从供给或生产的角度看，产出的收益能否按等价交换原则落入投资经营主体之内，不仅仅取决于具体的权利制度安排，而且更主要取决于执行制度的费用高低，如果制度费用过高，也终会由于不经济而失去意义。设想一个防洪水利设施的例子，该项目的投资经营者恐怕很难从设施下游的团体和居民那里收取与减少洪涝损失相当的费用。因为下游团体和居民的情况可能千差万别，他们会由于收入高低、财产多寡、地理位置与流动性差异以及对洪涝损失的估计差异，对减少洪涝损失的估价不同，进而产生支付意愿的差异，投资经营者难于知道他们各自的受益情况和支付意愿，受益者会出于免费受益动机的驱使，会使价格谈判陷于无休止的争论之中，即使勉强制定了收费标准，而在真正实行的时候又可能遭到众人抗拒与逃避。所以，过高的交易费用（成本）会使这种定价收费制度难以有效建立与运行。这个例子说明，作为市场机制基础的定价制度（等价交换制度）会由于某些产品或服务的交易费用过高而失效，在这种情况下，若把这些项目作为盈利性项目来安排，就会导致项目及其产出的供给不足。

上述分析表明，倘若产品或服务的排他性权利及相应定价制度的建立和运行的成本太高，以营利为基本驱动力的市场机制就难以发挥作用，它将导致对这类产品或服务项目的有效供给和（或）有效需求不足，即使它的社会效益远远大于社会成本时也是如此。一种替代性的制度安排——将提供这类产品或服务的项目安排为政府出资的公用事业项目，就是非常必要的。这类项目不以营利为目的，而以社会利益为基本追求，它的产品或服务或者被免费享用，或者为了维持项目的正常运行而实行低价收费，享用者从免费中获得了公共品，从低价收费中获得了项目产出的外部收益——消费者剩余。

三、政府的基本目标与项目属性

政府之所以应该成为公用事业项目的投资主体，一方面是由政府的性质和职责所决定，一方面是由其效率所决定。政府是公共权利机构，其权利是人民赋予的，其职责是为人民服务、为社会谋利。政府的基本目标有两个：一是效率目标，即促进社会资源的有效配置，促进国家或地区的经济增长；一是公平目标，即促进社会福利的公平分配，普遍改善人民的福利水平。

就效率而言，在市场机制能够充分有效运作的范围内，政府不一定非要在那些以营利为目的的竞争性产业领域进行大量的项目投资，而应主要在市场机制不能充分发挥作用的公用事业领域进行投资，以弥补市场机制的不足，促进全社会的资源配置效率的提高。例如国防项目提供的是保卫人民不受外敌侵犯的服务，这种项目能否由每个个人或家庭去办？肯定不行。个人或家庭无力采购足够的精良武器系统，也无力雇请一支像样的军队。即使谁有这个财力，他也未必会去这么做，因为别人可能指望从他提供的防卫中免费受益，他也很难指望别人自愿为他负担部分开支，受益于防卫的个人之间也很难达成某种自愿交易。因而这种制度安排，或者会使交易费用极高，或者会使防卫能力极低，由此导致这种制度安排的低效性。这也就是由国家（政府）为全体国民提供国防服务这种公共必需品的基本道理所在，它既可以节省社会资源投入，也可以提供更有效的服务。同样的道理，诸如立法、司法、执法等，从效率角度也只宜作为公共品由政府等公共权利部门提供，不能指望它们可以通过社会成员的私自交易来完成。有些项目，例如一条高速公路，是可以实行谁受益谁付费的制度的，办法之一是设置路卡（正如我国的许多公路曾大量出现过这种现象），对通行者在进口处收费，在出口处验票放行。但这样一来，或者因为进出口处的排队等候而延误时间（时间是稀缺资源，由此产生成本），或者因为一部分人嫌路费高昂而不肯使用，致使公路使用者较少而不能发挥全部效益潜能。所以，在同样投资和维护成本条件下，这条公路由政府出资兴建提供免费服务也就更有效率。

就公平而言，调节公民之间的福利分配是政府的基本职责。在市场机制的分配范畴内，公民之间的收入分配和福利分配肯定是有相当差异的。为此，政府一方面可以通过财政税收等政策工具调节人们之间的收入分配，实行多收入多交税原则，用纳税人的钱补助低收入者和无收入者；另一方面，政府可利用税收等财政收入投资兴办有助于改善社会福利分配的公用事业项目，如公立医院、公立学校等。公立医院的低廉收费制度有助于中低收入者就医，公立学校的免费或低廉收费可使中、低收入家庭的子女就读。

事实上，许多公用事业项目可能不止追求效率或公平的单一目标，而是二者兼有。前述例子中，政府修建免费公路不但有助于社会效率的提高，而且也有助于改善福利分配，使收入低的人也能享用公路提供的服务；而公立学校不但有助于低收入家庭的孩子获得教育，而且受过良好教育的学生长大后，会更加自觉地遵守社会法律秩序，并对未来社会发展作出更大贡献，从这种意义上看，兴办公立学校不但是改善福利分配的举措，而且也是对未来社会效益所做的公共投资。

四、影响公用事业项目效率的主要因素

虽然从理论上说，政府投资于公用事业项目是基于效率与公平目标的考虑，但从实践上看，公用事业项目的投资经营却比较容易产生效率不高的问题。

公用事业项目效率不高的原因之一，是由于公用事业项目产出的强烈公共品性和外部性，使公用事业项目缺乏支出与收益的内在联系，因而也就常常无法要求它以收抵支，不能像企业那样要求它自负盈亏。这种状况使公用事业单位一方面在财务上通常实行预算供给制，所需要的资金全部或部分地靠政府拨发，而资金的无偿使用，容易促使公用事业的经营者不关心节省开支、降低成本，反而要政府不断增加拨款，由此导致财务约束疲软。另一方面，公用事业是市场机制难以作用的领域，公用事业单位缺乏优胜劣汰的市场竞争压力，容易产生机构繁多、人浮于事和官僚主义习气，缺乏提高效率、改善产品或服务质量的外在压力和内在激励。

原因之二，公用事业项目虽然是由政府直接出钱投资，但是追根溯源，这些钱来自自然人和法人单位的纳税，公共部门人员在使用这些纳税人的公共资源的时候，有可能不像花自己钱那样关心资源的配置效率，使得公用事业项目在投资决策上和经营管理上草率粗放。从社会公众对这些公共资源的配置和经营的监督有效性上看，由于每个纳税人在其缴付的税款与其从公用事业中所得收益之间并不具有一致性，这就降低了公众中的个人对公用事业进行监督的积极性，加之政府与公民对各个项目所能拥有的有效信息很不对称，公民处于有效信息少的不利地位，因此，即使公民在法律上拥有监督政府的权利，但在实际上很难对公用事业投资项目的得当与否作出恰当评判，难于实施有效监督。总之，这种花公众的钱进行投资，投资者不承担个人责任和损益的投资体制，具有缺乏外在压力和有效监督、缺乏内在激励的制度缺陷。

各国的实践表明，随着社会经济的不断进步，公用事业的社会需求不断增长，公用事业也必将不断发展。由于公用事业项目的投资额往往很大，投资不当就要蒙受难以挽回的巨大损失。所以，无论是政府机构，还是公用事业部门，都应本着为人民负责的精神，关心公用事业项目的资源配置效率，做好项目的可行性研究及评价工作，真正做到取之于民，用之于民，促进效率与公平。

第二节　公用事业项目的成本与收益

项目评价就是对项目收益与项目成本的比较评价，要正确地评价项目，就需要对项目的成本与收益予以正确的识别与计量。

在成本与收益的识别与计量上，公用事业项目较之营利性的企业项目具有很多不同之处。营利性项目投资以追求利润为基本目的，因而，其成本与收益的识别是以利润减少或增加为原则，识别的基本方法是追踪项目的货币流动，凡是流入项目之内的货币就被视作收益——现金流入（如销售收入），凡是流出项目的货币就被视作支出——现金流出（如投资、经营成本、税金等）。由于这些财务收益或支出仅是流入或流出项目的货币，且都可以借助价格系统进行货币计量，故其识别与计量就相对简单和容易。公用事业项目投资的基本目的是追求社会利益，而非项目利润，收益与成本是指广泛的社会收益和社会成本，而且这些收益与成本又往往由于缺乏市场价格而难以用货币计量，这都使得公用事业项目的成本与收益的识别和计量相对复杂与困难。

一、公用事业项目的成本与收益类别

1. 直接收益与成本、间接收益与成本

直接收益与成本是在项目的投资经营中直接产生的收益与成本。例如，灌溉工程可直接提供灌溉用水，增加农作物产量，水污染治理项目可直接减少污水排放量，这些都是直接收益，而这些项目的投资与运营支出都是直接成本。

间接收益与成本又称次级收益与成本，是直接收益与成本以外的收益与成本。间接收益与成本是由直接收益与成本引发生成的，例如，灌溉工程除具有增加农田产出的直接收益外，可能还有助于改善当地人民的营养及体质，促进当地食品加工业发展；污水治理项目除了具有改善生态环境的直接收益外，它还可能由于生态环境的改善而降低沿河周围居民发病率，由此带来医药支出的节省和劳动收入增加的间接收益。

公用事业项目通常能同时带来直接的和间接的收益和成本，这是公用事业项目的一个基本属性。因此，在公用事业项目评价中，除了考察直接收益与成本外，有时还需要考察间接收益与成本，特别是在间接收益与成本较大的时候就更是如此。

2. 内部收益与成本、外部收益与成本

内部收益是由项目投资经营主体获得的收益，内部成本是由项目投资经营主体承担的成本。例如，一个治理工厂生产车间噪声的项目，项目投资与运作成本由企业自身负担，减少噪声的收益由企业职工获得；一个收费公路项目，车辆收费的收入是项目的内部收益，而投资维护等支出是其内部成本。

外部收益与外部成本系指落在项目之外的收益与成本。例如，一个免费通行的公路项目，通行者从通行中获得的收益是项目的外部收益；公立免费学校学生的就读收益也是外部收益。再如，工厂排放的烟尘产生污染，而工厂外部居民承受的污染而带来的损失就是一种外部成本；一个正在施工的市区道路项目给行人的不便而带来的损失也是一种外部成本。

由公用事业项目产出的公共品性和外部性强的特点所决定，这类项目的外部收益常会很大，甚至远远超出内部收益，因此，在评价工作中要特别注意对其识别与计量。

这里需要说明的是，公用事业项目的直接收益（或成本）并不一定等同于内部收益（或成本），间接收益（或成本）也不一定等同于外部收益（或成本），尽管它们之间在有些情况下可能重合，但并非所有项目都能重合，二者之间在概念上的差异不能混淆。例如，一个公共消防项目，它所提供的减少或消除火灾损害的服务，具有公共品的免费服务特性，由它所获得的减少财产损失和人员伤亡的收益是一种直接收益，但这种收益却不是项目的内部收益而是消防部门以外的外部收益。一般而言，间接收益与成本包含在外部收益与成本之内，内部收益与成本包含在直接收益与成本之内。因此，在对项目的成本与收益进行分类识别和计量时，或者按“直接”和“间接”的方式分类，或者按“内部”和“外部”的方式分类，而不能交叉分类，以避免收益与成本的遗漏或重复。

3. 有形收益与成本、无形收益与成本

有形收益与成本是指可以采用货币计量单位（价格）或实物计量单位予以计量的收益与成本。由于公用事业项目评价是用经济分析方法对项目的社会经济效益状况进行评价，所以，如果可能的话，应当尽量把项目的收益与成本予以货币化，使收益与成本具有同一经济价值量纲，可以直接比较。这就需要寻求项目产出物和投入物的价格，以便计算它们各自的货币价值。一般而言，公用事业项目的投入物（内部成本）的货币价值是较易计算的，如投资和经营支出等，而其产出收益则常常由于缺乏市场价格而不易计量其货币价值。在对无市场价格的产出收益的货币化计量方面，通常可有两种可供选择的方法：方法之一是把可以获得同样收益的替代项目方案的最小成本费用作为该项目方案的收益（即替代方案的成本费用的节省）；方法之二是把消费者愿意为项目产出所支付的货币——消费者支付意愿作为收益的估价，而对项目产出所带来的外部损失，则可以用被损害者愿意接受的最低补偿收入作为外部成本或负收益的估价。前一方法的局限性在于，要对某一项目方案进行评价，必须要有替代方案，把替代方案的成本费用作为待评价方案的收益，其实质是把收益与成本的比较变成两个方案之间的成本费用之间的比较，评价结论仅仅是两个方案之间的相对比较结论，不反映方案自身的经济性。因此，这种方法只适用于互斥方案间相对择优评价时使用，且要求各互斥方案提供同样的产出或服务（收益相同）。后一方法的目的在于能够对项目方案自身的收益与成本进行货币化计量，以便通过收益与成本的比较去评价项目方案自身的经济性。这种方法的实际困难在于，在调查消费者的支付意愿的时候，被调查者在不对项目产出做任何实际支付的情况下，他们可能出于各种不同的动机（如有意压低真实的支付意愿以图免费或廉价地获得产品或服务，或者不认真地报高价）降低或高报他们的支付意愿。而在损害补偿意愿的调查中，人们可能会有意夸大损害成本而报高价。

因此，在上述方法难以实行的情况下，则有必要采用实物量纲计量项目的有形收益与成本。

无形收益与成本是一些既不存在市场价格（难以货币化计量）又难以采用其他计量单位度量的收益与成本。例如，建筑物的美学价值，保护古代遗产的文化价值，都是难以用货币或其他计量单位加以度量的。有的公用事业项目，其无形收益与成本可能并不重要，可以对其忽略不计，但是有的项目，例如，古代文物保护项目，无形收益很可能是其根本性收益，就不能够对其忽略不计。因此，对需要考察的无形收益与成本，如果无法货币化，也无法采用其他量纲计量，则应采用图片、音像、文字等各种形式予以描述和阐释。

下面，我们以一个政府出资修建的高速公路为例，说明其可能产生的收益与成本类别。

(1) 内部成本。

勘察、设计成本；

筑路投资支出（包括居民搬迁费、土地征用费等）；

道路维修养护费用；

管理费用等。

(2) 内部收益。

车辆通行缴费收入。

(3) 社会公众承担的外部成本。

增加空气污染和邻近居民的噪声污染；

给公路两侧居民相互通行增加不便（时间与费用增加）。

(4) 社会公众所获得的外部收益。

车辆和人员通行时间的额外节省；

车辆耗油和其他耗费的额外节省；

增加行车安全性、减少车祸损失；

增加公路沿线的房地产价值；

促进邻近地区经济往来和经济发展。

二、成本、收益识别与计量中的注意事项

1. 明确项目基本目标是识别成本与收益的基本前提

成本与收益是相对于目标而言的，收益是对目标的贡献，成本是为实现目标所付出的代价。因此，明确项目的基本目标，是识别成本与收益的基本前提。

公用事业项目常常具有多目标性，这也是造成识别复杂性的重要原因。例如，一个大型水利枢纽工程项目，它所要实现的目标并不单一，除了提供电力供给外，还追求防洪、灌溉、航运和游览等其他目标。明确了基本目标，就可以围绕这些目标进行必要的情景分析，进而可对项目的成本与收益进行正确识别和计量。见表 10－1。

表 10－1　大型水利水电工程项目的成本与收益

目　标	内部收益	外部收益	内部成本	外部成本
水力发电	电力销售收入	消费者剩余	投资与运行	土地淹没损失
防洪		减少洪涝灾害	投资与维护	同上
灌溉	水费收入	农作物增产净收入	同上	水库周围土地盐碱化
航运	航船收费	提高运量及成本节省净收入	同上	减少公路运输需求
游览	开办游览服务净收益	由旅游业带动的商业发展	同上	原有自然景观与人文景观的破坏

2. 成本与收益的识别与计量范围要保持一致性

项目的成本与收益的发生具有时间性与空间性，在考察项目成本与收益时，须遵循成本与收益在空间分布和时间分布上的一致性原则，否则就会多估或少估收益与成本，使项目的收益与成本失去可比性。

成本与收益的空间分布包括两类分布——地域分布和人群分布，空间分布一致性系指在相同地域和相同人群中同时考察收益与成本。合理确定空间范围，是正确识别、计量项目成本与收益的基本要求。因为在实践中，有时会有意无意地扩大或缩小识别范围，或者对成本与收益的考察空间不一致。例如，从国家角度去分析一个由当地政府出资的家用煤气项目的收益，这就不恰当地扩大了收益考察空间；而一个主要由中央财政拨款修建的水利工程，如果仅出于地区利益考虑，在投资成本上仅计入地区出资而将中央财政支出视作“免费”，就会造成低估成本的后果；一条专供车辆通行的全封闭高速公路，如果只考察它为车辆通行者带来的收益，而不考察它给沿线步行者和骑自行车人带来的不便，便会导致少估成本的后果。

成本与收益在时间分布上的一致性，系指在同一时域内考察项目的成本与收益。由于它的合理性不言而喻，这里不再赘述。

3. 成本、收益识别与计量的增量原则

项目的成本与收益，是指项目的增量成本和增量收益，即有项目较之无项目所增加的成本和收益。因此，在识别和计量项目的成本与收益时，最终落脚点是分析预测项目本身所引起的成本收益变化。一个灌溉项目能够增加农作物产出，但若没有此项目，由于种植技术和种子的不断改良，也可能会使农作物产出逐年增加，若把项目完成后的农作物产出的全部增

加都视作灌溉项目的收益而未作相应扣除，就高估了项目的收益。所以，在成本与收益的识别和计量上，应该把与项目无关的因素的影响作用剔除。

4. 识别与计量的非重复性原则

公用事业项目的成本与收益通常具有内部性和外部性的双重特征，这种特征加剧了内部效果与外部效果的非重复性识别与计量的难度，稍有不慎，就容易导致成本或收益的重复计算。如前面（表 10－1）举过的高速公路的例子，把过往车辆的缴费收入视作内部收益，把车辆通行所节省的时间、耗油和减少车祸损失视作外部收益，这里就存在一个如何避免收益的重复计算问题。我们假定在高速公路修建前存在一条免费通行的土路，那么，对于这条土路的原有车流量而言，高速公路所带来的通行时间节省、耗油节省与减少车祸损失的收益总和，应该等于它们的支付意愿总和，即这种支付意愿等于它们从高速公路那里增获的全部价值，因而也包含了它们向高速公路缴费的部分。所以，它们从高速公路项目中获得的外部收益是支付意愿扣除缴费后的余额——消费者剩余，如果把车辆的时间节省、耗油节省及减少车祸的价值全都归于外部收益，就是把车辆缴费既算作内部收益又算作外部收益的重复计算。此例表明，在内部成本与收益和外部成本与收益共存的情况下，一定要对其仔细识别。

第三节　公用事业项目的经济评价方法

公用事业项目的经济评价是建立在项目收益与项目成本比较的基础上，如果项目的成本与收益都采用货币单位来计算，相应的评价方法称为成本—收入评价法；如果成本与收益（主要是收益）不采用货币单位来计量，为了区别于前者，称为成本—效能评价法。

一、成本—收入评价法

成本—收入评价法建立在成本与收益的货币计量基础上，因此，在决定公用事业项目能否运用成本—收入评价法时，需要考虑下列问题：

其一，项目的受益范围和收益内容是什么？哪些是货币收入？哪些是没有市场价格的非货币性收益？能否比较合理地将非货币性收益转化为等价的货币收入？

其二，项目的成本范围和成本内容是什么？哪些成本是货币支出？哪些成本是没有市场价格的非货币性成本？能否比较合理地将非货币性成本转化为等价的货币成本？

只有在上述问题得到肯定回答之后，采用成本—收入评价法才是适宜的。

（一）评价指标与评价准则

成本—收入评价法是货币化的收益与成本的比较评价，因而，这种评价可以像盈利性项目的经济评价那样，使用净现值、净年值、内部收益率等评价指标及评价准则。但在公用事业项目的经济评价中，最常用的评价指标是收益成本比。

净现值、净年值、内部收益率等评价指标，本书前面各章已有所述，这里仅介绍收益成本比指标。

收益成本比是项目的收益现值与成本现值之比，其数学表达式为

$$B/C=\frac{\sum_{t=0}^{n}B_t(1+i)^{-t}}{\sum_{t=0}^{n}C_t(1+i)^{-t}} \tag{10-1}$$

式中　B/C——项目的收益成本比；

B_t——项目第 t 年的收益（货币单位），（$t=0$，1，2，…，n）；

C_t——项目第 t 年的成本（货币单位），（$t=0$，1，2，…，n）；

i——基准折现率；

n——项目的寿命年限或计算年限。

评价准则为：

若 $B/C \geqslant 1$，项目可以接受；

若 $B/C < 1$，项目应予拒绝。

对单一项目方案而言，由式（10－1）所定义的收益成本比是净现值、净年值和内部收益率的等效评价指标。我们以净现值为例，证明如下。

若
$$NPV \geqslant 0$$

即
$$\sum_{t=0}^{n}(B_t - C_t)(1+i)^{-t} \geqslant 0$$

则有
$$\sum_{t=0}^{n}B_t(1+i)^{-t} \leqslant \sum_{t=0}^{n}C_t(1+i)^{-t}$$

故
$$\frac{\sum_{t=0}^{n}B_t(1+i)^{-t}}{\sum_{t=0}^{n}C_t(1+i)^{-t}} = (B/C) \geqslant 1$$

同理可证，若 $NPV<0$，则必有（B/C）<1。所以，收益成本比与净现值对同一方案的评价结论具有一致性。

在公用事业项目的经济评价中，收益成本比指标有时也用等额年收益与等额年成本之比来表达，即

$$B/C = \frac{AB}{AC} \tag{10-2}$$

式中　AB——等额年收益，$AB = \sum_{t=0}^{n}B_t(1+i)^{-t}(A/P, i, n)$；

AC——等额年成本，$AC = \sum_{t=0}^{n}C_t(1+i)^{-t}(A/P, i, n)$；

$(A/P, i, n)$——等额序列资本回收系数。

与式（10－1）对比可知，式（10－2）与式（10－1）是等价的。

如果采用收益成本比指标进行互斥方案间的相对比优，不能按收益成本比最大准则进行比较，即不能认为收益成本比最大的方案就是最好方案，这种情况类似于不能按内部收益率最大准则进行方案比较一样。正确方法是采用增量收益成本比。

$$\Delta B/\Delta C = \frac{\sum_{t=0}^{n}B_{kt}(1+i)^{-t} - \sum_{t=0}^{n}B_{jt}(1+i)^{-t}}{\sum_{t=0}^{n}C_{kt}(1+i)^{-t} - \sum_{t=0}^{n}C_{jt}(1+i)^{-t}} = \frac{\Delta B}{\Delta C} \tag{10-3}$$

其中

$$\Delta B = \sum_{t=0}^{n}B_{kt}(1+i)^{-t} - \sum_{t=0}^{n}B_{jt}(1+i)^{-t}\text{，增量收益现值}$$

$$\Delta C=\sum_{t=0}^{n}C_{kt}(1+i)^{-t}-\sum_{t=0}^{n}C_{jt}(1+i)^{-t}\text{，增量成本现值}$$

式中　$\Delta B/\Delta C$——增量收益成本比；

B_{kt}，C_{kt}——第 k 方案第 t 年的收益和成本（$t=0$，1，2，…，n）；

B_{jt}，C_{jt}——第 j 方案第 t 年的收益和成本（$t=0$，1，2，…，n）；

其他符号意义同式（10－1）。

评价准则：设 $\Delta B>0$，$\Delta C>0$，若 $\Delta B/\Delta C>1$，则收益现值大的方案好；若 $\Delta B/\Delta C<1$，则收益现值小的方案好。

下面以一个互斥方案比选的例子说明。

设 A、B、C、D 为互斥项目方案，各方案每年的成本与收益见表 10－2。采用收益成本比法进行评价选择（$i=10\%$）。

表 10－2　四个方案的收益成本比计算　万元

方案＼年末	项目	1	2～21	现值（$i=10\%$）	B/C
A	成本	625	50	1051	1.22
	收益		150	1277	
B	成本	500	37	815	1.10
	收益		105	984	
C	成本	350	30	605	1.41
	收益		100	851	
D	成本	200	25	413	1.30
	收益		63	536	

由表 10－2 计算可知，四个方案的收益成本比均大于 1，都是可以考虑接受的方案，其中 C 方案的收益成本比最大，D 方案次之。但要判定哪一方案最优，应采用增量收益成本比指标进行判断。表 10－3 给出了比较过程与结果。

表 10－3　增量收益成本比计算　万元

方案比较＼项目	增量收益现值	增量成本现值	$\Delta B/\Delta C$	评价结论
A 与 B	383	236	1.62	A 优于 B，淘汰 B
A 与 C	462	446	1.04	A 优于 C，淘汰 C
A 与 D	741	638	1.16	A 优于 D，淘汰 D

根据表 10－2、表 10－3 计算与有关结论可知，A 方案是最优可行方案，故应接受 A 方案。

（二）成本—收入评价法案例

【例 10－1】 某农业地区灌溉工程项目的经济分析。

1. 项目背景

某地区干旱少雨，且降雨集中于夏季的一个较短时期，当地农业生产受干旱影响严重，单产低，且很不稳定。当地虽然打了不少机井，但多年抽取地下水灌溉农田，导致地下水位逐年降低，许多老机井已经干涸。为解决农田用水问题，当地政府拟出资修建引水灌溉工程，利用邻近的黄河水灌溉农田。为此制定了工程计划：①在临河处修建扬水站；②修建引水的主干水渠和若干分水渠；③一座集中式的蓄水库和大量分散的农户蓄水池；④抽水、分水和灌溉系统。

2. 成本与收益的识别、计算与经济评价

该项目经济分析人员在工程设计人员和农业专家的帮助下，仔细地分析了工程的受益区域和受益类别，对各类收益进行了预测和估算。

(1) 直接灌溉收益。直接受益于该工程而得以灌溉的农田 150 万亩，预计每亩每年可增产农作物价值 120 元，由此每年直接受益 18 000 万元（120×150）。

(2) 节省抽水费用。50 万亩农田（直接受益的）原有机井可以不再使用，由此，每亩地每年可以节省抽水费用 10 元，每年节省抽水费用 500 万元（10×50）。

(3) 农业间接收益。在直接受益地区，农作物产出增加又会导致农产品加工与销售的增加，由此获得的间接净收益估计每年可达 800 万元。

(4) 周边地区间接收益。直接受益区外的周边地区，其农田抽水机井会由于这项工程的供水而使地下水位上升，进而增加灌溉用水和农作物产出，促其相关经济发展，此项间接收益估计每年可达 500 万元。

(5) 养鱼收益。集中式蓄水库养鱼净收益估计每年可达 50 万元。

本工程的成本费用主要是投资支出、占地损失（不在投资支出之内）、工程的管理、维护和设备更新费用。工程投资预计 3 年完成，总投资额预计 18 亿元。占地损失每年为 60 万元，管理维护等运行费用每年 250 万元。

本工程的收益、成本见表 10－4。

表 10－4　　某水利灌溉项目的成本、收益及指标计算（$i=8\%$）

项目＼年末	1	2	3	4～33
1. 收益				
(1) 直接灌溉收益				18 000
(2) 节省抽水成本				500
(3) 农业间接收益				800
(4) 周边地区间接收益				500
(5) 养鱼收益				50
收益合计 (1)+…+(5)				19 850
2. 成本				
(1) 投资支出	40 000	90 000	50 000	
(2) 占地损失				60
(3) 管理、维护等运行支出				250
成本合计 (1) + (2) + (3)	40 000	90 000	50 000	310
3. 净收益（收益合计－成本合计）	－40 000	－90 000	－5000	19 540

3. 指标计算及评价结论

(1) 收益现值与成本现值。

$$\sum_{t=1}^{33} B_t(1+8\%)^{-t} = 19\,850(P/A, 8\%, 30)(P/F, 8\%, 3) = 195\,528\ (\text{万元})$$

$$\begin{aligned}\sum_{t=1}^{33} C_t(1+8\%)^{-t} &= 40\,000(P/F, 8\%, 1) + 90\,000(P/F, 8\%, 2) \\ &\quad + 50\,000(P/F, 8\%, 3) \\ &\quad + 310(P/A, 8\%, 30)(P/F, 8\%, 3) \\ &= 156\,936\ (\text{万元})\end{aligned}$$

(2) 收益成本比。

$$B/C = \frac{195\,528}{156\,936} = 1.25$$

由计算可知，本项目收益成本比大于1，所以，项目是可以接受的。

【例10-2】 某市区道路改建项目的经济评价。

(一) 项目概况

某市区道路位于某市东北部，东西走向。该路是在1961年修建的，其后虽然经过修整，但由于近年来该城市经济及人口增长快，该路周边人口及道路过往车辆与行人数急剧增加，交通阻塞及道路损坏情况严重，交通事故有增无减。为改善交通状况，方便生产与生活，市政当局拟出资改建此道路，由原先双向四车道改建为双向六车道，建立交桥两座和若干过街天桥。项目预期两年完成，总投资预计9亿元。

(二) 收益与成本的识别与估算

1. 收益

(1) 原有交通流量的收益。

1) 时间节省。原有道路流量已达过饱和状态，特别是在每天早晚交通高峰期，阻塞情况更为严重。新路建成后，预计每辆车每日平均节省通行时间1小时，相应金额为10元/小时。原路每日平均车流量为1.5万辆，由此每年节省时间价值为5475万元（10×1.5×365)。此路对步行者和骑自行车者影响不大，有关分析与估算从略。

2) 通行者增加舒适和方便。新道路会明显增加通行者的舒适性和方便性，原路每天乘车过往人数平均6万人，每人由此获得的改善价值为0.2元/次，由此每年获得收益为438万元（0.2元/人×6万人/天×365天/年)。

3) 行驶成本节约。成本节约既包括燃油节约，也包括道路平整性改善和通行时间缩短所带来的车辆磨损的减少。预计每辆车每天由此获得节约额为0.5元/次，故每年的此项收益为274万元（0.5×1.5×365)。

4) 减少车祸损失。车祸事件有三类：人员死亡、人员受伤和车辆财产损失。三类事件发生的比例关系，由原路的统计资料表明：该路每因车祸死亡1人，就会发生40人受伤事件和120件财产损失事件。三类事件的损失额估计如下。

每死亡1人：损失15万元；

每受伤1人：损失0.5万元；

每项财产事件：损失 0.45 万元。

根据以上数据，每发生一名死亡事件及相应比例的人员受伤和财产损失事件的损失为

每名死亡损失：15 万元
受伤事件损失：20 万元（0.5×40）
财产事件损失：54 万元（0.45×120）
合计：89 万元

原路统计资料还表明，以往两年该路每年死亡 15 人。道路改建后，预计每年至少可以减少 2/3 的死亡率及其他事件，由此每年减少 10 名死亡人数及其他损失的收益为 890 万元（89×10）。

以上四项合计，该项目每年为原交通流量增加收益为 7077 万元（5495＋438＋274＋890）。

（2）新增交通流量的收益。

1）时间节省。新道路每日平均车流量预计可达 3 万辆（实际上每年车流量会有不同比率的增长，本例为计算简便而假设各年相等），每日新增车流量为 1.5 万辆，若不改建此道路，它们就会加剧道路阻塞或不得不绕道而行，每次多费时间平均为 1.2 小时，每小时价值为 10 元，由此每年（365 天）节约金额为 6570 万元（10×1.2×1.5×365）。

2）行驶成本节约。通行时间的缩短和道路平整性的改善为新增车辆节省燃油和减少车辆磨损，每辆车每次由此受益 0.5 元，新增车辆每年共受益 274 万元（0.5×1.5×365）。

3）新使用者的其他收益。包括道路的新使用者在舒适性等方面的改善，预计此项收益每年为 450 万元。

以上三项合计，每年共受益 7294 万元。

（3）非此道路通行者的间接收益。

1）时间节省。改建道路的新增使用者中有相当一部分来自市区其他道路的使用者，他们是由于改建道路的经济方便、快速舒适而转移过来的使用者，他们的转移改善了其他道路的通行速度。预计该改建道路为其他道路通行者每年节省时间价值为 2800 万元。

2）行驶成本节约。改建道路减轻了其他部分道路的交通压力，增加了车速，由此每年可节约燃油、修理费用等达 250 万元。

3）舒适性与方便性的改善。该改建道路改善了其他部分道路使用者的舒适性和方便性，由此每年所获收益为 436 万元。

以上三项合计，每年收益为 3486 万元。

2. 成本

（1）投资支出。项目总投资预计为 9 亿元，其中包括拆迁、补偿费。建设期两年，第一年与第二年投资比例分别为 45%和 55%。

（2）新增道路维护费。道路改建后，将比原有道路每年新增维护费 180 万元。

（3）新增管理费可忽略不计。

（4）道路改建期间的间接受损。道路改建期间，道路通行被阻断，车辆和行人由此每年受损估计为 6000 万元。

（三）计算与评价

道路服务年限为 30 年，期末残值忽略不计，折现率 $i=10\%$。综合前述收益与成本数据，该项目的成本、收益和经济指标计算结果见表 10－5。

表 10-5 道路改建项目成本收益 万元

项目	1	2	3～32
（一）收益			17 857
1. 原交通流量收益			7077
（1）时间节省			5475
（2）舒适和方便			438
（3）行驶成本节约			274
（4）减少车祸损失			980
2. 新增交通流量收益			7294
（1）时间节省			6570
（2）行驶成本节约			274
（3）其他收益			450
3. 其他道路通行者间接收益			3486
（1）时间节省			2800
（2）舒适与方便			250
（3）行驶成本节约			436
（二）成本	46 500	55 500	180
1. 投资支出	40 500	49 500	
2. 新增道路维护费			180
3. 新增管理费			
4. 改建期间间接损失	6000	6000	
（三）净收益（一）－（二）	－46 500	－55 500	17 677
收益成本比（*B/C*）	1.55		
净现值（*NPV*）	495 74（万元）		
内部收益率	16.2％		

由表 10－5 计算可知，项目收益成本比大于 1，净现值大于零，内部收益率大于基准折现率（10％），故项目经济性良好，可以接受。

（四）敏感性分析（略）

二、成本—效能评价法

成本—效能评价法是公用事业项目评价的另一种常用方法，此方法与成本—收入评价法在原理上有相通之处，但又有自身的不同特点，它在国防工程、学校、医疗、政府机构、环境保护等公用事业项目评价上获得广泛应用。

（一）基本概念与应用范围

就公用事业项目的成本与收益的计量而言，项目的成本（如投资支出，运营费用等）常常表现为货币性成本，但其产出或收益却常常不是货币性收益，其中，有的项目产出或提供的服务，不但缺乏市场价格，而且还由于哲学、伦理或技术性困难，难以将其产出或收益货币化。例如，一个医疗急救项目，其根本使命是治病救人，但是，它所挽救的人的生命，是否能用金钱衡量其价值？在这样一个关系人的尊严和生命意义的哲学命题与伦理道德命题面前，即使有人认为是可以的，也会有人断然否定。因此，当项目的产出收益难以或不宜进行货币化计量时，成本—收入评价法就失去了应用前提，而应该采用成本—效能评价法。

在成本—效能评价中，成本是用货币单位计量的、效能（或称效果、效用）是用非货币单位计量的，这样的效能是对项目目标的直接或间接性度量。

在成本—效能评价中，由于成本与效能的计量单位不同，不具有统一量纲，致使成本—效能评价法不能像成本—收入评价法那样用于项目方案的绝对效果评价，即它不能判定某一方案自身的经济性如何，不能判定单一方案是应该接受还是应该拒绝，因为人们无法给出评价准则。犹如一个投资 3000 万元、增设 300 张病床的项目方案，我们既然无法将它所花的钱数（成本）同它能够诊治的病人数（收益）进行比较，也就不存在可行与否的判定准则。

成本—效能评价法的应用须满足以下 3 个基本条件：

(1) 待评价的项目方案数目不少于两个，且所有方案都是相互排斥的方案。

(2) 各方案具有共同的目标或目的，即各方案是为实现同一使命而设的。

(3) 各方案的成本采用货币单位计量，各方案的收益采用非货币的同一计量单位计量。

（二）成本—效能评价法的基本程序与方法

1. 明晰辨别项目所要实现的预期目标或目的

项目的目标可能是单一的，也可能是多目标。单一目标的项目评价相对简单和容易，多目标的项目评价相对复杂和困难，应对项目的预期目标合理界定，防止目标追求的过多过滥。

2. 制定达到目标要求的任务要求

随着项目目标的确定，需要进一步确定实现目标的任务要求。确定任务要求的过程，既是明确如何实现目标的过程，又是检验能否实现目标的过程，因此，目标对制定任务要求具有规定性，任务要求对目标的合理制定具有反馈调整作用。例如，一个病人紧急呼救项目，其总的目标可能是改善当地家庭和单位的突发性危急病人的抢救治疗效果，实现目标的关键是缩短抢救时间，为此制定的任务要求可能包括：①缩短医院从接到呼救电话到发出救护车的回应时间；②缩短救护车到达病人处并把病人（必要时）送回医院的时间；③缩短医院的紧急诊治时间。如果规定了回应、抢救时间的最低目标要求，那就要把它分解到上述具体任务上去，并通过这些任务要求的细致分析，对目标制定的适当与否作出评判。

3. 构想并提出完成预定目标和任务的供选方案

供选方案的构想与提出，不仅取决于技术实现的可能性，而且也取决于相关人员的知识、经验和创造性思维的发挥。例如前面提到的病人紧急呼救项目，完成目标及各项任务要求的供选方案至少有以下几种：①各家医院各自为战，各自准备紧急救护车的方案；②多家医院在紧急呼救通讯联网基础上，按就近原则派发救护车并可减少救护车总数的方案；③建立全市紧急呼救中心。该中心的救护车按市区人口密度分布而被分派在各区游弋待命，随时按紧急呼救中心的指令就近救护；该中心也可按及时性原则，指令就近医院派发救护车，此方案可能会进一步减少医院自备救护车数，缩短抢救时间。总之，不要在项目的初始阶段就把方案的构思限制在一个狭窄的思路上，要尽可能地发挥创新精神，集思广益，多提可供选择的方案，然后再通过分析比较进行筛选。

4. 对项目方案的成本与收益（效能）予以正确的识别与计量

有关成本与收益的识别与计量问题，本章前面已有所述，这里须着重指出的是，不同项目具有不同的目标，收益的性质千差万别，在效能计量单位的选择上，既要方便于计量，又要能够切实度量项目目标的实现程度。

5. 方案间的比较评价

采用成本—效能评价法比选方案，其基本作法是计算各方案的效能成本比（B/C），并按效能成本比最大准则进行比选，即单位成本之效能越大者相对越优。

这一比较原理及准则，在不同的项目目标要求和约束条件下，可以有不同的变通方式，通常可在下述三种方式中选择其一。

（1）最大效用成本比法。此法直接按效用成本比最大准则比选方案，即单位成本之效能最大的方案是最优方案。此法通常适用于各备选方案的目标要求和（或）成本要求没有严格限制、允许有一定变动范围的情况。

（2）固定成本法。此法是在各方案具有相同成本的基础上，按效能最大准则进行方案比选。此法是最大效能成本比法的变通方式，因为各方案若成本相同，效能最大的方案，其效能成本比必然最大。固定成本法通常适用于项目成本有严格限定的情况。

（3）固定效能法。此法是在各方案具有相同效能的基础上，按成本最小准则进行方案比选。此法是最大效能成本比法的另一种变通方式，因为各方案若效能相同，成本最小的方案，其效能成本比必然最大。固定效能法通常适用于有固定目标要求的情况。

上述三种方法，在如何选用上应视项目的具体要求和特点而定。例如前述病人紧急呼救项目，如果在缩短救护时间的目标上有严格的限定要求，即在各方案具有相同效能情况下，则可选用固定效能法，仅对各方案的投资费用与运营费用的大小进行比较，比较指标可采用费用现值或费用年值；如果项目资金紧张，只能在限定资金条件下进行方案比选，则可采用固定成本法，只对方案的效能大小（救护时间的长短）进行比较，效能大（救护时间短）者为优；如果对项目的效能（救护时间的缩短）要求和成本要求无严格限定，允许一定的变化范围，则可以采用最大效能成本比法。

有的情况下，项目目标不是一个而是多个，且各目标的效能计量不具有同一物理或其他量纲，无法使用同一计量单位度量效能。这种情况下，可在专家调查的基础上，对项目的不同目标赋予不同权重（各目标的权重之和等于 1.0），对方案实现各自目标的满意程度赋以分值（主观效能），再将方案取得的各目标分值分别乘以各目标权重后求和，即为方案预期获得的总效能。之后，就可进行方案间的成本—效能评价。这种多目标的项目方案评价，在主观效能（分值）的最终计量上，常用方法有模糊矩阵法、层次分析法等，它们的基本思想都属于对目标实现的满意程度（分值）加权求和一类，只是处理手段不同，有兴趣的读者可以参阅有关书籍。

6. 进一步分析比较候选方案，进行必要的补充研究和深化研究

各备选方案经过上一步骤比较评价后，可以大致排出方案之间的优劣次序，淘汰那些明显较差的方案，保留两个或三个相对较优的方案，供进一步分析比较。这一阶段，可对项目的目标及其必要性进一步修正和认定，对保留下来的候选方案，进行必要的补充研究，加深关键问题的研究，提高数据质量，然后进行方案比较评价。

7. 进行敏感性分析或其他不确定性分析

在敏感性分析中，在对原有的基本假设作出修正的基础上，对因素变动下的评价指标值进行计算，由此确定各影响因素变动对项目目标的影响程度，对可以控制的因素制定控制措施，对无法独自控制的因素，寻找防范措施与对策。

其他不确性分析方法有情景分析法（设想内外环境变动下的未来各种可能情景，估算每一情景下的评价指标值）、概率分析或风险分析法等。

8. 写出分析或研究报告

包括项目背景；问题与任务的提出；目标确定及依据；推荐方案与候选方案的技术特征与可行性；资源的可得性及资金来源与筹集；项目的组织与管理；成本、收益的识别与计量，及其有关假设与依据；不确定性分析的有关结论；比较评价分析，提出推荐方案或少数候选方案，分析评述有关方案优点与短处，供最终决策参考。

（三）成本—效能评价案例

【例 10－3】 某自来水扩建与新建方案的成本效能分析。

1. 概述

某城市近年来社会经济发展迅速，城区面积不断扩展。目前，已决定在该市南郊兴建新区，该区除了将迁入人口外，市内的部分工厂也将迁入该区内。为了满足新区用水需要，现提出两个备选方案。方案一是扩建距该区最近的原市第二自来水厂，方案二是在新区内新建自来水厂，两方案的日供水能力均为 3 万吨，现须在两方案中择其一。

2. 基础数据预测

（1）建设期和计算期。

扩建方案（下称甲方案）建设期 1 年，运营期 25 年，新建方案（下称乙方案）建设期 1 年，经营期 25 年。

（2）项目投资与经营成本。

两方案的投资估算与经营成本见表 10－6。

表 10－6　　投资与经营成本估算表　　万元

项目 ＼ 年	甲方案（扩建）		乙方案（新建）	
	1	2～26	1	2～26
1. 土建工程	8400		6200	
2. 设备采购及安装	5300		6800	
3. 预备费	2000		1650	
4. 增加流动资金	800		700	
合计	16 500		15 350	
5. 经营成本		320		380

3. 方案比较评价

由于两方案的供水能力（即效能）相同，故可采用固定效能法，仅对两方案的费用（成本）大小进行比较。本例成本比较采用费用年值法（基准折现率 $i=10\%$）。

扩建方案的费用年值为

$$AC_{甲} = 16\ 500(A/P，10\%，25)+320 = 2138\ (万元)$$

新建方案的费用年值为

$$AC_{乙} = 15\ 350(A/P，10\%，25)+380 = 2071\ (万元)$$

新建方案的费用年值小于扩建方案的，故前者优于后者，可考虑接受新建方案。

4. 敏感性分析

本案例敏感性分析包括投资、经营成本和折现率的变动分析，分析的着眼点是上述因素在何种变化范围内不改变上述方案比较结论的正确性，进而确定敏感因素的排列次序。

(1) 投资。

设两方案投资同时增加 α 倍时，两方案的费用年值相等，即有

$$16\ 500(1+\alpha)(A/P,10\%,25)+320=15\ 350(1+\alpha)(A/P,10\%,25)+380$$

由于 $(A/P,10\%,25)=0.110\ 17$，故可求得

$$\alpha=0.29\times100\%=29\%$$

上述计算表明，只要两方案的投资增加不超出表 10-6 中基础数据的 29%，新建方案优于改建方案的结论不变。

(2) 年经营成本。

设两方案年经营成本增加 β 倍时，两方案费用年值相等，即

$$16\ 500(A/P,10\%,25)+320(1+\beta)=15\ 350(A/P,10\%,25)+380(1+\beta)$$

求得
$$\beta=1.11\times100\%=111\%$$

计算表明，只要经营成本增加不超出基础数据的 111%，原有比较结论的正确性不变。

(3) 基准折现率。

如何合理确定公用事业项目的基准折现率是一个颇有争议的问题。这方面的典型意见有两种。一种主张采用较之盈利性项目为低的折现率，其理由是公用事业项目不以盈利为目的，过高的折现率将导致多数公用事业项目被轻易否决，这不利于公用事业的发展。一种主张采用与盈利性项目同样高的折现率，这种折现率反映项目资金的机会成本，即该资金用于盈利性投资可以获得的收益率，并认为这样做有利于投资资金的优化配置，促使公用事业项目提高效益要求，防止低效益公用事业项目轻易投建。上述意见各执己见，至今没有统一结论。有鉴于此，本案例将折现率作为敏感性分析的对象，考察它在何种变化范围内不会改变前述评价结论的正确性。

设两方案费用年值相等时的折现率为 i_1，则在此折现率下，有

$$16\ 500(A/P,i_1,25)+320=15\ 350(A/P,i_1,25)+380$$

即
$$1150(A/P,i_1,25)=60$$

求得
$$i_1=2\%$$

上述计算表明，只要基准折现率不低于 2%，则新建方案优于扩建方案的结论就是正确的。事实上，基准折现率再低，也不会低于 2%。所以，对于本案例而言，不论对基准折现率的取值高低持何种意见，都不会影响方案评价结论，即评价结论对折现率的可能变动很不敏感。

综合以上计算结果可知，新建方案优于扩建方案这一评价结论的正确性，对于折现率和经营成本来说都不敏感，而对于投资变动相对最敏感。所以，为了保证方案选择的正确性，应在项目设计与建设中，加强投资管理与控制，使项目实际投资尽量控制在预算以内，不因超出预算过多而导致决策失误。

5. 其他分析

项目分析人员进一步研究了新区未来发展和自来水供需增长问题。有关分析表明，现有方案的日供水能力（3 万吨）至多可以满足新区 5～10 年内的增长需求，其后还得扩大供水能力。原有自来水厂由于地理位置和厂区条件限制，如果现在扩建，届时也不存在继续扩建的可能，那个时候还是须在新区内建水厂，它将不如现在建新厂届时再扩建方案经济。综合

以上各种分析，项目研究小组最后推荐新建方案。

【例 10-4】 消防车配置方案的经济评价。

1. 概述

某城市近年来火灾事故呈增长趋势，火灾造成的财产损失和人员伤亡增加。为能有效控制火灾发生，减少火灾损失，当地政府除了加强火灾防范教育外，决定增加日益不足的消防能力，增加消防车及相应配备，为此提出了增加消防能力的几种供选方案。

O 方案：维持现有消防能力不变。

A 方案：原有 6 个消防站，每站增加 2 辆消防车，增配相应设施、器材和人员。

B 方案：在消防力量薄弱的两个市区增建两座新消防站，每站配备 3 辆消防车及相应设施、器材及人员；原有 6 个消防站每站增加 2 辆消防车，增添相应设施、器材及人员。

C 方案：增建 6 个新的消防站，以改善消防站地理分布，每个新站配备 2 辆消防车及相应设施、器材和人员；原有各消防站维持不变。

2. 各方案的费用估算

各方案的费用，包括购置消防车、器材工具、车库及办公设施的扩建或新建、物料消耗及人员费用等，见表 10-7、表 10-8、表 10-9（计算期 11 年）。表中所列各项费用是比 O 方案（维持消防能力现状不变）所增加的费用支出。

表 10-7　　A 方案费用估算　　万元

项目＼年	1	2～10	11
1. 购置消防车及其他设备器材	360		
2. 车库改扩建及其他设施费	120		
3. 物料损耗		48	48
4. 人员开支及其他支出	160	240	240
5. 资产期末净残值			96
6. 费用合计（1+2+3+4−5）	640	288	192
费用现值 $PC(i=10\%)$	640$(P/F, 10\%, 1)$+288$(P/A, 10\%, 9)(P/F, 10\%, 1)$+192 $(P/F, 10\%, 11)$=2157（万元）		
费用年值 $AC=PC(A/P, 10\%, 11)$	2157$(A/P, 10\%, 11)$ =332（万元）		

表 10-8　　B 方案费用估算　　万元

项目	1	2～10	11
1. 购置消防车及其他设备器材	560		
2. 车库新建、改扩建及其他设施	420		
3. 物料损耗		72	72
4. 人员开支及其他支出	400	560	560
5. 资产净残值			262
6. 费用合计（1+2+3+4−5）	1380	6320	370
费用现值（$i=10\%$）	4693（万元）		
费用年值（$i=10\%$）	723（万元）		

表 10-9 **C方案费用估算** 万元

项目	1	2～10	11
1. 购置消防车及其他设备器材	420		
2. 新建车库及其他设施	900		
3. 物料损耗		48	48
4. 人员开支及其他支出	300	500	500
5. 资产净残值			490
6. 费用合计（1+2+3+4−5）	1620	548	58
费用现值（i=10%）	4349（万元）		
费用年值（i=10%）	670（万元）		

3. 效能的定义

从最终目的上讲，增加消防能力是为了减少火灾造成的生命与财产损失，这种损失的减少就是消防的效能。但是，若把生命财产损失的减少直接作为本案例方案的效能，则会产生计量上的困难，这是因为，一方面，财产可有货币价值，但人的生命价值却难用金钱衡量；另一方面，不同的火灾损失各异，影响损失的因素极多，事先难以给出适当的估计。有鉴于此，本案例为了便于效能计量，为各方案规定了一个减少火灾损失的间接目标——缩短消防车的回应时间，即从接到报警到赶到火灾现场的时间。回应时间缩短越多，方案的效能越大。

依据目标追求的具体差异，还可把方案效能区分为两类，一类是同维持现有消防布局与能力不变的（O方案）现状相比，A、B、C各方案平均缩短的每次火灾的回应时间，一类是回应时间不超过20分钟的次数比率，此比率越高，救火的有效性也就越强。

4. 预测回应时间缩短的方法及预测结果

由于影响回应时间的因素很多，如火灾的随机发生，报警与下达指令的通讯系统状况、消防站与火灾现场的区位分布、消防车及人员多寡、道路与交通状况等，许多因素都是随机变动的，难以采用普通方法测算回应时间缩短情况。为此，本案例采用蒙特卡罗模拟技术进行预测（有关蒙特卡罗模拟技术，本书不确定性分析一章中已有所述，这里不再赘述）。表10-10给出了有关预测结果。

表 10-10 **各方案回应时间预测结果**

方案	每次火灾平均回应时间缩短（分）	回应时间不超过20分钟的次数比率（%）
A	3.2	11
B	7.8	19
C	12.6	26

注 回应时间缩短是相对O方案而言。

5. 评价指标与评价结论

本案例的评价指标有三个，它们分别是：

（1）单位费用（成本）的回应时间缩短，即每次火灾的回应时间缩短/费用年值；

（2）回应时间不超过20分钟的次数比率；

（3）单位费用（成本）的回应时间不超过20分钟次数比率，即回应时间不超过20分钟的次数比率/费用年值，有关计算结果见表10-11。

根据表10-11的计算结果，方案选择可从三个方面考虑：

如果特别重视平均回应时间缩短和资金利用效率，则可按指标（1）即回应时间缩短与费用年值比值最大准则选择。本例应选C方案。

如果资金方面没有太多限制，而且特别强调20分钟以内的回应率，则应按指标（2）最大准则进行选择。本例应选 C 方案。如果重视 20 分钟以内的回应率，且重视资金效率，则应按指标（3）最大准则选择。本例应选 C 方案。

综合以上分析，本案例最终推荐 C 方案。

表 10-11　指标计算

指标 / 方案	单位费用的回应时间缩短（分/万元）（1）	回应时间不超过 20 分钟的次数率（%）（2）	回应时间不超过 20 分钟次数率/费用年值（3）
A	0.0096	11	0.033
B	0.0108	19	0.026
C	0.0188	26	0.039

本章小结

公用事业项目通常是由政府（或社会团体）出资兴建的，它不以商业利润为基本追求，而以社会公众利益为主要目标。公用事业项目的上述特点是由项目产出的基本特性和政府目标的基本指向两个方面的因素决定的。

一个项目所能提供的产品或服务，按其使用或受益的性质可以区分为两类：公共品和私有品。公共品与私有品是相对而言的，区分它们的基本标志是使用或受益的排他性。私有品的使用具有明显排他性，即一旦某人享有了消费某物品或服务的权利，就排除了他人拥有这种权利。

从项目的成本与受益的角度来看，一个项目还会或多或少地存在外部性。所谓外部性，是外部收益和外部成本的统称。外部收益系指落在项目投资经营主体之外的收益，此项收益由投资经营主体之外的人免费获取。从需求或消费的角度看，一种产品或服务的购买者能否实际获有排他性享用等权利，不仅仅取决于相应权利制度的规定，而且更取决于行使权利制度的费用，如果费用过高而使权利行使不经济，作为制度安排的权利规定或迟或早就会形同虚设而失去存在意义。从供给或生产的角度看，产出的收益能否按等价交换原则落入投资经营主体之内，则不仅仅取决于具体的权利制度安排，而且更主要取决于执行制度的费用高低，如果制度费用过高，也终会由于不经济而失去意义。

政府之所以应该成为公用事业项目的投资主体，一方面是由政府的性质和职责所决定，一方面是由其效率所决定。政府是公共权利机构，其权利是人民赋予的，其职责是为人民服务、为社会谋利。政府的基本目标有两个：一是效率目标，即促进社会资源的有效配置，促进国家或地区的经济增长；一是公平目标，即促进社会福利的公平分配，普遍改善人民的福利水平。

公用事业项目效率不高的原因之一，是由于公用事业项目产出的强烈公共品性和外部性，使公用事业项目缺乏支出与收益的内在联系，因而也就常常无法要求它以收抵支，不能像企业那样要求它自负盈亏。原因之二，公用事业项目虽然是由政府直接出钱投资，但是追根溯源，这些钱来自自然人和法人单位的纳税，公共部门人员在使用这些纳税人的公共资源的时候，有可能不像花自己钱那样关心资源的配置效率，使得公用事业项目在投资决策上和经营管理上草率粗放。

项目评价就是对项目收益与项目成本的比较评价，要正确地评价项目，就需要对项目的成本与收益予以正确的识别与计量。

1. 直接收益与成本、间接收益与成本

直接收益与成本是在项目的投资经营中直接产生的收益与成本。间接收益与成本又称次级收益与成本，是直接收益与成本以外的收益与成本。

2. 内部收益与成本、外部收益与成本

内部收益是由项目投资经营主体获得的收益，内部成本是由项目投资经营主体承担的成本。外部收益与外部成本系指落在项目之外的收益与成本。

3. 有形收益与成本、无形收益与成本

有形收益与成本是指可以采用货币计量单位（价格）或实物计量单位予以计量的收益与成本。无形收益与成本是一些既不存在市场价格（难以货币化计量）又难以采用其他计量单位度量的收益与成本。

成本—收入评价法是货币化的收益与成本的比较评价，因而，这种评价可以像营利性项目的经济评价那样，使用净现值、净年值、内部收益率等评价指标及评价准则。但在公用事业项目的经济评价中，最常用的评价指标是收益成本比。

成本—效能评价法是公用事业项目评价的另一种常用方法，此方法与成本—收入评价法在原理上有相通之处，但又有自身的不同特点，它在国防工程、学校、医疗、政府机构、环境保护等公用事业项目评价上获得广泛应用。

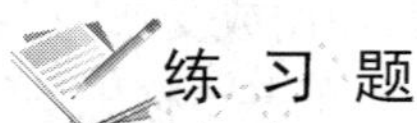

练 习 题

1. 什么是公用事业项目产出的公共品性和外部性？举例说明。

2. 影响公用事业制度安排的基本因素是什么？请举出现实经济与社会生活的例子予以分析。

3. 影响公用事业项目效率的主要因素有哪些？你是否还有一些不同见解或新见解？

4. 公用事业项目的成本与收益都有哪些分类？为了防止不恰当的识别和计量，应该注意哪些事项？

5. [例 10-1] 中，若项目管理单位每年向农户收取一定数额的用水费，你认为是否应在表 10-4 原有数据不变基础上，将此项收费再列入项目收益中去，为什么？

6. 在公用事业项目评价中，最常用的经济评价指标是收益（效能）成本比，而不是净现值、内部收益率，这是为什么？

7. 某地农村地区近年开发建设了一座新城镇。为了解决当地孩子上学问题，提出了两个建校方案。

A 方案：在城镇中心建中心小学一座；

B 方案：在狭长形的城镇东西两部各建小学一座。

倘若 A、B 方案在接纳入学学生和教育水准方面并无实质差异，而在成本费用方面（包括投资、运作及学生路上往返时间价值等）见表 10-12（万元），你应作何选择（$i=10\%$）？

表 10-12

年	0	1～20
A 方案	1000	280
B 方案	1500	160

8. 在公用事业项目评价中，在什么条件下可以采用成本—收益法？在什么条件下采用成本—效能法？

第十一章 价值工程及其应用

价值工程既是一种现代化的管理理论，又是一种操作性很强的管理技术，它是技术与经济相结合的重要结晶。价值工程自 20 世纪四十年代在美国产生至今，已传到世界各国，它的理论、方法、规范和标准都得到了不断发展和完善，其应用范围也已从材料代用、产品开发，扩展到工程建设、项目组织管理等各个方面。国内外大量事实证明，通过价值工程的功能分析可以实现节约资源和降低成本的目的。

第一节 价值工程概述

一、价值工程的产生与发展

价值工程是二十世纪四十年代，即第二次世界大战前后首先在美国产生的。当时的美国政府为了刺激军工生产，对企业给予了成本补贴，因而使企业产生对成本不太重视的倾向。战后军工生产转为民用，政府取消了对企业的成本补贴，并且当时物资供应紧缺，价格上涨，企业为了在竞争中求生存，从救灾物资采购和材料代用等方面找出路，以求降低产品的成本价格，提高产品性能，从而增强市场的竞争力。当时，美国通用电气公司的设计师麦尔斯在难以采购到石棉板的情况下，买了一种不燃烧的纸来代替石棉板，这种纸货源充足，价格也很便宜，非常有利于企业降低成本，但因违反了消防法遭到反对，几经交涉，最终通过试验。事实证明，这种不燃烧的纸的确能起到石棉板的防火功能。因此，政府终于修改了消防法，允许用这种不燃烧的纸代替石棉板铺在涂料间的地板上。

麦尔斯在研究过程中注意到一个很重要的问题：顾客购买的不是产品的实物，而是购买产品的功能。所以，价值分析的本质不是以产品为中心，而是以功能为中心。麦尔斯对功能进行了科学的研究，创立了功能分析、功能定义和功能评价的方法，使功能成为可以衡量的东西。1947 年，《美国机械工程师》杂志发表了以"价值分析"为题目的论文并受到美国政府与企业高度重视。从此，价值工程得到了迅速推广。美国通用电气公司用"价值工程"这一新技术，仅在头 17 年内就节约了两亿美元，而用在研究和应用"价值工程"上的费用只有 80 万美元。

1952 年美国国防部舰船局对通用电气公司进行调查，认可了价值工程的成果，并于 1954 年决定采用。

1955 年价值工程传入日本，成为日本许多企业各级管理和工程人员的必备知识和技能，使日本对价值工程研究和实践达到国际先进水平。日立电脑公司在 10 年中收益 280 亿日元。

1959 年美国价值工程师协会（SAVE）成立。美国有近 30 所大学开设价值工程课程。

1962 年美国国防部把价值工程作为一项强制性规定列入装备供应采购规则，加以大力推广。第二年又发行了 VE 价值工程序册，对 VE 的方法、目标制定、对象选择、成本计算、报告制度等作了说明。

在 1964～1972 年间，美国国防部由于采用价值工程而节约的金额就达到 10 亿美元。

1977 年美国参议院呼吁各部门推广价值工程。

1978 年，美国休斯飞机公司 4 千人参加了价值工程的分析活动，提出改革方案 3 千多件，年节约额超过了 1 亿美元。

1992 年“价值工程协会世界联盟（WFVS）”成立，有 20 多个国家和地区加入。

20 世纪 70 年代至 80 年代初，价值工程传入我国并取得了明显的效果。1984 年我国国家经委将价值工程作为十八种现代化管理方法之一，向全国推广。

价值工程被公认为是一种比较成熟的提高功能、降低成本的有效方法。

二、价值工程的概念

（一）价值的定义

价值工程中的“价值”，英文名称为 Value，是指某一事物的功能与实现它的全部费用之比。设对象的功能为 F，成本为 C，价值为 V，则价值的计算公式为

$$V = F/C$$

价值的大小取决于功能与费用之比。比值越大，价值越高；比值越小，价值越低。“物美价廉”不是简单一味的追求产品好，价格低，而是产品的功能相对与价格来说比较合理，也就是价值 V 要看功能 F 与费用 C 的比值，而不是只看功能 F 或者费用 C。

（二）功能的定义和分类

功能，英文名称为 Function，是指对象能够满足某种需求的一种属性，即功用、效用和能力。任何劳务和产品都有功能。例如汽车的功能除了“代步”，还可以提供音乐；手表的功能除了“显示时间”，还可以起到装饰效果。一种产品的功能的含义是多方面的，为了便于分析，我们还需要对功能进行分类。

1. 基本功能和辅助功能

功能按重要程度分为基本功能和辅助功能。基本功能就是要达到这种产品的用途所必不可少的功能，是产品的主要功能，如果没有这种功能，该产品就失去了原有的意义。辅助功能是为了更有效的实现基本功能而附加的功能，是次要功能，有时可能是多余功能。

例如，台灯的基本功能是照明，其次还要求美观。如果将台灯作为摆设，那么台灯从本质上成为装饰品，美观则成为基本功能。

2. 使用功能和美观功能

按功能的性质分，功能可以分为使用功能和美观功能。使用功能指对象所具有的与技术经济用途直接相关的功能，从内涵上反映其使用属性。美学功能是与使用者的精神感觉、主观意识有关的功能，从产品外观上反映功能的艺术属性。对于某件产品来说，其往往既有使用功能又有美观功能。

3. 必要功能和不必要功能

按照功能的有用性，功能分为必要功能和不必要功能。必要功能是为满足使用者的需要而必须具备的功能，使用功能、美学功能、基本功能、辅助功能均为必要功能；不必要功能是对象所具有的、与满足使用者的需求无关的功能，包括多余的、重复的、过剩的功能。价值工程中的功能往往指产品的必要功能。

4. 过剩功能和不足功能

从数量满足需要的不同程度考虑，将功能分为过剩功能和不足功能。过剩功能是指某些功能虽然必要，但是在数量上超过了用户的要求或标准功能水平。不足功能是相对于过剩功能而言，表现为功能水平在数量上不能完全满足用户需要，或低于标准功能水平。

（三）寿命周期的定义

产品的寿命周期是指产品从被研究开发、设计制造、用户使用直到报废为止的整个时期。寿命周期中消耗的所有产品成本，称为寿命周期成本（见图 11－1），又称为总成本。

寿命周期成本即总成本 C 为设计、生产产品所需费用——生产成本 C_1 和用户在使用该产品过程中所支付的使用费用——使用成本 C_2 之和。

$$寿命周期成本 = 生产成本 + 使用成本$$

即
$$C = C_1 + C_2$$

产品的寿命周期成本与产品的功能有关。一般而言，生产成本与产品的功能成正比，功能越强大，生产成本越高；使用成本与产品的功能成反比，产品的功能越强大，使用成本越低。例如：一个电动玩具所使用的电池有充电电池和一次性电池之分，如果购买了充电电池，生产成本高，但是使用起来只需要给电池充电，使用成本很低。

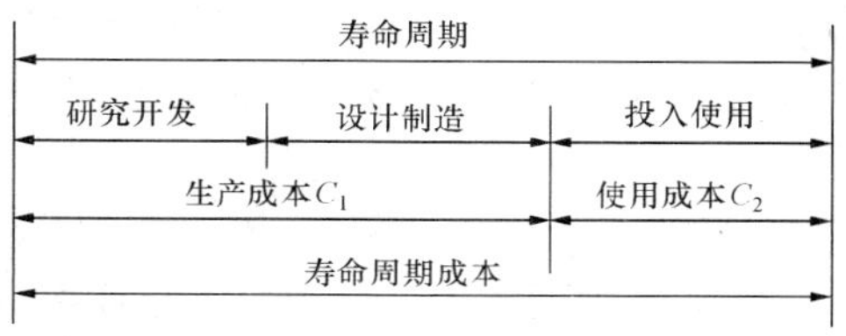

图 11－1　寿命周期成本

（四）价值工程的定义

价值工程，英文名称为 Value Engineering，简称 VE。价值工程着重于功能分析，追求以最低的寿命周期成本，可靠的实现研究对象的必要功能，从而提高对象的价值。

价值工程强调有组织的活动，因为它需要进行系统的研究、分析，产品的价值工程，涉及工艺、采购、销售、生产、财务等各个方面，需要各方的共同努力，才能达到最佳效果。所以我们也说，价值工程不仅是一门技术科学，更是一门管理科学。

三、提高价值的途径

价值是对象所具有的功能与获得该功能需要的全部费用之比，即价值取决于功能与费用两个因素。通常提高价值有五个途径。

（1）产品必要功能维持不变，降低产品成本，从而提高产品价值。表达式为

$$\frac{F\rightarrow}{C\downarrow} = V\uparrow$$

（2）产品成本不变，提高产品的必要功能，从而提高产品价值。表达式为

$$\frac{F\uparrow}{C\rightarrow} = V\uparrow$$

（3）产品成本稍有增加，必要功能大幅度增加，从而提高产品价值。表达式为

$$\frac{F\uparrow\uparrow}{C\uparrow} = V\uparrow$$

（4）在不影响产品主要功能的前提下，适当降低一些次要功能，从而大幅度降低产品成本，提高产品价值。表达式为

$$\frac{F\downarrow}{C\downarrow\downarrow}=V\uparrow$$

(5) 运用高新技术，进行产品创新，提高必要功能的同时，降低了成本，从而大幅度提高产品价值。表达式为

$$\frac{F\uparrow}{C\downarrow}=V\uparrow\uparrow$$

四、价值工程的特点

价值工程是以最低的寿命期费用获得产品或劳务的必要功能，并着重于产品或劳务的功能研究的有组织的活动。这里的产品是指材料、制成品、机械及设备、工具、土木建筑产品等；劳务则是指工艺、工序、作业、组织机构等。实践证明，价值工程可以成功地应用于这些领域以及其他更广阔的领域。价值工程的特点有以下几点。

(1) 价值工程的目的是以最低的总成本可靠地实现必要的功能。一般来说，要提高产品的功能就要增加生产费用，但提高功能会使日常使用费用降低，这样，生产费用和使用费用之和必然存在一个最小值。价值工程的目的就在于寻求不同的方案，以使这项费用达到最低。

(2) 价值工程是一项有组织、有领导的集体活动。因为任何一项产品价值的提高都需要各方面人员的共同努力。如建筑工程要提高功能、降低费用，就要依靠科研、勘察设计、施工安装、物资供应、管理等多方面的共同努力。

(3) 价值工程的核心是对产品进行功能成本分析。任何一种产品都有特定功能。如作为建筑构件的梁和柱，其功能是承受并传递荷载；房屋建筑的基本功能是提供居住场所等生活条件。通过功能分析，可以找出用户所要求的必要功能和不必要功能。如一般居室的层高为2.8～3.0米，如过分加高，对用户并无必要，反而导致费用增加。功能分析的目的就在于确保必要的功能，消除不必要的功能。

五、价值工程与价值分析的联系与区别

首先，价值工程（Value Engineering，VE）与价值分析（Value Analysis，VA）两种活动都是对商品的价值、功能与成本进一步做思考与探索，以小组活动方式，集思广益朝各方向寻求最佳方案，再运用体系分工的方式达成价值提升或降低成本的目标。

但是两者存在一定的不同。价值工程是在产品开发设计阶段即进行的价值与成本革新活动，因为仍在工程设计阶段，故称为价值工程。

而一旦开始生产后，往往为了节约成本或增加利润，不进行详尽的价值分析则难以发掘可以降低成本或提高价值的改善点。此阶段以后持续的分析是降低成本的主要手法，就称为价值分析。价值工程和价值分析是不能混为一谈的。

第二节 价值工程的实施步骤及方法

一、价值工程的工作程序

价值工程应用范围广，其活动形式也不尽相同。在实际应用中，可参照表11-1这个工作程序，根据对象的具体情况，应用价值工程的基本原理和思想方法，考虑具体的实施措施和步骤。

表 11-1 价值工程一般工作程序

<table>
<tr><th rowspan="2">价值工程工作阶段</th><th rowspan="2">设计程序</th><th colspan="2">工作步骤</th><th rowspan="2">价值工程对应问题</th></tr>
<tr><th>基本步骤</th><th>详细步骤</th></tr>
<tr><td rowspan="3">准备阶段</td><td rowspan="3">制定工作计划</td><td rowspan="3">确定目标</td><td>1. 对象选择</td><td rowspan="3">1. 这是什么?</td></tr>
<tr><td>2. 组成工作小组</td></tr>
<tr><td>3. 制订工作计划</td></tr>
<tr><td rowspan="6">分析阶段</td><td rowspan="6">规定评价(功能要求事项实现程度的)标准</td><td rowspan="4">功能分析</td><td>4. 信息搜集</td><td rowspan="3">2. 这是干什么用的?</td></tr>
<tr><td>5. 功能定义</td></tr>
<tr><td>6. 功能整理</td></tr>
<tr><td>7. 功能成本分析</td><td>3. 它的成本是多少?</td></tr>
<tr><td rowspan="2">功能评价</td><td>8. 功能评价</td><td>4. 它的价值是多少?</td></tr>
<tr><td>9. 确定改进范围</td><td rowspan="2">5. 有其他方法实现这一功能吗?</td></tr>
<tr><td rowspan="5">创新阶段</td><td rowspan="2">初步设计(提出各种设计方案)</td><td rowspan="5">制定改进方案</td><td>10. 方案创造</td></tr>
<tr><td>11. 概略评价</td><td>6. 新方案的成本是多少?</td></tr>
<tr><td rowspan="2">评价各设计方案,对方案进行改进、选优</td><td>12. 调整完善</td><td>7. 新方案能满足功能要求吗?</td></tr>
<tr><td>13. 详细评价</td><td>8. 偏离目标了吗?</td></tr>
<tr><td>书面化</td><td>14. 提出提案</td><td></td></tr>
<tr><td rowspan="3">实施阶段</td><td rowspan="3">检查实施情况并评价活动成果</td><td rowspan="3">实施评价成果</td><td>15. 审批</td><td rowspan="3"></td></tr>
<tr><td>16. 实施与检查</td></tr>
<tr><td>17. 成果鉴定</td></tr>
</table>

1. 准备阶段

第一步,对象选择。根据客观要求选择价值工程的对象,并明确价值工程活动的目标、限制条件和分析范围。

第二步,组织工作小组。根据不同的价值工程对象,确定价值工程活动的工作人数,组成工作小组。

第三步,制订工作计划。工作小组应制订具体的工作计划,包括具体执行人、执行日期、工作目标等。

2. 分析阶段

第四步,情报搜集。由工作负责搜集整理与活动对象有关的一切信息资料,解决对象是什么的问题。情报搜集的工作贯穿于价值工程活动的全过程。

第五步,功能分析。通过分析信息资料,按功能定义的方法正确地表达各对象的功能,明确功能特性的要求并绘制功能系统图。

第六步,功能评价。评价为完成此项功能所付出的代价是多少。功能评价包括原有对象的功能评价和创新对象的功能评价。

3. 创新阶段

第七步,方案创新。针对应改进的具体目标,依据已建立的功能系统图、功能特性和功能目标成本,通过创造性的思维活动,提出各种不同的实现功能的方案。

第八步,方案评价。从技术、经济和社会等方面评价新方案的成本,看其是否能实现规定的目标，然后从中选出最佳方案。

第九步，提案编写。将选出的最佳方案及有关的技术经济资料和预测效益编写成正式提案，以考查新方案能否满足需要。

4. 实施阶段

第十步，审批。主管部门应对提案审查，并由负责人根据审查结果签署是否实施的意见。

第十一步，实施与检查。根据具体条件及提案内容，制订实施计划，组织实施，并指定专人在实施过程中跟踪检查，记录全过程的有关数据资料。必要时，可再次召集价值工程工作小组提出新的方案。

第十二步，成果鉴定。根据提案实施后的技术经济效果，进行成果鉴定。

应用价值工程的过程，就是不断发现问题、分析问题和解决问题的过程。即准备、分析、综合评价阶段。所谓准备，就是为后续分析评价问题做好铺垫，选择对象，并且收集与之相关的信息。所谓分析，就是确定问题的定义，明确这是什么样的问题。所谓综合，就是为已经确定的问题制订解决方案。所谓评价，就是对提出的解决方案进行优选，以确定最理想的解决方式。

总之，基本步骤、详细步骤都是围绕着如下七个问题进行的：

(1) 研究什么？

(2) 研究有何用途？

(3) 研究成本有多少？

(4) 研究价值有多少？

(5) 有其他方法能实现这个功能吗？

(6) 其他方法的成本是多少？

(7) 其他方法能满足功能要求吗？

这几个问题的解决过程，本身就是我们价值工程的运用过程。

二、选择价值工程对象的原则和方法

(一) 选择价值工程对象的原则

正确选择价值工程的工作对象，是开展价值工程活动的基本环节。正确选择对象是逐步缩小研究范围、寻找目标、确定研究方向的过程，是价值工程成功的重要一步。对象选择要遵循的一般原则如下。

1. 投资额大的工程项目

对于投资额大的工程项目，从可行性研究、编制设计文件、施工准备到组织施工，都可以开展价值工程活动。在保持预定功能的条件，即固定资产投资或施工成本减少，资金节约也将是十分显著的。

2. 面广量大的建筑产品

例如：住宅、单层工业厂房、中小学校、商店和医院等建筑物，每个项目的投资额不一定很大，但从全国范围来说，建造面广而量大，价值工程在一个工程项目上取得的成果可以推广到其他项目上去，其总的效益也就大。

3. 结构复杂、建筑自重大、稀缺材料用量多的项目

工程结构越复杂，简化的潜力就越大，可能取消的辅助功能就越多；建筑自重过大，则

改进结构节约投资的潜力也大，若稀缺材料用量多，则应尽量减少使用，节约挖潜。

4. 能耗大、能量转换率低的工程项目

合理使用能源和节约能源是我国现代化建设中的一个突出问题，关键是能量转换率低。因此，把这类工程项目列为价值工程对象，有利于节约能源，促进能源科学技术水平的提高。

5. 污染严重的工程项目

经济合理处理废水、废渣、噪声，甚至变废为宝是价值工程需要研究的重要对象。

6. 用户意见多的建筑产品

用户认为功能不足或售价过高的建筑产品应是价值工程活动的对象。

（二）选择价值工程对象的方法

根据对象选择原则，综合考虑各种因素，就可以具体选择某个或几个产品、零部件、工序、环节等作为价值工程对象。具体包括定性分析方法和定量分析方法两类。选择价值工程工作对象的基本方法有以下几种。

1. 经验分析法

经验分析法又称因素分析法，它是利用实践经验丰富的设计人员、施工人员以及企业的专业技术人员和管理人员对产品中存在问题的直接感受，经过主观判断，选择价值工程对象的方法。

经验分析法属于定性分析方法。它的优点是简便易行，不需要特殊的人员培训，利用工程人员工作的经验及感受往往可以找到问题的所在，有时是解决困难，有时是找到提高效率的方法。这是目前我们广泛采用的方法。缺点是缺乏定量分析，在分析人员经验不足时准确程度降低，受人员知识、技能和工作敬业程度的影响较大。

经验分析法广泛用于对象粗选阶段或时间紧迫时。一般具有下列特点的一些产品或零部件可以作为价值分析的重点对象：

（1）产品设计年代已久，技术已显陈旧；

（2）重量、体积很大，增加材料用量和工作量；

（3）质量差、用户意见大或销售量大、市场竞争激烈的产品；

（4）成本高、利润低的产品；

（5）组件或加工复杂，影响产量的零部件；

（6）成本占总费用比重大，功能不重要而成本高者。

2. 百分比分析法

百分比分析法是通过分析产品对两个或两个以上的技术经济指标的影响程度大小来确定价值工程对象的方法。

百分比分析法从本质上讲是一种因素分析法，它是对事先选定的某几项技术经济指标，进行各产品影响程度的定量分析。

3. 价值指数法

价值指数法是根据价值表达式$V=\frac{F}{C}$在产品成本已知的基础上，将产品功能定量化，从而计算产品价值的方法。在应用该法选择价值工程的对象时，应当综合考虑价值指数偏离1的程度和改善幅度，优先选择$V<1$且改进幅度大的产品或零部件。

价值系数＜1，说明产品或部件重要程度小而成本高，应作为研究对象；
价值系数＞1，说明产品或部件重要程度大而成本低，可作为研究对象；
价值系数＝1，说明产品或部件重要程度和成本相当，不作为研究对象；
价值系数＝0，说明构配件不重要，可以取消或合并。

4. ABC 分析法

ABC 分析法（见图 11－2）是根据研究对象对某项目技术经济指标的影响程度和研究对象数量的比例大小两方面因素，把所有研究对象划分成主次有别的 A、B、C 三类的方法。通过以上划分，我们明确了关键的少数因素和一般的多数因素，从而能够准确的选择价值工程对象。

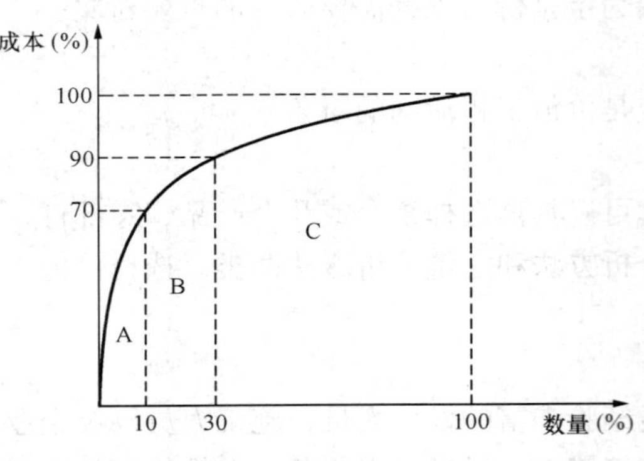

图 11－2 ABC 分析曲线图

对于建筑产品来说，其各个分部、分项工程的成本分配也存在着类似现象。例如，在住宅建筑造价中，结构工程占有较大的比重，虽然不到总成本的 80％，也应是价值工程的主要分析对象；在高级旅馆建筑中，设备工程有可能取代结构工程成为价值工程的主要分析对象。

ABC 分析法能够较直观的显示出产品成本这一因素中的主要问题。其不足之处是并未联系功能的因素来考虑。因此，有可能造成忽略那些占成本比重虽然不大但功能却急待改进的对象。

下面两种是针对功能改进型目标的选择确定方法。

5. 价值系数法

价值系数法是通过对各产品的功能进行评价，得出每个零件的功能评价系数后，对各功能的现实成本进行分析，从而求得每个零件的成本系数，以求出价值系数的方法，见表 11－2。

$$成本系数 = \frac{零件成本}{总成本}$$

$$价值系数 = \frac{功能评价系数}{成本系数}$$

表 11－2　价值系数计算

评价对象 ①	功能评价 系数②	现实成本 ③	成本系数 ④＝③/1129	价值系数 ⑤＝②/④	功能改善目标 ⑥
F_1	0.51	562	0.498	1.02	
F_2	0.26	298	0.264	0.98	
F_3	0.17	153	0.136	1.25	
F_4	0.06	116	0.103	0.58	应选目标
合计	1.00	1129			

6. 最合适区域法（又称田中法）

这是日本田中教授提出的方法。它选择价值工程工作对象的办法是确定一个价值系数的最合适区域。

我们取成本系数为横坐标 X，功能系数为纵坐标 Y，则 $X=Y$ 直线为理想价值线（$V=1$）。围绕该线有一个朝向原点的喇叭形区域，成为最合适区域。凡落在该区域的价值系数点，其功能与成本是适应的，可以不作为重点改善目标。$V>1$ 的点落在喇叭形区域的左上方，$V<1$ 的点落在喇叭形区域的右下方。这些点均是改善目标。

喇叭形区域的确定方法是：设任意价值系数点 $M(x, y)$，M 距原点的距离为 L，M 距 V 直线的距离为 R。由价值系数法可知，价值系数越小，目标越应得到改善。价值系数与功能评价系数成正比，与成本系数成反比。由图 11－3 可知，M 离原点越远，即 L 越大，功能及成本系数的绝对量越大，改善的余地就越大，所以应该得到改善。同理 M 距离理想价值线的距离 R 越大，表示与理想价值线的偏离程度越大，改进的余地也越大，应作为重点改善目标。因此我们用 $L\times R$ 综合反映 M 点的这两个因素。

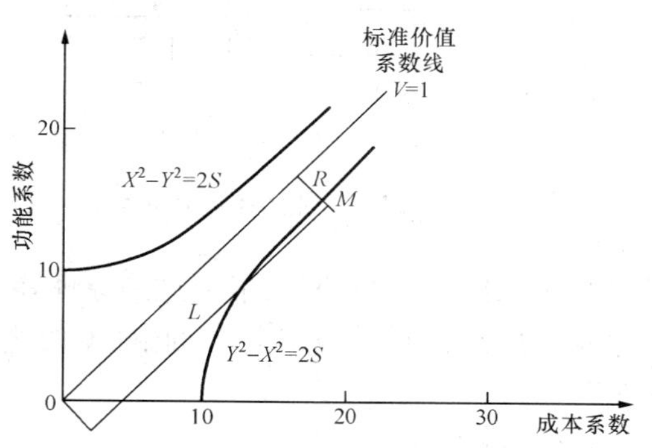

图 11－3　功能成本控制最适合区域

设 $L\times R=S$，S 为某正常数。则喇叭形区域边界线为：$X^2-Y^2=2S$，$Y^2-X^2=2S$。式中 S 的取值大小决定了最合适区域的宽窄。因为 S 由我们确定，S 越大，表示我们要求的距离需要改善状况的偏离程度越大，需要改善的目标越少；反之，当我们要求的越精确，能够容忍的偏差越小时，我们取 S 的值就越小。

三、功能分析与评价

（一）功能分析

功能分析是价值工程的核心和基本内容，包括功能定义和功能整理。其目的就是在满足用户基本功能的基础上，确保和增加产品的必要功能，剔除或减少不必要功能。

1．功能定义

功能定义是对价值工程对象及其组成部分的功能所作的明确表述。功能定义的目的在于：定义产品及零部件的功能，明确各自的相应成本代价；便于功能评价，确定价值低的功能和有问题的功能；改进产品和零部件的设计方案。

功能定义常采用“两词法”（即动宾词组法）来简明扼要地表述功能的本质特性。例如，电梯的功能是“运输重量”，门的功能是“控制道路”等。

需要注意的是，一项功能只能下一个定义。

2．功能整理

功能整理是对定义出的功能进行系统分析、整理，明确功能之间的关系，分清功能类别，建立功能系统图。功能整理的目的是为了确认真正要求的功能，发现不必要的功能，确认功能定义的正确性，认识功能领域，并为定量分析奠定基础。

通常功能整理的步骤如下：

（1）分析产品的基本功能和辅助功能；

（2）明确功能的上下位和并列关系；

（3）建立功能系统图。

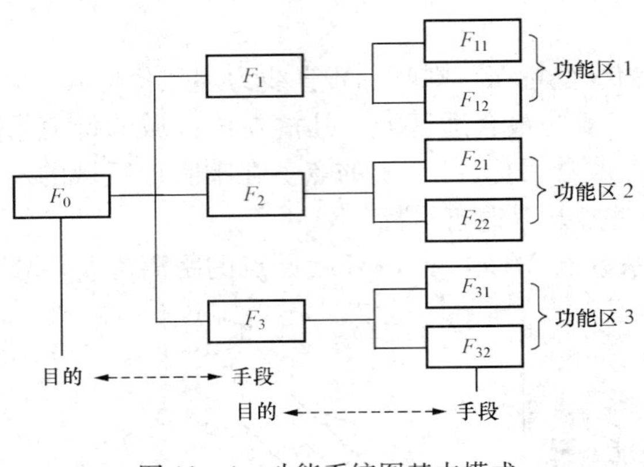

图 11－4　功能系统图基本模式

如图 11－4 所示，F_0 相对于 F_1、F_2、F_3 来说是目的，F_1、F_2、F_3 是手段。我们把作为目的的功能称为上位功能，作为手段的功能称为下位功能，上位功能和下位功能具有相对性。同位功能是指功能系统图中与同一上位功能相连的若干下位功能。

通过绘制功能系统图，我们可以清楚的看出每个功能在全部功能中的地位和作用，使各功能之间的相互关系系统化。价值工程的原理之一就是"目的是主要的，手段是可以广泛选择的"，根据这一原理并结合功能系统图就可以从上位功能出发，抛开原有结构，广泛设想实现这一功能的各种途径，并且便于发现不必要的功能，提高产品的价值。

（二）功能评价

功能评价是对对象实现的各功能在功能系统中的重要程度进行定量估计。它实际上是对功能价值进行测定，在产品功能中引进数量化概念。

其工作程序如下：

（1）求算功能的现实成本，即计算功能的现实成本；

（2）求功能评价值，即评定功能的价值；

（3）算出功能价值和改善期望值，选择价值低的功能作为改善对象。

功能评价的评价方法有以下几种。

1．"01"评分法——重要者得 1 分，不重要者得 0 分

让我们举例说明。

假设有 5 个零件，我们找到 10 位对该产品熟悉的人员各自参加功能评价。我们任选两个零件，对他们的功能重要性进行比较，重要的一个零件得 1 分，不重要的得 0 分。依次算出功能评价系数。见表 11－3。

表 11－3　　第一个人用"01"法进行功能评价系数

零件功能	一对一比较结果					得　分	功能评价系数
	A	B	C	D	E		
A	×	1	0	1	1	3	0.3
B	0	×	0	1	1	2	0.2
C	1	1	×	1	1	4	0.4
D	0	0	0	×	0	0	0
E	0	0	0	1	×	1	0.1
合计						10	1.0

同理我们可以得到其他 9 个人的功能评价系数表，进行汇总，可以得到平均功能评价系数，见表 11－4。

表 11-4　**平均功能评价系数计算**

零件功能＼评价人员	1	2	3	4	5	6	7	8	9	10	各零件得分	功能评价系数
A	0.3	0.3	0.2	0.2	0.3	0.3	0.1	0.2	0.3	0.2	2.4	0.24
B	0.2	0.2	0.2	0.2	0.3	0.2	0.2	0.2	0.2	0.2	2.1	0.21
C	0.4	0.3	0.4	0.4	0.3	0.4	0.4	0.3	0.4	0.4	3.7	0.37
D	0	0.1	0.1	0	0	0	0.1	0	0.1	0.1	0.5	0.05
E	0.1	0.1	0.1	0.2	0.1	0.1	0.2	0.3	0	0.1	1.3	0.13
合计	1.0	1.0	1.0	1.0	1.0	1.0	1.0	1.0	1.0	1.0	10.0	1.0

2. 直接评分法——由专业人员对各功能直接打分

直接评分法是请几位对目标熟悉的人员对各目标零件的功能直接打分，评价时规定总分标准，每个参评人员对目标零件功能的评分之和必须等于总分。举例见表 11-5。

表 11-5

零件功能＼评价人员	1	2	3	4	5	6	7	8	9	10	各零件得分	功能评价系数
A	3	3	2	2	3	3	1	2	3	2	24	0.24
B	2	2	2	2	3	2	2	2	2	2	21	0.21
C	4	3	4	4	3	4	4	3	4	4	37	0.37
D	0	1	1	0	0	0	1	0	1	1	5	0.05
E	1	1	1	2	1	1	2	3	0	1	13	0.13
合计	10	10	10	10	10	10	10	10	10	10	100	1.0

3. “04”评分法

“04”评分法在“01”评分法的基础上加以改进，见表 11-6，更能反映出目标功能间的真实差别。采用“04”评分法进行一一比较时，分为四种情况：

（1）非常重要的功能得 4 分，很不重要的功能得 0 分；

（2）比较重要的功能得 3 分，不太重要的功能得 1 分；

（3）两个功能重要程度相同时各得 2 分；

（4）自身对比不得分。

表 11-6　**“04”评分法功能评价系数**

零件功能	一对一比较结果					得　分	功能评价系数
	A	B	C	D	E		
A	×	3	1	4	4	12	0.3
B	1	×	3	1	4	9	0.225
C	3	1	×	3	0	7	0.175
D	0	3	1	×	3	7	0.175
E	0	0	4	1	×	5	0.125
合计						40	1.0

同“01”评分法，再由其他人员得出评分，通过平均功能评价系数表得出最重要目标。

4. 倍比法

倍比法是利用评价对象之间的相关性进行比较来定出功能评价系数的方法，见表 11－7。具体步骤有：

(1) 按照各评价目标功能的重要程度由高到低排序；

(2) 从上至下按倍数比较相邻两个评价目标；

(3) 令最后一个评价对象得分为 1，按上述各相对比值计算其他对象的得分；

(4) 计算各个评价对象的功能评价系数。

表 11－7 倍比法计算功能重要性系数

评价对象	相对比值	得分	功能评价系数
F_1	$F_1/F_2=2$	9	0.51
F_2	$F_2/F_3=1.5$	4.5	0.26
F_3	$F_3/F_4=3$	3	0.17
F_4		1	0.06
合计		17.5	1.00

5. DARE 法

DARE (Decision Alternative Ratio Evaluation System) 法又称功能重要性系数法或决定方案比率评价法。该方法有以下三个特点。

(1) 按照功能的任意排列顺序，两两逐次对比其重要性，并按前项功能为后项功能重要性的倍数而给前项功能初步打分。例如表 11－8 中，用 DARE 法评分，A 是 B 功能重要性的 2.5 倍，依此类推，结果列于表中。

(2) 对暂定重要性系数进行修正，把最下面一项功能定为 1.0，并按反顺序依次修正前面各项功能得分，结果列于表中。

(3) 将各功能的修正重要性系数除以全部功能得分总数 9.68，得出功能的重要性系数，结果列于表中。

表 11－8

功能领域	评价人数		
	暂定重要性系数（重要性互比值）	修正重要性系数	功能重要性系数
A	2.5	2.5×1.68=4.20	0.43
B	0.6	0.6×2.8=1.68	0.17
C	2.8	2.8×1.0=2.80	0.29
D	—	1.00	0.11
合计		9.68	1.00

这种求算功能重要性系数的方法比“01”、“04”评分法更合理，用较少的判断次数即可作出评价，因而应用较多。这种方法常用于比较对象项目较多时。

四、方案创造与评价

1. 方案的创造

方案的创造是指在确定了功能改善对象后，根据已建立的功能系统图、功能特征和功能目标成本，通过创造性的思维活动，提出实现功能的各种不同的方案进行比较，以选出具体可行的方案的过程。方案的创造通常选用以下三种方法。

(1) 头脑风暴法（Brain Storming，简称 BS 法）。

头脑风暴法简称 BS 法，又译集体思考法，这是 1939 年美国 BBDO 广告公司奥斯本博士首先提出的一种创造方法，也是启发创意较早的一种方法。BS 法的基本点可以归纳成 12 个字："积极思考、互相启发、集思广益"。即以开小组会的方式进行。具体做法是：由熟悉产品的 5～10 人参加会议，并事先通知议题，开会时要求应邀参加会议的各方专业人员自由思考，提出不同方案，多多益善，但不评价别人的方案，并且希望与会者在听取别人提出的建议方案的基础上进行改进，提出自己的新方案。

这种方法的优点是，鼓励大家发挥自己的智慧，能够得到更多的方案，并且因为大家听取别人的方案，还可以改进自己的方案，使能够得到更优方案。缺点是，无法避免权威专家对其他人的影响，这是一种干扰因素。

比如，某设计院开展建筑施工图设计的 VE 活动，经功能评价之后，选出了改进重点是"框架（节点大样）图"、"平立剖面图"、"建筑大样图"三项（见表 11-9）。经多次召开由领导、专家、设计人员参加的"头脑风暴法"会议，得出了数个改进方案，经过比选决定采用下列组合方案。

表 11-9　　改进方案（组合方案）

项目名称	子功能项目	组合改进方案	时间变动（一）减（+）加		
			F_7	F_1	F_2
F_7：框架（节点大样）图	图面质量	拟定统一绘制标准	−10	−9	−4
		使用多种粗细绘图笔	−4	−5	−5
		预制图框图标	−7	−4	−4
F_1：平立剖面图	正确掌握设计标准	拟定统一技术标准	−7	−4	−2
		合理减少图纸数量（充分利用标准图）	−5	−5	−3
		合理简化图纸内容	−4	−5	−2
F_2：建筑大样图	生产组织	选用绘制施工图较熟练人员	−9	−7	−5
		设计、复核密切配合	−5	−3	−2
	合　计		−52	−42	−27

由表 11-9 可见，采用头脑风暴法在众多设计的改进方案中，经组合，最后的结论是：可以使该项目施工图设计时间共减少 121（即 52+42+27）工日。降低率为 121 工日÷1000 工日=12.1%，基本接近期望时间降低额。

(2) 模糊目标法（哥顿法）。

这是美国哥顿博士 1961 年发明的一种方法。这种方法的指导思想是把所研究的问题适当分细或抽象，以利于开阔思路。在研究创新方案时，会议主持人开始时并不把要解决的问题全部摊开，只对大家做一番抽象笼统的介绍，要求海阔天空地提出各种设想，以激发出有价值的改进方案。待讨论到一定程度后才把中心议题指出来，以作进一步研究。

例如，要研究建筑物的"屋面隔热"的改进方案，开始时，会议主持者只是提出"如何进行隔热"的概念，让大家围绕这一问题提出方案，在充分发表意见的基础上，会议主持者再具体提出“屋面隔热”的问题，从而在各种方案中必选各种组合方案。

这种方法的优点是，大家提出笼统的设想时，不会受到项目本身或其他因素的影响。缺点是，抽象笼统的介绍的难度比较大，如果介绍不清楚或者偏离原意，那么讨论就是浪费时间。

(3) 专家函询法（德尔菲法）。

这种方法是不采用开会的形式，而是由主管人员或部门将已构思好的方案以信函方式分发给有关人员，征询他们的意见。然后将得到的意见汇总、统计及总结后，再次分发出去，请各专业人员再次做修改补充。如此反复直到得到满意的方案。

这种方法的优点是避免了专家间的干扰，缺点是程序复杂，需要做多次的信息发送，收集、整理工作，时间比较长。

2. 方案评价

方案评价是在方案创造的基础上对新构思方案的技术、经济和社会效果等几方面进行的评估，以便选择最佳方案。技术评价是围绕“功能”进行的评价，内容是新方案能否实现所需“功能”及实现程度；经济评价是围绕方案的经济效果进行的评价，内容主要是以成本为代表的经济可行性；社会评价是针对方案给社会带来的利益或影响进行评价。

方案评价分为概略评价和详细评价两个阶段。概略评价是对已创造出来的方案从技术、经济和社会三个方面进行初步研究。其目的是从众多方案中进行粗略筛选，使精力集中于优秀方案的评价。详细评价是对概略评价所得的比较抽象的方案进行调查和信息收集，使其在材料、结构、功能等方面进一步具体化，最终对它们做以审查和评价。

下面我们简单介绍几种对创新方案的详细评价方法。

(1) 加法评分法。

加法评分法是在列出评价项目的等级及评分标准的基础上，由专业人员对各创新方案进行评分，然后再对各创新方案在各评价项目上的得分进行相加，得出各创新方案的总评价值。最后根据各创新方案总评价值的大小确定优劣顺序，选择最优创新方案的一种评价方法。例如，对 A、B、C、D 四个创新方案分别在产品功能、成本、销路、方向四个评价项目进行评分，评价项目的等级和评分标准见表 11 - 10。

表 11 - 10　　评价项目等级和评分标准

评价项目		创新方案				
内容	评价等级	评分标准	A	B	C	D
产品功能	(1) 满足用户要求	3	3			
	(2) 基本满足用户要求	2		2		2
	(3) 仅能满足用户最低要求	1			1	
产品成本	(1) 低于外企业同类产品成本	3		3		
	(2) 低于本企业原有产品成本	2	2		2	2
	(3) 与本企业原有产品成本相等	1				
产品销路	(1) 未来市场销路很大	3	3		3	3
	(2) 市场销路大，但竞争产品多	2		2		
	(3) 市场销路不大	1				

续表

评价项目		创新方案				
内容	评价等级	评分标准	A	B	C	D
产品方向	(1) 符合国家及企业目标	3	3			
	(2) 符合当前要求	2		2		
	(3) 不符合国家长远规划	1			1	1
加法合计		4～12	11	9	7	8

由表 11－10 可以看出，各创新方案评分的加法总得分的优劣顺序是：A、B、D、C，创新方案 A 是最优方案，这就是评价结论。

(2) 连乘评分法。

连乘评分法与加法评分法的评分原则和方法都是一样的，不同点只是将各创新方案在各评价项目上的评分值直接相乘，按连乘积的大小来确定创新方案的优劣顺序，选择最优方案。例如，以上四个创新方案评分值的连乘积分别是：A＝54、B＝24、C＝6、D＝12。其优劣顺序是：A、B、D、C，A 为最优方案。连乘评分法的优点是各创新方案的总评分差距拉大了，灵敏度高，便于识别。但若某方案在某评价项目上的评分值为零，则总评分值也是零，这相当于“一票否决制”。

(3) 加权评分法。

加权评分法是以各评价项目在总项目中的比重作为权数，计算各创新方案在各评价项目上的评分值的加权平均值作为创新方案总评价值，从而确定各创新方案的优劣顺序，选择最优方案的一种评价方法。

例如，若上例中评价项目中产品功能、成本、销路和方向的比重分别是 0.4、0.4、0.1、0.1，则四个创新方案的总评价值分别是：

$$A = 3\times0.4+2\times0.4+3\times0.1+3\times0.1 = 2.6$$

$$B = 2\times0.4+3\times0.4+2\times0.1+2\times0.1 = 2.4$$

$$C = 1\times0.4+2\times0.4+3\times0.1+1\times0.1 = 1.6$$

$$D = 2\times0.4+2\times0.4+3\times0.1+1\times0.1 = 2.0$$

其优劣顺序是：A、B、D、C。A 为最优方案。

需要说明的是由于加权评分法对各评价项目使用了不同的比重，各创新方案的优劣顺序不一定与加法评分法和乘法评分法一致，所选择的最优方案也不一定相同。对创新方案的详细评价，除了评分法外，还有相关评价法、技术经济价值法等，在实际应用中应视具体情况选用。

第三节 价值工程应用

【案例一】 某企业为了解消费者市场状况，决定实施一个市场研究项目。项目计划的工作分析结构如图 11－5 所示。

设计工作流程如下。

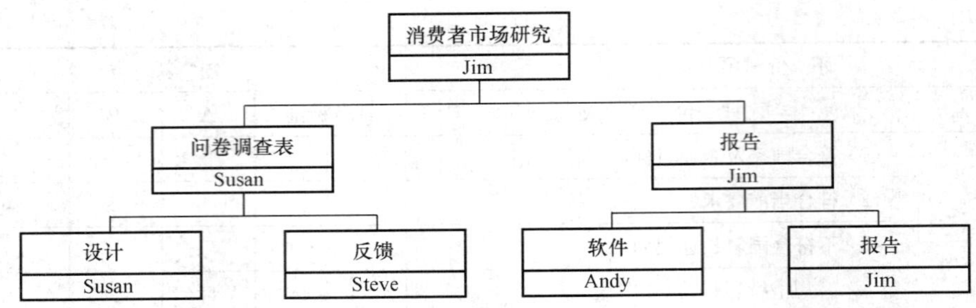

图 11－5 项目计划工作分析结构图

(1) 设计环节：首先识别目标消费者，设计初始问卷调查表。对问卷调查表进行试验性测试，确定最终调查表，设计测试数据。

(2) 信息反馈环节：打印问卷调查表，准备邮寄标签，邮寄问卷调查表并获得反馈。

(3) 软件开发环节：开发软件，测试软件，准备报告。

(4) 撰写报告：输入反馈数据，分析结果。

这是项目计划初期确定的工作分解图，下面我们应用价值工程对其进行创新和改进。在收集了大量信息之后，依据工作分解图作出项目对应的功能系统图。其功能系统图如图 11－6 所示。

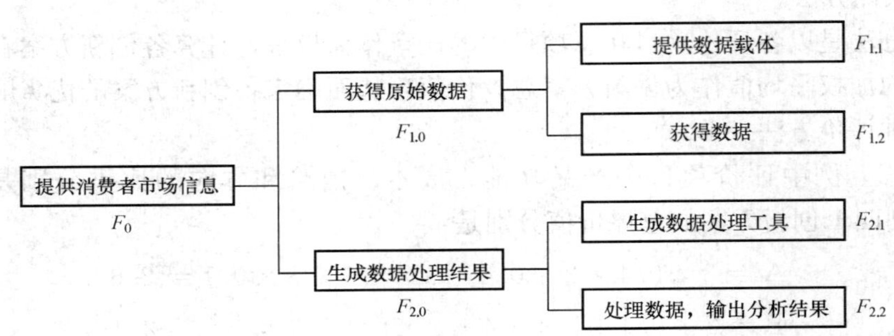

图 11－6 功能系统图

我们对该项目进行功能价值评价，应用功能成本法计算功能价值见表 11－11。

表 11－11 **功能价值计算**

序号	功能或功能区域	目前成本（元）	目标成本（元）	价值系数	成本改善期望值
		C_{0i}	$C_{\min i}$	$V_i=C_{\min i}/C_{0i}$	$\Delta C_i=C_{0i}-C_{\min i}$
1	$F_{1.1}$	250	200	0.8	50
2	$F_{1.2}$	5000	2000	0.4	3000
3	$F_{2.1}$	2000	500	0.25	1500
4	$F_{2.2}$	1000	1200	1.2	−200
5	$F_{1.0}$	5250	2200	0.42	3050
6	$F_{2.0}$	3000	1700	0.57	1300
7	F_0	8250	3900	0.473	4350

根据价值工程的工作原理，我们对价值系数较低的方案进行改造创新。原始方案中功能或功能区域 $F_{1.2}$ 和 $F_{2.1}$ 的价值系数过低，项目小组成员对其进行创新。

首先对 $F_{1.2}$ 进行创新。

创新方案 1：从数据调查公司直接购买原始数据，需成本 4000 元；

创新方案 2：自己设计调查问卷，然后委托专业调查公司收集数据，需要成本 2000 元。

然后对 $F_{2.1}$ 进行创新。

创新方案 1：购买商品化数据处理软件，需花费 500 元；

创新方案 2：向软件开发公司定做一套数据处理软件，需花费 1500 元。

进行方案评价，对功能 $F_{1.2}$ 选择创新方案 2；对功能 $F_{2.1}$ 选择创新方案 1。

则新的功能价值系数见表 11－12。

表 11－12　　功能价值系数

序号	功能或功能区域	目前成本（元）	目标成本（元）	价值系数	成本改善期望值
		C_{0i}	C_{mini}	$V_i=C_{mini}/C_{0i}$	$\Delta C_i=C_{0i}-C_{mini}$
1	$F_{1.1}$	250	200	0.8	50
2	$F_{1.2}$	2000	2000	1	0
3	$F_{2.1}$	500	500	1	0
4	$F_{2.2}$	1000	1200	1.2	－200
5	$F_{1.0}$	2250	2200	0.98	50
6	$F_{2.0}$	1500	1700	1.13	－200
7	F_0	3750	3900	1.04	－150

这时价值系数都接近于 1，且成本改善期望值较小，所以这时的项目实现方案价值较高。通过在项目中实施价值工程，项目的价值从 0.473 上升到 1.04，成本节约 4500 元，所以应用价值工程取得了非常显著的效果。对照被选中的创新方案，修改项目计划的工作分解图。如图 11－7 所示。

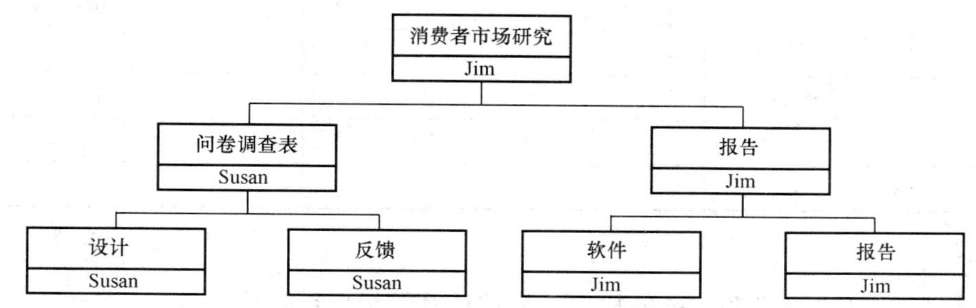

图 11－7　项目计划工作分解图

（1）设计环节：首先识别目标消费者，设计初始问卷调查表。对问卷调查表进行试验性测试，确定最终调查表，设计测试数据。

（2）信息反馈环节：委托专业调查公司收集市场数据信息。

（3）软件开发环节：购买商业软件。

（4）撰写报告：输入反馈数据，分析结果，准备报告。

通过应用价值工程的分析方法，我们对项目计划的工作分解图进行了改进，完善了项目的具体实施方案，使项目本身的价值得以提高。

【案例二】 某路桥公司承接了改善越江交通状况的工程，提出以下两个方案：

方案1：在原桥基础上加固、扩建。该方案预计投资40 000万元，建成后可通行20年。这期间每年需维护费1000万元。每10年需进行一次大修，每次大修费用为3000万元，运营20年后报废时没有残值。

方案2：拆除原桥，在原址建一座新桥。该方案预计投资120 000万元，建成后可通行60年。这期间每年需维护费1500万元。每20年需进行一次大修，每次大修费用为5000万元，运营60年后报废时可回收残值5000万元。

不考虑两方案建设期的差异，基准收益率为6%。

主管部门聘请专家对该桥应具备的功能进行了深入分析，认为应从F_1、F_2、F_3、F_4、F_5共5个方面对功能进行评价。表11－13是专家采用0－4评分法对5个功能进行评分的部分结果，表11－14是专家对两个方案的5个功能的评分结果。

表11－13 功能评分表

功能	F_1	F_2	F_3	F_4	F_5	得分	权重
F_1		2	3	4	4		
F_2			3	4	4		
F_3				3	4		
F_4					3		
F_5							
合计							

表11－14 方案功能评分结果

功能＼方案	方案1	方案2
F_1	6	10
F_2	7	9
F_3	6	7
F_4	9	8
F_5	9	9

问题：

1. 在表11－13中计算各功能的权重（权重计算结果保留三位小数）。

2. 列式计算两方案的年费用（计算结果保留两位小数）。

3. 若采用价值工程方法对两方案进行评价，分别列式计算两方案的成本指数（以年费用为基础）、功能指数和价值指数，并根据计算结果确定最终应入选的方案（计算结果保留三位小数）。

4. 该桥梁未来将通过收取车辆通行费的方式收回投资和维持运营，若预计该桥梁的机动车年通行量不会少于1500万辆，分别列式计算两个方案每辆机动车的平均最低收费额

(计算结果保留两位小数)。

(注：计算所需系数参见表 11-15。)

表 11-15　时间价值系数表

n	10	20	30	40	50	60
$(P/F, 6\%, n)$	0.5584	0.3118	0.1741	0.0972	0.0543	0.0303
$(A/P, 6\%, n)$	0.1359	0.0872	0.0726	0.0665	0.0634	0.0619

案例解析：1. 计算各功能的权重，见表 11-16。

表 11-16　功能分析表

功能	F_1	F_2	F_3	F_4	F_5	得分	权重
F_1		2	3	4	4	13	0.325
F_2	2		3	4	4	13	0.325
F_3	1	1		3	4	9	0.225
F_4	0	0	1		3	4	0.100
F_5	0	0	0	1		1	0.025
合计						40	1.000

2. 方案 1 的年费用＝1000＋40 000×(A/P，6%，20)＋3000×(P/F，6%，10)(A/P，6%，20)＝1000＋40 000×0.0872＋3000×0.5584×0.0872＝4634.08（万元）

方案 2 的年费用＝1500＋120 000×(A/P，6%，60)＋5000×(P/F，6%，20)(A/P，6%，60)＋5000×(P/F，6%，40)(A/P，6%，60)－5000(P/F，6%，60)(A/P，6%，60)＝1500＋120 000×0.0619＋5000×0.3118×0.0619＋5000×0.0972×0.0619－5000×0.0303×0.0619＝9045.20

3. 方案 1 的成本指数：4634.08/(4634.08＋9045.20)＝0.339

方案 2 的成本指数：9045.20/(4634.08＋9045.20)＝0.661

方案 1 的功能得分：

6×0.325＋7×0.325＋6×0.225＋9×0.100＋9×0.025＝6.700

方案 2 的功能得分：

10×0.325＋9×0.325＋7×0.225＋8×0.100＋9×0.025＝8.775

方案 1 的功能指数：6.700/(6.700＋8.775)＝0.433

方案 2 的功能指数：8.775/(6.700＋8.775)＝0.567

方案 1 的价值指数：0.433/0.339＝1.277

方案 2 的价值指数：0.567/0.661＝0.858

因为方案 1 的价值指数大于方案 2 的价值指数，所以应选择方案 1。

4. 方案 1 的最低收费：4634.08/1500＝3.09（元/辆）

方案 2 的最低收费：9045.20/1500＝6.03（元/辆）

【案例三】　某房地产公司对某公寓项目的开发征集到若干设计方案，经筛选后对其中较为出色的 4 个设计方案作进一步的技术经济评价。有关专家决定从 5 个方面（分别以 F_1～F_5表示）对 4 个方案的功能进行评价，并对各功能的重要性达成以下共识：F_2和 F_3同样重要，F_4和 F_5 同样重要，F_1 相对于 F_4很重要，F_1相对于 F_2较重要；此后，各专家对该四个方案的功能满足程度分别打分，其结果见表 11－17。

表 11－17　　方案功能得分

功　能	方案功能得分			
	A	B	C	D
F_1	9	10	9	8
F_2	10	10	8	9
F_3	9	9	10	9
F_4	8	9	8	7
F_5	9	7	9	6

据造价工程师估算，A、B、C、D 四个方案的单方造价（每平方米）分别为 1420、1230、1150、1360 元。试计算各功能的重要性系数并用价值指数法选择最佳设计方案。

本案例主要考核 04 评分法的运用。

（1）根据资料所给的条件功能重要性系数计算见表 11－18。

（2）分别计算各方案的功能指数、成本指数、价值指数。

表 11－18　　功能重要性系数计算

功能	F_1	F_2	F_3	F_4	F_5	得分	功能重要性系数
F_1	×	3	3	4	4	14	14/40＝0.350
F_2	1	×	2	3	3	9	9/40＝0.225
F_3	1	2	×	3	3	9	9/40＝0.225
F_4	0	1	1	×	2	4	4/40＝0.100
F_5	0	1	1	2	×	4	4/40＝0.100
合　计						40	1.00

1）计算功能指数。

将各方案的各功能得分分别与该功能的重要性系数相乘，然后汇总即为该方案的功能加权得分。各方案的功能加权得分为

$W_A=9\times0.350+10\times0.225+9\times0.225+8\times0.100+9\times0.100=9.125$

$W_B=10\times0.350+10\times0.225+9\times0.225+8\times0.100+7\times0.100=9.275$

$W_C=9\times0.350+8\times0.225+10\times0.225+8\times0.100+9\times0.100=8.900$

$W_D=8\times0.350+9\times0.225+9\times0.225+7\times0.100+6\times0.100=8.150$

各方案功能的总加权得分为：

$W=W_A+W_B+W_C+W_D=9.125+9.275+8.900+8.150=35.45$

因此，各方案的功能指数为：

$F_A=9.125/35.45=0.257$

$F_B=9.275/35.45=0.262$

$F_C=8.900/35.45=0.251$

$F_D=8.150/35.45=0.230$

2）计算各方案的成本指数。

各方案的成本指数为：

$C_A=1420/(1420+1230+1150+1360)=1420/5160=0.275$

$C_B=1230/5160=0.238$

$C_C=1150/5160=0.223$

$C_D=1360/5160=0.264$

3）计算各方案的价值指数。

各方案的价值指数为：

$V_A=F_A/C_A=0.257/0.275=0.935$

$V_B=F_B/C_B=0.262/0.238=1.101$

$V_C=F_C/C_C=0.251/0.223=1.126$

$V_D=F_D/C_D=0.230/0.264=0.871$

由于 C 方案的价值指数最大，所以 C 方案为最佳方案。

本章小结

价值工程是一种通过对产品或作业进行功能分析，力求以最低的寿命周期成本，可靠地实现产品或作业的必要功能的有组织活动。价值工程的目标是提高产品价值，核心是功能分析，基础是有组织的团队性创造活动。

价值是指某一事物的功能与实现它的全部费用之比。设对象的功能为 F，成本为 C，价值为 V，价值的计算公式为：$V=F/C$。功能与费用比值越大，价值越高；比值越小，价值越低。功能是指对象能够满足某种需求的一种属性，即功用、效用和能力。任何劳务和产品都有功能。功能的种类：基本功能和辅助工程、使用功能和美观功能、必要功能和不必要功能、过剩功能和不足功能。

产品的寿命周期是指产品从被研究开发、设计制造、用户使用直到报废为止的整个时期。寿命周期中消耗的所有产品成本，称为寿命周期成本，又称为总成本。设生产成本为 C_1，使用成本为 C_2。则寿命周期成本＝生产成本＋使用成本；即 $C=C_1+C_2$。

价值工程中的“价值”是指事物的有益程度，它反映了功能和成本的关系。提高价值的途径有 5 种：①在产品功能不变的情况下，降低成本，提高价值；②在产品成本不变的情况下，提高功能，提高价值；③产品功能提高而成本下降，价值会大幅度提高；④成本略有提高，而功能大幅度提高，同样可以提高产品的价值；⑤产品的功能略有下降，可以导致产品成本的大幅度下降，提高价值。

在价值工程中，功能具有特定的含义。对于产品来说，就是指产品的用途或使用价值；对进行的某种服务的作业来说，是指它发挥的作用。功能按重要程度分为基本功能和辅助功能；按功能的作用分为使用功能和美观功能；按用户用途分为必要功能和不必要功能。

价值工程中的“成本”是指实现功能所支付的全部费用。通常是指产品寿命周期成本。寿命周期成本是根据用户对产品所要求的必要功能，在寿命周期内所花费的全部费用。

价值、功能、成本（寿命周期成本）称为价值工程的三个基本要素。

价值工程对象的选择一般应从设计、生产、市场销售、成本等方面考虑。对象选择的方法有 ABC 分类法、百分比法等。信息收集是价值工程活动的重要环节，信息的主要内容包括用户信息、技术信息、市场信息、经济信息、环境保护信息、外协信息等。

功能分析是价值工程的核心，就是对价值工程对象的功能进行具体分类、描述和整理，并进行系统分析研究，科学地确定其必要功能。功能分析包括功能定义、功能整理、功能评价。

功能定义就是把产品或服务的功能用准确、简洁的语言加以描述，其目的是明确产品和零部件的功能，便于功能评价；功能整理就是用系统的观点将已定义了的功能加以系统化，找出功能之间的逻辑关系。

功能评价就是确定某个功能的价值大小。功能评价有两种方法：一种是绝对值法，也称功能成本法，即利用功能的目标成本与目前成本之比求价值系数；另一种是相对值法，也称功能评价系数法，即利用功能重要程度的相对比重与成本比重之比求价值系数。

方案创造指在确定了功能改善对象后，根据已建立的功能系统图、功能特征和功能目标成本，通过创造性的思维活动，提出实现功能的各种不同的方案进行比较，以选出具体可行的方案的过程。方案的创造通常选用以下三种方法：头脑风暴法、模糊目标法、专家函询法。

方案评价是在方案创造的基础上对新构思方案的技术、经济和社会效果等几方面进行的评估，以便选择最佳方案。创新方案的详细评价方法有加法评分法、连乘评分法、加权评分法。对创新方案的详细评价，除了评分法外，还有相关评价法、技术经济价值法等，在实际应用中应视具体情况选用。

思考题

1. 什么是价值工程？
2. 提高价值的途径有哪些？
3. 价值工程的特点是什么？
4. 什么是功能？功能是如何分类的？
5. 什么是功能分析，包括哪些内容？
6. 选择价值工程工作对象的基本方法有哪些？
7. 方案创造的方法有哪些？

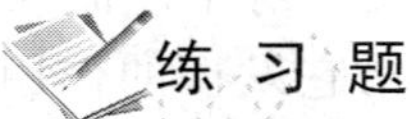

练习题

1. 某建设项目针对 A、B、C 三个建设方案进行了技术经济分析和专家调查，得到表 11 - 19 所示数据。请确定最优方案，要求列出计算过程。

表 11-19

万元

方案功能	方案功能得分			方案功能重要系数
	A	B	C	
F_1	9	8	8	0.50
F_2	10	10	8	0.20
F_3	8	8	9	0.15
F_4	10	10	7	0.10
F_5	7	8	10	0.05
成本	1980	2150	2440	

2. 某市高新技术开发区有两幢科研楼和一幢综合楼，其设计方案对比项如下。

A 楼方案：结构方案为大柱网框架轻墙体系，采用预应力大跨度叠合楼板，墙体材料采用多孔砖及移动式可拆装分式隔墙，窗户采用单框双玻璃钢塑窗，面积利用系数为 93%、单方造价为 1438 元/m^2；

B 楼方案：结构方案同 A 方案，墙体采用内浇外砌，窗户采用单框双玻璃空腹钢窗，面积利用系数为 87%，单方造价为 1108 元/m^2；

C 楼方案：结构方案采用砖混结构体系，采用多孔预应力板，墙体材料采用标准黏土砖，窗户采用单玻璃空腹钢窗，面积利用系数为 79%，单方造价为 1082 元/m^2。

方案各功能重要性系数及各方案的功能得分见表 11-20。

(1) 试应用价值工程方法选择最优设计方案。

(2) 为控制工程造价和进一步降低费用，拟针对所选的最优设计方案的土建工程部分，以工程材料费为对象开展价值工程分析。将土建工程划分为 4 个功能项目，各功能项目评分值及其目前成本见表 11-21。按限额设计要求，目标成本额应控制为 12 170 万元。试分析各功能项目的目标成本及其可能降低的额度，并确定功能改进顺序。

表 11-20　**方案功能得分及重要性系数**

方案功能	方案功能得分			方案功能重要性系数
	A	B	C	
结构体系	10	10	8	0.25
模板类型	10	10	9	0.05
墙体材料	8	9	7	0.25
面积系数	9	8	7	0.35
窗户类型	9	7	8	0.10

表 11-21　**基　础　资　料**

序　号	功　能	功能评分	目前成本/万元
1	A 桩基维护工程	11	1520
2	B 地下室工程	10	1482
3	C 主体结构工程	35	4705
4	D 装饰工程	38	5105
合　计		94	12 812

3. 承包商B在某高层住宅楼的现浇楼板施工中，拟采用钢木组合模板体系或小钢模体系施工。经有关专家讨论，决定从模板总摊销费用（F_1）、楼板浇筑质量（F_2）、模板人工费（F_3）、模板周转时间（F_4）、模板装拆便利性（F_5）5个技术经济指标对两个方案进行评价，并采用01评分法对各技术经济指标的重要程度进行评分，其部分结果见表11－22，两方案各技术经济指标的得分见表11－23。

表11－22　01 评 分 表

功能	F_1	F_2	F_3	F_4	F_5
F_1	×	0	1	1	1
F_2		×	1	1	1
F_3			×	0	1
F_4				×	1
F_5					×

表11－23　技术经济指标得分表

指标 \ 方案	钢木组合模板	小 钢 模
总摊销费用	10	8
楼板浇筑质量	8	10
模板人工费	8	10
模板周转时间	10	7
模板装拆便利性	10	9

经估算，钢木组合模板在该工程的总摊销费用为40万元，楼板的模板人工费为8.5元平方米：小钢模在该工程的总摊销费用为50万元，每平方米楼板的模板人工费为5.5元。该住宅楼的楼板工程量为2.5万平方米。

问题：

（1）试确定各技术经济指标的权重（计算结果保留三位小数）。

（2）若以楼板工程的单方模板费用作为成本比较对象，试用价值指数法选择较经济的模板体系（功能指数、成本指数、价值指数的计算结果均保留两位小数）。

（3）若该承包商准备参加另一幢高层办公楼的投标，为提高竞争能力，公司决定模板总摊销费用仍按本住宅楼考虑，其他有关条件均不变。该办公楼的现浇楼板工程量至少要达到多少平方米才应采用小钢模体系（计算结果保留两位小数）？

第十二章　工程项目后评估

第一节　工程项目后评估的特点、作用

一、工程项目后评估的含义

工程项目后评估是指在项目建成投产并达到设计生产能力后，通过对项目前期工作、项目实施、项目运营情况的综合研究，衡量和分析项目的实际情况及其与预测情况的差距，确定有关项目预测和判断是否正确，并分析其原因，从项目完成过程中吸取经验教训，为今后提高投资项目的决策水平创造条件，并为提高项目投资效益提出切实可行的对策措施。

二、工程项目后评估的特点

与可行性研究和前评估相比，项目后评估的特点有以下几点。

（一）现实性

项目后评价分析研究项目的实际情况，它据现实发生的真实数据或依据实际情况重新预测的数据进行研究。而项目的可行性研究和前评估都是依据预测数据。

（二）全面性

工程项目后评估既分析投资过程，又分析经营过程，既分析投资经济效益，还分析经营管理的状况。项目后评估注重分析项目的综合实力，强调全面性。

（三）探索性

工程项目后评估分析企业现状，注重发现问题的同时研究企业或项目的发展方向，因此要求项目后评估人员具有较高的素质和创造性，能够把握影响项目效益的主要因素，能够提出切实可行的改进措施。

（四）反馈性

工程项目后评估的目的在于为有关部门反馈信息，为今后的项目管理、投资计划制定和投资决策积累经验，并用来检测项目投资决策正确与否，因此后评估具有反馈性。

（五）合作性

工程项目后评估需要专职技术经济人员、项目经理、企业经营管理人员、投资项目主管部门等多方的合作。只有各方融洽合作，项目后评价工作才能有效开展。

从以上特点可以看出，项目后评价与项目可行性研究、项目前评价有较大的差别：

首先，在项目建设中所处的阶段不同。项目可行性研究和前评价属于项目前期工作，他们决定项目是否可以开展。而后评估评价的是项目竣工投产并达到设计生产能力后对项目进行的再评价，它体现项目执行的有效性。

其次，它们比较的标准不同。项目可行性研究和项目前评价是依据国家、部门颁布的定额标准、国家参数来衡量建设项目的必要性和可行性。而项目后评估主要是对比项目成果与项目前评价的预测情况，以及对比与国内外其他同类项目情况，检测项目实际情况与预期情况的差距，分析原因，提出改进意见。

再次，它们在投资决策中的作用不同。项目可行性研究和项目前评价直接用于进行项目决策。项目后评估则是间接作用于项目投资决策，后评估直接将比较信息提供给决策部门，

以供其改进项目，使项目决策科学化。

再有，它们评价的内容不同。项目可行性研究和项目前评价主要研究项目的建设条件、工程设计方案、项目的实施计划以及项目的经济社会效果。后评估的主要内容是针对除前评价内容外，还包括对项目决策、项目实施效率等进行评价以及对项目实际运营状况进行较深入的分析。

最后，它们在组织实施上不同。项目可行性研究和前评价主要由投资主体或投资计划部门组织实施。后评估则由投资运行的监督管理机关或单独设立的后评估机构进行。

三、工程项目后评估的作用

后评价是在项目投资完成以后，通过对项目目的、执行过程、效益、作用和影响所进行的全面系统的分析，总结正反两方面的经验教训，使项目的决策者和建设者学习到更加科学合理的方法和策略，提高决策、管理和建设水平。后评价是增强投资活动工作者责任心的重要手段。后评价主要是为投资决策服务的，即通过后评价建议的反馈，完善和调整相关方针。政策和管理程序，提高决策者的能力和水平，进而达到提高和改善投资效益的目的，具体地说，后评估的作用主要表现在如下几个方面。

（一）总结项目管理的经验教训，提高项目管理的水平

工程建设项目管理是一项非常复杂的活动，它涉及银行、计划、主管部门、企业、物质供应、施工单位等许多部门，因此项目能否顺利完成的关键就在于这些部门的配合与协作。通过工程项目后评估，我们可以对已经完成的项目进行分析研究，有利于指导今后的管理活动，提高管理水平。有时经过项目后评估，如果我们认为前面的工程施工单位完成的比较理想，我们会在后面的项目选择施工单位时邀请老客户继续投标，对于小型项目我们也会选择直接与老客户签订合同。因此项目后评估对业主来说是一种总结。

（二）提高项目决策科学化水平

我们往往通过项目后评估来确定前评价所作出的预测的准确性。通过建立完善的项目后评估制度和科学的方法体系，一方面有利于增强前评价人员的责任感，提高项目预测的准确性；另一方面也可以通过项目后评估的反馈信息，及时纠正项目决策中存在的问题，使项目决策科学化。

（三）为国家投资计划、政策的制定提供依据

项目后评价能够发现国家宏观投资管理中的不足，为国家及时的修正不适合的技术经济政策，修订过时的指标参数。同时，根据项目后评估的反馈信息，国家可以确定合理的投资规模和投资流向，协调各产业、各部门之间的比例关系，为投资计划、政策的制定提供依据。

（四）为银行部门及时调整信贷政策提供依据

工程项目后评估可以及时发现项目建设资金使用中存在的问题，分析研究贷款项目成功或失败的原因，为银行部门调整信贷政策提供依据。

（五）可以对企业经营管理进行“诊断”，促使项目运营状态正常化

项目后评估是在项目运营阶段进行，因而可以分析和研究项目投产初期和达产时期的实际情况，比较实际情况与预测情况的偏差，探索产生偏差的原因，提出切实可行的措施，从而使项目运营状态正常化。

第二节 工程项目后评估的内容、程序和方法

一、项目后评估的内容

（一）项目后评估的基本内容

项目后评估的基本内容有四个方面：

1. 项目立项决策的后评估

项目立项决策的后评估，就是根据国民经济发展规划和国家制定的产业政策以及区域经济优势，结合项目的实际情况，检验项目建议书、可行性研究报告和项目评估报告的编制是否合理，如果项目实施结果偏离预测目标较远，要分析产生偏差的原因并提出相应补救措施。

2. 项目生产建设条件的后评估

生产建设条件的后评估着重分析项目实施过程的建设条件，以及建成投产后的生产条件与当初项目评估决策时主要条件的变化情况，以此作出定性与定量分析，剖析产生重要差别的原因，提出诊断建议。

3. 项目技术方案的后评估

项目技术方案的后评估是对工程设计方案、项目实施方案的再评价，用以确认技术方案的先进性和适用性。

4. 项目经济后评估

项目经济后评估是对项目分别进行项目财务后评估和项目国民经济后评估。

（二）项目分段后评估的内容

从评估阶段的角度可将项目后评估分为以下三个方面：

1. 项目前期工作的后评估

主要包括项目立项条件再评价、项目决策程序和方法的再评价，项目勘察设计的再评价，项目前期工作管理的再评价。

2. 项目实施阶段的后评估

主要包括项目实施管理的再评价，项目施工准备工作的再评价，项目施工方式和施工项目管理的再评价，项目竣工验收和试生产的再评价，项目生产准备的再评价等。

3. 项目运营阶段的后评估

主要包括生产经营管理的再评价，项目生产条件的再评价，项目达产情况的再评价，项目产出的再评价和项目经济后评价等。

二、项目后评估的程序

我国建设项目后评估按照其实施顺序可大致分为确定后评价对象、组织后评估机构、收集资料、分析研究、编制后评估报告五个阶段。

（一）确定后评价对象

原则上我们所有竣工投产的投资项目都要进行后评估，但在实际工作中，因为各种条件的限制，往往只能选择部门项目进行项目后评估。现阶段，我们选择项目进行后评估时优先考虑以下类型的项目：

（1）投产后本身经济效益明显不好的项目。如投产后一直亏损的项目。

(2) 国家急需发展的短线产业部门的投资项目，其中主要是国家重点投资项目。如能源、通讯等项目。

(3) 国家限制发展的长线产业部门的投资项目。如某些家电投资项目。

(4) 投资巨大、对国计民生有重大影响的项目。如某些钢铁、铁路项目。

(5) 特殊项目。如国家重点投资的新技术开发项目等。

(二) 组织后评估机构

项目后评估机构是从事项目后评估的主体，理论上说，项目后评估机构既不应是项目原可行性研究单位和前评价单位，也不应是项目实施过程的项目管理机构。项目后评估机构的基本要求是：

(1) 满足客观性、公正性要求。项目后评估机构只有具有客观性、公正性，才能保证项目后评估的客观性、公正性。

(2) 具有反馈检查功能。后评估组织结构与计划决策部门具有通畅的反馈回路，后评估信息才能及时反馈到决策部门。

(三) 收集资料

项目后评估需要大量的实际数据和资料作依据，因此这些资料数据一定是真实的，也尽可能是准确的。一般由项目后评估人员亲自调查整理。需要收集的资料一般有：

(1) 档案资料。主要有建设项目的规划方案、项目建议书和批文、可行性研究报告、评估报告、设计任务书、初步设计材料和批文、施工图设计和批文、竣工验收报告、工程大事记、各种协议书和合同及有关厂址选择、工艺方案选择、设备方案选择的论证材料等。

(2) 项目生产经营资料。主要是生产、销售、供应、技术、财务、劳动工资等部门的统计年度报告。

(3) 分析预测用基础资料。主要是建设项目开工以来的有关利率、汇率、价格、税种、税率等有关资料。

(4) 与项目有关的其他资料。比如国家及地方的产业结构调整政策、发展战略和长远规划；国家和地方颁布的规定和法律文件等。

(四) 分析研究

对所收集的数据资料进行汇总、加工、分类和整理，对需要调整的数据和资料进行调整。

(五) 编制后评估报告

编制各种评价报表和计算评价指标，与前评价进行对比分析，找出差异及原因，由评价组编制后评价报告上报给组织后评价的部门。

后评估的做法根据原国家计委要求按三段式开展工作，即先由建设单位进行自我评价，写出自评报告报上级主管部门，上级主管部门组织力量对自评报告进行补审，写出初审意见报国家计委，国家计委委托中国国际工程咨询公司对自评报告和初审意见，组织专家进行复审，最后写出该项目的复审意见报国家计委。开展项目后评估，对于提高投资决策水平、加强投资项目管理和制约项目参与各方的行为具有重要意义，是加强政府投资管理和项目监管的一项重要工具。

三、项目后评估的方法

编制后评价报告必须以建设项目的实际情况和各阶段的正式文件为依据，以提高社会效益为中心，以科学数据为基础，根据项目决策、设计、施工管理及生产营运阶段的主要指标，对比分析建设规模、工程概算、经济效益、财务效益等各项技术经济指标的变化及其原因，判断其变化是否科学、合理，为此要建立建设项目营运考核机制。建设项目从验收投产到评估工作开始的几年内，企业内部要对投产项目实行单独的统计、会计核算，为项目的评估提供营运方面的可靠依据。项目后评价基本上可概括为四种：影响评价法、效益评价法、持续性评价和过程评价法。项目后评价的具体方法主要有：对比法（一般是有无对比法）、逻辑框架法和综合评价方法。下面简单介绍两种方法。

（一）有无对比法

有无对比法（with and without comparison）是在后评价的同一时点上，将有此项目时实际发生的情况与无此项目时可能发生的情况进行对比，以度量此项目的真实效益、影响和作用。这种对比用于项目的效益评价和影响评价，是后评价的一个重要方法。对比的关键是要求投入的代价与产出的效果口径一致，即所度量的效果要真正归因于有此项目。有无对比法需要大量可靠的数据，最好有系统的项目监测资料，也可引用当地有效的统计资料。在进行对比时，先要确定评价内容和主要指标，选择可比的对象，通过建立对比表，用科学的方法收集资料。

（二）逻辑框架法

逻辑框架法（logical framework approach，简称 LFA）是美国国际开发署在 1970 年开发并使用的一种设计、计划和评价的工具，目前已有三分之二的国际组织把该方法应用于援助项目的计划管理和后评价。建立项目后评价的组织应依据有关资料，确立目标层次间的逻辑关系，用以分析项目的效率性、效果性、影响和持续性。其基本模式见表 12－1，垂直逻辑的因果关系如图 12－1 所示。

表 12－1　　逻辑框架法的模式

层次描述	客观验证指标	验证方法	重要外部条件
目标	目标指标	监测和监督手段及方法	实现目标的主要条件
目的	目的指标	监测和监督手段及方法	实现目的的主要条件
产出	产出物定量指标	监测和监督手段及方法	实现产出的主要条件
投入	投入物定量指标	监测和监督手段及方法	实现投入的主要条件

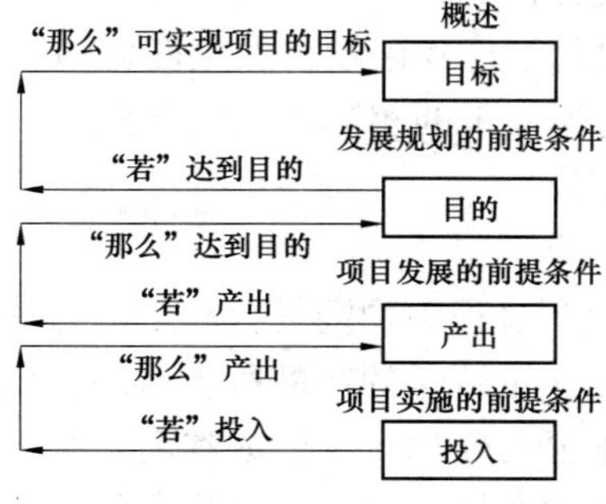

图 12－1　垂直逻辑中的因果关系

第三节 项目运营后评价

项目运营后评价从项目投产持续到项目生命期末的全过程。由于项目后评价的时机一般选择在项目达到设计能力 1～2 年内，距离项目生命期末尚有一段较长的距离，项目的实际投资效益也不能充分体现出来。所以项目运营后评价除了对项目实际运营状况进行分析和评价外，还需要根据投产后的实际数据来推测未来发展状况，需要对项目外来发展趋势进行科学的预测。

项目运营后评价的内容主要包括以下内容。

一、企业经营管理状况的评价

(1) 企业投产后的经营管理机构设置及调整情况；

(2) 企业管理领导班子情况；

(3) 企业管理人员配备情况；

(4) 企业经营管理的主要策略、实施效果情况；

(5) 企业现行管理规章制度情况；

(6) 企业承包责任制情况；

(7) 企业经营管理经验、教训及改进建议等。

二、项目产品方案的评价

(1) 项目投产后到项目后评估时的产品规格和品种的变化情况；

(2) 产品方案调整对发挥项目投资效益的影响及调整成本情况；

(3) 现行产品对市场、消费者的适应情况及相应的调整幅度情况；

(4) 产品销售方式的选择。

三、项目达产年限的评价

项目达产年限是指投产的建设项目从投产之日起到其生产产量达到设计生产能力时所经历的全部时间，一般用年表示。项目达产年限分为设计达产年限和实际达产年限。设计达产年限指在设计文件或可行性研究报告中所规定的项目达产年限；实际达产年限指从项目投产起到实际产量达到设计生产能力时所经历的时间。项目达产年限评价内容和步骤是：

(1) 计算项目实际达产年限；

(2) 计算实际达产年限的变化情况；

(3) 分析实际达产年限与设计达产年限项目发生变化的原因；

(4) 计算项目达产年限变化所带来的实际效益或损失；

(5) 对项目达产年限进行评价。

四、项目产品生产成本的评价

产品生产成本是反映产品生产过程中物资资料和劳动力消耗的一个主要指标，是企业在一定时期内为研制、生产和销售一定数量的产品所支出的全部费用。项目产品生产成本的高低对项目投资效益的发挥会产生显著作用，生产成本高，则项目销售利润减少，项目投资效益降低；生产成本低，则项目销售利润增多，项目投资效益增多。项目产品生产成本评价的内容和步骤是：

(1) 计算项目实际产品生产成本；

（2）分析总成本的构成及其变化情况；

（3）分析实际单位生产成本的构成及其变化情况；

（4）计算实际生产成本变化率；

（5）项目实际生产成本发生变化对项目投资效益的影响程度有多大，降低项目实际生产成本的有效措施。

五、项目产品销售利润的评价

销售利润是综合反映项目投资效益的指标。对其进行评价的目的在于考核项目的实际产品销售利润和投产后各年产品销售利润额的变化情况，比较和分析实际产品销售利润与项目前评价或可行性研究中预测销售利润的偏离程度及其原因，提出进一步提高项目产品销售利润，从而提高项目投资效益的有效措施。产品销售利润评价的内容和程度是：

（1）计算投产后历年实际产品销售利润，考虑各年的变化情况，分析其变化原因；

（2）计算实际产品销售利润变化率；

（3）分析项目实际产品销售利润偏离预测产品销售利润的原因，计算各种因素对实际产品销售利润的影响程度；

（4）提高实际产品销售利润的对策和建议。

六、项目经济后评价

项目经济后评价是项目后评价的核心内容之一，其目的是衡量项目投资的实际经济效果，比较和分析项目实际投资效益与预测投资效益的偏离程度及其原因；另一方面通过信息反馈，为今后提高项目决策科学化水平服务。经济后评价分为项目财务后评价和国民经济后评价两方面的内容。

七、对项目可行性研究水平进行综合评价

项目运营阶段是项目实际投资效益发挥的时期，通过项目运营后评价，尤其是通过项目经济后评价，才能具体计算出项目的实际投资效益指标。项目可行性研究水平评价的内容主要是对项目可行性研究中的内容和深度进行评价。其评价的内容和步骤是：

（1）考核项目实施过程的实际情况与预测情况的偏差；

（2）考核项目预测因素的实际变化与预测情况的偏离程度；

（3）考核可行性研究各种假设条件与实际情况的偏差；

（4）考核实际投资效益指标与预测投资效益指标的偏离程度；

（5）考核项目实际敏感性因素和敏感性水平；

（6）对可行性研究进行深度总体评价。

本章小结

本章主要讲述了工程项目后评价的相关内容，总结如下：

工程项目后评估的概念。指在项目建成投产并达到设计生产能力后，通过对项目前期工作、项目实施、项目运营情况的综合研究，衡量和分析项目的实际情况及其与预测情况的差距，确定有关项目预测和判断是否正确，并分析其原因，从项目完成过程中吸取经验教训，为今后提高投资项目的决策水平创造条件，并为提高项目投资效益提出切实可行的对策措施。

工程项目后评估的特点：现实性、全面性、探索性、反馈性、合作性。

工程项目后评估的作用：第一，总结项目管理的经验教训，提高项目管理的水平；第二，提高项目决策科学化水平；第三，为国家投资计划、政策的制定提供依据；第四，为银行部门及时调整信贷政策提供依据；第五，可以对企业经营管理进行“诊断”，促使项目运营状态正常化。

项目后评估的内容：项目立项决策的后评估、项目生产建设条件的后评估、项目技术方案的后评估、项目经济后评估。

项目后评估的程序：大致分为确定后评价对象、组织后评估机构、收集资料、分析研究、编制后评估报告五个阶段。

项目后评估的方法：有无对比法、逻辑框架法。

项目运营后评价的主要内容：企业经营管理状况的评价、项目产品方案的评价、项目达产年限的评价、项目产品生产成本的评价、项目产品销售利润的评价、项目经济后评价。

思考题

1. 试述工程项目后评估的概念及特点。
2. 工程项目后评估的特点是什么？
3. 试述工程项目后评估的基本内容。
4. 项目后评估的程序是怎样的？
5. 项目运营后评价主要包括哪些内容？

第十三章 建筑工程设计方案的技术经济评价

第一节 建筑工程设计概述

建筑工程设计是科学技术应用于工程建设的纽带。一个工程项目的建设，对资源利用是否合理，技术、工艺、流程是否科学，在很大程度上取决于设计的水平和设计的质量。建筑工程设计不仅直接影响到工程建设项目的经济效果，也是贯彻国家方针政策的基本途径。

建筑工程设计是一门综合应用技术经济科学。它是对拟建工程采用科学方法进行系统、周密地研究，制定出完整的建筑工程设计方案，编制出一整套建筑工程施工图纸，全面地表现拟建的建筑工程内外空间处理与布置，结构构造形式与形状，建筑群体的组成与相互之间的有机的联系，以及拟建的建筑工程与周围环境、社会环境之间的相互关系等。

我国一般建筑设计要求贯彻"适用、经济，在可能的条件下注意美观"的方针，在工业建筑设计中要求贯彻"坚固适用，技术先进，经济合理"的方针。同时既要正确体现国家建设的法律、法规，也要最大限度地满足建设单位（业主）的要求。

建筑工程设计是整个建筑工程的灵魂。建设项目能否节约投资、缩短工期，采用先进技术，取得显著的经济效益，贯彻国家有关方针、政策等，工程设计起着关键的作用。因此，在建筑工程设计中，应遵循以下经济原则，以求得最佳经济效果。

(1) 要正确贯彻执行国家经济建设的方针政策。

(2) 要严格执行国家现行设计规范；严格执行国家有关建设方面的统一标准、规定。

(3) 要严格执行国家批准的建设计划、投资计划、建筑面积和建设标准。

(4) 应尽量采用标准设计、通用设计。

(5) 注意因地制宜，就地取材，节省建设资金。

(6) 在切合实际地满足建筑物功能要求的同时，千方百计地节约投资，节约各种资源，缩短建设工期。

(7) 积极采用技术上更加先进，经济上更加合理的新结构、新材料。

(8) 积极推广应用"可靠性设计方法"、"结构优化设计方法"和"比较设计方法"等现代设计方法。

(9) 积极推广工程设计的招标投标制，通过竞争达到优化设计的目的。

(10) 积极开展设计工作的全面质量管理等。

建筑工程设计的技术经济评价，即论证建筑工程设计在技术上是否可行，在功能上是否满足要求，在经济上是否合算；通过科学的计算、分析、比较及评价，从中选择技术经济效果最佳的建筑工程设计。因为人们为了完成拟定的基本建设项目，可以采用不同的建筑设计方案，建筑施工方案，使用不同种类、型号的机械设备和建筑材料，实施不同的建筑技术设计方案，会收到不同的经济效益和社会效益。因此，为了达到最优的目标，就要从不同的建筑设计方案中选择技术上先进、功能合理、经济效益好的最优建筑工程设计方案。

第二节 建筑工程设计方案技术经济评价

一、建筑工程设计方案技术经济评价的概念

建筑工程设计方案技术经济评价就是对设计方案技术与经济分析、计算、比较和评价，从而选出技术上先进、结构上坚固耐用（一般指工业建筑）、功能上适用、造型与装饰上美观、环境上自然协调和经济上合理的最优设计方案，为决策提供科学的依据。

二、建筑工程设计方案技术经济评价的意义

在我国，固定资产投资包括基本建设投资、更新改造投资、房地产开发投资和其他固定资产投资四部分。其中，基本建设投资是用于新建、改建、扩建和重建项目的资金投入行为，是形成固定资产的主要手段，在固定资产投资中占的比重最大，约占全社会固定资产投资总额的50%～60%。更新改造投资是在保证固定资产简单再生产的基础上，通过以先进科学技术改造原有技术，以实现内涵扩大再生产为主的资金投入行为，约占全社会固定资产投资总额的20%～30%，是固定资产再生产的主要方式之一。房地产开发投资是房地产企业开发厂房、宾馆、写字楼、仓库和住宅等房屋设施和开发土地的资金投入行为，目前在固定资产投资中已占20%左右。其他固定资产投资，是按规定不纳入投资计划和用专项资金进行基本建设和更新改造的资金投入行为，它在固定资产投资中占的比重较小。

基本建设投资是形成新增固定资产，扩大生产能力和工程效益的主要手段。在投资构成中，建筑安装工程费用约占50%～60%。但在生产性基本建设投资中，设备费则占有较大的份额。在非生产性基本建设投资中，由于经济发展、科技进步和消费水平的提高，设备费也有增大的趋势。

设计阶段是工程造价控制的关键和重点，设计费用虽然只占工程建安成本的1.5%～2%，但对工程造价的影响可达75%以上，据相关统计，经济合理的设计可降低工程造价10%左右。

三、建筑工程设计方案的技术经济评价的原则

对一个建筑工程设计方案的技术经济评价，应遵循以下原则。

(1) 以国家的建设方针为总标准，应符合有关的建筑工程设计标准、规范和规定的要求，做到安全适用、经济，在可能的情况下注意美观。

(2) 应对建筑工程项目从设计、施工、管理等方面进行全面地、综合地分析，以能很好满足建设、生产和使用的要求。

(3) 建筑工程设计方案中采用的施工工艺、主要机具设备、建筑材料和结构形式，力求做到工艺先进、技术合理，选型合适，符合我国的国情和当地的实际情况，又体现国内外先进技术水平。

(4) 投资省，见效快。千方百计地降低工程造价，节约钢材、木材、水泥等主要建筑材料，就地取材，充分利用周转性材料，降低能源消耗，努力提高综合经济效益。

(5) 重视环境保护，注意建筑物与周围环境的配合、协调，创造良好的劳动、工作和生

活条件，有利于卫生和美化环境。

(6) 建筑设计应符合《城市规划法》的要求，能因地制宜，反映地方特色。在经济条件许可的前提下，尽量使设计的构筑物收到良好的艺术效果。

(7) 建筑方案的设计应满足《现行建筑设计规范大全》的有关规定，设计文件的内容、深度能保证工程建设的需要。

总之，在做建筑工程设计方案技术经济评价、分析时，既要着眼于建筑工程项目的目前效果，也要看长期效果；既要看局部效果，又要看宏观效果，切忌片面性。

四、建筑工程设计方案技术经济评价的指标体系分类

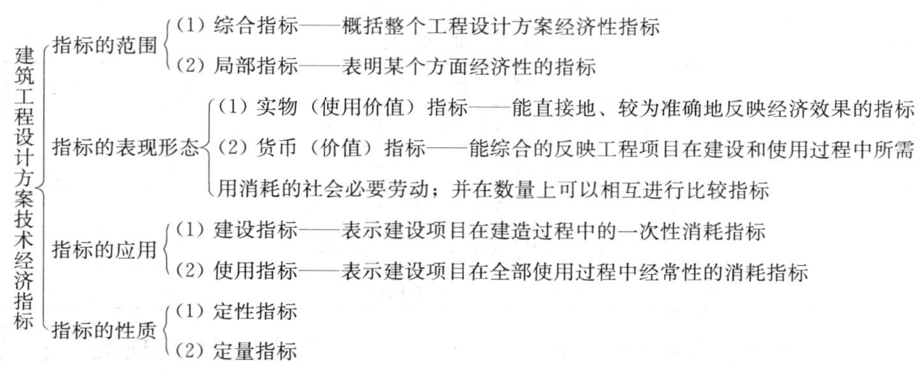

图 13－1　设计方案技术经济评价的指标体系

五、建筑工程设计方案的技术经济评价方法

（一）基本评价方法

1. 单指标评价方法

单指标评价方法是用单一的货币指标作为评价的基础，把建筑物的建造费用、维护费用和经营管理费用综合起来进行评价。常用的单指标评价方法有：

(1) 利润指标评价方法。对于商品化的建筑产品设计方案的评价，是以资本利润指标为主要评价基础，其实质是计算和比较不同设计方案的资本利润率。

$$资本利润率(\%)=\frac{年利润总额}{预付资本总额}\times 100\% \qquad (13-1)$$

(2) 评分法。评分法就是根据各指标的重要程度给一定的权数，然后按方案满足于各项指标的程度评分，最后以总分的高低来判别方案的优劣，其计算公式为

$$R_i=\sum_{j=i}^{n}C_jW_j \qquad (13-2)$$

式中　R_i——第 i 个方案的总分（$i=1，2，\cdots，m$）；

C_j——各方案中各指标的分值（$j=1，2，\cdots，n$）；

W_j——各指标的权重数值（$j=1，2，\cdots，n$）。

【例 13－1】　某建筑工程有四个设计方案，按适用性、平面布置、经济性、美观四项指标评定。各项指标的权重值（权重值总计为 1）、分值（每项指标最低为 1 分，最高为 10 分）及所得总分值见表 13－1、表 13－2，试选择最优方案。

表 13-1 各方案打分

方案		适　用	平面布置	经　济	美　观
		0.4	0.2	0.3	0.1
A		9	8	9	7
B		8	7	7	9
C		7	8	9	8
D		6	9	8	9

按公式计算（结果见表 13-2）最优方案为最终选择方案。

表 13-2 各方案得分

方案	算　式	总分值 R_i
A	0.4×9+0.2×8+0.3×9+0.1×7=8.6	8.6
B	0.4×8+0.2×7+0.3×7+0.1×9=7.6	7.6
C	0.4×7+0.2×8+0.3×9+0.1×8=7.9	7.9
D	0.4×6+0.2×9+0.3×8+0.1×9=7.5	7.5
最佳方案	R_{max}=8.6，即 A 方案最佳	

这种方法的优点在于避免了前一种方法指标间可能发生相互矛盾的现象。由于是定量的指标，也可利用电子计算机求解。但确定权重值和评分难免存在主观臆断成分。同时，分值是相对的，因而就不能直接判断各方案的各项功能。

(3) 全寿命费用指标评价方法。这是一种动态计算的方法。当进行多方案比较时，先计算出各方案每年的使用和维修费；然后按照初始投资即建造费按复利计息的等额多次支付资金回收因子公式，算出在使用年限内每年的回收额。以上两项费用的总和就是该方案在寿命周期中每年的总费用，以此为基础比较各方案的经济效益，其性质相当于商品的价格。

全寿命费用指标评价方法中的相关概念有：

建筑物使用寿命——建筑物从建成交付使用起，到损坏报废止的全部时间；

建筑物使用费——在建筑物使用寿命期间发生的全部费用支出；

建筑物初始投资——建筑物建造时的全部费用。

费用指标的计算——全寿命费用指标评价方法是一种动态指标评价方法。费用指标计算公式为

$$Z=C+K\cdot D=C+K\left[\frac{i(1+i)^n}{(1+i)^n-1}\right] \tag{13-3}$$

式中 Z——年总费用；

C——年使用费用（年成本费用）；

K——初始投资；

D——资金还原系数；

i——各方案共同使用的复利计息利息；

n——该方案建筑物的使用寿命。

【例 13-2】 某建筑公司拟购置一套施工设备，有两个方案可供选择，每年的使用维修费和使用年限见表 13-3。若复利计息年利率为 6%，试决定选择哪一种方案更为合理。

表 13-3　各方案资料

项　目	方案Ⅰ	方案Ⅱ	项　目	方案Ⅰ	方案Ⅱ
初始购置费 P_i	13 万元	16 万元	使用年限 n_i	10	6
年使用维修费 C_i	5000 元	3000 元			

解　根据式（13-3）计算如下。

方案Ⅰ：$Z_1 = C_1 + K_1 D_1 = 5000 + 130\ 000 \times (A/P,6,10)$

$= 5000 + 130\ 000 \times 0.135\ 868 = 22\ 663$（元）

方案Ⅱ：$Z_2 = C_2 + P_2 D_2 = 3000 + 100\ 000 \times (A/P,6,6)$

$= 3000 + 100\ 000 \times 0.203\ 363 = 23\ 336$（元）

从计算结果看，方案Ⅰ虽然一次投资和经常费用都比方案Ⅱ多，但其使用年限长，年度总费用反而还少 637 元，故应选择方案Ⅰ。

这种方法避免了多指标评价中指标相互矛盾的现象，也不存在主观臆断的问题。由于它主要是用商品价格这一指标来取舍市场方案，这对具有多功能的建筑工程来说，结论就会带有很大的片面性。不过，在社会主义经济条件下，建筑产品确有很多商品的属性，特别是从当前建筑产品商品化这种趋势来看，这一指标也有其现实意义。

（4）综合费用指标评价方法。综合费用指标评价方法是一种静态指标评价方法，适用于不考虑资金的时间因素和建筑物使用寿命时的评价。其费用指标计算公式为

$$Z = C + K \cdot E \tag{13-4}$$

式中　Z——方案的年综合费用；

C——方案的年使用费用；

K——方案的一次性投资；

E——部门标准投资效果系数。

2. 多指标评价方法

多指标评价方法是从财力（货币指标）、物力（物化劳动消耗指标）和人力（活劳动消耗指标）等多方面进行评价的方法。它的基本特点是使用一个适用的指标体系，将对比方案的指标值列出，然后一一对比分析，根据指标的高低，分析判断各方案的优劣。在进行对比、分析、评价时，必须使不同的方案具有可比性。否则，应对指标进行调整，常用调整方法有：

（1）调整局部方案法。在不改变原方案的前提下，对工程设计作局部适应性调整，以消除差异，便于进行对比。

（2）修正系数法。在分析各对应关系影响因素的基础上制定修正系数，用以修正方案的指标值，从而使方案之间建立可比条件。

（3）平面不变法。是排除体系本身以外的影响因素，采取替换分析对象的结构体系，而保持原有参数和平面布置不变以确定对比标准的方法。

3. 多指标综合评价法

单指标评价具有简单明了、容易得出结论的相对优越性。对多指标体系也可经过综合处理形成单指标来评价设计方案。常用综合方法有：

（1）按价值综合形成价值指标。用价值指标综合评价时，应注意方案的可比性。

（2）评分综合形成总分值指标。对各项分析指标按其重要程度给出权数值，在分析时对各方案评定分数，总分最大者为优。总值的计算公式为

$$C_R = \sum_{i=1}^{n} C_i \omega_i \rightarrow \text{Max} \tag{13-5}$$

式中 C_R——总分值；

C_i——指标的分值（$i=1, 2, \cdots, n$）；

ω_i——指标的权数值。

（3）价值系数标准差综合形成标准差指标。

1）价值系数（x_i）。

$$\text{价值系数}(x_i) = \text{功能系数/成本系数} \tag{13-6}$$

其中

$$\text{功能系数} = \text{单项指标功能得分/某方案总分数}$$
$$\text{成本系数} = \text{单项指标成本/某方案总成本}$$

2）标准差（σ_j）。

$$\sigma_j = \sqrt{\frac{\sum_{i=1}^{n}(x_i - \{\overline{x}\})}{n-1}} \rightarrow \min \tag{13-7}$$

式中 σ_j——某方案的标准差；

x_i——某项指标的价值系数；

$\{\overline{x}\}$——理论值，取值为 1；

n——某方案的价值系数个数。

这种方法的特点是既考虑了功能，又考虑了成本。在进行综合评价时，以标准差最小的方案为最优方案。

4. 价值分析方法

价值分析（即价值工程）法是一种相当成熟和行之有效的管理技术与经济分析方法，一切发生费用的地方都可以用其进行经济分析和方案选择。工程建设需要大量的人、财、物，因而价值工程方法在工程建设领域得到了较广泛的应用，并取得了较好的经济效益。例如，美国在对俄亥俄拦河大坝的设计中，从功能和成本两个角度综合分析，最后提出了改进的设计方案，把溢水道闸门的数量从 17 扇减为 12 扇，同时改进了闸门施工用的沉箱结构，在不影响功能和可靠性的情况下，筑坝费用节约了 1930 万美元，而聘用咨询单位进行价值分析只花了 1.29 万美元，取得了投入 1 美元收益近 1500 美元的效益。再如，上海华东电子设计院承担宝钢自备电厂储灰场长江边围堰设计任务，原设计为土石堤坝，造价在 1500 万元以上，设计者通过对钢渣物理性能和化学成分分析试验，在取得可靠数据以后，经反复计算，证明用钢渣代替抛石在技术上是可行的，并经过试验坝试验。最后工期提前一个月建成了国内首座钢渣黏土夹心坝，建成的大坝稳定而坚固，经受了强台风和长江特高潮位的同时袭击，该方案比原设计方案节省投资 700 多万元。

（二）系统综合评价方法

1. 系统分析与系统综合评价内容

系统分析是对一个系统内的基本问题，用系统观点进行思维推理，在确定与不确定的条

件下，探索可能采用的方案，通过分析对比，为达到预期目标选择最优方案的一种决策方法。

建筑工程设计方案的评价与决策具有多方案、多目标和多指标的特征，因此可以应用系统分析的观点、综合评价的方法进行方案选优。

系统综合评价的内容有以下几条。

(1) 政治评价：是否符合国家建设方针、政策和法令等。

(2) 国防评价：是否符合国防要求。

(3) 社会评价：社会效果如何；是否考虑到社会就业、劳动条件、文化教育及生活福利等。

(4) 技术评价：采用的技术是否先进、适用、可行与可靠。

(5) 经济评价：微观经济效果与宏观经济效果如何。

(6) 环境生态评价：是否起到保护环境、保护生态平衡的作用；环境污染的防治措施如何。

(7) 自然资源评价：保护自然资源、综合利用和平衡自然资源的措施如何；

(8) 其他间接效果评价：对区域经济的发展、生产力的合理布局、出口创汇能力、科技水平的提高及对中、远期发展等的影响作出评价。

2. 系统综合评价方法

所谓系统综合评价，实质上是一个多目标决策问题。实际应用时，是将多目标转化为各方案的综合单目标，然后根据综合单目标数值的大小（通过建立数学模型并求解）进行综合评价选出最优方案。综合单目标的数学模型可表示为

$$U = \sum_{i=1}^{n} f_i(x_j) \quad (j = 1, 2, \cdots, m) \tag{13-8}$$

式中　U——目标的函数值；

x_j——影响目标的因素。

多目标的综合方法与前述“多指标的综合方法”相同。

第三节　民用建筑设计方案的技术经济评价

一、民用建筑设计应遵循的经济原则

民用建筑是供人们居住、生活和进行社会活动的房屋。根据建筑物的使用功能，可分为两大类——居住建筑和公共建筑。

1. 居住建筑设计

居住建筑在民用建筑中约占70%的比重，也就是说在民用建筑中居住建筑是最大量、最主要的建筑。它是供人们居住、生活用的房屋；如住宅、宿舍、公寓、别墅等。同时，居住问题是人民生活中的一个主要问题。因此解决居住问题，在基本建设中占有重要的地位。

居住建筑设计应遵循的一般经济原则：

(1) 居住建筑设计标准应符合国家现行政策规定。

(2) 居住建筑设计应满足方便生活、方便工作的要求。

(3) 应创造出一个舒适、安全、卫生的居住环境。

(4) 在造价许可的条件下，应尽量设置完善齐备的生活设施。

(5) 合理选择楼房层数，确定适宜的层高和单元户型。

(6) 应保证良好的朝向，在可能的条件下注意建筑物的美观。

(7) 结构构件应尽可能采用标准构件，基础应尽可能采用天然地基浅基础；尽量采用标准设计。

(8) 积极开展住宅建筑的优化设计。

(9) 因地制宜，选择经济的建筑结构和建筑材料。

(10) 积极采用新结构和新材料，达到缩短建设工期，提高工程质量和劳动生产率，降低工程造价的目的等。

2. 公共建筑设计

公共建筑是供人们工作、学习、文化娱乐和生活服务的房屋。公共建筑的类型较多，如办公楼、教学楼、商店、影剧院、医院门诊楼、旅馆、展览馆等。公共建筑功能复杂，通常又是城镇中心的组成部分，是城镇的政治、经济、文化生活的集中场所。因此在公共建筑设计时，要兼顾功能、艺术性和技术条件三个方面，应遵循如下经济原则：

(1) 应严格执行国家现行设计规范。

(2) 执行国家和地方现行有关公共建筑的建设标准。

(3) 符合城市总体规划要求，体现城市的独特风貌和民族风格。

(4) 满足使用功能的要求并做到形式和内容的相互统一。

(5) 正确选择结构形式和建筑材料。

(6) 正确处理装修构造和选择设备标准的关系。

(7) 在满足功能和体型处理要求的前提下，尽量节约建筑面积和建筑物的体积。

(8) 建筑物的空间应力求布局紧凑，充分加以利用。

(9) 应满足卫生防火、日照通风和安全疏散的要求。

(10) 应力求平面布局合理，最大限度地节约建筑用地等。

二、民用建筑设计方案技术经济评价可比条件的建立

评价对象和对比标准必须符合下列对比条件：

(1) 满足需要的可比性：对比标准和评价对象应基本满足相同的功能需要。例如，建筑面积、功能标准、建筑层数等。

(2) 消耗费用的可比性：消耗费用包括建设阶段和使用阶段部分。

(3) 价格的可比性：须采取统一的定额和价格水平进行计算，尽量消除人为的变动因素。

各住宅方案和住宅工程，如不具备以上可比条件，应采取措施建立相应的可比条件，然后进行评价。

对层数不同的建筑设计方案，可增减层数，考虑相关影响（如层数不同对基础的影响），提高可比性；户室比不同的方案，可通过单元组合和户室比，使每户平均面积相近，并考虑相关影响；局部设计标准不同，可替换为相同标准等以提高可比性。

三、住宅建筑设计方案技术经济评价的指标体系

评价住宅建筑设计方案要有功能适用性指标，人、财、物消耗等经济指标以及艺术效果指标。

1. 适用性指标

(1) 满足居住者生活、生理、心理等要求的基本需要的功能。

(2) 建筑面积（m^2）是建筑物外墙勒脚以上的外围水平面积。

(3) 住户面积（m^2）又称使用面积或称有效面积，是建筑各层平面中直接为生产或生活用的净面积。

(4) 结构面积（m^2）是建筑物各层平面中外墙、内墙、烟道、柱等所占的面积，使用面积等于建筑面积与结构面积的差值。

(5) 居住面积（m^2）是居住房间内净面积之和。

(6) 平面指标用来衡量平面布置的紧凑性、合理性，主要有以下几个：

$$\text{平面系数 } K_1(\%) = \text{居住面积}/\text{建筑面积} \times 100\%$$

$$\text{平面系数 } K(\%) = \text{居住面积}/\text{有效面积} \times 100\%$$

$$\text{平面系数 } K_2(\%) = \text{辅助面积}/\text{有效面积} \times 100\%$$

$$\text{平面系数 } K_3(\%) = \text{结构面积}/\text{建筑面积} \times 100\%$$

(7) 保温、隔热。对严寒和寒冷地区计算保温；温暖地区计算保温与隔热；炎热地区计算隔热。

(8) 通风与换气。为不断地补充房间里的新鲜空气，排出二氧化碳含量高的空气，要进行通风或换气，但寒冷地区，夏季可用门窗通风，在冬季不能开窗，为通风换气就要设置通风道。

(9) 采光。采光以卧室和起居室采光口面积与地板面积比值大小评定采光效果。根据“住宅建筑设计规范”的规定，其比值不应小于 1/7。但过大又不利于节能，各地应有一个极限值。

$$\text{天然采光系数} = \frac{\text{采光口面积}}{\text{地板面积}} \times 100\% \tag{13-9}$$

(10) 隔声。为使建筑物和建筑构件的空气声和撞击声隔声测量结果，转换为单值评价量，以便于隔声性能的相互比较和建筑隔声设计，应符合《建筑隔声测量规范》的有关要求。

(11) 耐久性。建筑物的耐久性等级是依其正常使用年限的长短来划分的。

一级：使用年限按 100 年以上考虑；

二级：使用年限按 50～100 年考虑；

三级；使用年限按 20～50 年考虑。

2. 经济性指标

(1) 含税工程造价。含税工程造价是指工程造价中包括国家规定施工企业缴纳的营业税、城市维护建设税和教育费附加列入工程预（概）算的工程造价。其计算方法如下。

1) 纳税人所在地在市区：

$$\text{含税工程造价} = \frac{\text{不含税工程造价} - \text{直接列入工程造价的专用基金}}{1 - 3\% - 3\% \times 7\% - 3\% \times 10\%} + \text{直接列入工程造价的专用基金} \tag{13-10}$$

2) 纳税人所在地在县城、镇：

$$\text{含税工程造价} = \frac{\text{不含税工程造价} - \text{直接列入工程造价的专用基金}}{1 - 3\% - 3\% \times 5\% - 3\% \times 1\%}$$

$$+ 直接列入工程造价的专用基金 \tag{13-11}$$

3）纳税人所在地不在市区、县城或镇的：

$$含税工程造价 = \frac{不含税工程造价 - 直接列入工程造价的专用基金}{1-3\%-3\%\times1\%-3\%\times1\%} + 直接列入工程造价的基金 \tag{13-12}$$

（2）一次性投资。一次性投资是指发展某种类型的工业化建筑体系必须购置的专用设备，如混凝土集中搅拌站或生产线，预制厂以及发展新型建筑材料所必需的基本建设投资。反映了建筑部门和有关部门为发展某种体系对基建投资需要的指标。

（3）工期。工期系指单位工程从开工到竣工交付使用的时间间隔。以天为单位，按国家工期定额计算。为提高住宅建筑投资效果，必须十分重视施工工期计算对方案设计的评价，可采用定额工期或计划工期。对住宅工程评价，可用计划工期，也可用扣除不正常停歇天数实际工期。

（4）房屋经常使用费。房屋经常使用费系指房屋在使用过程中折旧、维修养护和管理费等。可按下式计算。

$$V = \frac{1}{A} \cdot B \cdot m \cdot \frac{(1+i)^n - 1}{i(1+i)^n} \cdot \varphi \tag{13-13}$$

式中 V——房屋经常使用费用（元/m^2）；

B——房屋造价；

m——使用期限为维护及管理费系数，一般取 0.6；

A——按直线折旧法计算的折旧费（元/m^2）；

φ——远期系数，按计算期与寿命期之比确定，暂时统一取用 0.19；

$[(1+i)^n-1]/[i(1+i)^n]$——等额序列现值因素。

从理论上分析，房屋经常使用费应包括管理费、维修费、税金、资金利息、保险费、能耗费等项。目前，经常使用费主要是维修费和管理费。

（5）主要材料消耗量。系指三大材（钢材、木材与水泥）及地方五小材（黏土砖、黏土瓦、砂、石、石灰）等用于建筑物本身土建工程的主要建筑材料的总耗用量及单方耗用量。按综合预算定额计算确定，其中对钢筋要调整计算。

（6）生产和使用能源消耗。生产能耗包括墙体材料、混凝土预制构件生产及建筑施工阶段耗用量。使用能耗包括房屋使用寿命中采暖、空调的能源消耗量。为了简化计算便于可比，可将用电量折合成标准煤用量。煤耗用量按每千克发热量 7000 大卡的标准计算；每度电（千瓦·小时）折合 0.4 千克标准煤。

（7）土地利用系数（建筑占地密度）。系指建筑物或构筑物的占地面积与其占地面积的比值。

$$土地利用系数(建筑占地密度) = \frac{建筑物占地面积}{用地面积} \times 100\% \tag{13-14}$$

（8）劳动力耗用。劳动力耗用是指住宅建造过程中直接耗用的全部劳动量，不包括由机械费、运杂费和工程管理费开支的用工，劳动耗用量以工日或工时为单位，分现场用工和预制厂用工两个部分，按综合预算定额计算。

$$基本工日数量 = \sum(工序工程量 \times 时间定额) \tag{13-15}$$

（9）建筑自重。建筑自重反映了轻质高强等新型建筑材料、新型建筑结构形式在建筑工程中的应用程度，是衡量建筑技术水平的标志之一。由于建筑自重的减轻可以相应减少材料、劳动、运输等用量和降低工程造价，所以，它是一项重要的经济指标。

3. 建筑美学效果

(1) 环境协调。重视环境保护，与周围环境和原有建筑物互相陪衬。外部空间环境和谐优美、内部空间环境舒适、新颖。

(2) 艺术造型。建筑物是人们的劳动产品，它首先要满足人们社会生产和生活的需要，同时又要满足人们一定的审美要求。这就要求建筑物的形体、平面布置、立面形式、结构形式、室内外装饰和色调等，能继承我国的传统风格又有创新，有浓郁的地方特色和鲜明的时代感，给人以美的享受。

因此，建筑设计除了完成使用功能和技术上的任务以外，还必须同时完成美学上的任务。

四、民用建筑技术经济定量指标的内容和计算方法

定量指标是指能够通过数值的大小具体反映方案优劣的指标。

1. 平面布置合理，房屋的长度和宽度得当

在层数和层高一定的条件下，房屋的长度和宽度决定单位建筑面积的外墙面积。如果建筑物每层的建筑面积不变，建筑物的宽度大而长度短时，则每平方米建筑面积的外墙周长就小。一般用外墙周长系数衡量外墙周长的大小。

$$\text{外墙周长系数} = \frac{\text{建筑物外墙周长(m)}}{\text{建筑面积(m}^2\text{)}} \tag{13-16}$$

外墙周长系数小，造价就低，能源损耗就少。为使外墙周长系数适度并考虑不设伸缩缝的最大限制长度为 70m，房屋的长度以 3～5 个单元（60～80m）较为经济。

2. 单元的组成、户型和居住面积要适宜

户型即每户的室数。户室比是按照不同的居室户的户数与总户数的百分比。户室比应根据一般家庭人口的组成情况、职业情况等来决定，同时，要考虑业主的经济状况。居住面积一般用平面系数来确定。

$$\text{平面系数} = \frac{\text{居住面积(m}^2\text{)}}{\text{建筑面积(m}^2\text{)}} \times 100\% \tag{13-17}$$

一般说来，平面系数要达到 60%以上。辅助面积用辅助面积系数来确定。

$$\text{辅助面积系数} = \frac{\text{辅助面积(m}^2\text{)}}{\text{居住面积(m}^2\text{)}} \times 100\% \tag{13-18}$$

该系数以 25%左右为宜，结构面积越小，设计方案越经济。因为有效面积因此而增加。结构面积大小用结构面积系数衡量。

$$\text{结构面积系数} = \frac{\text{结构面积(m}^2\text{)}}{\text{建筑面积(m}^2\text{)}} \times 100\% \tag{13-19}$$

3. 合理确定房屋的层高与层数

房屋的高度对建筑造价和经常费用有很大的影响。高度降低，可以缩小楼座与楼座之间的日照与安全间距，节约用地。

(1) 层高的经济问题。我国的居住建筑的层高，无论采暖或非采暖地区，同外国相比，一般都较高。据统计，我国 23 个省市住宅建筑的平均层高为 2.85m，室内净高 2.65m。而美国、英国、丹麦等国的室内净高为 2.10～2.46m，而捷克、波兰、意大利等国为 2.5～

2.8m。当然，降低室内净高对室温、二氧化碳含量等有影响，但实际设计室内的净高时，一般不由影响室内微小气候的诸因素和居室、家具等的比例尺寸以及有无空调设施等所决定，而是由视觉、感官等习惯因素所决定。建设部曾指示适当降低层高，把节约下来的投资作为增加居住面积之用，这是已被实践证明了的正确做法。

研究资料表明，室内空气污浊带，一般在天棚底1.0～0.8m处。设计应保证污浊带在呼吸带以上，考虑人体平均身高1.69m，则2.7m净高已足够。实际人在室内活动过程中长时间站立的情况不多，因此适当降低室内净高是可以的。另据测定，当层高从3.0m降至2.5m时，室内二氧化碳、细菌含量无显著变化，室温变化不超过0.5℃。必须指出，影响夏季室内微小气候的因素是多样的。它同风速、风压、相对湿度等综合因素有关。为此，降低炎热地区夏季室温的有效方法，是穿堂风和围护结构隔热，以及室外、遮阴、植树、绿化等综合措施，而不靠增加室内净高，至于二氧化碳的含量，实测表明，室内不通风换气，一般均超过容许含量0.07%的1～2倍以上。因此，靠提高室内净高来调节二氧化碳的含量是无济于事的。从日光照射的卫生观点看，只要层高不影响合理安排采光窗，能够做到符合天然采光标准，那么，对人体的新陈代谢、呼吸、血液循环、维生素合成、内分泌腺和造血器官的工作，大脑皮层中枢神经系统的正常活动就不会有影响。至于降低层高对人精神感觉的影响问题，可以运用建筑艺术手法加以消减。如果房间的比例合适，明暗、色调处理得当，就不会产生压抑感。例如高层公寓建筑，通过灯光巧妙布置消除人们的压抑感，效果很好。

总之，适当降低层高，对于居住者的生活条件，并无大的影响，但对降低造价却有较大的作用。这可由下式证明：

设层高为h，降低层高值为Δh，墙体造价占建筑总价的比重为K，则层高降低为Δh时的造价降低率为

$$q=\frac{K\cdot\Delta h}{h} \tag{13-20}$$

例如，混合结构的六层住宅，当层高为3.0m时，一般墙体造价占建筑总价的40%左右，则层高降低值$\Delta h=0.1$m时造价降低率为

$$q=\frac{K\cdot\Delta h}{h}=\frac{0.4\times 0.1}{3}=0.0133$$

即降低1.33%（层高降低后，由于窗口面积变化所带来的造价影响因素及对基础的影响因素均未考虑）。同时，降低层高，可以减少墙身和粉刷工程量，降低室外工程费用和节省采暖费用，从而降低了造价。统计表明，层高降低0.1m，造价可降低1%左右，墙体材料可节约10%。目前我国居住建筑层高多为2.80～3.00m。

(2) 住宅层数的经济问题。房屋的层数增加，能提高居住密度，减少每户的工程管道长度，节约用地。房屋内部和外部设施，供水、排水管道、电力照明和交通道路等费用在一定范围内都随着住宅层数的增加而降低。门窗、墙体等垂直部位构件的平方米造价指标，对层数多少影响较小。因此，在分析时可视为常量。就房屋地上部分而言，主要受楼盖、屋盖和地坪综合价值的制约，层数与建筑造价的关系可概括如下：

$$R_n=\frac{1}{n}(Y_{地}+Y_{屋})+\frac{n-1}{n}Y_{楼}+\sum K\cdot Y \tag{13-21}$$

式中 n——住宅层数；

$Y_{地}$——地坪单位综合价（元/m^2），包括地坪土方、垫层、面层、扩坡、踏步等；

$Y_{层}$——屋盖单位综合价（元/m²），包括屋面基层、隔热层、保温层、屋架支撑、防水层、檐口等；

$Y_{楼}$——楼盖单位综合价（元/m²），包括梁、板、楼梯及阳台等；

$\sum K \cdot Y$——门、窗、墙体等垂直部位构件的平方米建筑造价指标的总和（元/m²）。

从式（13-21）可知，多层住宅对楼盖的造价较敏感，而低层住宅影响较大的是屋盖。1～6层的多层住宅，层数愈多，指标愈好，相邻层次间的指标差值也愈小，也就是说，当条件许可时，以多建5～6层住宅为宜。

多层住宅层数的经济问题，还取决于基础工程的造价。住宅层数的增减，影响到上部结构重量的增减，对于同一种土质就需要考虑采用不同材质和不同结构形式的基础。

因此，应发展多层还是高层，是一个复杂的技术经济问题，需要根据各地具体情况，经过更多的研究和论证方能做出结论。

4. 恰当加大建筑进深及开间尺寸

（1）进深的经济问题。合理加大建筑进深，减少外墙周长，是减少墙体面积系数、降低造价、提高经济效果的主要措施之一，以3300mm开间为例，当进深由9900mm按300mm递减至7500mm时，平方米建筑造价呈线性关系递增，见表13-4。

表13-4　不同进深的住宅造价关系

进深	7500	7800	8100	8400	8700	9000	9300	9600	9900
%	105.40	104.60	103.37	103.32	101.19	100	98.69	97.43	96.18

平面布局中加大建筑进深尺寸对节约用地也很有利，在层数与建筑面积相同的两幢建筑物中，进深大的长度必短，如日照间距不变，则用地面积就会大大减少。

（2）开间的经济问题。建筑物开间不同，相关影响因素较多，因此，对造价的影响也较大。由于建筑工业的发展，大开间、灵活分隔的住宅方案较普遍，有的开间甚至可达12m。采用大开间方案的经济意义，就在于采用轻质隔墙后，一方面可以较常用开间方案获得较多的居住面积，更重要的是便于临时分隔。由于移动隔墙如同移动家具位置一样，可以丰富、美化室内环境，改善室内微小气候，从这一角度看，即使目前增加一些造价是可取的。

（3）住宅单元组合的经济问题。当住宅单元进行组合时，组合部位的山墙数减少；同时变组合外山墙为内山墙，并影响到基础、檐口、天棚、圈梁、门窗、护坡、脚手架费用等项，从而产生价差显示其经济效果。

当超过五单元组合时，实际上已没有什么经济意义。同时，由于建筑物长度超过60m时需设置沉降缝，势必增加造价。因此，合理的单元组合应少于五单元，长度应少于60m，至少两单元组合，切忌一单元独建。

5. 节约建筑用地，合理提高建筑密度

建筑用地面积是指在建筑或建筑群组所处地段范围以及室外所占用的土地面积。为了分析建筑用地经济性，常用的指标有：建筑密度、建筑面积密度。

$$建筑密度=\frac{建筑基底面积(m^2)}{建筑用地面积(公顷)} \tag{13-22}$$

$$建筑面积密度=\frac{建筑面积(m^2)}{建筑用地面积(公顷)} \tag{13-23}$$

（1公顷＝2.4711英亩＝100公亩＝10 000m^2）

这两个指标说明在用地范围内建筑物，建筑面积的密集程度。

此外，为了分析室外设施的经济性，还有

$$道路面积系数=\frac{通路面积}{建筑用地面积}(\%) \tag{13-24}$$

$$绿化面积系数=\frac{绿化面积}{建筑用地面积}(\%) \tag{13-25}$$

6. 建筑体型既美观又简单、合理

一般说，建筑平面体型愈简单，用地面积就愈省；平面体型愈复杂，所造成的无用零星空地就愈多，用地面积就不经济。

因此，民用建筑技术经济定量指标，是一项政策性和技术性很强的工作，若定得过高，势必造成国家建设资金的浪费；定得过低，又会影响人民生活和生产的基本需要，因此必须慎重，而且必须随着客观条件的变化，例如：自然地理环境，民族生活习惯及当地的经济发展状况等差异而加以必要的调整。

五、民用建筑技术经济定性指标的确定

定性指标是不能直接通过数值定量反映事物好坏的指标。民用建筑技术经济定性指标的确定主要是通过建筑平面布置合理化程度、住宅房间内的辅助平面设置合理、环境效果等指标来反映。

（1）建筑平面布局合理程度——这是一项衡量住宅平面空间设计效果的综合性指标。它要求每户住宅、房间配置合理、恰当、交通联系方便，分区明确，私密性好，简洁明快。

（2）住宅房间内的辅助平面设置合理——主要是要求家具布置适宜、合理，卫生间、厨房要求固定设备完善，重视空间利用，通风、排烟、管道短捷及采光，储藏室、吊柜等要充分利用空间，使用方便等。

（3）楼梯走道——在满足住宅建筑设计规范条件下，以楼梯的合理坡度，栏杆安全、休息平台方便搬运家具为标准。

（4）阳台及附属设施——阳台及附属设施应满足规范的要求，以面积合理、位置恰当、安全、美观。

（5）结构安全——以满足设计规范和抗震要求，主体结构稳定性好为标准。

（6）安全措施——指防火、防盗、防坠落等措施。

（7）防水措施——住宅的防水性能是满足居住的基本功能，主要包括屋面防水、墙体接缝防水和楼板防水。

（8）室内外装饰效果——要以室内外装饰色调协调、简洁明快、观感舒适为判断的标准与条件。

（9）环境效果——住宅体型与外观设计要与周围环境相协调。

（10）创新——要求所设计的建筑方案所反映的内容有独到之处，能够达到更好地满足功能要求的水平。

六、技术经济效果综合评价概述

技术经济效果综合评价是对评价指标的评分值或计算值进行指数化运算。对住宅建筑的技术经济效果综合评价主要从如下几个方面概述。

(1) 由于住宅建筑是一个复杂的多目标系统，因此综合评价其技术经济效果，就要将评价指标的众多不同计量单位化为相同的计量单位。

(2) 住宅建筑功能可提供满足人们居住需要的使用价值，也是以付出社会劳动消耗为目的的。所以这部分评价指标的计算值和评分值越大，表示功能效果越好。

(3) 住宅建筑的社会劳动消耗是为了取得建筑功能所消耗的全部劳动量。在绝大多数情况下，这部分评价指标的数值越小，表示付出的劳动量越小。

(4) 建筑产品设计方案的经济效果，可以用反映满足社会需要的指标体系的综合指数与反映社会劳动消耗的指标体系的综合指数的比值来衡量。比值相对大的方案为较优方案。这个比值可用下面的表达式来表示。

$$E=\frac{\sum_{i=1}^{m}\omega_i z_i}{\sum_{j=1}^{n}\omega_j z_j} \tag{13-26}$$

式中　E——建筑产品设计方案的经济效果；

ω_i——第 i 项反映满足社会需要的评价指标按其重要程度所规定的权重值；

z_i——第 i 项反映社会需要的评价指标的评价指数；

ω_j——第 j 项反映社会劳动消耗的评价指标按其重要程度所规定的权重值；

z_j——第 j 项反映社会劳动消耗的评价指标的评价指数；

m——反映满足社会需要的评价指标的数目；

n——反映社会劳动消耗的评价指标的数目。

下面通过实例来说明设计方案的经济比较与选择。

【例 13-3】 某六层单元式住宅共 54 户，建筑面积为 3949.62m²。原设计方案为砖混结构，内外墙为 240mm 砖墙。现拟定的新方案为内浇外砌结构，外墙做法不变，内墙采用 C20 混凝土浇筑。新方案内横墙厚为 140mm，内纵墙厚为 160mm。其他部位的做法、选材及建筑标准与原方案相同。

两方案各项数据见表 13-5。

表 13-5

设计方案	建筑面积/m²	使用面积/m²	总投资（包括地价）/元
(1) 砖混结构	3949.62	2797.20	8 163 789
(2) 内浇外砌	3949.62	2881.98	8 300 342

问题：

(1) 通过两方案的单位建筑面积造价和单位使用面积造价等指标对两方案进行经济比较分析。

(2) 住宅楼作为商品房出售，在按使用面积出售和按建筑面积出售两种情况下分别进行经济分析。

(3) 按多指标综合评价法对两方案进行比较，哪个方案为优？评价指标、指标的权重与指标值见表 13-6。

表 13-6　　**两方案的指标值**

指　　标		平面布局	使用功能	造价	使用面积	经济效益	结构安全
权　　重		0.15	0.20	0.20	0.15	0.20	0.10
方案	(1) 砖混	8	8	9	7	7	7
	(2) 内浇外砌	8	8	8	8	9	8

解　对于住宅来说，住宅的功能与日常运营费用一般不会受到房屋结构方案不同的影响，因此该例子的方案比较主要的是考察期初的投资或销售收入的差异。问题（1）、（2）采用单指标分析，问题（3）采用多指标综合评价法。

（1）表 13-7 是各方案单位建筑面积和单位使用面积投资额的计算值。

表 13-7　　**各方案单位建筑面积和单位使用面积投资额计算表**

方　　案	单位建筑面积投资/(元/m²)	单位使用面积投资/(元/m²)
1　砖混结构	8 163 789/3949.62=2066.98	8 163 789/2797.20=2918.56
2　内浇外砌	8 300 342/3949.62=2109.57	8 300 342/2881.98=2880.08

从表 13-7 中可看出，按单位建筑面积计算，方案 2 的投资高于方案 1 的投资；如按单位使用面积计算，方案 2 的投资低于方案 1 的投资。由于只有使用面积才会真正发挥居住的功能，如果不考虑其他因素，显然方案 2 优于方案 1。

也可换种角度和方法来分析。每户平均增加使用面积为

$$(2881.98-2797.20)/54=1.57\ (\mathrm{m}^2)$$

为此，每户多投资

$$(8\,300\,342-8\,163\,789)/54=2528.76\ (\text{元})$$

折合单位使用面积投资为

$$2528.76/1.57=1610.68\ (\text{元}/\mathrm{m}^2)$$

即方案 2 比方案 1 的每户多增加的使用面积 1.57m^2，其每平方米的投资为 1610.68 元，和方案 1 的单位使用面积 2918.56 元的投资相比，增加面积的投资是合算的。

（2）如果作为商品房出售，假设方案 2 与方案 1 的单位面积售价是相同的，可从不同的角度来分析。

1）按使用面积出售的情况分析：对于购房人来说，如果不考虑其他因素，不同的结构对其选择是没有影响的，即不管房屋是什么结构的，他花费同样的钱只能购买同样使用面积的住房。

而对于房产商来说，选择方案 2 是很有利的，因为就该住宅分析，方案 2 比方案 1 每单位使用面积净收入增加 2918.56－2880.08=38.48（元/m^2），而整个住宅至少可增加净收入 38.48×2881.98=110 898.59（元）。

2）按建筑面积出售的情况分析：对于房产商来说，选用不同的方案总收入并不增加，但方案 2 比方案 1 的投资额却增加了，单位建筑面积增加额为 2109.57－2066.98=42.59（元/m^2），投资总增加额为 42.59×3949.62=168 214.32（元）。所以，选择方案 2 对房产商并不有利。

但对于购房人来说，购买一套房子的购房款总额不变，但其所得的使用面积，方案 2 比

方案 1 每户要多 1.57m²，所以如果选择方案 2 对购房人来说是有利的。

（3）两个方案可按多指标综合评价法来确定最优方案。根据指标得分情况，可以计算出各方案的综合评价总分值。

方案 1 的综合评价值（总分）为

$$8\times0.15+8\times0.20+9\times0.20+7\times0.15+7\times0.20+7\times0.10=7.75$$

方案 2 的综合评价值为

$$8\times0.15+8\times0.20+8\times0.20+8\times0.15+9\times0.20+8\times0.10=8.20$$

方案 2 的综合评价值高于方案 1，因此方案 2 为优。

【例 13-4】 某工厂拟建几幢仓库，初步拟定 A、B、C 3 种结构设计方案。3 种方案的费用见表 13-8。试分析在不同的建筑面积范围采用哪个方案最经济（$i_c=10\%$）?

表 13-8　A、B、C 3 种结构设计方案的费用

方　案	单元造价/(元/m²)	寿命/年	维修费/(元/年)	其他费/(元/年)	残值/元
A	600	20	28 000	12 000	0
B	725	20	25 000	7500	造价×3.2%
C	875	20	15 000	6250	造价×1.0%

解　解决实际工程的经济问题，首先就问题进行分析。对于本例，首先可以确定的是不管采用哪种方案，仓库所发挥的功能是一致的，因此可采用最小费用法比较各方案费用大小选优；其次，是分析各方案费用的情况，3 个方案在初期投资有差异，其次各方案的年度费用也不相同，一般来说，这种情况下应该考虑方案的全寿命期的费用。依据上述两点，就该方案进行进一步比较。

设仓库的建筑面积为 xm²，则

$$\begin{aligned}PC_A&=600x+(28\,000+12\,000)(P/A,10\%,20)\\&=600x+40\,000\times8.5135\\&=340\,540+600x\end{aligned}$$

$$\begin{aligned}PC_B&=725x+(25\,000+7500)(P/A,10\%,20)-725x\\&\quad\times3.2\%\times(P/F,10\%,20)\\&=725x+32\,500\times8.5135-725x\times3.2\%\times0.1486\\&=276\,689+721.6x\end{aligned}$$

$$\begin{aligned}PC_C&=875x+(15\,000+6250)(P/A,10\%,20)-875x\\&\quad\times1.0\%\times(P/F,10\%,20)\\&=725x+21\,250\times8.5135-875x\times1.0\%\times0.1486\\&=180\,912+873.7x\end{aligned}$$

显然，3 个方案的费用现值 PC 与建筑面积 x 之间成函数关系，利用优劣平衡分析法，求出 3 个方案的优劣平衡分歧点：$x_{AB}=525\text{m}^2$，$x_{BC}=629\text{m}^2$，$x_{AC}=583\text{m}^2$（如图 13-2 所示）。

根据图 13-2 分析，得出以下分析结论：

(1) 当仓库的面积小于 583m²，选择 C 方案经济；

(2) 当仓库的面积大于 583m²，选择 A 方案经济；

(3) B 方案在任何情况下都是不经济的。

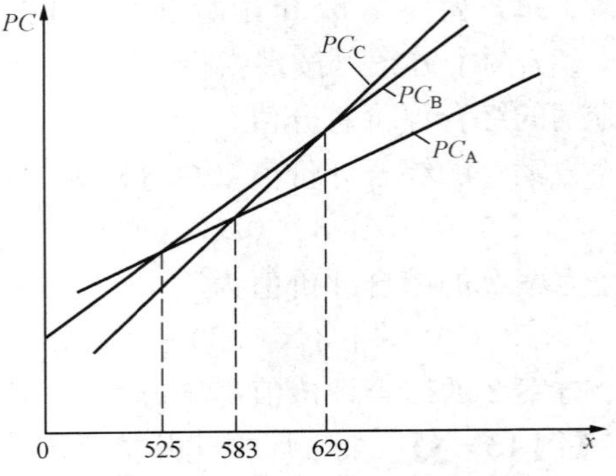

图 13-2 A、B、C 方案的优劣平衡分析

【例 13-5】 某建设项目由 A、B、C、D、E、F 六个功能块（如商务、餐饮、娱乐等）组成。现完成初步设计，项目业主聘请某咨询单位进行初步设计的价值工程工作。下面是咨询单位在开展价值工程工作中功能评价的过程。

(1) 对项目各功能重要程度进行评分，确定功能的功能系数。

用 01 强制确定法，评分结果见表 13-9。

表 13-9 评分结果

评价对象	A	B	C	D	E	F	功能得分	修正得分	功能系数
A	×	1	1	0	1	1	4	5	0.238
B	0	×	0	0	1	1	2	3	0.143
C	0	1	×	0	1	1	3	4	0.190
D	1	1	1	×	1	1	5	6	0.286
E	0	0	0	0	×	0	0	1	0.048
F	0	0	0	0	1	×	1	2	0.095
合计							15	21	1

(2) 计算成本系数。

按初步设计，项目总投资概算为 5000 万元，各功能块的投资概算见表 13-10，计算成本系数。

(3) 计算价值系数。

根据计算出的成本系数和功能系数，计算价值各功能块的价值系数（见表 13-10）。

表 13-10 价值系数计算表

评价对象	功能系数	投资概算/万元	成本系数	价值系数
A	0.238	1800	0.36	0.661
B	0.143	1210	0.242	0.591
C	0.19	880	0.176	1.08
D	0.286	710	0.142	2.014
E	0.048	220	0.044	1.091
F	0.095	180	0.036	2.639
合计	1	5000	1	

（4）按功能系数重新分配总投资概算额，计算各功能块的投资额的变化（见表13－11）。

第（2）中，通过价值分析确定了A、B、D、F为改进对象。根据表13－11的（2）和（6）进行分析。

表13－11

部件	功能系数	目前投资概算/万元	成本系数	价值系数	按功能系数分配概算投资额/万元	应增减概算投资额/万元	按功能系数分配目标投资额/万元	按目标投资额增减投资指标
(1)	(2)	(3)	(4)	(5)	(6)=(2)×5000	(7)=(6)−(3)	(8)=(2)×4500	(9)=(8)−(3)
A	0.238	1800	0.360	0.661	1190	−610	1071	−729
B	0.143	1210	0.242	0.591	715	−495	643.5	−566.5
C	0.190	880	0.176	1.080	950	70	855	−25
D	0.286	710	0.142	2.014	1430	720	1287	577
E	0.048	220	0.044	1.091	240	20	216	−4
F	0.095	180	0.036	2.639	475	295	427.5	247.5
合计	1	5000			5000		4500	

1）A的功能系数较大，主要应考虑在保持现行设计的功能不变的情况下，通过设计变更、材料代换等，降低其建造成本。

2）B的功能系数并不大，也就是它在项目中的功能并不是特别重要，但占据了大量的投资份额，不仅要考虑降低其建造成本，更要考虑减少其功能，使得项目投资能大幅度下降。

3）从功能系数分析，D是一个重要的功能，但现方案中其所耗费的投资比较低，一种可能是其方案比较合理，建造成本较低；另一种可能是现方案中设计标准偏低，可增加该功能块的投资，提高设计标准，使项目对市场更有吸引力。

4）从功能系数看，对该项目来说，F是一个并不太重要的功能，同时价值系数也较大，可考虑在保持现有投资额不增加或增加额不大的情况下，能进一步完善F功能块。

（5）业主希望将投资额控制在4500万元以下。按功能系数将其分配到各功能块，目标投资额增减指标见表13－11中的计算结果。从计算的结果来看，实现投资额降低目标的主要工作对象还是在A和B两个功能块上。

第四节　住宅小区规划设计方案的技术经济评价

我国城市居民点的总体规划一般分为居住区、小区和住宅组三级布置。即由几个住宅组构成小区，又由几个小区合成居住区。

住宅小区是城市建设的一个重要组成部分，又是组织居民日常生活的比较完整、相对独立的居住单位。因此，住宅小区布置是否合理，直接关系到居民的日常生活和生产条件，同时，也关系到用地、劳动消耗、工程造价以及总体的建筑艺术效果。

小区建设规划布局必须满足人们居住和日常生活的基本需要。在节约用地的基础上能为生产和生活创造方便、舒适、优美的环境氛围，还能体现独特的城市面貌。同时，小区的范围应划分明确，应根据城市的大小，住宅层数的高低和小区所处环境位置而不同。

一、住宅小区规划设计的原则

我国城市居民住宅小区规划设计除应执行国家有关工程建设的方针政策外，尚应执行下列基本原则：

(1) 当地城市规划部门制定的城市规划实施条例；尽可能体现其独特的城市面貌；对于少数民族地区，尽可能体现民族风格。

(2) 根据住宅小区的用途和目的，综合讲究居住小区的经济效益、社会效益、环境效益。

(3) 合理利用城市土地和空间，提倡社会化综合开发。

(4) 适应我国经济发展水平，在满足当前需要的同时适当考虑将来提高和改造的可能。

(5) 节约建筑能耗，保证围护结构的热工性能。

(6) 建筑设计的标准化应与多样化结合，合理地确定小区内建筑物的层数，使之高低搭配、错落有致，给小区增加美感。

(7) 体现对残疾人、老年人的关怀，为他们的生活、工作和社会活动提供无障碍的室内外环境。

(8) 建筑和环境应综合考虑防水、抗震、防空和防洪等安全措施。

(9) 合理布置小区道路，并尽量使城市道路不穿越小区；居住小区内有一定的公共绿地面积，以便调节小区气候、防尘、隔声、美化环境。

二、住宅小区规划设计方案的评价指标

1. 评价项目的对比条件

为加强住宅小区建筑技术经济的评价工作，提高小区住宅建筑的设计水平和综合效益，评价项目的对比条件应符合下列规定。

(1) 建筑功能的可比性。评价方案和工程应基本满足相同的功能条件。例如建筑面积标准、住宅类型、建筑层次等。

(2) 消耗费用的可比性。应包括建造阶段和使用阶段两部分的费用。

(3) 价格的可比性。应采用统一的价格水平进行计算，尽量消除人为的变动因素。

(4) 如不具备以上规定，各住宅小区规划设计方案应采取转化措施，使其具有可比性，然后进行评价。

2. 住宅小区设计评价的技术经济指标

(1) 小区用地面积指标。小区用地应根据城市规划和设计任务书的要求，对建筑布局、竖向、道路、绿化、管线和环境保护等进行综合考虑。

居住区总用地，一般按人口规范进行估算，公式为

$$\text{居住区总用地} = \text{居住区总人口} \times \text{平均每人居住区用地} \tag{13-27}$$

平均每人居住区用地可以根据平均每人居住建筑用地推算。即

$$\begin{aligned}\text{平均每人居住建筑用地} &= \frac{\text{每人居住的面积定额} \times \text{居住建筑用地面积}}{\text{总居住面积}} \\ &= \frac{\text{每人居住面积定额}}{\text{居住面积密度}} \times 10\,000(\text{m}^2/\text{人})\end{aligned} \tag{13-28}$$

例如，居住面积密度为 8000m^2/公顷，每人居住面积定额为 10m^2。则

$$平均每人居住建筑用地=\frac{10\times 10\ 000}{8000}=12.5m^2/人$$

实践经验表明，居住建筑用地一般为居住区用地的50%左右，由此可以推算出平均每人居住用地为12.5÷50%=25m²/人。

(2) 平均层数。居住区房屋建筑的平均层数系指各种住宅数的平均值，一般按各种层数建筑面积与占地面积之比进行计算。

例如，某城市甲住宅小区，已知各种层数建筑面积如下：

五层建筑面积为284 718m²；

六层建筑面积为123 573m²；

七层建筑面积为143 781m²。

以上三种建筑面积总和为552 072m²。

各种层数占地面积为

$$五层=\frac{284\ 718}{5}=56\ 943.60m^2$$

$$六层=\frac{123\ 573}{6}=20\ 595.50m^2$$

$$七层=\frac{143\ 781}{7}=20\ 540.14m^2$$

以上三种层数占地面积总和为98 079.24/m²，则

$$平均层数=\frac{总建筑面积}{总占地面积}=\frac{552\ 072}{98\ 079.24}=5.63层$$

(3) 建筑毛密度（%）。建筑毛密度系指居住小区中居住和公共建筑基底面积与居住小区总面积之比。它说明在居住小区范围内、居住和公共建筑的密集程度。

$$建筑毛密度(\%)=\frac{居住和公共建筑基底面积}{居住小区占地总面积}\times 100\% \tag{13-29}$$

(4) 居住建筑净密度（%）。居住建筑净密度是指居住建筑基底面积与小区居住建筑占地面积之比。

$$居住建筑净密度(\%)=\frac{居住建筑基底面积}{居住建筑占地面积}\times 100\% \tag{13-30}$$

它说明在用地范围内，居住建筑的密集程度。

(5) 人口密度。人口密度说明在用地范围内，人口聚居的密集程度，它主要包括使用人口毛密度与人口净密度指标。

1) 人口毛密度。人口毛密度是指用地范围内居住总人口与总用地面积之比。

$$人口毛密度=\frac{居住总人口}{总用地面积}(人/公顷) \tag{13-31}$$

2) 人口净密度。人口净密度指总用地范围内居住总人口与总居住建筑用地面积之比。

$$人口净密度=\frac{居住总人口}{总居住建筑用地面积}(人/公顷) \tag{13-32}$$

(6) 居住面积密度（%）。居住面积密度是指所有房屋居住面积与居住建筑用地面积之比。居住面积密度说明在用地范围内，居住面积所占的比例。

$$居住面积密度=\frac{居住面积}{居住建筑用地面积}\times 100\% \tag{13-33}$$

(7) 居住建筑面积密度（%）。居住建筑面积密度指居住建筑面积占居住建筑占地面积的百分比，它说明在用地范围内，建筑面积利用程度。

$$居住建筑面积密度(\%)=\frac{居住建筑面积}{居住建筑占地面积}\times 100\% \quad (13-34)$$

(8) 平均每人用地面积。平均每人用地面积指总居住建筑用地面积与居住总人口之比。

$$每人居住用地面积=\frac{总居住建筑用地面积}{居住总人口}(m^2/人) \quad (13-35)$$

(9) 建筑面积密度。建筑面积密度是指在居住范围内总建筑面积与占地总面积之比。建筑面积密度也用以说明合理用地，节约用地指标。

$$建筑面积密度=\frac{总建筑面积}{占地总面积}(m^2/公顷) \quad (13-36)$$

(10) 工程造价及投资。工程造价是一个综合性很强的指标，它在很大程度上反映了社会劳动消耗的全貌。在方案设计阶段规定以设计概算作为评定设计好坏的依据，并要求概算具有较高的准确性，因此，必须严格根据图纸经过核算审查后确定。

1) 工程总投资。

2) 分项工程投资。包括自拆迁及场地准备、公共设施（道路及室外管网线路）各类建筑物、构筑物的投资。

3) 平均每套投资。

4) 平均每平方米建筑面积投资。

(11) 房屋经常使用费。居住小区房屋经常使用费应包括管理费、维修费、税金、资金利息、保险费、能耗费等六项。目前该项指标一般可仅计算维修和管理两项费用。

(12) 主要材料及资源消耗量。主要材料消耗量主要用于居住小区建筑所用的钢材、木材、水泥三大材和砖、瓦、砂、石等地方材料量，此外还有脚手架、模板等工具性材料的摊销量。

资源消耗量原则上应包括采暖、空调、热水供应、电器照明、炊事等的消耗。

本章小结

建筑工程设计是整个工程建设的灵魂。建筑工程设计通常包括建筑设计、结构设计、设备设计及技术经济评价等部分组成。建筑工程设计必须具体体现国家的政治、经济、技术等各项方针及政策；通盘考虑建筑、结构、设备、材料、施工及造价等各方面的因素；综合地解决建筑功能、环境规划、工程技术、建筑经济与艺术形象等问题。

建筑工程设计方案的技术经济评价，即论证设计方案技术上是否可行、功能上是否满足需要、经济上是否合算。通过科学的计算、分析、比较及评价，从中选择技术经济效果最佳的方案。

建筑工程设计方案技术经济指标的分类不同有：综合指标与局部指标、实物指标与货币指标、建设指标与使用指标、定性指标与定量指标。其评价方法有基本评价法（包括单指标评价法、多指标评价法等）和系统综合评价等方法。

民用建筑是供人们居住、生活和进行社会活动的场所。根据建筑物的使用功能可分为两大类——居住建筑和公共建筑。民用建筑设计要贯彻“适用、经济，在可能的条件下注意美观”的指导方针，遵循设计的经济原则。民用建筑设计经济与否将直接影响到建筑安装工程的劳动量、建筑材料消耗量、工程造价和建设工期等。

我国城市居民点的总体规划一般分为居住区、小区和住宅组三级布置。即由几个住宅组构成小区，又有几个小区合成居住区。居住小区是城市建设的一个组成部分，又是居住日常生活的比较完整、相对独立的居住单位。居住小区住宅布置是否合理，直接关系到居民生活和生产条件，同时也关系到建筑用地、劳动力的消耗、工程造价，以及总体的建筑艺术效果。

思考题

1. 何谓建筑工程设计？建筑工程设计的指导方针是什么？
2. 建筑工程设计应遵循的经济原则有哪些？
3. 建筑工程设计方案的技术经济评价的原则与方法是什么？
4. 居住建筑设计应遵循的经济原则有哪些？
5. 公共建筑设计应遵循的经济原则有哪些？
6. 住宅建筑设计方案技术经济评价的指标体系如何？
7. 住宅建筑设计方案的经济性指标有哪些？
8. 民用建筑技术经济定量指标的计算方法如何？
9. 民用建筑技术经济定性指标的确定是如何进行的？
10. 何谓居住小区？居住小区设计评价的技术经济指标有哪些？
11. 利润指标的构成有哪些？
12. 试用建筑技术经济的观点，分析一下你所在的城市或乡镇中有关建筑物层数与层高的技术经济问题？
13. 试述民用建筑设计中节约用地和降低工程造价的措施？

练习题

1. 某塑胶公司制成两种新型瓦材，以 10m^2 为计算单位，甲种瓦材的价格为 2635 元，保用 15 年，乙种瓦材的价格为 1850 元，保用 10 年。安装时工资及副料同样都需 1200 元，现在某建筑物考虑采用，假定银行利率 8%，试比较采用哪一种瓦材比较经济？

2. 修建某轻型车间，面积为 500～1000m^2，可以采用三种设计方案，其费用见表 13－12，规定利率为 10%。求对应于一定面积的最优方案。

表 13－12

方　案	每平方米造价（元）	年维修费（元）	年使用费（元）	使用年限（元）	残　值（为造价的%）
A	110	6000	3000	20	—
B	150	4200	2800	20	3.0
C	190	1900	1000	20	1.0

3. 土方工程施工中，有关费用如下：人力挖土工资 3 元/m^3，工具费每挖 10m^3 土方 15 元。机械挖土单方成本 1 元，但需购买机械 10 000 元，问当土方工程为多少时，用人力挖土合算？又在什么情况下机械挖土合算？

第十四章　建筑工程施工方案的技术经济评价

建设项目的施工阶段，一般都应事先编制施工方案或施工组织设计。一个工程项目的施工全过程都是按照编制的施工方案或施工组织设计进行的。施工方案的技术经济评价就是论证：施工方法的选择、施工机械设备的合理运用、新型建筑材料和建筑构配件的采用或建筑材料的代用选择、新工艺和先进的施工组织与科学劳动组织管理等在技术上是否可行，在功能上是否满足需要，在经济上是否合理；经过科学的计算、分析、比较和评价，选择技术经济效果最佳的施工方法、施工机械设备、材料与构配件、科学的施工组织与劳动组织管理。因此，必须重视对工程项目施工方案的技术经济分析。

第一节　建筑工程施工方案技术经济评价概述

一、施工方案技术经济评价的意义与要求

施工的整个过程是按照事先编制的施工方案和施工方法进行的，施工方案的技术经济评价是编制施工方案的重要环节和主要内容之一，是建筑企业施工管理的一项重要工作。施工方案和施工方法的拟定，要根据工期要求、建筑材料、建筑构配件、施工机具和劳动力的供应情况，以及协作单位的施工配合条件和其他现场条件进行周密的考虑。因为单位工程施工工期的长短，质量的优劣，材料的节约或浪费，人力能否合理安排使用，工程成本的高低，乃至施工企业的经营管理，都和施工方案有极大的关系。因此，必须对建筑工程项目的施工方案作技术经济评价。

施工方案技术经济评价的目的，就是防止施工方案的片面性，对施工方案进行优选，对施工方案的技术经济效果进行预测和控制。

对建筑工程施工方案的技术经济评价时要求做到：

(1) 对施工方案技术经济分析既要分析技术方法及其可行性，又要分析组织管理和经济效果；既要分析具体的局部施工环节，也要分析施工的全过程；既要选优，又要提出达到预期技术经济效果的各项技术组织措施。

(2) 建筑工程设计方案的经济效果要作为建筑工程施工方案经济分析的重要依据之一和主要对比标准；只有达到设计方案技术经济要求的施工方案才是可行的方案。

(3) 在做技术经济评价分析时，必须抓住关键：施工方案技术经济分析应以施工方法、进度计划、现场施工总平面布置图、技术组织措施、安全保护措施为主要内容，并据此建立技术经济分析指标体系，采用一系列的技术经济指标进行方案的对比，并作出评价。

(4) 施工方案的技术经济分析，既要有定量分析，同时也要有定性分析。定性定量分析相结合，才能获得好的施工方案。

二、评价施工方案的原则

虽然建筑工程设计方案基本上决定了建筑产品的技术经济效果，但是由于施工任务承包单位在技术和管理水平上的差异，以及采用施工工艺和机械设备的不同，施工方案也将对建

筑产品的技术经济效果产生很大的影响。因此，为了提高建筑施工企业的经济效益，充分发挥施工方案的作用，应在拟定的几个可行的施工方案中突出主要矛盾，进行分析、评价与比较，从中选用最优方案。

1. 选定施工方案应解决的问题

选定建筑工程施工方案应着重解决以下两个方面的问题。

(1) 确定总的施工程序。

1) 按基本建设程序办事，必须做好施工准备工作（如进行施工图纸的会审，编制施工图预算和施工组织设计，完成水通、电通、路通和场地平整以及材料、机具、构件和劳动力的准备，并能满足连续施工需要等），才能开工。

2) 地基已经处理（如古墓、坑及洞穴等），并经检验合格后，才能进行基础工程施工。

3) 一般应遵守“先地下、后地上”；“先土建、后设备安装”；“先主体、后围护”；“先结构、后装修”的原则。但对特殊情况，应视具体情况决定。如在冬季施工之前，尽可能完成土建主体和围护结构，以利于施工的防冻。

(2) 确定施工流向。对于单层建筑要定出分段（跨）施工在平面上的施工流向。对于多层建筑除了定出平面上的流向外，还要定出分层施工的施工流向。确定时应考虑以下几个方面：生产使用的先后；适应施工组织的分区分段；与材料、构配件运输的方向不相冲突；适应主导工程的合理施工顺序。

2. 评价施工方案的原则

评价施工方案应遵循以下原则：

(1) 认真贯彻执行国家有关的方针及政策，降低造价、缩短工期，降低原材料消耗，遵守有关建设法规、规范、规程和各项制度，严格执行基本建设程序和施工程序。

(2) 坚持“质量第一，预防为主”的方针。推行全面质量管理，认真制定质量与安全的措施，确保工程质量和安全施工。

(3) 具体工程具体对待，因地制宜，就地取材，节约各种原材料消耗。合理安排施工工艺和合理组织人力，确保连续施工。

(4) 施工现场总平面布置合理，注意节约用地，不占或少占农田好土，组织文明施工。

(5) 统筹全局，合理安排，做好施工部署，分期、分批、配套地组织施工。力求缩短工期，以便按期或提前交付使用，形成综合生产能力。

(6) 走建筑工业化道路，积极采用现代科学技术，加强系统管理，实行施工机械化、预制构件标准化，努力提高劳动生产率。

此外，在一般情况下，应该考虑固定资产和流动资金占用的影响。随着社会主义商品经济的发展对资金利用效果的考核也越来越重要，只有当施工方案所包括的资金占用很少或占时间较短的情况下，才可忽略不计。

对目标相同的施工方案进行的事前评价，可以主要以社会劳动消耗来衡量。方案比较可不考虑基本相同的因素，只考虑不同的因素，以简化评价工作。

3. 施工组织设计是施工方案贯彻执行的关键

施工组织设计是研究建筑工程施工组织和管理的科学。它根据建筑产品及生产的特点，按照产品的生产规律，运用先进合理的建筑施工技术，利用统筹的基本原理和方法使建筑工程施工得以实现有组织、有计划、有秩序地连续均衡生产，从而达到工期短、质量好、成本省的目的。

（1）施工组织设计的任务。施工组织设计又称施工组织规划，是建筑工程施工的组织方案，是指导施工准备和组织施工的技术、经济文件；编制施工组织设计必须在充分研究工程的客观情况和施工特点的基础上，结合施工企业的技术力量、装备水平，从人力、资金、材料、机械和施工方法等五个基本要素，进行统筹规划、合理安排，充分利用有限的空间和时间，采用先进的施工技术，选择经济合理的施工方案，建立正常的生产秩序，用最少的资源和财力取得质量高、成本低，工期短、效益好，用户满意的建筑产品。

（2）施工组织设计的作用。施工组织设计是用以规划、部署施工生产活动，制定先进合理的施工方案和技术措施的。其主要作用是：

1）实现基本建设计划和设计的要求，衡量设计方案施工的可能性和经济合理性。

2）保证各施工阶段准备工作及时地进行。

3）明确施工重点，了解施工关键和控制工期因素，并提出相应的技术安全措施。

4）协调各施工单位、各工种、各类资源、资金、时间等在施工程序、现场布置和使用上的相互关系。

（3）施工组织设计的基本内容。施工组织设计无论是群体工程还是单位工程，其基本内容如下。

1）工程概况：包括拟建工程的建筑、结构特点，工程规模，建设地点的特征，施工条件，施工力量，施工期限，技术复杂程度及资源供应情况等。

2）施工方案的选择：施工方案的选择是根据工程情况结合人力、物力等条件，全面布置任务，安排施工顺序，确定主要工种工程的施工方法。对承建工程可能采用的几个施工方案进行分析，通过技术经济比较评价选择最佳方案。

3）施工进度计划：施工进度计划是施工方案在时间上的体现。运用运筹学理论和计算方法，使工期、成本、资源等通过综合平衡达到施工方案的既定目标。在此基础上安排施工准备、人力和各项资源计划。

4）施工平面图：施工平面图是施工方案及进度计划在空间上的全面安排。它是把投入的各种资源（材料、机械、运输及能源等）和生产、生活活动场地，本着方便生产、有利生活的原则合理地布置在施工现场，使施工现场在文明施工条件下进行。

5）主要技术经济指标：主要施工技术经济指标是对确定的施工方案及进度计划的技术经济效益进行的全面评价，用以衡量组织施工的水平。

（4）施工组织设计的贯彻。施工组织设计的贯彻执行主要要做好以下几个方面的工作。

1）做好施工组织设计交底。经过审批的施工组织设计，在开工前要召开各级生产、技术材料等会议，逐级进行交底，详细讲解其内容要求、施工关键和保证措施，保证施工组织设计的顺利贯彻执行。

2）制定有关贯彻施工组织设计的规章制度。施工实践证明，有了科学、健全的规章制度，施工组织设计才能顺利实施，施工企业正常生产秩序才能维持。

3）推行技术经济承包制。采用技术经济承包办法，把技术经济责任制同职工的物质利益结合起来，便于相互监督和激励，这是贯彻施工组织设计的重要手段之一。如节约材料奖、技术进步奖、发明奖和优良工程综合奖等，都是推行技术经济承包制的有效形式。

4）统筹安排，综合平衡。工程开工后，要做好人力、物力和财力的统筹安排，保持合理的施工规模，这既能保证施工顺利进行，又能带来好的经济效果。要通过月、旬、周及目的作业计划，及时分析各种不平衡因素，综合各种施工条件，不断进行各专业工种间的综合平衡，完善施工组织设计，保证施工的节奏性、均衡性和连续性。

第二节　建筑工程施工方案的经济效果计算指标

一、施工方案技术经济指标体系

施工方案技术经济指标应在编制相应的技术措施计划的基础上计算，要根据参与本工程各施工单位与当前的各项指标情况，本工程的特点对各项指标的影响和采取技术措施后的效果进行编制，如图 14－1 所示。

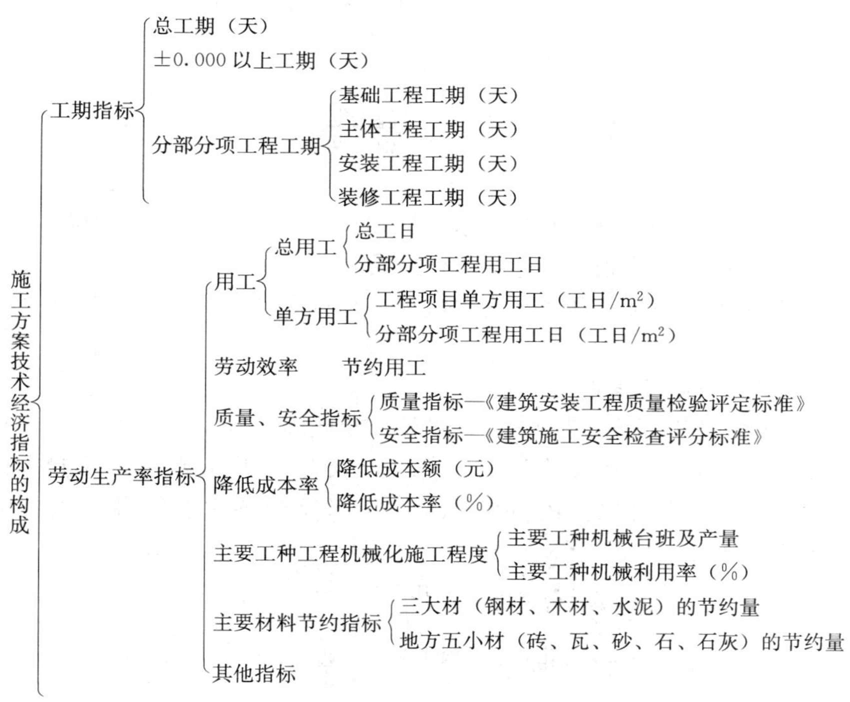

图 14－1　施工方案技术经济指标体系

二、施工方案经济效果指标的意义与计算

1. 总工期指标

总工期指标系指从破土动工到交付使用的全部日历天数。它关系到工程建设投资能否及时收回并及时发挥效益，关系到建设资金的节约与浪费。

2. 施工周期

施工周期指从主要项目开工到全部项目投产使用止，其中：

(1) 施工准备期：从施工准备开始到主要项目开工止。

(2) 部分投产期：从主要项目开工到第一批项目投产使用止。

3. 劳动生产率指标

劳动生产率指标能较为确切地反映活劳动的消耗和使用水平，并对同类建筑有可比性。

其编制应结合本单位历史水平和同行业先进水平，分析研究工时利用情况和劳动定额完成情况，找出主要因素，充分挖掘潜力；提出规划期劳动生产率的增长率。

(1) 总工日——总用工。系指基础、结构、安装、装饰等分部工程用工日。

(2) 单方用工。系指单位建筑面积的工日数。

$$\text{工程项目单方用工} = \frac{\text{总用工日数(工日)}}{\text{建筑面积}(m^2)} \tag{14-1}$$

(3) 劳动生产率。劳动生产率包括以下两部分内容：

1) 生产工人的日产值（元/工日）；

2) 分工种工人产量（m^3/工日）、（m^2/工日）、（m/工日）。

(4) 节约用工。节约用工包括节约总工日、分工种节约的工日。

(5) 劳动效率。劳动效率按工程项目计算劳动效益的提高和分工种劳动效率的提高（%）。

(6) 劳动力不均衡系数。

$$\text{劳动力不均衡系数} = \frac{\text{施工期高峰人数}}{\text{施工期平均人数}} \tag{14-2}$$

4. 质量、安全指标

建筑工程施工方案中的质量与安全指标主要依据国家现行的《建筑安装工程质量检验评定标准》及《建筑施工安全检查评分标准》有关规定执行。

同时，又将标准作为目标管理的准则，做到“有章必循，执法必严”。只有这样，施工方案方能达到理想效果。

5. 主要工种机械化施工程度

主要工种机械化施工程度，应按工程体系、专业施工和工程实物量等多层次结构进行装备，对承接不同任务的施工单位，配备不同类型和不同装备标准的机械设备，以提高经济效益。可按单位面积耗用台班数量，用以反映各主要工种在工程中机械使用水平。

$$\text{单方台班数} = \frac{\text{耗用总台班数(台班)}}{\text{建筑面积}(m^2)} \tag{14-3}$$

$$\text{机械化施工程度} = \frac{\text{机械化施工完成工作量}}{\text{总工作量}} \times 100\% \tag{14-4}$$

讲究经济效果，做到每装备一台施工机械，都要预测和进行技术经济分析论证，努力达到：技术上先进、经济上合理、生产上适用。

6. 降低成本指标

降低成本指标可以综合反映工程项目或分部工程由于采用的施工方案不同而产生的经济效果。可以分别用降低成本额与降低成本率来表示。

$$\text{降低成本额} = \text{预算成本} - \text{施工方案计划成本} \tag{14-5}$$

$$\text{降低成本率} = \frac{\text{成本降低额}}{\text{预算成本}} \times 100\% \tag{14-6}$$

7. 主要材料节约指标

在编制施工方案时，应根据技术措施计划计算出三大材（钢材、木材和水泥）及地方五小材（砖、瓦、砂、石及石灰）的节约数量，用以衡量物化劳动的节约水平。

$$\text{材料节约量} = \text{预算用量} - \text{计划用量} \tag{14-7}$$

8. 建筑净产值指标

建筑净产值是指建筑施工企业生产的总产值扣去全部物料投入（即各种材料消耗费用）之后的净收入，也是衡量建筑施工企业组织管理和生产水平的重要指标。采用先进的施工工艺、新的施工方案可以减少材料的消耗量，提高建筑净产值。

9. 其他指标

$$工厂化施工程度=\frac{预制加工厂完成的工程量}{总工作量}\times 100\% \tag{14-8}$$

$$临时工程投资比例=\frac{全部临时工程投资}{建筑安装工程总值} \tag{14-9}$$

$$临时工程费用比例=\frac{全部临时工程费(投资费-回收费+租赁费)}{建筑安装工程总值} \tag{14-10}$$

建筑安装工程量（包括施工面积、竣工面积）、经常使用费、建设项目工程造价、建筑施工企业的固定生产基金和流动资金等指标。

第三节　建筑工程施工方案技术经济分析的方法

一、施工方案的定性分析

施工方案的定性分析主要根据施工经验对施工方案的优缺点进行分析。例如，施工工期是否适当，是比一般规律快还是慢；施工期间安排的生产人数是否适量，是否均衡，是否连续；选择的施工机械是否与工程的要求符合，是否有“大马拉小车”的窝工情况，机械是否正常运转有保障；施工分段流水是否合理恰当；施工现场总平面布置是否充分利用施工现场，临时工地办公室、木加工车间、钢筋加工棚、塔吊及井架的架设位置、材料的堆放、搅拌机的摆放等是否有利于施工，是否体现文明现场、文明施工；施工技术是否先进；用于工程建设的主要材料、辅助材料及周转性材料是否充分合理利用，是否有浪费现象等。

二、施工方案的定量分析

施工方案的定量分析强调用数据说话，是施工工期指标、生产效率指标、质量与安全指标、主要工种工程机械化施工程度指标、降低成本指标、主要材料节约指标等进行科学的计算，然后进行量的分析比较，从而确定施工方案的优劣。也可以折算成费用指标进行分析。在现阶段，大多数施工企业对施工方案的选择都采用多指标分析，并辅以综合评价。这样既全面具体，又可综合评价，避免片面性。

1. 最小费用法

最小费用法就是分别计算可以相互替代的施工方案各自的总费用，经过比较，以总费用最小的方案为优的评价方法。总费用包括的项目根据具体情况确定。例如，现浇钢筋混凝土框架结构主体施工方案，其总费用主要包括：楼面与地面的水平运输，楼层间的垂直运输，钢筋的加工制作，模板的制作安装，混凝土的制备，机械设备的利用等的使用费，人工费，脚手架等周转性材料的摊销费，固定资产和周转性材料资金占用利息，施工管理费等。

通常，人工工资单价、材料预算单价、施工机械台班单价都可从定额手册中查到。所需机械台班数、消耗工日数、建筑材料的消耗量、周转性材料的摊销量都可根据定额计算出来。固定资产和周转性材料占用的利息可分别按规定用单利（有时用复利）的方式进行年利率、季利率或月利率计算。施工管理费用的多少与施工周期的长短有关，而且呈非线性关系，但为了简化起见，可按线性关系处理。

$$G=G_0\frac{T}{T_0} \tag{14-11}$$

式中 G——实际施工管理费，元、万元；

G_0——按定额预算中直接费的百分比计算的定额施工管理费，元、万元；

T——实际工期，天；

T_0——标准工期，天。

2. 盈亏平衡分析法

盈亏平衡分析法是将不同施工的总费用、划分为固定费用和可变费用两部分，运用盈亏平衡分析，找出两个方案的盈亏平衡点，以识别不同的机械装备水平在其施工方案的经济合理范围。包括考虑工期提前或拖延奖罚值在内的施工方案的总费用，当以施工面积为变量时，可用下式表示。

$$C_i=F_i+V_ix+K\left(\frac{x}{R_i}-T_0\right)+\frac{G_0x}{T_0R_i} \tag{14-12}$$

式中 C_i——第 i 个施工方案随年施工面积变化的总费用，元、万元；

F_i——第 i 个施工方案在该类工程中的年固定费用，元、万元；

V_i——第 i 个施工方案在该类工程中单位施工面积的可变费用，元、万元；

K——工期提前或拖延的奖罚值，元/天；

R_i——第 i 个施工方案在该类工程中的施工进度，m^2/天；

G_0——该类工程按规定计算的施工管理费，元、万元；

T_0——完成该类工程 x 面积的标准工期，天。

总费用计算中，固定费用 F_i 包括机械台班费中的固定部分、固定资产占用利息、流动资金占用利息等。单位施工面积可变费用包括机械台班费用中的可变部分、人工费及周转性材料的摊销费等。

若 $F_{i+1}>F_i$，$C_{i+1}=C_i$，则第 $i+1$ 个施工方案与第 i 个施工方案以施工面积表示的盈亏平衡点 x_0，其表达式为

$$x_0=\frac{F_{i+1}-F_i}{V_i-V_{i+1}+\left(\frac{1}{R_i}-\frac{1}{R_{i+1}}\right)\left(K+\frac{G_0}{T_0}\right)} \tag{14-13}$$

对式（15－13）进行讨论如下：

1）当 $x<x_0$ 时，第 i 个施工方案总费用较低；

2）当 $x>x_0$ 时，第 $i+1$ 个施工方案总费用较低；

3）当 $x\leqslant 0$ 时，说明第 i 个施工方案保持恒优。

施工经验告诉我们，对各个施工方案的评价与分析，都要把定性分析与定量分析结合起来，因为有些具体问题单靠数字是表达不出来的（如对工人劳动条件的改善、施工现场平面布置设计是否体现文明施工的要求等）；有些问题用数字说话（如劳动生产率，机械设备利用率与完好率；施工工期，钢材、木材及水泥的节约量等），更能反映出施工方案的优劣。所以，二者应相辅相成、不可分割。

3. 价值工程方法

价值工程方法作为一个方便实用的经济分析方法，在施工方案的经济分析中也得到较好的应用。利用价值工程方法，可对建筑材料、构配件及周转性工具材料的代换进行价值分析，也可直接用于方案的经济比较。

三、施工方案技术经济分析实例

施工方案的选优，可以用前述各章所阐述的方法。一般建筑施工生产并非最终目的，而是为了满足使用部门的需要。例如：建设生产性建筑物是为了满足生产的需要；民用建筑施工是为了满足人们文化娱乐、体育、医疗、居住等需要。在评价施工方案的经济效果时，一般是不计算生产使用过程（部门）的经济效果的。如果由于施工方案的不同，而对工程今后的使用有影响时，就要考虑这方面的因素。

施工方案的分析，既要用定性分析，也要用定量分析。定性分析主要是根据施工经验对施工的优缺点进行分析，例如工期是否适当，分段流水方法是否合理，总平面设计是否充分利用场地，是否体现文明施工，是否有浪费，是否先进可行等。

定量分析强调用数据说明问题，是对各项主要指标进行科学的计算，然后进行量的分析比较，从而确定方案的优劣。

【例 14-1】 某工程的一根 9.9m 长的钢筋混凝土梁，可采用 3 种设计方案（表 14-1）。经测算，A、B、C 3 种标号的混凝土的制作费用分别为 220 元/m^3、230 元/m^3、225 元/m^3，梁侧模的摊销费用为 21.4 元/m^2，梁底模的摊销费用为 24.8 元/m^2，钢筋制作、绑扎的费用为 3390 元/t。问哪个方案为优？

表 14-1　　混凝土梁的三种方案

方案	梁断面尺寸	单位体积混凝土用钢量/(km/m^3)	混凝土标号
1	300mm×900mm	95	A
2	500mm×600mm	80	B
3	300mm×800mm	105	C

解　不管采用哪个方案，梁承受的荷载并不改变，也就是说梁发挥的功能和作用是一样的，所以可采用最小费用法比较。其次，由于各个方案中梁将来的维护费用并无差异，因此只比较初始投资造价，且无需考虑资金的时间价值因素。对于这 3 个方案可用方案的直接费的大小来比较优劣。

首先要计算出各方案中混凝土、钢筋、底模和侧模的使用量，然后根据给定的单价，计算每个方案的直接费。

计算方案 1 的直接费：

(1) 混凝土费用。

$$0.3 \times 0.9 \times 9.9 \times 220 = 588.06\ (\text{元})$$

(2) 梁侧模费用。

$$0.9 \times 9.9 \times 2 \times 21.4 = 381.35\ (\text{元})$$

(3) 梁底模费用。

$$0.3 \times 9.9 \times 24.8 = 73.65\ (\text{元})$$

(4) 钢筋费用。

$$0.3\times0.9\times9.9\times95\times3390=860.72\text{（元）}$$

(5) 方案 1 的直接费。

$$588.06+381.35+73.65+860.72=1906.78\text{（元）}$$

同样的方法，可计算出方案 2 与 3 的直接费，计算结果汇总在表 14－2 中。

表 14－2　三种方案的直接费计算结果

费用项目	单位	方案 1	方案 2	方案 3
混凝土	m^3	2.673	2.97	2.373
钢筋	kg	253.90	237.60	249.50
梁侧模	m^2	17.82	11.88	15.84
梁底模	m^2	2.97	4.95	2.97
混凝土费用	元	588.06	683.10	534.60
钢筋费用	元	860.72	805.46	845.81
模板费用	元	455.00	376.99	412.63
合计（直接费）	元	1903.78	1865.55	1793.04

由表 14－2 可知，3 方案的直接费用最低，故为最优方案。

【例 14－2】 某厂储配煤槽筒仓是我国目前最大的群体钢筋混凝土结构储煤仓之一，它由 3 组 24 个直径为 11m，壁厚 200mm 的圆柱形薄壁连体仓筒组成。工程体积庞大，地质条件复杂，施工场地狭小，实物工程多，结构复杂。设计储煤量为 4.8 万 t，预算造价近千万元，为保证施工质量，按期完成施工任务，施工单位决定在施工组织设计中展开价值工程活动。

1. 对象选择

该施工单位对工程情况进行分析，工程主体由 3 个部分组成：地下基础、地表至 16m 为框架结构并安装钢漏斗、16m 以上为底环梁式筒仓。对这 3 部分主体工程就施工时间、实物工程、施工机具占用、施工难度和人工占用等进行测算，结果表明筒仓工程在指标中占首位，情况见表 14－3。

表 14－3　某筒仓工程各项指数预算

工程名称指标	地下基础（%）	框架结构、钢漏斗（%）	底环梁、筒仓（%）
施工时间占用	15	25	60
实物工程占用	12	34	54
施工机具占用	11	33	56
人工占用	17	29	54
施工难度占用	5	16	79

能否如期完成施工任务的关键在于能否正确处理筒仓工程面临的问题，能否选择符合本企业技术经济条件的施工方法。总之，筒仓工程是整个工程的主要矛盾，要全力解决。决定以筒仓工程为价值工程研究对象，优化筒仓工程施工组织设计。

2. 功能分析

(1) 功能定义。筒仓的基本功能是提供储煤空间，其辅助功能主要是方便使用和外形美观。

（2）功能整理。在筒仓工程功能定义的基础上，根据筒仓工程内在的逻辑联系，采取剔除、合并、简化等措施对功能定义进行整理，绘制出筒仓工程功能系统图，如图 14－2 所示。

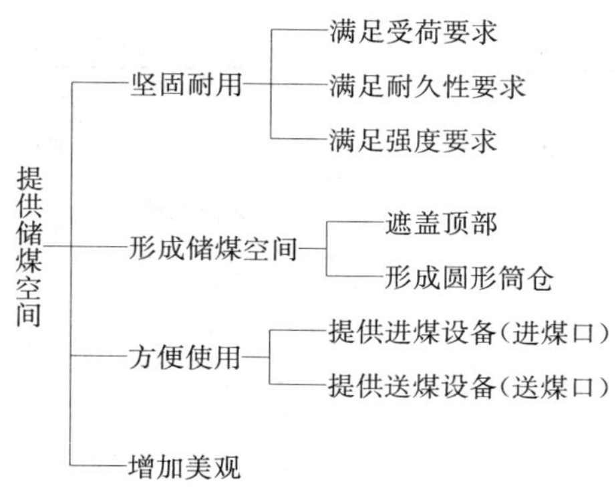

图 14－2　筒仓工程功能系统图

3. 方案创造与评价

根据功能系统图可以明确看出，施工对象是混凝土筒仓体。在施工阶段运用价值工程不同于设计阶段运用价值工程，重点不在于如何实现储煤空间这个功能，而在于考虑怎样实现。这就是说，采用什么样的方法组织施工、保质保量地浇灌混凝土筒仓体，是应用价值工程编制施工组织设计中所要解决的中心问题。根据“质量好、时间短、经济效益好”的原则，工程技术人员、施工人员、管理人员初步建立滑模、翻模、大模板和合同外包 4 个方案，在此基础上作进一步技术经济评价。

（1）施工方案评价。价值工程人员运用“给分定量法”进行方案评价，以 A、B、C、D 分别代表滑模、翻模、大模板施工和合同外包 4 种施工方案，评价情况和具体打分结果见表 14－4。

表 14－4　　　　评　分　结　果

方案评价			方案			
指标体系	评分等级	评分标准	A	B	C	D
施工平台	1. 需要制作	0	0			
	2. 不需要制作	10		10	10	10
模板	1. 制作专用模板	0	0		0	
	2. 使用标准模板	10		10		
	3. 不需制作模板	15				15
千斤顶	1. 需购置	0	0			
	2. 不需购置	10		10	10	10
施工人员	1. 少工种少人员	10	10			
	2. 多工种多人员	5		5	5	
	3. 无需参加	15				15
施工准备时间	1. 较短	15		15		
	2. 中等	10			10	
	3. 较长	5	5			
	4. 无需准备	20				20
受气候、机械等影响	1. 较大	5	5			
	2. 较小	10		10	10	
	3. 不受影响	15				15

续表

方案评价			方案			
指标体系	评分等级	评分标准	A	B	C	D
施工时间	1. 保证工期 2. 拖延工期	10 0	10	 0	 0	 0
施工难度	1. 复杂 2. 中等程度 3. 简单 4. 无难度	5 10 15 20	5	 15	 10	 20
合计			35	75	55	105

从得分结果可知，合同外包方案得分最高，其次为翻模和大模板施工方案。合同外包方案得分最高的原因在于其基本上没有费用支出，并不能简单认为合同外包方案较其他方案更优，需作进一步分析。利用给分定量法对施工方案作进一步的分析，见表14-5。

表14-5 **给分定量法施工方案评价**

方案评价			方案			
指标体系	评分等级	评分标准	A	B	C	D
技术水平	1. 清楚	10	10	10	10	
	2. 不清楚	5				5
材料	1. 需求量小	5				5
	2. 需求量大	10	10	10	10	
成本	1. 很高	5				5
	2. 较低	10	10	10	10	
工程质量	1. 保证质量	10	10	10	10	5
	2. 难以保证	5				
安全生产	1. 避免事故责任	10				10
	2. 尽量避免事故责任	5	5	5	5	
施工质量	1. 需要参加	5	5	5	5	
	2. 不需要参加	10				10
合计			50	50	50	40

表14-5表明，虽然合同外包方案可以坐享其成，但权衡利弊，应选翻模施工方案。

为证明这种选择的正确性，进一步对各方案作价值分析，各方案的预算成本及价值指数见表14-6。

从表14-6可知，B方案最优。

(2) 翻模施工方案的进一步优化。由于翻模施工方案存在多工种、多人员作业和总体施工时间长的问题，适宜用价值工程方法作进一步优化。

表 14-6　**各方案预算成本及价值系数**

方　案	目标成本/万元	预算成本/万元	价值指数
A	630	>715.9	<0.880
B		630.30	0.999
C		660.70	0.950
D		>750.00	<0.840

经考察，水平运输和垂直运输使大量人工耗用在无效益的搬运上，为减少人工耗用，有以下几种途径：

1）成本不增加，人员减少；

2）成本略有增加，人员减少而工效大大提高；

3）成本减少，人员总数不变而提高工效。

根据以上途径，相应提出 3 个施工方案。

方案 A：单纯减少人员；

方案 B：变更施工方案为单组流水作业；

方案 C：采用双组流水作业。

对以上 3 个方案采用给分定量法进行评价，方案 C 为最优，即采用翻模施工双组流水作业，在工艺上采用二层半模板和二层脚手架施工。

（3）效果评价。通过运用价值工程，使该工程施工方案逐步完善，施工进度按计划完成，产值小幅增加，利润提高，工程质量好，被评为全优工程。从降低成本方面看，筒仓工程实际成本为 577.2 万元。与原滑模施工方案相比节约 133.6 万元；与大模板施工方案相比节约 83.5 万元；与合同外包方案相比节约 172.8 万元；与翻模施工方案相比节约 53 万元，降低率为 8.4%；与目标成本相比下降 52.8 万元，降低成本率为 8.3%，成效显著。

本章小结

建筑施工是使建筑设计方案付诸实践，形成具有使用价值的工程实体。工程项目建成后的长期使用价值如何，经济效益、社会效益、环境效益怎样，既取决于建筑设计，也取决于施工质量的好坏和施工水平的高低。对施工方案的技术经济评价是对各种可行方案在技术上是否可行、在功能上是否满足施工需要、在经济上是否合算的综合评价。

为提高建筑施工企业的经济效益，充分发挥施工方案的作用，应在拟定的几个可行的施工方案中突出主要矛盾，进行分析比较，选用最优方案。为此，要选定施工方案应解决的问题（确定总的施工程序，确定施工流向），对施工方案的评价要遵循一定的原则。

施工组织设计是施工方案贯彻执行的关键。由于施工组织设计是建筑工程施工的组织方案，是指导施工准备和组织施工的技术、经济文件，它是在充分研究工程的客观情况和施工特点的基础上结合施工企业的技术力量、装备水平，从人力、资金、材料、环境和施工方法等五个基本要素，进行统筹规划、合理安排，充分利用有限的空间和时间，采用先进的施工技术，选用经济合理的施工方案，建立正常的生产秩序，用最少的资源和财力取得质量高、成本低、工期短、效益好、用户满意的建筑产品。

施工方案技术经济指标，一般由工期指标、劳动生产率指标（包括用工、劳动生产率、劳动效率及节约用工等）、质量与安全指标、降低成本率指标、主要工种工程机械化施工程度、三大材料与地方五小材的节约指标、工厂化施工程度指标、建设项目工程造价指标、固定生产基金和流动资金等指标的构成。

施工方案技术经济分析的方法有定量分析和定性分析两种方法。其中，定性分析主要是根据施工经验对施工方案的优缺点进行分析评价。定量分析强调用数据说话，是对工期、费用、各种材料的节约、生产效率等指标运用最小费用法或盈亏平衡分析法等数学方法进行科学的计算，然后进行量的分析比较，从而确定施工方案的优劣。在实际操作过程中，对各个施工方案的评价与分析，都要把定性分析和定量分析结合起来，二者是相互作用、不可分割的整体，统一的结果就更能反映出建筑施工方案的优劣。

思考题

1. 施工方案技术经济评价的意义与要求是什么？
2. 简述评价施工方案的原则。
3. 施工组织设计的任务、作用及基本内容是什么？
4. 列表说明建筑工程施工方案的技术经济指标的构成。
5. 简述施工方案技术经济分析的方法。
6. 简述施工方案经济效果指标的意义。

练习题

联系工程实践，计算与说明在选定的施工方案中采取相应的各项技术与安全措施，而取得的技术经济效果。

第十五章　设备更新的经济分析

设备更新是工程项目经营与管理过程中不可避免的一个工作内容。设备更新的决策就是对各个备选更新方案本着技术上先进、功能上满足要求、经济上合理的原则进行经济分析和综合比较。设备的使用状况千差万别，但更新方案主要有这样六种情况：一是继续使用原有设备；二是设备大修后继续使用；三是以原型新设备更换旧有设备；四是设备现代化改装：五是用新型、高效的设备更新旧设备；六是设备租赁。本章主要介绍设备的各种寿命的含义、设备更新的概念、新添设备的优缺点比较和设备更新方案的经济分析方法等内容。其中，重点要求掌握设备更新的经济分析方法。

第一节　设备更新概述

一、设备更新的概念

设备更新是指在设备的使用过程中，由于有形磨损和无形磨损的作用，致使其功能受到一定的影响，有所降低，因而需要用新的、功能类似的设备去进行替代。即用新的设备或技术先进的设备，去更换在技术上或经济上不宜继续使用的设备。从广义上讲，设备更新包括设备大修、设备更换、设备更新和设备的现代化改装。设备大修是指通过零件更换与修复，全部或大部分恢复设备的原有性能；设备更换是以与原有设备性能相同的设备更换旧设备；设备更新是以结构更先进、功能更完善、性能更可靠、生产效率更高、产品质量更好及能降低产品成本的新设备代替原有的不能继续使用或继续使用在经济上、环境上已不合理的设备；而设备的现代化改装是指通过设备现代化改造，改善原性能，提高生产能力和劳动生产率，降低使用费等。从狭义上讲，设备更新仅指以结构更先进、功能更完善、性能更可靠、生产效率更高、产品质量更好及能降低产品成本的新设备代替原有的不能继续使用或继续使用在经济上、环境上已不合理的设备。

二、设备更新的原因分析

设备更新源于设备的磨损。磨损分为有形磨损和无形磨损，设备磨损是有形磨损和无形磨损共同作用的结果。

1. 有形磨损

设备在使用或闲置过程中发生的实体磨损，称为有形磨损，也称物理磨损。设备在使用过程中因摩擦、振动、疲劳而产生的有形磨损称为第一种有形磨损，受自然力作用而产生的有形磨损称为第二种有形磨损。有形磨损会使设备精度减低、效能下降，日常维修量及经营成本上升。

2. 无形磨损

设备的无形磨损亦称经济磨损，是由于非使用和非自然力作用引起的设备价值损失。与有形磨损不同，无形磨损在实物形态上是看不出来的。在无形磨损中，由于制造工艺改进、成本降低、生产率提高而生产同类设备的社会必要劳动消耗减少了，从而使原有设备贬值称为第一种无形磨损。由于技术进步而出现结构更先进、技术更完善、效率更高的新型设备，从而使原有设备显得陈旧落后而产生的经济损耗称为第二种无形磨损。

一般说来，设备在使用过程中既受到有形磨损，又受到无形磨损。所以说，设备磨损是这两种磨损共同作用的结果，因而称为综合磨损。设备综合磨损的形式不同，所以补偿磨损的方式也不同。补偿分为局部补偿和完全补偿。设备有形磨损的局部补偿是修理，设备无形磨损的局部补偿是现代化技术改造。设备有形和无形磨损的完全补偿是设备更新。设备磨损形式与其补偿方式的相互关系如图 15-1 所示。

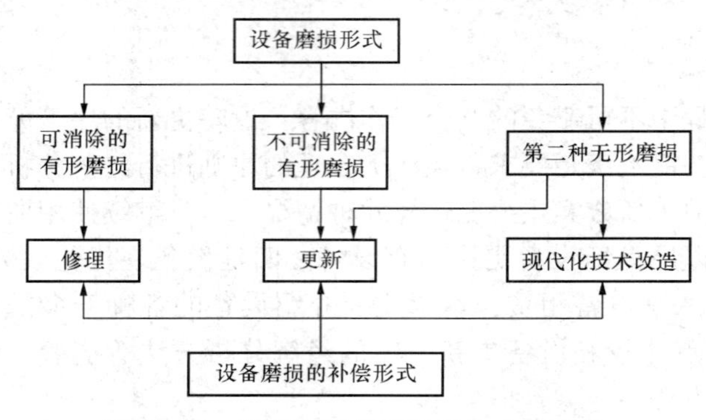

图 15-1 设备磨损与其补偿方式关系图

三、设备寿命

设备寿命一般有以下几种不同的概念。

1. 物理寿命

它是指设备从全新状态开始使用，直到不能再用而予以报废的整个时间过程。在物理寿命期内，因设备转让它可有若干个拥有者，有若干个使用寿命。

2. 使用寿命

它是指设备产生有效服务所经历的时间。实际上它也就是延续到设备被卖掉或转让为止的时间。

3. 技术寿命

它是指设备能维持其使用价值的时间过程，也就是在一种会使现有设备报废的新设备问世之前的那段时间。

4. 折旧寿命

它是指按财务通则规定，把设备价值的余额折旧到接近于零时所经历的时间。它并不等于物理寿命。在这段时间内，设备将在企业的固定资产账册上加以折旧处理。

5. 经济寿命

它是指设备具有最小等值年成本的时间，或是设备具有最大等值年收益的时间。因此，它一般也是设备的最合理的使用年限。

设备更新的主要问题是如何确定一个设备的最佳更新时期，也就是用什么样的设备，在什么时间更新现有设备在经济上最为有利。这其中的关键是，设备经济寿命的内涵和计算问题。

第二节 设备经济寿命及其计算

一、经济寿命计算的原理

从设备经济寿命是指从其具有最大等值年收益或具有最小等值年成本（费用）的定义出发，研究考察设备经济寿命的关键是如何使其在有限时间内的总收益最大或总费用最小。如

图 15－2 所示。设备的收益现金流是时间的递减函数，更新后收益又变大，并随时间推移又减小（图中的 n_1，n_2，…为更新时期）。为使设备取得的收益最大，应使设备在收益为正的时期内连续工作。为使总收益最大，显然要在设备收益变成零以前就进行更新。

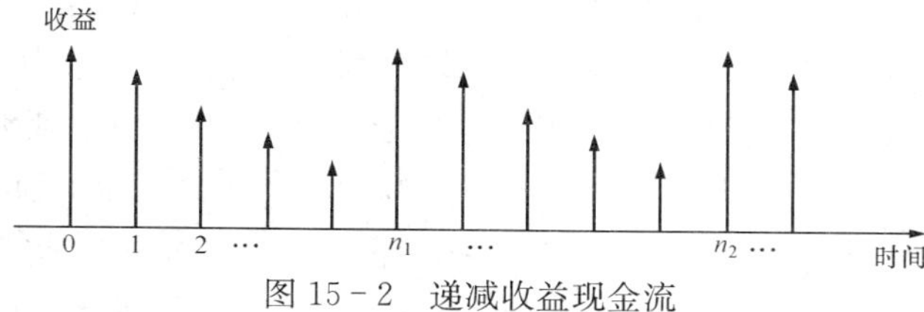

图 15－2　递减收益现金流

在什么时间更新老设备，这与设备经济寿命的计算直接相关。为简单起见，假定更新是同等替换，即具有同样功能的设备的现金流在以后更新中以相同的内容和相同的方式重复。设备初始投资为 C_0，各年收益为 R_j（$j=1，2，…，n$）。随着使用年限的增加，收益逐年减小，维修运营费用增加；由于故障或次品增加销售收入也随之减少；残值 L_0 也随 n 增加而减小。该设备在 n 年内的收益净年值 $MNAV(n)$ 为

$$MNAV(n)=\left[\sum_{j=1}^{n}\frac{R_j}{(1+i)^j}+\frac{L_n}{(1+i)^n}-C_0\right](A/P，i，n) \tag{15－1}$$

由前面所学内容可知，设备重复更新时的净年值，其第一次重复的净年值和整个期间内的净年值是相等的。因此，使式（15－1）的值最大的 n 就是最佳经济寿命。如图 15－3 所示，收益逐年减小，其年均值亦逐年减小；初始投资 C_0 的等价年均值［$C_0(A/P，i，n)$］也逐年下降；残值的年均值要从初始投资的年均值中减去。因此就存在使净年值 $MNAV(n)$ 最大的年数 n^*。

有的公共项目投资，只知道其每年的经营费用 E_j，则使其费用净年值 $NNAV(n)$ 最小的年数 n^* 就是它的经济寿命，即有

$$NNAV(n)=\left[C_0+\sum_{j=1}^{n}\frac{E_j}{(1+i)^i}-\frac{L_n}{(1+i)^n}\right](A/P，i，n) \tag{15－2}$$

这时，经营费用 E_j 逐年增加，其平均值也随之递增。而初始投资（若有残值，可从其年均值中减去）的年均值逐年减小，因而必存在使总费用的净年值最小的年数 n^*（如图 15－4 所示）。

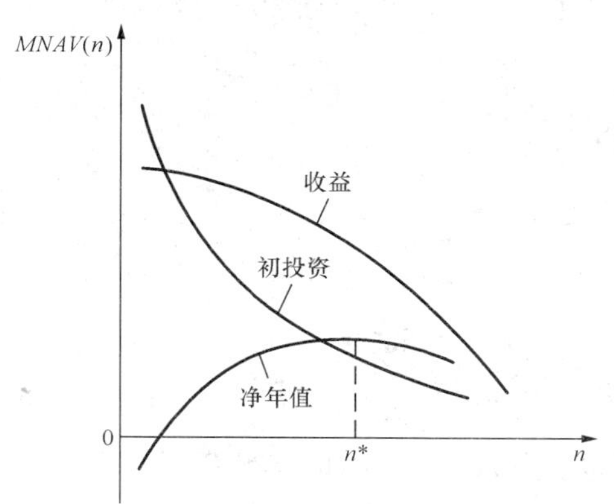

图 15－3　收益净年值为使用年数的函数

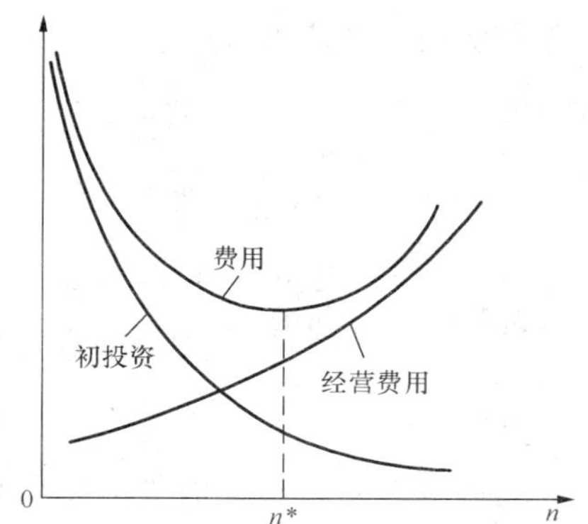

图 15－4　费用净年值是使用年数的函数

二、设备的经济寿命计算

设备的经济寿命的计算，首先要明确两个概念：一是设备的购置费，包括在设备的购置中实际支付的买价、税金（如增值税）、支付的运杂费、包装费和安装成本等；二是设备的运行成本，即设备在使用过程中发生的费用，包括能源费、保养费、修理费（包括大修理费）、停工损失及废次品损失等。一般情况下，运行成本是逐年递增的，这种递增称为设备的劣化。设备的经济寿命是由设备的年均费用决定的，年均费用包括两个部分，即年资金费用和年经营费用（年运营费用），年资金费用就是固定资产价值的年减少额，实质上就是固定资产的年折旧额加上未回收资金的利息；年经营费用，就是我们前面讲的设备的运行成本。设备的经济寿命就是求设备年均费用最小的使用年份，如图15-5所示。

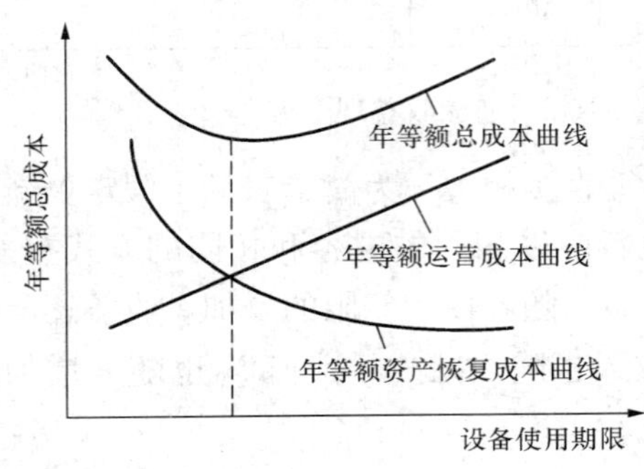

图15-5　设备经济寿命

对于设备的经济寿命的确定方法可以分为静态模式和动态模式两种。

(一) 静态模式下的经济寿命

静态模式下设备经济寿命的确定方法，就是在不考虑资金时间价值的基础上计算设备年平均成本。使设备年平均成本为最小的使用年份就是设备的经济寿命。

静态计算法介绍如下。

假设机器设备的年运行成本的劣化是线性增长的，每年运行成本增加额为λ，若设备使用了T年，则第T年时的运行成本C_T为

$$C_T = C_1 + (T-1)\lambda \tag{15-3}$$

式中　C_1——运行成本的初始值，即第一年的运行成本；

T——设备的使用年数。

则T年内设备的运行成本的平均值将为

$$C_1 + \frac{T-1}{2}\lambda$$

除运行成本外，在设备的年均总费用中还有每年分摊的设备购置费用，称为资金恢复费用或年资金费用。其值为z。

$$z = \frac{K_0 - V_L}{T}$$

式中　K_0——设备的原始价值；

V_L——设备的净残值。

则设备的年均总费用为

$$AC = C_1 + \frac{T-1}{2}\lambda + \frac{K_0 - V_L}{T} \tag{15-4}$$

设备的经济寿命为其年均费用最小的年数，即求当AC最小时的年数T值。

$$\frac{d(AC)}{dT} = \frac{\lambda}{2} - \frac{K_0 - V_L}{T^2} = 0$$

得

$$T_{opt}=\sqrt{\frac{2(K_0-V_L)}{\lambda}} \tag{15-5}$$

式中　T_{opt}——设备的经济寿命。

可通过计算不同使用年限的年等额总成本 AC_n 来确定设备的经济寿命。若设备的经济寿命为 m 年，则应满足下列条件：$AC_m \leqslant AC_{m-1}$，$AC_m \leqslant AC_{m+1}$。

【例 15-1】 某设备的原始值为 7200 元，第 1 年的使用成本费为 800 元，以后每年递增 650 元，预计残值为 0，试用静态分析法确定其经济寿命期。

解

$$T_{opt}=\sqrt{\frac{2\times(7200-0)}{650}}=4.71\ (年)$$

即经济寿命期为 4.71 年。

$$对应的最小成本\ C_0=\frac{7200-0}{5}+800+\frac{650\times(4.71-1)}{2}=3536\ (元/年)$$

【例 15-2】 某型号轿车购置费为 3 万元，在使用中有表 15-1 的统计资料，如果不考虑资金的时间价值，试计算其经济寿命。

表 15-1

使用年度 j	1	2	3	4	5	6	7
j 年度运营成本	5000	6000	7000	9000	11 500	14 000	17 000
n 年末残值	15 000	7500	3750	1875	1000	1000	1000

解　该型轿车在不同使用期限的年等额总成本 AC_n 见表 15-2。

由结果来看，该型号轿车使用 5 年时，其年等额总成本最低（AC_5=13 500 元），使用期限大于或小于 5 年时，其年等额总成本均大于 13 500 元，故该汽车的经济寿命为 5 年。

表 15-2　**某型号轿车年等额总成本计算**　元

使用期限 n	资产恢复成本 $P-L_n$	年等额资产恢复成本 $\frac{P-L_n}{n}$	年度运营成本 C_j	使用期限内运营成本累计 $\sum_{j=1}^{n}C_j$	年等额运营成本 $\frac{1}{n}\sum_{j=1}^{n}C_j$	年等额总成本 AC_n ⑦=③+⑥
①	②	③	④	⑤	⑥	⑦
1	15 000	15 000	5000	5000	5000	20 000
2	22 500	11 250	6000	11 000	5500	16 750
3	26 250	8750	7000	18 000	6000	14 750
4	28 125	7031	9000	27 000	6750	13 781
5*	29 000	58 00	11 500	38 500	7700	13 500*
6	29 000	4833	14 000	52 500	8750	13 583
7	29 000	4143	17 000	69 500	9929	14 072

*　年等额总成本最低。

(二) 动态模式下的经济寿命

在国际上的项目分析与评价中，通常要考虑资金的时间价值，这样评价才能更准确，更符合客观实际。

动态模式下设备经济寿命的确定方法，就是在考虑资金时间价值的情况下计算设备的净

值 NAV 或年成本 AC，通过比较年平均效益或年平均费用来确定设备的经济寿命。

1. 计算单利时设备的经济寿命的确定

假若设备的年运行成本的劣化是线性增长的，第一年的运行成本为 C_1，每年运行成本增加额为 λ，若设备使用了 T 年，则第 T 年时的运行成本 C_T 为

$$C_T = C_1 + (T-1)\lambda \tag{15-6}$$

显然，T 年内设备的运行成本的平均值将为

$$C_1 + \frac{T-1}{2}\lambda$$

除运行成本外在设备的年均费用中还有每年分摊的年资金费用。其金额为

$$\frac{K_0 - V_L}{T}$$

另外，我们还要考虑单利情况下，设备占有资金的利息

$$\frac{K_0 - V_L}{2}i$$

式中 i——银行利率。

设备的年总费用则为

$$AC = C_1 + \frac{T-1}{2}\lambda + \frac{K_0 - V_L}{T} + \frac{K_0 - V_L}{2}i \tag{15-7}$$

求 AC 的最小值，利用导数的知识，通过式（15－7）对 T 求导，并令其等于零，得

$$\frac{\mathrm{d}(AC)}{\mathrm{d}T} = \frac{\lambda}{2} - \frac{K_0 - V_L}{T^2} = 0$$

得

$$T_{opt} = \sqrt{\frac{2(K_0 - V_L)}{\lambda}} \tag{15-8}$$

其最小年费用为

$$AC_{\min} = C_1 + \frac{\sqrt{\frac{2(K_0 - V_L)}{\lambda}} - 1}{2}\lambda + \sqrt{\frac{(K_0 - V_L)\lambda}{2}} + \frac{K_0 - V_L}{2}i \tag{15-9}$$

若不考虑设备的残值，其经济寿命和最小年均费用为

$$T_{opt} = \sqrt{\frac{2K_0}{\lambda}} \tag{15-10}$$

$$AC_{\min} = C_1 + \sqrt{2K_0\lambda} + \frac{K_0 i - \lambda}{2} \tag{15-11}$$

【例 15－3】 设有一台设备，初始投资为 18 000 元，残值为零，运行费用第一年为 2000 元，以后每年递增 1000 元，利率为 8%，试计算该设备的经济寿命及最小年均费用。

解 经济寿命为

$$T_{opt} = \sqrt{\frac{2K_0}{\lambda}} = \sqrt{\frac{2 \times 18\,000}{1000}} = 6\ (\text{年})$$

其最小年均费用为

$$\begin{aligned} AC_{\min} &= 2000 + \sqrt{2 \times 18\,000 \times 1000} + \frac{18\,000 \times 8\% - 1000}{2} \\ &= 8000 + 220 = 8220\ (\text{元}) \end{aligned}$$

2. 计算复利时设备的经济寿命的确定

考虑资金的时间价值，设备的年总费用则为

$$AC = K_0(A/P, i, n) - V_L(A/F, i, n) + C_1 + \left[\sum_{j=2}^{n}\lambda(P/F, i, n)\right](A/P, i, n) \quad (15-12)$$

式中　λ——劣化值增加额；

$(A/P, i, n)$——资金回收系数；

$(A/F, i, n)$——偿债基金系数；

$(P/F, i, n)$——一次支付现值系数。

可通过计算不同使用年限的年等额总成本 AC_n 来确定设备的经济寿命。若设备的经济寿命为 m 年，则应满足下列条件：$AC_m \leqslant AC_{m-1}$，$AC_m \leqslant AC_{m+1}$。

【例 15-4】 某设备购置费为 24 000 元，第 1 年的设备运营费为 8000 元，以后每年增加 5600 元，设备逐年减少的残值见表 15-3。设年利率为 12%，求该设备的经济寿命。

解　设备在使用年限内的等额年总成本计算如下。

$n=1$：

$$AC_1 = (24\,000-12\,000)(A/P, 12\%, 1) + 12\,000\times 12\% + 8000 + 5600(A/G, 12\%, 1)$$
$$= 12\,000\times 1.1200 + 12\,000\times 0.12 + 8000 + 5600\times 0 = 22\,880\text{（元）}$$

$n=2$：

$$AC_2 = (24\,000-8000)(A/P, 12\%, 2) + 8000\times 12\% + 8000 + 5600(A/G, 12\%, 2)$$
$$= 16\,000\times 0.5917 + 8000\times 0.12 + 8000 + 5600\times 0.4717 = 21\,068\text{（元）}$$

$n=3$：

$$AC_3 = (24\,000-4000)(A/P, 12\%, 3) + 4000\times 12\% + 8000 + 5600(A/G, 12\%, 3)$$
$$= 20\,000\times 0.4163 + 4000\times 0.12 + 8000 + 5600\times 0.9246 = 21\,985\text{（元）}$$

$n=4$：

$$AC_4 = (24\,000-0)(A/P, 12\%, 4) + 0\times 12\% + 8000 + 5600(A/G, 12\%, 4)$$
$$= 24\,000\times 0.3292 + 0\times 0.12 + 8000 + 5600\times 1.3589 = 23\,511\text{（元）}$$

表 15-3　设备经济寿命动态计算　　元

第 j 年末	设备使用到第 n 年末的残值	年度运营成本	等额年资产恢复成本	等额年运营成本	等额年总成本
1	12 000	8000	14 880	8000	22 880
2	8000	13 600	10 427	10 641	21 068
3	4000	19 200	8806	13 179	21 985
4	0	24 800	7901	15 610	23 511

根据计算结果，设备的经济寿命为 2 年。

但在实务中，设备的劣化值的变化是比较复杂的，故设备的年均总费用计算的一般公式为

$$AC = (K_0 - V_L)(A/P, i, n) + V_L i + \left[\sum_{j=1}^{n} W_j(P/F, i, n)\right](A/P, i, n) \quad (15-13)$$

式中　W_j——第 j 年的运营费用；

i——基准收益率。

在实际工作中，大家一定要遵循资金时间价值计算的原理，对设备的年均总费用进行计算，上述的计算原理实际是将不同时期的费用流折算为年金，即设备的年均费用，年均费用最低的年份即为设备的经济寿命。

第三节 设备更新分析

一、概述

更新是一个广义概念，通常是指选择类似的但新的资产去替代现有资产，并包括对各种改进资产功能的方法进行评价。对一个企业来讲，更新决策十分重要。无论是因设备暂时故障而草率决定报废，还是片面追求现代化，一味购买最新式设备，都会造成企业流动资本的严重损失。流动资本十分紧张的企业可能走向另一极端，采取延缓设备更新直到不能再用为止的决策。拖延设备更新会使企业丧失竞争力。当竞争对手积极利用现代化设备降低成本和提高产品质量时，还在使用成本增加和产品质量下降的低效劣能设备是一种误事的决策。企业主和工程师应识别资产在什么时间不再有效使用，应该怎样更新和何时更新。更新决策是在现有资产和目前可获得的替代资产之间的一种选择，也就是人们常说的保守者（defendor）和挑战者（challenger）之间的一种抉择。对于设备更新来说，保守者是指现有设备（旧设备）；挑战者是指替换设备（新设备）。对于前者，经济寿命就是指其费用净年值最小时的剩余使用期；对于后者，经济寿命就是指其最经济的使用期。现有设备和替换设备的经济特性往往很不相似，其现金流在时间和数量上也很不相同。新设备具有高资本费用和低运营费用，而需要"退役"的或需要更新的旧设备则正好与之相反。

二、各类设备的更新技术经济分析

1. 旧设备的更新分析

所谓旧设备是指已用过若干年但尚未达到其经济寿命期的设备。现在研究在此种情况下旧设备的最优更新期如何确定，实际上是要确定旧设备的剩余经济寿命应是多少。解决这种问题的分析方法，是站在第三者的立场上，以局外人的观点进行更新分析，而不是站在旧设备所有者的立场上考虑问题。第三者立场或局外人观点认为，旧设备的现行市场价值是使设备继续使用下去时所需要的投资。而且，设备更新分析中只考虑其现在和将来发生的现金流，而不考虑以前发生的现金流与沉没成本，它们属于不可恢复费用，从而与更新决策无关而不参与经济计算。下面以实例说明。

【例 15-5】 某企业在 7 年前购买一台设备，估计尚能使用 3 年。现又有一种更先进的新设备，其价值为 60 000 元，其寿命为 12 年，残值为 6000 元，年经营成本为 13 750 元。现有设备的现时残值估计为 10 000 元，若再继续使用，其残值和年经营成本见表 15-4。试确定旧设备的最优更新期，设年利率为 15%。

表 15-4 旧设备残值与年经营成本 万元

年份	残值	年等额经营成本	年份	残值	年等额经营成本
0	10 000		2	5500	23 500
1	7500	18 500	3	3500	28 500

首先看新设备的费用净年值：

$$NNAV_{新} = [60\ 000 - 6000(P/F, 15\%, 12)](A/P, 15\%, 12) + 13\ 750 = 24\ 613\ (元)$$

之后计算继续使用现有设备时的费用净年值如下。

继续使用 1 年：

$$NNAV(1)_{旧} = [10\ 000 - 7500(P/F, 15\%, 1)](A/P, 15\%, 1) + 18\ 500 = 22\ 500\ (元) < 24\ 613\ (元)$$

继续使用 2 年：

$$NNAV(2)_{旧} = [10\ 000 - 5500(P/F, 15\%, 2)](A/P, 15\%, 2) + 23\ 500 = 27\ 093\ (元) > 24\ 613\ (元)$$

继续使用 3 年：

$$NNAV(3)_{旧} = [10\ 000 - 3500(P/F, 15\%, 3)](A/P, 15\%, 3) + 28\ 500 = 31\ 871(元) > 24\ 613\ (元)$$

若继续使用现有设备，其第一年的费用净年值小于新设备的费用净年值，但从第二年开始便大于新设备的费用净年值。因此，现有设备只能再继续使用一年便需更新。

上述实例计算旧设备的剩余经济寿命，实际上也是一种互斥型方案的分析比较。其中，第 0 方案是立即采用新设备（立即更新）；第一方案是继续使用一年旧设备，然后更新；第二方案是继续使用二年旧设备，然后更新；……；第 m 方案是继续使用 m 年旧设备，然后更新。

这些方案的净现金流的构成如下：

第 0 方案：除在“0”时刻也要考虑旧设备的残值$\overline{L}_0$。即把它视为“0”时刻的收益外，其他与式（15－1）包含的内容相同，即也包括 C_0、R_j（$j=1, 2, \cdots, n$）和 L_n。

第一方案：在“0”时刻有旧设备的追加投资$\overline{C}_0$（$\overline{C}_0$是修补费用，它很小或可视为零），在“1”时刻有旧设备的收益$\overline{R}_1$ 和残值$\overline{L}_1$。因而，新设备在“1”时有 C_0，在“2”时有 R_1，……，在“$n+1$”时有 R_n 和 L_n。这样一来，第一方案的净现金流与第 0 方案相比，除延迟一年外，其他相同。

照此类推，第 m 方案（继续使用 m 年旧设备，然后更新）的净现金流与第 0 方案的净现金流相比就如图 15－6 所示。由图可知，第 0 方案的现金流包括$\overline{L}_0$，为此，应从各方案“0”时的净现金流减去$\overline{L}_0$。这样，第 0 方案在“0”时刻的现金流就只有$-C_0$，而其他方案在“0”时刻的现金流变为$-(\overline{C}_0+\overline{L}_0)$。

经过上述处理之后，继续使用旧设备 m 年时的收益净年值为

$$\overline{M}NAV(m) = \left[\sum_{j=1}^{m} \frac{\overline{R}_j}{(1+i)^j} + \frac{\overline{L}_m}{(1+i)^m} - \overline{C}_0 - \overline{L}_0\right](A/P, i, m) \qquad (15-14)$$

使$\overline{M}NAV(m)$ 最大的年数 m^* 就是现有设备的经济寿命。所以，将$\overline{M}NAV(m^*)$ 与 $MNAV(n^*)$ 相比：

若$\overline{M}NAV(m^*) < MNAV(n^*)$，则应立即更新；

若$\overline{M}NAV(m^*) > MNAV(n^*)$，则可继续使用 m^* 年后再更新。

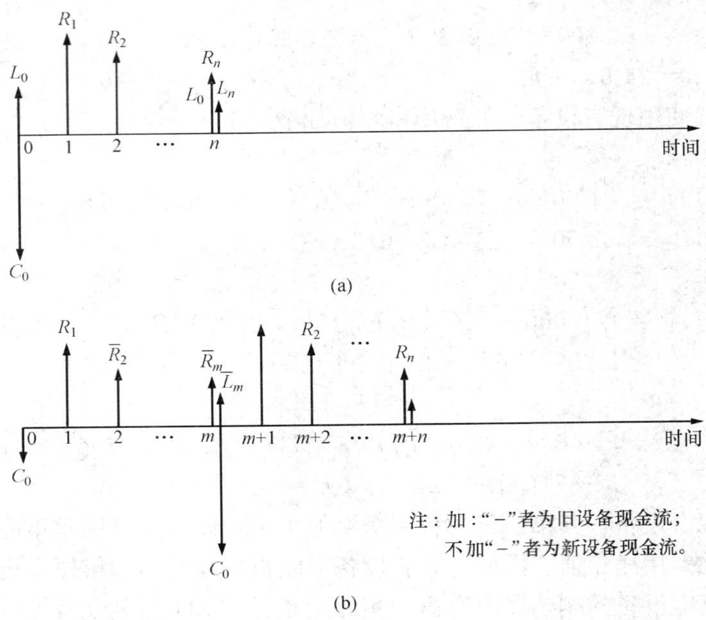

图 15－6　更新决策和现金流图

(a) 立即更新；(b) m 年后更新

实际上，设备更新时一般$\overline{M}NAV(m)$ 在 $m=1$ 时最大。这时，$\overline{M}NAV(1)$ 为

$$\overline{M}NAV(1)=\overline{R}_1+\overline{L}_1-(\overline{C}_0+\overline{L}_0)(1+i) \tag{15-15}$$

又因对现有设备的追加投资通常为零，从而有

$$\overline{M}NAV(1)=\overline{R}_1+\overline{L}_1-\overline{L}_0(1+i) \tag{15-16}$$

同样，现有设备的经营费用为 E_j，则继续使用现有设备 m 年时的费用净年值为

$$\overline{N}NAV(m)=\left[\sum_{j=1}^{m}\frac{E_j}{(1+i)^j}+\overline{C}_0+\overline{L}_0-\frac{\overline{L}_m}{(1+i)^m}\right](A/P,i,n) \tag{15-17}$$

使式（15－17）的值为最小的年数 m^* 就是现有设备的经济寿命。

若$\overline{N}NAV(m^*)>NNAV(n^*)$，则应立即更新；

若$\overline{N}NAV(m^*)<NNAV(n^*)$，则可继续使用 m^* 年后再更新。

同样，设备更新问题一般在 $m=1$ 时，$\overline{N}NAV(m)$ 为最小。从而有

$$\overline{N}NAV(1)=\overline{E}_1+(\overline{C}_0+\overline{L}_0)(1+i)-\overline{L}_1 \tag{15-18}$$

2. 新设备的更新分析

在购买一台新设备后，常常要预先估算它的最优使用期。为简单起见，对于新设备一般可假设，它将来的更新替换设备仍是同样的设备。在这个假设条件下，计算新设备的最优更新期。对于新设备，一般难以预测其收益和经营成本的绝对值，但可以估计其年收入和年支出的变化趋势。这时，用净年值劣化最小法便能方便地求出新设备的最优更新期。下面首先介绍净年值劣化最小法的基本原理。

如前所述，确定设备的经济寿命问题，实际上是设备继续使用期为 1 年、2 年、…、n 年的互斥型方案选择问题。对此，各方案的净现金流量都减去一定数量的金额也不会影响选择结果。利用这一性质，就可把式（15－1）的收益净年值最大问题改变为下面的最小问题。为此，我们引入设备收益劣化变量 G_j。

$$G_j = R_1 - R_j \tag{15-19}$$

G_j 也就是设备更新理论（$MAPI$）中常用的经营劣化量。将式（15－19）代入式（15－1），由下式便可求得劣化净年值 $A(n)$。

$$\begin{aligned} A(n) &= R_1 - MNAV(n) \\ &= R_1 - \left[\sum_{j=1}^{n} \frac{R_1 - G_j}{(1+i)^j} + \frac{L_n}{(1+i)^n} - C_0\right](A/P, i, n) \\ &= \left[C_0 + \sum_{j=1}^{n} \frac{G_j}{(1+i)^j} - \frac{L_n}{(1+i)^n}\right](A/P, i, n) \end{aligned} \tag{15-20}$$

同理，对于式（15－2）的费用净年值最小问题引入经营劣化变量 $G_j = E_j - E_1$，由下式亦能求得与式（15－20）一样的劣化净年值公式。

$$\begin{aligned} A(n) &= NNAV(n) - E_1 \\ &= \left[C_0 + \sum_{j=1}^{n} \frac{G_j + E_1}{(1+i)^j} - \frac{L_n}{(1+i)^n}\right](A/P, i, n) - E_1 \\ &= \left[C_0 + \sum_{j=1}^{n} \frac{G_j}{(1+i)^j} - \frac{L_n}{(1+i)^n}\right](A/P, i, n) \end{aligned} \tag{15-21}$$

劣化净年值 $A(n)$ 是常数 R_1 或 E_1 与净年值的差，从而求使 $A(n)$ 最小的年数必定与使 $MNAV(n)$ 最大或使 $NNAV(n)$ 最小的年数相一致。

【例 15－6】 某公司购买一台新设备，价格为 1000 万元，其年收益逐年递减 50 万元，设备残值第一年为 600 万元，以后逐年下降为上年的 60%，利率 $i=10\%$。试确定该新设备的经济寿命？

解 该设备的最优更新期一般说来应等于它的经济寿命。假设它将来更新替换的设备仍是同样的设备（具有相同的现金流）。在这样的假设条件下，计算该设备在不同使用年限时的劣化净年值 $A(n)$ 如下。

$$\begin{aligned} A(1) &= \left[C_0 + \sum_{j=1}^{1} \frac{G_j}{(1+i)^j} - \frac{L_1}{(1+i)^1}\right](A/P, i, n) \\ &= \left[1000 + \frac{0}{(1+0.1)^1} - \frac{600}{(1+0.1)^2}\right](A/P, 10\%, 1) \\ &= 500\ (\text{万元}) \end{aligned}$$

$$\begin{aligned} A(2) &= \left[1000 + \sum_{j=1}^{2} \frac{G_j}{(1+0.1)^j} - \frac{L_2}{(1+0.1)^2}\right](A/P, 10\%, 2) \\ &= \left[1000 + \frac{0}{1+0.1} + \frac{50}{(1+0.1)^2} - \frac{360}{(1+0.1)^2}\right](A/P, 10\%, 2) \\ &= 428.6\ (\text{万元}) \end{aligned}$$

$$A(3)=\left[1000+\sum_{j=1}^{3}\frac{G_j}{(1+0.1)^j}-\frac{L_3}{(1+0.1)^3}\right](A/P,10\%,3)$$

$$=\left[1000+\frac{0}{1+0.1}+\frac{50}{(1+0.1)^2}+\frac{100}{(1+0.1)^3}-\frac{216}{(1+0.1)^3}\right](A/P,10\%,3)$$

$$=388.6\text{（万元）}$$

$$A(4)=\left[1000+\sum_{j=1}^{4}\frac{G_j}{(1+0.1)^j}-\frac{L_4}{(1+0.1)^4}\right](A/P,10\%,4)$$

$$=\left[1000+\frac{0}{1+0.1}+\frac{50}{(1+0.1)^2}+\frac{100}{(1+0.1)^3}+\frac{150}{(1+0.1)^4}-\frac{129.6}{(1+0.1)^4}\right](A/P,10\%,4)$$

$$=356.7\text{（万元）}$$

$$A(5)=\left[1000+\sum_{j=1}^{5}\frac{G_j}{(1+0.1)^5}-\frac{L_5}{(1+0.1)^5}\right](A/P,10\%,5)=341.6\text{（万元）}$$

$$A(6)=\left[1000+\sum_{j=1}^{6}\frac{G_j}{(1+0.1)^i}-\frac{L_6}{(1+0.1)^6}\right](A/P,10\%,6)=334.7\text{（万元）}$$

$$A(7)=\left[1000+\sum_{j=1}^{7}\frac{G_j}{(1+0.1)^i}-\frac{L_7}{(1+0.1)^7}\right](A/P,10\%,7)=333.6\text{（万元）}$$

$$A(8)=\left[1000+\sum_{j=1}^{8}\frac{G_j}{(1+0.1)^i}-\frac{L_8}{(1+0.1)^8}\right](A/P,10\%,8)=336.1\text{（万元）}$$

由计算可知，该设备使用 7 年时的劣化净年值最小，因此它的经济寿命为 7 年，这也是它的最优更新期。

3. 更新分析中新旧设备的决策分析

在设备更新实际中，常常遇到两种或两种以上设备的决策分析，其中之一是现有设备（旧设备），其他为可供替换的新设备。由于旧设备的剩余寿命一般要短于新设备的经济寿命，所以它们的经济比较分析是不同寿命期投资方案的比较分析，对此应用年值分析法最为方便。现以实例说明。

【例 15 - 7】 有一台目前价值为 2500 万元的设备，下一年将贬值 1000 万元，以后每年贬值 500 万元。由于性能下降，其今年的运营费用为 8000 万元，预计以后每年增加 1000 万元。预计它 4 年后将退役，其残值为零。用 16 000 万元购买一台新设备，其经济寿命为 7 年，其年运营费用为 6000 万元，期末残值为 1500 万元。设年利率 $i=12\%$，试决策是否更新现有设备？

解 依题意画出新旧设备的现金流量图（如图 15 - 7 所示）。

设 P 为初始投资，S 为残值，A 为年运营费用，则计算如下。

首先，求新设备的净年值。

$$NAV_{新}=(P-S)(A/P,i,n)+Si+A$$

$$=(16\,000-1500)(A/P,12\%,7)+1500\times12\%+60\,000$$

$$=9357\text{（万元）}$$

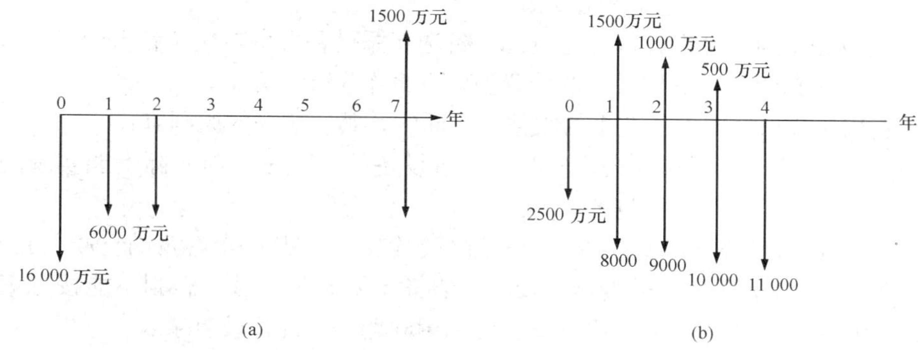

图 15-7　新、旧设备现金流量图

(a) 新设备；(b) 旧设备

其次，求不同使用期的旧设备的净年值。

$$
\begin{aligned}
NAV(1)_{旧} &= (P-S)(A/P, i, 1) + Si + A_1 \\
&= (2500-1500)(A/P, 12\%, 1) + 1500 \times 12\% + 8000 \\
&= 9300\ (\text{万元})
\end{aligned}
$$

$$
\begin{aligned}
NAV(2)_{旧} &= (P-S)(A/P, i, 2) + Si + A_2 \\
&= (1500-1000)(A/P, 12\%, 2) + 1000 \times 12\% + 9000 \\
&= 9416\ (\text{万元})
\end{aligned}
$$

因此，旧设备的剩余寿命为 1 年，即旧设备应在继续使用 1 年后更新。

第四节　设备更新方案的综合比较

设备超过最佳使用期限之后，就存在更新的问题。但陈旧设备直接更换是否必要或是否为最佳的选择，是需要进一步研究的问题。一般而言，对超过最佳使用期限的设备可以采用以下 5 种处理办法。

(1) 继续使用旧设备。

(2) 对旧设备进行大修理。

(3) 用原型设备更新。

(4) 对旧设备进行现代化技术改造。

(5) 用新型设备更新。

设备的更新时机，一般取决于设备的技术寿命和经济寿命。技术寿命是从技术的角度看设备最合理的使用期限，它是由无形磨损决定的，与技术进步无关；而经济寿命是从经济角度看设备最合理的使用期限，它是由无形磨损和有形磨损共同决定的。适时地更换设备，既能促进技术进步，加速经济增长，又能节约资源，提高经济效益。

一、新购设备的优劣比较

新购设备的优劣比较，是项目经济效益的必然要求，项目为了保证良好的经济效果就必须适时更新设备，且更新方案需满足在技术性能和生产功能上有保证，在经济上效益好这样的前提。

1. 年费用比较法（年均总费用比较法）

年费用比较法是通过分别计算，比较几个备选新添设备方案对应于各自的经济寿命期内的年均总费用，选择年均总费用最小的购置设备方案作为最佳方案。

(1) 年费用比较法假定设备产生的收益是相同的，其应遵循的原则有：

1）不考虑沉没成本。即在方案比较时，原有设备的价值按目前实际上能实现的价值来计算，而不管它过去是多少钱购进的。

2）不要简单的按照方案的直接现金流量进行比较，而应从一个客观的立场上去比较。

3）在按方案的直接现金流量进行比较时，服务年限必须一致，否则不能按方案的直接现金流量进行比较，因为这将涉及原有设备的利用问题，情况比较复杂。

(2) 年均费用法的计算模型。

设备的年度使用费包括两部分，即资金恢复费用（年资金费用）和年经营费用或运行成本。具体还可细分为：运行的劣化损失、设备价值耗损和利息损失。根据设备更新的情况，年均费用法可分为以下几个模型。

1）不计算设备的残值，也不计算资金的时间价值。年均费用 AC 计算公式如下：

$$AC=\frac{K_0}{n}+\frac{1}{n}\sum_{m=1}^{n}C_m \tag{15-22}$$

式中　C_m——第 m 年设备的运营成本或费用。

2）假设设备的劣化是线性的且逐年按同等数额增加，只以单利计算占有资金的利息并计算设备的残值。

为了简化计算，设劣化值为 λ，如果设备的使用年限为 T，则 T 年的劣化值的平均值为

$$\frac{\lambda(T-1)}{2}$$

式中　λ——设备年劣化值的增加额。

在实务中新设备的劣化损失是难以预先知道的，一般可以采用耐用年数相同的类似设备的劣化值的增量来代替。

假定设备的残值为 V_L，则设备在 T 年内年均价值的损耗为

$$\frac{K_0-V_L}{T}$$

设备的利息损失等于新设备在使用期内平均资金占用额乘以相应的利率，即

$$\frac{K_0+V_L}{2}i$$

所以，新设备的年均费用为

$$AC=\frac{T-1}{2}\lambda+\frac{K_0-V_L}{T}+\frac{K_0+V_L}{2}i \tag{15-23}$$

(3) 以复利计息情况下，设备的年均总费用计算公式为

$$AC=(K_0-V_L)(A/P,\ i,\ n)+V_Li+\left[\sum_{j=1}^{n}W_j(P/F,\ i,\ n)\right](A/P,\ i,\ n) \tag{15-24}$$

【例 15-8】 某项目需购买某种设备以满足生产需要，已知有甲、乙两种方案，甲方案估计投资 200 000 元，年运营成本 6400 元；乙方案估计投资 65 000 元，年运营成本 8500

元，两设备的折旧率均为12%，其技术性能、生产能力和使用年限相同。试进行方案决策。

解　甲方案的年均总费用200 000×12%+6400=30 400（元）

乙方案的年均总费用65 000×12%+8500=16 300（元）

显然，甲方案的年均总费用>乙方案的年均总费用，应选择乙方案。

2. 研究期法

所谓研究期法就是针对使用期限不同的设备更新方案，直接选取一个适当的分析期作为各个更新方案共同的计算期，通过比较各个方案在该计算期内费用的限值对设备的更新方案进行比较。研究期的选择视具体情况而定，主要有三类。

(1) 以寿命最短方案的寿命为各方案共同的服务年限，令寿命较长的方案在共同服务期限末保留一定的残值。

(2) 以寿命最长方案的寿命为各个方案的共同服务年限，令寿命较短的方案在寿命终了时，由同种设备或其他新型设备进行替代，直至达到共同服务年限为止，期末可能存在一定的残值。

(3) 统一规定方案的计划服务年限，其数值不一定等于各个方案的寿命，在达到计划服务年限前，有的方案或许要进行更替，服务期满，有的方案可能存在一定的残值。

【例15-9】　某设备A正在使用，其目前的残值估计为2000元，据估计，这部机器还可使用5年，每年的使用费为1200元，第5年年末的残值为零。为机器A的更新提出两种方案。方案甲：5年之后，用机器B来代替机器A。其原始费用估计为10 000元，寿命估计为15年，残值为零，每年使用费600元；方案乙：现在就用机器C来代替机器A。机器C的原始费用估计为8000元，寿命为15年，残值为0，每年使用费900元。详细数据列于表15-5内。利率为10%。比较方案甲和方案乙，哪个方案更好？

表15-5　　**各方案的基本数据**　　元

年末	方案甲		方案乙	
	原始费用	年使用费	原始费用	年使用费
0	机器A　2000		机器C　8000	
1		1200		900
2		1200		900
3		1200		900
4		1200		900
5	机器B　10 000	1200		900
6		600		900
7		600		900
8		600		900
9		600		900
10		600		900
11		600		900
12		600		900
13		600		900
14		600		900
15		600		900
16～20		600		

解 (1) 选定研究期为 15 年

计算结果如下，机器 B 的年值成本为

$$AC_B = 10\,000(A/P,\ 10\%,\ 15) + 600 = 10\,000 \times 0.1315 + 600 = 1915\ (元)$$

这样，方案甲在 15 年内发生的费用现值是

$$\begin{aligned} PC_{甲} &= 2000 + 1200(P/A,\ 10\%,\ 5) + 1915(P/A,\ 10\%,\ 10)(P/F,\ 10\%,\ 5) \\ &= 2000 + 1200 \times 3.791 + 1915 \times 6.1446 \times 0.6209 \\ &= 13\,856\ (元) \end{aligned}$$

按照方案乙，机器 C 在 15 年中的费用现值为

$$PC_{乙} = 8000 + 900(P/A,\ 10\%,\ 15) = 14\,845\ (元)$$

显然方案甲优。

(2) 选定研究期为 5 年

如果信息不确切，往往不得不采用较短的研究期。例如在表 15-5 中如果采用什么机器来继续机器 A 的工作并不清楚，就只能选定机器 A 还可使用的时期 5 年作为研究期，这时

$$AC_A = 2000(A/P,\ 10\%,\ 5) + 1200 = 1728\ (元)$$

而机器 C 按照寿命为 15 年计算的年度费用是

$$AC_C = 8000(A/P,\ 10\%,\ 15) + 900 = 1952\ (元)$$

这就是说，在前 5 年中采用机器 A 比采用机器 C 每年可以节约 1952−1728=224，至于 5 年以后的情况则未加考虑。

一般说来，研究期越长，所得的结果越重要，但是所做的估计也越可能是错误的。因此，研究期的选定必须根据估计和判断。

3. 最低总费用法

设备更新的决策方案不外乎六种情况：一是原有设备继续使用；二是原有设备大修后继续使用；三是以同类型新设备更换旧有设备；四是设备现代化改装；五是用新型、高效的设备更新旧设备；六是设备租赁。最低总费用法是通过分别计算、比较不同设备更新方案在不同服务年限内的总费用现值，根据所需要的服务年限，按照总费用现值最低的原则，进行设备更新方案选择的一种方法。下面我们分别介绍各种方案的费用现值的计算公式。

(1) 继续使用旧设备的费用现值公式为

$$PC_0 = \left[\sum_{i=1}^{n} C_i(P/F,\ i,\ t) - V_L(P/F,\ i,\ n)\right] \tag{15-25}$$

式中 PC_0——继续使用原设备的费用现值；

C_i——原设备的年运营成本；

V_L——设备的残值。

(2) 大修一次后继续使用旧设备的费用现值计算公式为

$$PC_r = K_r + \sum_{i=1}^{n} C_{rt}(P/F,\ i,\ t) \tag{15-26}$$

式中 PC_r——大修后设备的费用现值；

C_{rt}——大修后设备第 t 年运营成本。

(3) 以同类设备更新旧设备的方案费用现值计算公式为

$$PC_n = K_n - V_L + \sum_{i=1}^{n} C_{nt}(P/F,\ i,\ n) - V_n(P/F,\ i,\ n) \tag{15-27}$$

式中　PC_n——同类新设备的费用现值；

K_n——新设备的购置费用；

C_{nt}——新设备的第 t 年的运营成本；

V_L，V_n——分别为原设备和新设备的残值。

（4）设备的现代化改装计算公式为

$$PC_m = \frac{K_m}{\beta_m} + \sum_{i=1}^{n} C_{mt}(P/F, i, t) - V_n(P/F, i, n) \quad (15-28)$$

式中　K_m——设备现代化改装的费用现值；

β_m——经过现代化改装后设备的生产效率系数；

C_{mt}——经过现代化改装好第 t 年的运营成本；

V_n——新型高效设备的残值。

（5）以高效新型设备更换旧设备的费用现值计算公式为

$$PC_h = \frac{K_h}{\beta_h} - V_L + \sum_{i=1}^{n} C_{ht}(P/F, i, n) - V_h(P/F, i, n) \quad (15-29)$$

式中　PC_h——高效新型设备的费用现值；

K_h——高效新型设备的购置费用；

β_h——高效新型设备的生产率提高系数；

C_{ht}——高效新型设备第 t 年的运营成本；

V_L，V_h——分别为原设备和新型高效设备的残值。

究竟采取哪个设备更新方案，往往取决于其使用年限的大小。当使用年限很大时，比如，使用年限在 8～10 年时，采用高效新型设备可能是最优的；如果在 3～5 年之间，可能继续使用旧设备是比较经济的。

二、购置设备与租赁设备的优劣比较

1. 设备租赁

设备租赁是指设备使用者（承租人）按照合同规定，按期向设备所有者（出租人）支付一定费用而取得设备使用权的一种经济活动。

2. 设备租赁的形式

设备租赁一般有以下两种方式。

（1）融资租赁。

融资租赁又称财务租赁，它是指出租方和承租方共同承担确定时期的租让和付费义务，不得任意终止和取消租赁合同。融资租赁是一种融资和融物相结合的方式。主要解决企业大型的贵重设备和长期资产的需要。如车皮、重型机械设备等宜采用这种方式。

融资租赁的主要特点：①一般由承租人向出租人提出正式申请，由出租人融通资金引进租户所需设备，然后租给用户使用。②租期较长。融资租赁的租期一般为租赁财产寿命的一半以上。③租赁合同比较稳定。在融资租赁期内，承租人必须连续支付租金，非经双方同意，中途不得退租，这样既能保证承租人长期使用资产，又能保证出租人在基本租期内收回投资并获得一定利润。④租赁期满后，可选择将设备作价转让给承租人、出租人回收、延长租期续租 3 种方式处理租赁财产。⑤在租赁期间，出租人一般不提供维修和保养设备方面的服务。

融资租赁的形式：①售后租回。指企业将某资产卖给出租人，再将其租回使用。资产的售价大致等同于市价。其好处是企业出售资产可得到一笔资金，同时仍可使用设备，利于项目建设及资金筹集。②直接租赁。是指承租人直接向出租人租入所需要的资产，并付租金，其出租人主要是制造厂商、租赁公司等。③杠杆租赁。杠杆租赁涉及三方。即承租人、出租人和资金出借方三方。和其他租赁不同的是出租人只出购买资产所需的部分资金，作为投资，其他不足部分以该资产作为担保向资金出借方借入，所以，他既是出租人又是借款人，既是资产所有权人又是债务人。融资租赁租入的设备属于固定资产，可以计提折旧并计入企业的成本，但租赁费不直接计入企业的成本，而由企业在税后支付，租赁费中的利息和手续费可在支付时计入企业的成本，作为纳税所得额中准予扣除的项目。

（2）经营租赁。

经营租赁即租赁双方的任何一方可以随时以一定方式在通知对方后的规定期限内取消或中止租约。临时使用设备（如车辆、仪器）通常采用这种方式。其特点是：①承租企业可随时向出租人提出租赁资产的要求。②租赁期短，不涉及长期而固定的义务且租赁费可计入企业的成本，以减少企业的所得税。③租赁合同比较灵活，在合理限制条件范围内，可以解除租赁契约。④租赁期满，租赁资产一般归还出租人。⑤出租人提供专门服务，如设备的保养、维修、保险等。

3. 设备租赁与设备购买相比优越性

（1）在资金短缺的情况下，即可用较少资金获得生产急需设备，也可以引进先进设备，加快技术进步的步伐。

（2）可享受设备试用的优惠，加快设备更新，减少或避免设备陈旧、技术落后的风险。

（3）可以保持资金流动状态，防止呆滞，也不会使企业资产负债恶化。

（4）保值，既不受通货膨胀的影响也不受利率波动的影响。

（5）手续简便，设备进货速度快。

（6）设备租金可在所得税前扣除，能享受税上的利益。

4. 对承租人来说，设备租赁与设备购买相比不足之处

（1）在租赁期间承租人对租用设备无所有权，只有使用权。故承租人无权随意对设备进行改造，不能处置设备，也不能用于担保，抵押贷款。

（2）承租人在租赁期间所交的租金总额一般比直接购置设备的费用要高，即资金成本较高。

（3）长年支付租金，形成长期负债。

（4）租赁合同规定严格，毁约要赔偿损失，罚款较多等。

5. 设备租赁与购置分析

（1）设备租赁与购置分析的步骤。

第一步：根据企业生产经营目标和技术状况，提出设备更新的投资建议。

第二步：拟定若干设备投资、更新方案，包括购置和租赁。

第三步：定性分析筛选方案，包括分析企业财务能力、分析设备技术风险及使用维修特点。

第四步：定量分析并优选方案。

（2）设备租赁与购置的经济比较方法。

对于设备的使用者来讲，是采用购置设备还是租赁设备取决于这两个方案在经济上的比较。其比较原则和方法与一般的互斥投资方案比选的方法并无实质上的差别。设备租赁由于租金可在税前扣除，所以和购置设备方案在现金流量上的比较主要区别在于所得税和租赁费以及设备购置费上。当设备寿命相同时一般可以采用净现值法；当设备寿命不同时，可以采用年值法。无论是采用净现值法还是年值法，均以收益效果较大或成本较少的方案为宜。

1）设备租赁的净现金流量。采用设备租赁的方案，没有资金恢复费用，租赁费可以直接计入成本，其净现金流量为

$$净现金流量 = 销售收入 - 经营成本 - 租赁费用 - 所得税税率 \times (销售收入 - 经营成本 - 租赁费用)$$

其中租赁费用主要包括=租赁保证金、租金、担保费。

2）购买设备的净现金流量。与租赁相同条件下购买设备方案的净现金流量为

$$净现金流量 = 销售收入 - 经营成本 - 设备购置费 - 所得税税率 \times (销售收入 - 经营成本 - 折旧)$$

【例 15-10】 某建筑公司的某设备损坏，现有两种方案，一是购置，购置费为 8000 元，预计使用 10 年，残值为零；二是租赁，年租金为 1600 元，设备每年的运行费为 1200 元，所得税为 30%，利率为 12%，以直线法计提折旧，企业应采用哪种方案？

解　可以用年值法进行比较。

企业采用购置方案，年折旧费 8000÷10＝800 元，计入总成本，而租赁方案租金每年 1600 元计入总成本，因此后者每年的税金少付金额为：(1600－800)×30%＝240 元。

$$设备购置的年均费用 = 8000 \times (A/P, 12\%, 10) + 1200 = 8000 \times 0.1770 + 1200 = 2616 元$$

$$设备租赁的年均费用 = 1600 + 1200 - 240 = (2800 - 240) = 2360 元$$

显然，租赁方案的年均费用小于购置方案，在设备的经济效益相同的情况下，选择设备租赁方案作为更新设备的最佳方案。

本章小结

在现代的建筑生产过程中，主要的生产活动如土石方工程、起重吊装工程、混凝土工程、木加工制作工程、装饰装修工程、运输装卸工程等都是由建筑机械设备来完成的。加强机械设备管理，提高管理水平，能够为施工企业建立正常的生产秩序，为建筑生产均衡连续地进行创造有利条件。这对施工企业全面完成建设任务，减轻工人的劳动强度，提高劳动生产率，保证工程质量，降低工程成本，缩短工程建设周期，使施工企业获得良好的经济效果和社会效果皆具有重要的意义。

建筑机械设备的管理是对机械设备的选购、使用、维护修理、改造更新和报废处理全过程的管理工作。在购置机械设备时，必须从技术、经济，以及使用维修等多方面综合进行考虑，认真选择和评价，要对比各种方案，从中选出最优方案，使有限的机械设备投资发挥最大的效益。

机械设备评价主要是指机械设备选择购买阶段的经济评价。购买时，要做选择购买方案的分析比较，可采用投资回收期法、现值分析法及年度等值法等从中选择最优方案。

建筑机械装备的技术经济指标有机械设备的完好率、台日利用率、工作效率、技术装备

率、万元产值维修费用、工种工程机械化程度及维修费率等指标。

机械合理装备的前提是提高机械设备的利用率、合理利用资金，使完成的竣工面积的数量和劳动生产率与机械装备水平同步增长。自有机械设备有利于保证使用，一次性投资大，不利于施工企业随时采用先进合理的机械设备以及灵活多变地承包各种各样建筑工程施工任务；对机械设备实行租赁，有利于加强专业化分工和生产责任制的落实，也有利于机械设备的加速周转，提高整个机械设备的使用效率和完好程度。

通常，新机械设备的特点是原始费用高，但运行和维修费用低；而旧机械设备恰恰相反。为了决定机械设备是否需要更新，就应权衡利弊，全面比较，以经济效果的高低作为判断的依据。为此要掌握机械设备更新方案的比较、特点及遵循的原则。

机械设备更新方案的比较又分两种情况，一是寿命不等的更新方案的比较；二是以经济寿命为依据的更新方案的比较。机械设备需要更新的原因很多，大致有能力不适应、使用费过多、生产效率降低、精神磨损等。

思考题

1. 简述设备磨损类型及特点。
2. 阐明设备寿命的概念及分类。
3. 简述经济寿命的定义及意义。
4. 建筑机械设备的选择应考虑的因素有哪些？
5. 简述机械设备评价方法。
6. 简述建筑机械装备的技术经济指标的构成。
7. 何谓互斥投资方案？
8. 何谓机械设备更新？设备更新方案的比较的特点与遵循的原则是什么？
9. 设备的经济寿命及计算方法如何？
10. 机械设备需要更新的原因有哪些？

练习题

1. 机械设备甲初始费用为20 000元，服务年限为10年，年平均运行维持费用为7000元，估计残值为500元，现已使用了4年，若将其处理转让，可得4000元。目前，市场上出现了同类新型机械设备乙，初始费用为23 000元，服务年限也是10年，年平均运行维持费用为5300元，残值为650元。机械设备乙的生产率为机械设备甲的1.3倍。如果基准收益率按15%考虑，试分析目前是否应该购进机械设备乙而处理掉机械设备甲？

2. 某种机械设备，原始费用为2500元，第一年年度使用费为1000元，以后每年增加250元，任何时候不计残值。不计利息，求该设备的经济寿命，并用表格的形式表明年度费用。

3. 5年前花30 000元在预制构件厂安装了一套混凝土浇捣养护设备系统，估计该设备系统的使用寿命为20年，年度使用费为1400元。由于混凝土浇捣养护设备系统零配件数增加了一倍，现有两种方案可供选择。

方案甲：保留原设备系统，再花 23 000 元安装一套浇捣养护设备系统，其生产能力、使用寿命、年度费用等和原系统完全相同的。

方案乙：花 32 000 元安装一套生产能力增加一倍的系统。其年度费用为 2500 元，使用寿命为 20 年。安装此设备系统后，原系统能以 7000 元出售。

三种系统使用寿命期末的估计残值均为原始费用的 10%，基准收效率为 12%，选择研究期为 15 年，试比较甲、乙两种方案。

4. 一台电机现价 2500 元，下一年将贬值 1000 元，以每年贬值 500 元，它今年的运行费用 8000 元，预计今后每年将增加 1000 元，它在 4 年后退役，那时，残值为零。用 16 000 元买一台新型电机，其寿命期 7 年，年运行费用 6000 元，期末残值为 1500 元。当 $i=12\%$ 时，是否更新现有电机？如果更新，应在什么时机？

5. 有一台设备，购置费 $P=1000$ 元，残值为零。经营成本第一年 $C_1=2000$ 元，以后每年递增 800 元，求其经济寿命？

6. 某企业拟增置一台新设备，购价 1000 万元，残值不计，第一年的经营成本为 150 万元，以后每年递增 75 万元、设年利率为 8%，试求最佳更新期？

第十六章　技术经济预测

技术经济分析所依据的数据很多要靠预测取得，科学的预测是正确决策的前提条件之一。要做好技术经济分析工作必须掌握预测技术。

第一节　技术经济预测概述

我们通常所说的预测是指对未来的预计和推测。朴素的预测思想人人皆有。人们在每个有目的的行动之前总是要想一想，这个"想"就包含着预测。

近几十年的发展，预测逐渐成为一门科学，而且广泛应用于经济、技术领域。我们现在所要研究的预测是在对现实和历史进行调查研究的基础上，找出事物发展的客观规律，对未来事件状态的科学分析。预测的主要特点是：

（1）预测是把过去、现在和未来视为不可截然分开的整体，根据现在和过去预计未来，根据已知推断未知。人们的实践、实验及统计数据等都是过去和现在的"已知"、预测就是通过对"已知"的研究来科学推测"未知"的。

（2）预测本身不是目的，是一种手段，它的功能在于提供关于未来的信息，在于提高人们的决策水平，以便人们去追求和努力争取实现有利的未来，尽力减少或避免不利的未来所带来的损失。探索关于未来的永恒真理，不是也绝不可能是预测工作的目标。

（3）预测结果具有近似性和随机性的特点，预测的对象是现实事件的未来状态和未来发生的事件。显然这些事件与状态具有不确定性，因此预测的结果往往带有随机性预测结果往往会与实际发生的结果有偏差，所以人们不能奢求预测结果百分之百准确。虽然随着人们对客观世界的认识能力不断提高，随着数学方法与计算工具的完善，预测结果的准确度会不断提高，但不可能完全避免预测结果的近似性和随机性。

（4）预测工作具有科学性，也具有艺术性，预测的科学性表现在预测工作要基于能指导实践的理论，基于详尽的调查研究，基于系统而可靠的资料，基于科学的方法和计算工具等。预测的艺术性则表现在预测工作的质量很大程度上取决于预测工作者进行调查研究、搜集资料、分析数据、提出假设、选择方法、建立模型、推理判断的技巧以及预测工作者自身的素质、经验及能力。任何预测方法都不是灵丹妙药，成功的预测绝不是仅仅靠数学模型所能办到的。

一、预测分类

预测是一门实用性很强的应用科学，不同领域、不同层次的技术经济工作都离不开预测。

预测从不同角度可作多种分类。

（一）按预测对象应用领域分类

1．社会发展预测

社会发展预测主要研究并预测与社会发展有关的未来问题，目的在于选择、控制和创造达到未来理想社会的途径和手段。社会发展预测的主要对象是由于社会发展而产生的种种社会问题，例如人口问题、就业问题、教育问题及生态环境等方面的未来发展状况。

2. 政治军事预测

政治军事预测指对有关未来政治军事形势或事件的研究和预测。其目的在于向决策者提供各种政治军事信息，为制定正确的政治军事决策服务。例如对国际政治局势的预测，对有关国家可能采取的方针政策及军事行动的预测等。

3. 科学预测

科学预测指人们对科学（自然科学、社会科学）的未来发展趋势，事先提出的一种有根据的预见。科学预测是用科学的方法来研究现代科学各个领域、各个学科的发展规律与内在联系，寻求科学的发展趋势与目标，从而为制定中长期科学发展规划提供重要的信息。

4. 技术预测

技术预测指人们对技术发展、技术发明、技术应用及其对社会、经济等方面的发展所产生的影响（包括有利影响与不利影响），事先提出的一种有根据的预见。

5. 经济预测

经济预测指人们对所从事的社会经济活动可能产生的经济后果及其发展趋势，事先提出的一种有根据的、比较符合发展规律的预见，为制定经济发展规划提供科学依据。

6. 市场预测

市场预测是经济预测的一个组成部分，由于它对国家与企业经济决策的重要作用，以及该范畴的特殊规律和方法，通常把它从经济预测中单列出来。市场预测主要指对市场商品需求及供给的发展变化趋势事先提出一种有根据的比较符合发展规律的预见。

所谓技术经济预测，通常包括科学预测、技术预测、经济预测及市场预测。

（二）按预测问题涉及范围的大小分类

1. 宏观预测

宏观预测通常是指对涉及整个宇宙、整个人类社会或整个国家的有关问题的预测，如对世界范围内的新技术革命到来时机的预测，对我国未来能源结构的预测，对我国未来某年人均国民收入水平的预测等。

2. 微观预测

微观预测是指相对于宏观预测涉及范围较小的有关问题的预测。如对北京市 人口增长速度的预测，对某行业对外贸易总额的预测，对工程项目投资、成本及收益的预测等。

（三）按对预测结果的要求分类

1. 定性预测

定性预测是指对预测对象未来状态（如事物的总体趋势、事物发生和发展的各种可能性及其后果）所作的定性的分析与判断。这类预测主要凭借预测者的主观经验和逻辑推理能力。

2. 定量预测

定量预测是指对预测对象的未来状态所作出的定量描述。如对某商品需求数量的预测，对国家人口增长率的预测，对某项新技术应用于生产上的时间的预测等。这类预测往往要借助于教学模型和现代计算工具。

在许多情况下，定量预测与定性预测要结合进行。

（四）按预测期限长短分类

按预测期限长短可分为短期预测、中期预测和长期预测。

对于不同的预测对象和预测目标，短期、中期与长期的时间划分是不一样的。例如对科学技术预测来说，5年以内为短期，5～15年为中期，15年以上为长期；而对市场预测，一般是半年以内为短期，半年到3年为中期，3年以上为长期。

二、技术经济预测的步骤

预测的程序因预测对象、预测目标的不同而各不相同，一般的技术经济预测工作有如下几个步骤：

(1) 确定预测目标。预测是为决策服务的，所以要根据决策所提出的要求来确定预测的目标。具体包括预测内容、精确度要求和预测期限（预测结果距现在的时间）。

(2) 搜集、分析资料。资料是作预测的依据，应根据预测目标的要求搜集有关各种资料。其中应该包括：预测对象本身发展的历史资料，对预测对象发展变化有影响的各种因素的历史和现状的资料，有关的历史背景资料等。要尽量使搜集的资料系统而全面。同时，对已搜集来的各种资料要进行分析，判别资料的真实性与可靠性，剔除不可靠的对预测没有用处的资料。

(3) 选择预测方法。预测方法有许多种，对于所面临的预测问题，往往可以用多种方法得到预测结果。由于预测方法各有特点，有的适用于短期预测，有的适用于长期预测；有的要求有系统的历史资料，有的对资料要求不高；有的预测精度高，有的预测精度低。所以实际工作中需要根据预测目标的要求和具体的工作条件，本着效果好、经济、实用的原则选择合适的预测方法。

(4) 建立预测模型（包括对模型的检验与评价）。

(5) 分析情况作预测。有相当一部分预测方法是利用数学模型得到预测结果的。由于建立数学模型不可避免地要对问题加以简化，所以有必要根据具体情况对预测结果作进一步分析和修正。

下面介绍几种常用的技术经济预测方法。

第二节 抽样调查法

一、抽样调查法的种类

抽样调查的抽样方法有两大类：一是随机抽样；二是非随机抽样。随机抽样的根据是被抽查的总体（抽查对象的全体）的每个个体被抽查到的可能性是相等的。只要将被查的对象一一编号，然后采用摇奖机（抽签）抽取即可。这种抽样，其优点是避免了人的主观因素，如感情、倾向、知识、论断等的影响，而且所得的数据具有统计推断的功能，能估算出样本的代表性程度。而非随机抽样则不具备这种功能，因而其代表性差，然而并非毫无用处，当抽查的总体过于庞大而且复杂、不适于随机抽样时，就必须采用非随机抽样。

上述两类抽样方法，还可根据具体对象运用更为具体的抽样方法。这些方法见表16-1。

表16-1 随机抽样与非随机抽样分类

类型	抽样方法
随机抽样	单纯随机抽样
	分层随机抽样
	分群随机抽样
非随机抽样	便利抽样
	判断抽样
	配额抽样

1. 单纯随机抽样

这种方法是通过抽签方式（摇奖机）或查随机数表抽取样本。这种取样方法比较客观，完全排除了调查人员的主观选择，在数学上可以严格证明，在被抽样的总体中，每个个体被抽到的可能性完全相等。因此，此种抽样被称为机会均等的抽样。

2. 分层随机抽样

这种抽样是首先将抽样总体按某种特征或属性分为若干层，然后在各层中用单纯随机抽样的方法，抽取所需的样本。例如，调查某地居民每户人均收入情况，先按户人均收入的高低分为高、中、低三个层次，然后再从这三个不同的层次中，分别按单纯随机抽样的方法，按事先规定的样本数抽取样本。

3. 分群随机抽样

这种抽样是将抽样的总体分为若干个群体，使每个群体中都包含了总体中的各种类型的个体。例如，以某大学为一群体，这个群体中含有教师、干部、工人、农场工人、大学生、中学生、小学生等。

分层随机抽样与分群随机抽样二者是有区别的。前者要求各分层的子母体之间有明显的差异性。相反地，分群随机抽样的子母体之间，则要求具有相同性。例如，分层随机抽样中的高收入阶层，每户的人均收入都很高，而低收入阶层中，每户的收入都较低。但是，在分群随机抽样中，不论是高等学府的群体还是工厂企业群体，按户的人均收入，均有高、中、低三个档次，呈现出群体之间的相同性。

4. 便利抽样

这种抽样是随调查者的方便选取样本。例如，调查人员进行市场调查，在商店里遇到谁就问谁，其选取样本的原则是以便利调查为标准。此法的特点是应用方便，但误差大，使用价值低，缺乏严格的科学性。

5. 判断抽样

判断抽样又称为主观抽样，是根据专家或调查人的判断来选取样本。例如，在编制物价指数时，有关产品项目的选择以及样本地区的决定常用此法。

6. 配额抽样

按各类代表人物都配以一定的比例抽取样本。人民代表大会的代表名额分配就是如此。例如，规定选取 20 人，按性别分男 11 人、女 9 人；按社会阶层分干部 2 人、工人 14 人、农民 4 人；按年龄分 18～28 岁 6 人、29～44 岁 8 人、45～54 岁 4 人、55 岁以上 2 人。根据上述原则得到配额抽样表（见表 16－2）。

表 16－2　　配额抽样

社会阶层		干部		工人		农民		合计
性别		男	女	男	女	男	女	
年龄	18～29			3	2		1	6
	29～44	1		3	2	1	1	8
	45～54		1	1	2			4
	55 以上			1		1		2
小计		1	1	8	6	2	2	20
		2		14		4		

二、抽样调查的误差分析及样本大小的确定

抽样调查只是调查了总体的一部分，以此去推断总体，未免产生误差。产生误差的原因有二：一是由抽样产生的，称为抽样误差，这是一种不可避免的误差；二是非抽样误差，称为人为误差或伪误差。例如，对调查员训练不够，调查员责任心不强，记录数据产生差错，以及调查访问不得法等。此外，还有另一种误差，就是被调查者不说真话。例如，调查年轻人的年龄，由于年轻人喜欢别人夸奖他年轻有为，或者怕说年纪大了不好找对象，就常常把年龄报小些。因此，提高调访技术，避免这种人为的误差，是一项比较重要的工作。

一般说来，抽样越多，调查的结果越准确。也就是抽样产生的误差越小。但抽样愈多，相应的人力、物力就要增大。因此，欲两全其美是困难的。究竟要抽多少样本才有代表性呢？不能一概而论，要具体问题具体分析。例如，调查个人消费支出时，如高低悬殊，差距很大，混合在一起计算平均消费支出，就需较多的样本；如差距不大，则样本可以少一些。总之，样本数目大小的确定，必须以保证抽样误差不超过允许的范围为前提。样本的数目通常是在抽样之前根据允许的抽样误差确定的。

在单纯随机重复抽样的条件下，估计母体均值所需的样本数，可按下述公式计算。

$$n = \frac{t^2\sigma^2}{\Delta^2} \tag{16-1}$$

式中 n——抽取的样本数；

t——在置信水平下的概率分布临界值；

σ^2——总体方差；

Δ——允许误差范围。在单纯随机不重复抽样的条件下，估计母体平均数所需的样本数为

$$n = \frac{t^2 N\sigma^2}{N\Delta^2 + t^2\sigma^2} \tag{16-2}$$

式中 N——总体的个体总数。

一般说来，在抽样调查时，σ^2是未知的，通常用过去作过调查或试验性调查所得到的σ^2来代替。如果过去有若干个σ^2的值可供参考，则宜选取最大的σ^2值。因为σ^2越大，抽取的样本数就越多，就越能保证调查的精度。

【例 16－1】 某厂对其所生产的 20 000 只灯泡进行寿命检验。根据以往正常生产的经验，灯泡寿命的方差为 $\sigma^2=25$（小时），现采用不重复抽样方式进行抽样调查，要求在 95.45％的概率保证下，允许误差不超过 2 小时，问至少要抽多少样本？

解 根据不重复抽样中估计母体平均数所需样本数的计算公式，得到样本数为

$$n = \frac{t^2 N\sigma^2}{N\Delta^2 + t^2\sigma^2} = \frac{4 \times 20\,000 \times 25}{20\,000 \times 4 + 4 \times 25} = 25$$

这里的 t 值是在 95.45％的置信水平下，其概率分布的临界值为 2，允许误差 $\Delta=2$，代入计算公式得到 $n=25$。

第三节 专家调查法

一、专家调查法概述

所谓专家调查是运用一定方法，将专家们个人分散的经验和知识汇集成群体的经验和知

识，从而对事物的未来作出主观预测。这里的“专家”是指对预测问题的有关领域或学科有一定专长或有丰富实践经验的人。对专家作调查和索取信息所采取的具体方式有许多种，常用的有专家个人判断、专家会议和德尔菲法。

1. 专家个人判断

早期的专家调查主要是请专家个人判断和召开专家会议。个别专家分析判断的主要优点是可以最大限度地发挥专家个人的能力，但容易受到专家具有的知识面、知识深度和占有信息的多少、专家的经验以及对预测的问题是否感兴趣等因素的影响，易带片面性。

2. 专家会议

召开专家会议时，可以互相启发，通过讨论或辩论，互相取长补短，求同存异，同时由于会议参加人多，占有信息多，考虑的因素会比较全面，有利于得出较为正确的结论。专家会议的缺点是，在专家们面对面讨论时，容易受到一些心理因素的影响，如屈服于权威和大多数人的意见，受劝说性意见的影响，以及不愿意公开修正已发表的意见，这些都不利于得出合理的预测结论。

3. 德尔菲法

德尔菲法是在专家个人判断和专家会议基础上发展起来的一种专家调查法。它最早出现于20世纪50年代末期，美国兰德公司首次将德尔菲法应用于预测中。此后这一方法便被各国预测人员所广泛采用。据报道，到20世纪70年代中期，专家会议和德尔菲法的使用在各类预测方法中所占比重约为1/4。下面我们着重介绍用德尔菲法进行预测的具体做法。

二、德尔菲法（Delphi）

德尔菲法是采用匿名函询的方法，通过一系列简明的调查征询表向专家们进行调查，并通过有控制的反馈，取得尽可能一致的意见，对事物的未来作出预测。

（一）德尔菲法的特点

德尔菲法预测过程实际上是一个由被调查的专家们集体交流的过程。德尔菲法预测的主要特点是匿名性、反馈性和收敛性。

1. 匿名性

匿名性是指专家们以“背靠背”的方式接受调查，提供预测信息。被调查的专家们互不见面，不直接交流信息；在由调查工作者组织的书面讨论中，是通过匿名的方式向各位专家传递信息的。这样做有利于使意见趋于统一，因为专家们可在不必顾忌面子的情况下改变自己的观点，服从言之有理的意见。

2. 反馈性

为了使专家们能进行书面讨论，德尔菲法采用多轮调查的方式（后一轮调查表一定附有前一轮调查结果）。即在每一轮调查表返回后，由调查工作组将各专家提供的信息和资料进行综合、整理、归纳与分类，再随同下一轮调查表一起函送给各位专家，使专家们了解预测调查的全面情况。这样可促使专家进行再思考，完善或改变自己的观点，或者作出新的判断。调查信息的这种不断反馈有力地促进专家之间的信息交流和书面讨论。德尔菲法一般要进行三轮到四轮专家意见征询。

3. 收敛性

多轮调查与反馈的过程，也是专家们在匿名状况下相互启迪和讨论的过程。通过书面讨论，言之有理的见解会逐渐为大多数专家所接受，分散的意见会向其集中，呈现出收敛的趋势。

（二）德尔菲法预测步骤

一般情况下，德尔菲法的实施有以下几个步骤。

1. 组成调查工作组

德尔菲法的实施需要一定的组织工作，首先应建立一个调查小组，人数一般在 10 人～20 人，视预测工作量大小而定。调查小组成员应对德尔菲法的实质和方法有正确的理解，具备必要的专业知识、统计和数据处理等方面的基础。调查工作组的任务是组织整个调查预测工作，主要工作内容是：对预测过程做计划、选择专家、设计调查表、组织调查、对调查结果进行汇总处理做出预测。

2. 选择专家

德尔菲法是根据专家们对事物未来的主观判断作出预测的，选择理想的专家是用德尔菲法进行预测的一项重要工作。选择什么样的专家，主要是由所要预测问题的性质决定的。在选择专家过程中，既要选择那些精通本学科领域、在本学科有代表性的专家，也要注意选择边缘学科、社会学等方面的专家，还要考虑到专家们所属部门和单位的广泛性。既要选择高层的有名望的技术权威，也要注意选择专门从事某项具体工作的一般专家。

专家人数的多少，视预测问题的规模而定，一般以 10～50 人为宜。对于一些重大问题的预测，专家人数可以扩大到 100 名以上。按照统计学对样本数的要求，一般不少于 20 人。

3. 以函询方式向专家们索取预测信息

所谓函询方式是指调查工作组向专家们索取预测信息是采取向专家们函寄调查表的方式进行的。由此可见，调查表是进行德尔菲法预测的主要手段，调查表设计的质量直接影响到调查和预测的效果。德尔菲法预测的调查表并没有统一格式，应根据所要调查的内容和预测目标的要求，因事制宜地设计。总的原则是所提问题要明确，回答方式应简练，便于对调查结果进行汇总处理。调查表中应有供专家阐明有关意见的栏目。函寄调查表时应对预测的目的、填表要求作充分的说明，还应向专家提供有关资料和背景材料。

4. 调查结果的汇总处理

调查结果汇总以后，需要进行统计处理，国外预测学者的研究结果表明，专家意见的概率分布一般符合或接近正态分布，这是对专家意见进行统计处理的重要理论依据。对调查结果进行处理和表达的方式取决于预测问题的类型和对预测的要求。

(1) 对定量调查结果的处理。

当预测结果需要用数量（含时间）表示时，一般用“中位数法”进行数据处理。即分别求出预测结果的中位数、下四分位点和上四分位点。

设参加预测的专家数为 n，对某一问题各专家回答的定量值为 x_i（$i=1$，2，…，n），x_i 是由小到大或由前至后顺序排列的，即 $x_1 \leqslant x_2 \leqslant \cdots \leqslant x_n$，则调查结果的中位数为

$$\bar{x}=\begin{cases}\dfrac{x_{n+1}}{2} & (n\text{ 为奇数})\\[2ex] \dfrac{1}{2}\left(\dfrac{x_n}{2}+\dfrac{x_{n+2}}{2}\right) & (n\text{ 为偶数})\end{cases} \tag{16-3}$$

中位数可看作是调查结果的期望值。在小于或等于中位数的答数中再取中位数，即为调查结果的下四分位点，在大于或等于中位数的答数中再取中位数，即为调查结果的上四分位

点。上、下四分位点之间的区域为四分位区间。四分位区间的大小反映专家意见的离散程度，四分位区间越小，说明专家意见的集中程度越高，预测结果的可信程度也就越大。调查过程中，可以根据四分位区间的大小确定是否需要进行下一轮意见征询。

(2) 对评分、排序调查结果的处理。

在征询专家意见时，常常有请专家们对某些事项的重要性进行评分或排序的内容，对于这类问题的答案，可用总分比重法进行处理，即用各事项的得分在总得分中所占比重衡量其相对重要程度。

对于以评分方式回答的问题，各事项的总分比重可直接由下式求得

$$B_j = \frac{\sum_{i=1}^{n} b_{ij}}{\sum_{j=1}^{m}\sum_{i=1}^{n} b_{ij}} \tag{16-4}$$

式中　B_j——第 j 个事项的总分比重；

b_{ij}——第 i 个专家对第 j 个事项的评分；

n——给出答案的专家数；

m——参加比较的事项数。

对于以排序方式回答的问题，需要事先给定各排序位置的得分，然后再用式（16－4）求出各事项的总分比重。

(3) 对主观概率的统计处理。

用德尔菲法进行预测，有时需要专家对某个未来事件发生的概率作出主观判断，当各位专家的主观概率估计不一致时，通常用平均主观概率作为专家集体的预测结果。平均主观概率的计算公式为

$$\overline{P} = \frac{1}{n}\sum_{i=1}^{n} P_i \tag{16-5}$$

式中　$\overline{P}$——专家集体的平均主观概率；

P_i——第 i 个专家估计的主观概率；

n——参加预测的专家数。

除了上面介绍的专家意见统计处理方法之外，还可用直方图表示专家预测值的分布，用方差或标准差表示专家预测值的离散程度。

（三）对德尔菲法的评价

德尔菲法简单易行，用途广泛，费用较低，在大多数情况下可以得到比较准确的预测结果。在缺乏足够资料的领域中，例如对某些长期的复杂的社会、经济、技术问题的预测，对某些无先例事件和突发事件的预测等，数学模型往往无能为力，只能使用德尔菲法这一类专家预测方法。

德尔菲法预测是建立在专家主观判断的基础之上的，因此专家的学识、兴趣和心理状态对预测结果影响较大，从而使预测结论不够稳定。采用函询方式调查，客观上使调查组与专家之间的信息交流受到一定限制，可能影响预测进度与预测结论的准确性。采用匿名方式调查，有不利于激励创新的一面。

了解德尔菲法的优点，同时也认识到它的缺点，有助于预测人员更恰当地使用这种方法。

第四节 回归分析法

各种事物之间都存在着直接的或间接的联系。任何事物的发生变化都不是孤立的，都与其他事物的发展变化存在着或大或小的相互影响、相互制约的关系。在经济领域中，这种关系也是普遍存在着。事物发展变化过程中的这种相互关系称为相关关系。

相关关系有多种表现形式，其中最重要的、应用最广的是因果关系。因果关系是事物之间普遍联系和相互作用的形式之一，它的特点是原因在前，结果在后，并且原因与结果之间常常具有类似函数的密切联系，这就为利用因果关系建立数学模型进行预测提供了方便。

社会经济现象之间的相关关系往往难以用确定性的函数关系来描述，它们大多是随机性的，要通过统计观察才能找出其中规律。回归分析是利用统计学原理描述随机变量间相关关系的一种重要方法。回归分析法预测是利用回归分析方法，根据一个或一组自变量的变动情况预测与其有相关关系的某随机变量的未来值。进行回归分析需要建立描述变量间相关关系的回归方程。根据自变量的个数，可以是一元回归，也可以是多元回归。根据所研究问题的性质，可以是线性回归，也可以是非线性回归。非线性回归方程一般可以通过对数运算化为线性回归方程进行处理，这里不作专门介绍。下面分别介绍一元线性回归预测法和多元线性回归预测法。

一、一元线性回归预测法

一元线性回归预测法适用于预测对象主要受一个相关变量影响且两者间呈线性关系的预测问题。一元线性回归的工作程序如下。

(1) 建立一元回归模型。设有一组反映预测对象与某变量之间因果关系的样本数据（可以是历史序列数据，也可以是历史截面数据）为

$$\begin{gathered} x_1 \cdots\ x_2 \cdots\ x_i \cdots x_n \\ y_1 \cdots y_2 \cdots y_i \cdots y_n \end{gathered} \tag{16-6}$$

根据经验判断或观察分析（如通过作散点图观察），两者之间确有较明显的线性相关关系，则可建立如下一元回归模型

$$y = a + bx \tag{16-7}$$

式中 y——因变量（预测对象）；

x——自变量；

a，b——回归系数。

(2) 由已知样本数据根据最小二乘法原理求出回归系数。计算公式为

$$b = \frac{n\sum x_i y_i - \sum x_i \cdot \sum y_i}{n\sum x_i{}^2 - (\sum x_i)^2} \tag{16-8}$$

$$a = \frac{\sum y_i - b\sum x_i}{n} \tag{16-9}$$

式中 n——样本数据点数目，最好不少于 20；

x_i，y_i——样本数据。

样本数据应经过分析筛选，去掉不可靠和明显不正常的数据点。

(3) 计算相关系数 r，进行相关检验。

$$r=\frac{n\sum x_i y_i-\sum x_i\cdot\sum y_i}{\sqrt{[n\sum x_i^2-(\sum x_i)^2]\cdot[n\sum y_i^2-(\sum y_i)^2]}} \tag{16-10}$$

$0\leqslant|r|\leqslant 1$，$|r|$越接近1，说明x与y的相关性越大，预测结果的可信程度越高。一般可用计算出的相关系数r与相关系数临界值r_0相比较，r_0是由样本数n和显著性水平α两个参数决定的，实际工作中可由相关系数临界值表（表16－3）查出。α表示用线性方程在一定区间描述x与y的相关关系不可靠的概率。$1-\alpha$称为置信度，表示在一定区间用线性方程描述x与y的关系令人置信的程度。只有当$|r|>r_0$时，预测模型（回归方程）在统计范围内才具有显著性，用回归方程描述y和x的关系才有意义。

表16－3　　相关系数临界值

α \ $n-2$	0.05	0.01	α \ $n-2$	0.05	0.01
1	0.997	1.00	21	0.413	0.526
2	0.950	0.990	22	0.404	0.515
3	0.878	0.959	23	0.396	0.505
4	0.811	0.917	24	0.388	0.496
5	0.754	0.874	25	0.381	0.487
6	0.707	0.834	26	0.374	0.478
7	0.666	0.798	27	0.367	0.470
8	0.632	0.765	28	0.361	0.463
9	0.602	0.735	29	0.355	0.456
10	0.576	0.708	30	0.349	0.449
11	0.553	0.684	35	0.325	0.418
12	0.532	0.661	40	0.304	0.393
13	0.514	0.641	45	0.288	0.372
14	0.497	0.623	50	0.273	0.354
15	0.482	0.606	60	0.250	0.325
16	0.468	0.590	70	0.232	0.302
17	0.456	0.575	80	0.217	0.283
18	0.444	0.561	90	0.205	0.267
19	0.433	0.549	100	0.195	0.254
20	0.423	0.537	200	0.138	0.181

（4）求置信区间。由于回归方程中自变量x与因变量y之间的关系并不是确定性的，所以对于任意的$x=x_0$，我们无法确切地知道相应的y_0值，只能通过求置信区间判定在给定概率下y_0实际值的取值范围。在样本数为n，置信度为$1-\alpha$的条件下，y_0的置信区间为

$$\hat{y}_0\pm t(\alpha/2,\ n-2)\cdot S(y) \tag{16-11}$$

式中　$\hat{y}_0$——与x_0相对应的根据回归方程计算的y_0的估计值；

$t(\alpha/2,\ n-2)$——自由度为$n-2$，置信度为$1-\alpha$时t分布的临界值，可参考有关文献由t分布表查出；

$S(y)$ ——经过修正的因变量 y 的标准差。

$$S(y)=\hat{\sigma}\cdot\sqrt{1+\frac{1}{n}+\frac{(x_0-\bar{x})^2}{\sum(x_i-\bar{x})^2}} \tag{16-12}$$

且

$$\hat{\sigma}=\sqrt{\frac{\sum(y_i-\hat{y}_i)^2}{n-2}}$$

$$\bar{x}=\frac{1}{n}\cdot\sum x_i \tag{16-13}$$

在实际的预测工作中，如果样本数足够大，式（16－11）中的根式近似地等于 1。当置信度取 $1-\alpha=0.95$ 时，$t(\alpha/2,\ n-2)$ 约等于 2，y_0 的置信区间近似为 $y_0\pm2\sigma$，这意味着 y_0 的实际值发生在（$y_0-2\sigma$，$y_0+2\sigma$）区间内的概率为 95%。当置信度取 $1-\alpha=0.99$ 时，$t(a/2,\ n-2)$ 约等于 3，y_0 的置信区间近似为 $y_0+3\sigma$。

（5）分析情况做预测。回归方程是根据历史数据建立的，利用回归方程做预测的前提是确认预测对象与所选自变量的关系及影响预测对象的环境条件未来没有重大变化，因此必须对变量间的关系及环境因素的变化作认真的分析，必要时应对预测模型作适当的修正。在此基础上才可根据求得的回归方程进行预测。

【例 16－2】 有关部门曾用一元线性回归分析法对我国卫生陶瓷的销售进行预测。根据对已收集数据的分析，历年卫生陶瓷的销售量与同期全国竣工城镇楼房住宅面积有相关关系，经过筛选后的 19 对有关历史数据见表 16－4。

表 16－4　［例 16－2］的原始数据

年份	卫生陶瓷销售量（万件）	竣工城镇楼房面积（万平方米）	年份	卫生陶瓷销售量（万件）	竣工城镇楼房面积（万平方米）
1	46.6	939.4	11	71.2	1073.9
2	61.3	928.9	12	111.4	1209.3
3	46.3	1012.2	13	59.5	1440
4	53.4	1971.2	14	105.8	2164
5	79.9	1849.4	15	146.5	2055.2
6	102.9	2272.2	16	222.1	2215.2
7	141.1	2285.3	17	202.4	2178
8	109.1	963.9	18	242	2880
9	49.2	537.6	19	227.8	3377.3
10	51.4	706.2			

设卫生陶瓷销售量为 y，同期全国竣工城镇楼房住宅面积为 x，回归方程为 $y=a+bx$。求回归系数：

$$b=\frac{n\sum x_iy_i-\sum x_i\cdot\sum y_i}{n\sum x_i^2-(\sum x_i)^2}=0.0686$$

$$a=\frac{\sum y_i-b\sum x_i}{n}=-3.6223$$

由此可得

$$y=-3.6223+0.068x$$

求相关系数：

已知 $n-2=17$，取 $\alpha=0.05$，由表 16-3 可查的相关系数临界值 $r_0=0.456$，$r<r_0$ 说明本例中的回归模型具有显著性，可用于预测。

求置信区间：

$$\hat{\sigma}=\sqrt{\frac{\sum(y_i-\hat{y}_i)^2}{n-2}}=40.9645$$

对于给定的 $x=x_0$，

$$S(y)=\hat{\sigma}\cdot\sqrt{1+\frac{1}{n}+\frac{(x_0-\bar{x})^2}{\sum(x_i-\bar{x})^2}}$$

$$=40.9645\times\sqrt{1+\frac{1}{n}+\frac{(x_0-1687.3263)^2}{11\ 031\ 139.8}}$$

置信度取 $1-\alpha=0.95$ 时，y_0 的置信区间近似为 $\hat{y}\pm 2S(y)$。

由上述回归方程和置信区间计算公式，根据全国城镇住宅建设规划即可对未来若干年内我国卫生陶瓷的销售量作出预测。例如，按照规划某年全国城镇楼房住宅竣工面积为 $x_0=7500$ 万平方米，代入回归方程可求得

$$\hat{y}=-3.6223+0.0686\times 7500=510.88\ (\text{万件})$$

置信区间为

$$\hat{y}\pm 2S(y)=510.88\pm 166.2$$

也就是说，有 95%的可能性，该年份卫生陶瓷的销售量为 510.88 万件±166.2 万件。

二、多元线性回归预测法

如果影响预测对象变动的主要因素不止一个，可以采用多元线性回归预测法。多元回归的原理与一元回归基本相同，但运算较为复杂，一般要借助计算机完成。

多元线性回归方程的一般形式为

$$y=b_0+b_1x_1+b_2x_2+\cdots+b_mx_m \tag{16-14}$$

式中　y——因变量（预测对象）；

$x_1, x_2, \cdots, x_m$——互不相关的各个自变量；

$b_0, b_1, \cdots, b_m$——回归系数，其中 b_i（$i=1, 2, \cdots, m$）是 y 对 $x_1, x_2, \cdots, x_m$ 的偏回归系数，其含义是当其他自变量保持不变时，x_i 变化一个单位所引起的 y 的变化量。

设有一组反映因变量 y 与自变量 $x_1, x_2, \cdots, x_m$ 相关关系的数据如下。

$$\begin{array}{ccccc} y: & y_1 & y_2 & \cdots & y_n \\ x_1: & x_{11} & x_{12} & \cdots & x_{1n} \\ x_2: & x_{21} & x_{22} & \cdots & x_{2n} \\ \vdots & \vdots & \vdots & \vdots & \vdots \\ x_m & x_{m1} & x_{m2} & \cdots & x_{mn} \end{array}$$

则 $b_0, b_1, \cdots, b_m$ 可根据以上数据按残差平方和最小的原则确定。b_i（$i=1, 2, \cdots, m$）的值应为以下方程组的解

$$\begin{cases} L_{11}b_1 + L_{12}b_2 + \cdots + L_{1m}b_m = L_{1y} \\ L_{21}b_1 + L_{22}b_2 + \cdots + l = L_{2m}b_m = L_{2y} \\ \vdots \\ L_{m1}b_1 + L_{m2}b_2 + \cdots + L_{mm}b_m = L_{my} \end{cases} \tag{16-15}$$

且

$$L_{ij} = \sum_{t=1}^{n}(x_{it} - \overline{x}_i)(x_{jt} - \overline{x}_j) \quad i, j = 1, 2, \cdots, m$$

$$L_{iy} = \sum_{t=1}^{n}(x_{it} - \overline{x}_j)(y_t - \overline{y}) \quad i, j = 1, 2\cdots, m$$

$$\overline{x}_i = \frac{1}{n}\sum_{t=1}^{n}x_{it} \quad \overline{y} = \frac{1}{n}\sum_{t=1}^{n}y_t$$

$$b_0 = \overline{y} - \sum_{i=1}^{m}b_i \cdot \overline{x}_t \tag{16-16}$$

多元线性回归模型的相关检验可通过计算全相关系数进行，计算公式为

$$r = \sqrt{\frac{U}{L_{yy}}} \tag{16-17}$$

且

$$U = \sum_{i=1}^{m}L_{iy} \cdot b_i$$

$$L_{yy} = \sum_{t=1}^{m}(y_t - \overline{y})^2$$

R 值接近 1，回归模型的预测效果好。

在取置信度 $1-\alpha=0.95$ 的情况下，对应于自变量 x_{i0}（$i=1, 2, \cdots, m$）的预测值 y_0 的置信区间近似为

$$S = \sqrt{\frac{Q}{n-k}} \tag{16-18}$$

其中，$Q=L_{yy}-U$，$k=m+1$。

第五节 时间序列法

时间序列法是根据预测对象的时间序列数据，找出预测对象的时间推移的变化规律，通过趋势外推预测未来的一种方法。

所谓时间序列数据是指某一经济变量按照时间顺序排列起来的一组连续的观察值，且相邻观测值的时间间隔是相等的。例如，我国电度表销售量 1970～1980 年的时间序列数据见表 16-5。

表 16-5

时间周期（年）	1	2	3	4	5	6	7	8	9	10	11
电度表销售量（万只）	120	142	153	221	299	293	282	310	399	609	1240

通过对大量时间序列数据的变动作分解，可以认为一般经济变量时间序列数据的变动包含着随机变动、周期性变动和体现长期发展趋势的线性或非线性变动。其中随机变动是不规则的，周期性变动与长期趋势是有规律性的（图 16－1、图 16－2）。用时间序列法作预测，首先需要进行数据处理，设法消除随机变动，找出预测对象的长期发展趋势和周期性变动的规律，并建立相应的预测模型。寻找时间序列数据长期变动趋势的方法常用的有两类：回归方法和平滑方法。回归分析的基本方法上节已作介绍，下面将着重介绍几种平滑的方法。

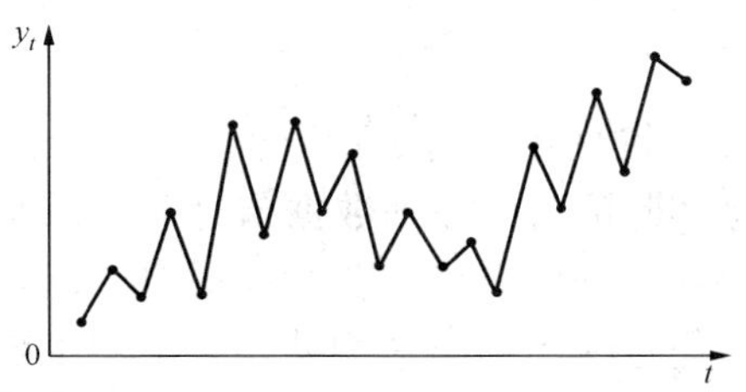

图 16－1 未分解的原时间序列数据变动情况

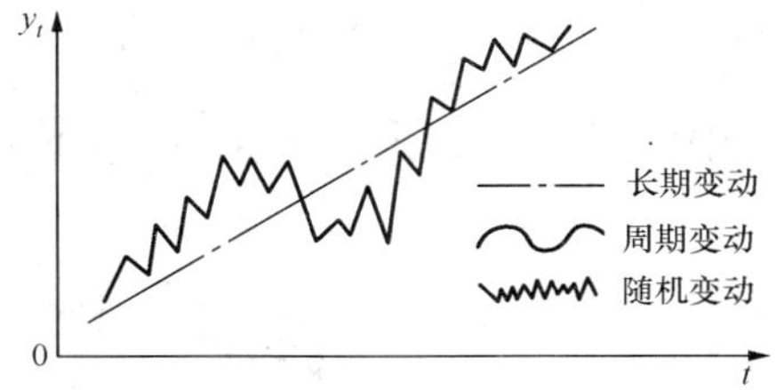

图 16－2 经分解的时间序列数据的各种变动

一、移动平均法

移动平均法是用分段逐点推移的平均方法对时间序列数据进行处理，找出预测对象的历史变动规律，并据此建立预测模型的一种时间序列预测方法。

用移动平均法平滑处理的具体作法是每次取一定数量的时间序列数据加以平均，按照时间序列由前向后递推，每推进一个单位时间，就舍去对应于最前面一个单位时间的数据，再进行平均，直至全部数据处理完毕，最后得到一个由移动平均值组成的新的时间序列。视需要这种移动平均处理过程可多次进行。

（一）一次移动平均值的计算

设实际的预测对象时间序列数据为 y_y（$t=1, 2, \cdots, m$），一次移动平均值的计算公式为

$$M_{t-1}^{[1]} = \frac{1}{n}(y_{t-1} + y_{t-2} + \cdots + y_{t-n})$$

$$M_t^{[1]} = \frac{1}{n}(y_t + y_{t-1} + \cdots + y_{t-n+1}) = M_{t-1}^{[1]} + \frac{1}{n}(y_t - y_{t-n}) \qquad (16-19)$$

式中 $M_t^{[1]}$——第 t 周期的一次移动平均值；

n——计算移动平均值所取的数据个数。

由式（16－19）可知，当 $n=1$ 时，$M_t^{[1]}=y_t$，移动平均值序列就是原数据的实际序列；当 n 等于全部数据的个数 m 时，移动平均值即为全部数据的算术平均值。可以看出，n 的大小对平滑效果影响很大，n 取得小，平滑曲线灵敏度高，但抗随机干扰的性能差；n 取得大，抗随机干扰的性能好，但灵敏度低，对新的变化趋势不敏感。所以，n 的选择是用好移动平均法的关键，针对具体的预测问题，选择 n 时，应考虑预测对象时间序列数据点的多少及预测限期的长短。通常 n 的取值范围可在 3～20 之间。

【例 16－3】 已知某产品 15 个月内每月的销售量（见表 16－6），因时间序列数据点少，取 $n=3$，计算一次移动平均值。

表 16-6 万件

月序 t	1	2	3	4	5	6	7	8	9	10	11	12	13	14	15
销售量 y_t	10	15	8	20	10	16	18	20	22	24	20	26	27	29	29
$M_t^{[1]}$ $(n=3)$	—	—	11.0	14.3	12.7	15.3	14.7	18.0	20.0	22.0	22.0	22.3	24.3	21.3	28.3

解 由式（16-19）得

$$M_3^{[1]}=\frac{1}{3}(y_3+y_2+y_1)=\frac{1}{3}\times(8+15+10)=11.0$$

$$M_4^{[1]}=M_3^{[1]}+\frac{1}{3}(y_4-y_1)=11.0+\frac{1}{3}\times(20-10)=14.3$$

依次类推，可得出一个移动平均值序列（见表 16-6 的第三行）。

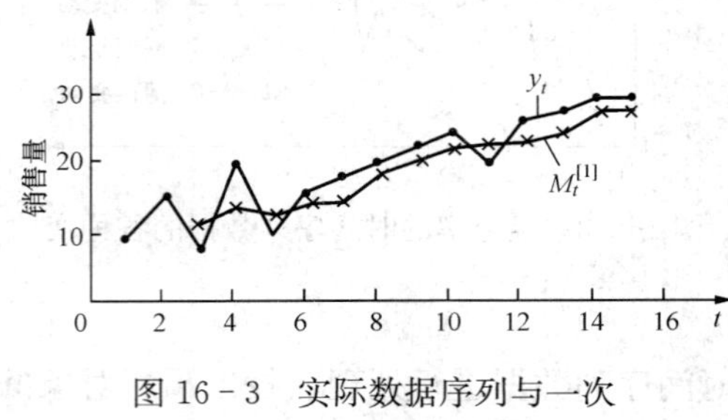

图 16-3 实际数据序列与一次移动平均值序列的对比

将实际的时间序列数据与计算出的移动平均值序列绘到一个坐标图上（图 16-3），可以看出，通过一次移动平均处理，削弱了随机干扰的影响，较明显地反映出了预测对象的历史变化趋势。但应该注意到，当实际数据随时间推移发生变化时，一次移动平均值的变化总是落后于实际数据的变化，存在着滞后偏差，n 取得越大，滞后偏差趋大。

（二）二次移动平均值的计算

二次移动平均值要在一次移动平均值序列的基础上计算，计算公式为

$$\begin{aligned}M_t^{[2]}&=\frac{1}{n}(M_t^{[1]}+M_{t-1}^{[1]}+\cdots+M_{t-n+1}^{[1]})\\&=M_{t-1}^{[2]}+\frac{1}{n}(M_t^{[1]}-M_{t-n}^{[1]})\end{aligned}\tag{16-20}$$

式中 $M_t^{[2]}$——第 t 周期的二次移动平均值。

【例 16-4】 根据［例 16-3］中表 16-6 的数据，取 $n=3$，计算二次移动平均值。

解 由式（16-20）得

$$M_5^{[2]}=\frac{1}{n}(M_5^{[2]}+M_4^{[2]}+M_3^{[2]})=\frac{1}{3}\times(12.7+14.3+11.0)=12.7$$

$$M_6^{[2]}=M_5^{[2]}+\frac{1}{3}(M_6^{[1]}-M_3^{[1]})=12.7+\frac{1}{3}\times(15.3-11.0)=14.1$$

依次类推，可得出一个二次移动平均值序列（见表 16-7）。

表 16-7 万件

月序 t	1	2	3	4	5	6	7	8	9	10	11	12	13	14	15
销售量	10	15	8	20	10	16	18	20	22	24	20	26	27	29	29
$M_t^{[1]}(n=3)$	—	—	11.0	14.3	12.7	15.3	14.7	18.0	20.0	22.0	22.0	22.3	24.3	21.3	28.3
$M_t^{[2]}(n=3)$	—	—	—	—	12.7	14.1	14.2	16.0	17.6	20.0	21.3	22.4	23.3	25.0	26.6

实际数据序列与一次、二次移动平均值序列的对比如图 16－4 所示。

由图 16－4 可以看出，二次移动平均值序列的线型比一次移动平均值序列的线型更加平滑，同时，二次移动平均值序列对一次移动平均值序列也有一个滞后偏差。

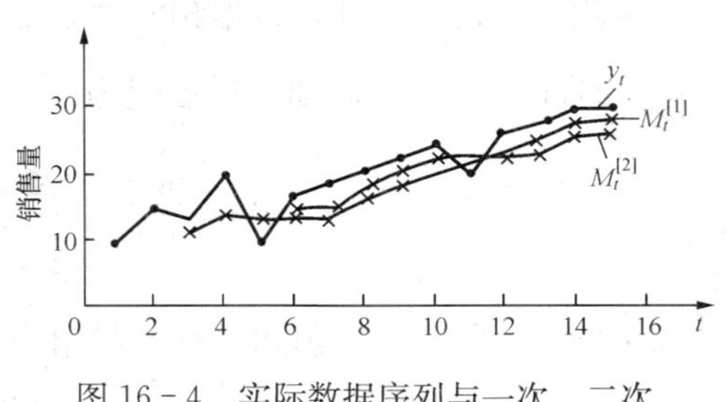

图 16－4 实际数据序列与一次、二次移动平均值序列的对比

（三）利用移动平均值序列作预测

如果实际的时间序列数据没有明显的周期变动，近期的移动平均值序列没有明显的增长或下降趋势，可以直接用最近一个周期的一次移动平均值，作为下一周期的预测值。也就是说，当最近一个周期为 t 时，可以认为 $\hat{y}_{t+1}=M_t^{[1]}$，如果实际的时间序列数据有明显的周期变动，近期的移动平均值序列有明显的增长或下降趋势，就不能直接用一次移动平均值作预测。这是因为，移动平均值的变化总是滞后于实际数据的变化，当预测对象有明显的增长趋势时，直接用一次移动平均值作预测会使预测值偏低，当预测对象有明显的下降趋势时，直接用一次移动平均值作预测会使预测值偏高。在这种情况下，如果预测对象的变化趋势呈线性，可以通过建立线性预测模型作预测。

线性预测模型的一般形式为

$$\hat{y}_{t+T}=a_t+b_t\cdot T \tag{16-21}$$

式中 t——目前的周期序号；

T——由目前列预测周期的周期间隔数；

$\hat{y}_{t+T}$——第 $t+T$ 周期的预测值；

a_t——线性预测模型的截距；

b_t——线性预测模型的斜率，即每周期预测值的变化量。

$$a_t=2M_t^{[1]}-M_t^{[2]} \tag{16-22}$$

$$b_t=\frac{2}{n-1}(M_t^{[1]}-M_t^{[2]}) \tag{16-23}$$

a_t与b_t的计算利用了移动平均处理中存在滞后偏差这种现象。

当一次移动平均值序列 $M_t^{[1]}$ 的近期数据呈线性增长或线性下降时，相应的 $M_t^{[2]}$ 也应呈线性增长或线性下降，$M_t^{[2]}$滞后于$M_t^{[1]}$。由公式

$$M_t^{[2]}=\frac{1}{n}(M_t^{[1]}+M_{t-1}^{[1]}+\cdots+M_{t-n+1}^{[1]})$$

可知，$M_t^{[2]}$相对于$M_t^{[1]}$的滞后时间为

$$\frac{t-(t-n+1)}{2}=\frac{n-1}{2}$$

设 $M_t^{[1]}$于 $M_t^{[2]}$的单位时间增量均为 b_i，则 $M_t^{[2]}$相对于 $M_t^{[1]}$的滞后值为

$$M_t^{[1]}-M_t^{[2]}=\frac{n-1}{2}\cdot b_t$$

则有

$$b_t=\frac{2}{n-1}(M_t^{[1]}-M_t^{[2]})$$

a_t为线性预测模型的截距，也就是预测趋势线的起始点。若用实际观察值 y_t作 a_t，则受

偶然性因素的影响较大，若用一次移动平均值 $M_t^{[1]}$ 作 a_t，又存在着滞后偏差。故设想由于 $M_t^{[1]}$ 近期数据变动呈线性，根据预测模型得出的预测值近期也有线性变动趋势。$M_t^{[1]}$ 滞后于 $\hat{y}_t$，滞后时间为 $\frac{n-1}{2}$ 个周期，滞后值为

$$\hat{y}_t - M_t^{[1]} = \frac{n-1}{2}b_t = M_t^{[1]} - M_t^{[2]}$$

故有

$$\hat{y}_t = 2M_t^{[1]} - M_t^{[2]}$$

如果把第 t 周期作为预测方程的起始周期，$\hat{y}_t$ 也就是方程的截距 a_t，即

$$a_t = 2M_t^{[1]} - M_t^{[2]}$$

【例 16-5】 根据表 16-6 的数据建立预测模型，预测第 17 个月的销售量，目前的月序为 15。

解

$$a_{15} = 2M_{15}^{[1]} - M_{15}^{[2]} = 2 \times 28.3 - 26.6 = 30.0$$

$$b_{15} = \frac{2}{n-1}(M_{15}^{[1]} - M_{15}^{[2]}) = \frac{2}{3-1}(28.3 - 26.6) = 1.7$$

故可得线性预测模型

$$\hat{y}_{15+T} = 30.0 + 1.7T$$

第 17 个月销售量的预测值为

$$\hat{y}_{11} = y_{15+2} = 30.0 + 1.7 \times 2 = 33.4 \text{（万件）}$$

二、指数平滑法

指数平滑法是移动平均法的改进。其基本思路是：在预测研究中越是近期的数据越应受到重视，时间序列数据中各数据的重要程度由近及远呈指数规律递减，故对时间序列数据的平滑处理应采用加权平均的方法。

（一）一次指数平滑值的计算

假设时间序列数据是一个无穷序列：y_t，y_{t-1}，y_{t-2}，…，其加权平均值为

$$\beta_0 y_t + \beta_1 y_{t-1} + \beta_2 y_{t-2} + \cdots + \beta_t y_{t-i} + \cdots$$

其中

$$1 \geqslant \beta_i \geqslant 0 \quad (i = 0, 1, 2, \cdots)$$

且

$$\sum_{i=0}^{\infty} \beta_i = 1$$

令

$$\beta_i = \alpha(1-\alpha)^i$$

则

$$\begin{aligned}\sum_{i=0}^{\infty} \beta_i &= \alpha(1-\alpha)^0 + \alpha(1-\alpha) + \alpha(1-\alpha)^2 + \cdots \\ &= \alpha\,[1 + (1-\alpha) + (1-\alpha)^2 + \cdots] \\ &= \frac{\alpha}{1-(1-\alpha)} = 1\end{aligned}$$

用 $\beta_i = \alpha(1-\alpha)^i$（$i=0$，1，2，…）对时间序列数据加权，设加权平均值为 $S_t^{[1]}$，则有

$$\begin{aligned}S_t^{[1]} &= \alpha y_i + \alpha(1-\alpha)y_{t-1} + \alpha(1-\alpha)^2 y_{t-2} + \cdots \\ &= \alpha y_i + (1-\alpha)[\alpha y_{t-1} + \alpha(1-\alpha)y_{t-2} + \cdots] \\ &= \alpha y_t + (1-\alpha)S_{t-1}^{[1]}\end{aligned}$$

实际上，时间序列数据是有限的，一般情况下，$\sum_{i=0}^{\infty}\beta_i < 1$，但只要这个时间序列足够长，

上式可以作为有限时间序列数据加权平均值的一种近似。这个加权平均值就是我们所要求的一次指数平滑值。所以一次指数平滑值的计算公式为

$$S_t^{[1]}=\alpha y_t+(1-\alpha)S_{t-1}^{[1]} \tag{16-24}$$

式中 $S_t^{[1]}$——第 t 周期的一次指数平滑值；

y_t——预测对象第 t 周期的实际数据；

α——指数平滑系数。

α 实际上是新旧数据权重的一个分配比例，α 值越大，则新数据的权重越大。α 取值的大小是影响预测效果的重要因素，一般要根据实际时间序列数据的特点和经验确定。如果时间序列数据的长期趋势比较稳定，应取较小的 α 值（如 0.05～0.20）。如果时间序列数据具有迅速明显的变动倾向，则应取较大的 α 值（如 0.3～0.7）。

式（16－24）是一个递推公式，计算 $S_t^{[1]}$ 时，要先知道 $S_{t-1}^{[1]}$，计算 $S_{t-1}^{[1]}$ 时，要先知道 $S_{t-2}^{[1]}$，如此递推下去，计算 $S_t^{[1]}$ 时就需要有一个初始值 $S_0^{[1]}$。当实际数据比较多时，初始值对预测结果的影响不会很大，可以以第一个数据 y_1 作为初始值；如果实际数据较少（如 20 个以内），初始值的影响就比较大，一般取前几个周期的数据的平均值作为初始值。

如果实际时间序列数据的变动主要是随机变动而没有明显的周期变动和增长或下降趋势，我们可以直接用最近一个周期的一次指数平滑值 $S_t^{[1]}$ 作为下一周期的预测值。如果求得的一次指数平滑值时间序列数据有明显的线性增长或下降趋势，与移动平均法相类似，由于一次指数平滑值序列相对于实际数据序列存在着滞后偏差，必须在求二次指数平滑值的基础上建立预测模型。

（二）二次指数平滑值的计算与线性预测模型的建立

二次指数平滑是对一次指数平滑值序列再作一次指数平滑。二次指数平滑值的计算公式为

$$S_t^{[2]}S=aS_t^{[1]}+(1-\alpha)S_{t-1}^{[1]} \tag{16-25}$$

式中 $S_t^{[2]}$——第 t 周期的二次指数平滑值。

求二次指数平滑值也要先确定初始值，通常直接取 $S_0^{[2]}=S_0^{[1]}$，也可以取前几个一次指数平滑值的平均值作二次指数平滑的初始值。

在二次指数平滑处理的基础上可建立线性预测模型

$$\hat{y}_{t+T}=a_t+b_t\cdot T \tag{16-26}$$

截距 a_t 与斜率 b_t 的计算公式分别为

$$a_t=2S_t^{[1]}-S_t^{[2]} \tag{16-27}$$

$$b_t=\frac{\alpha}{1-\alpha}(S_t^{[1]}-S_t^{[2]}) \tag{16-28}$$

【例 16－6】 根据［例 16－3］中的数据用指数平滑法建立线性预测模型。

解 取指数平滑系数 $\alpha=0.5$，设初始值

$$S_0^{[2]}=S_0^{[1]}=\frac{1}{3}(y_3+y_2+y_1)=11.0$$

根据式（16－24）与式（16－25）分别计算一次指数平滑值与二次指数平滑值，计算结果见表 16－8。

表 16-8

月序 t	1	2	3	4	5	6	7	8	9	10	11	12	13	14	15
销售量 y_t	10	15	8	20	10	16	18	20	22	24	20	26	27	29	29
$S_t^{[1]} a=0.5$	10.5	12.8	10.4	15.2	12.6	14.3	16.1	18.1	20.0	22.0	21.0	23.5	25.3	27.1	28.1
$S_t^{[2]} a=0.5$	10.8	11.8	11.1	13.1	12.9	13.6	14.8	16.5	18.2	20.1	20.6	22.0	23.7	25.4	26.7

测模型的截距

$$a_{15} = 2S_{15}^{[1]} - S_{15}^{[2]} = 2 \times 28.1 - 26.7 = 29.5$$

预测模型的斜率

$$b_{15} = \frac{a}{1-a}(S_{15}^{[1]} - S_{15}^{[2]}) = \frac{0.5}{1-0.52 \times (28.1 - 26.7)} = 1.4$$

故可得线性预测模型

$$\hat{y}_{15+T} = 29.5 + 1.4T$$

将上式与［例 16-5］中用移动平均法求得的预测模型相比较，上式中的斜率明显地要小，这是由于指数平滑法更重视近期数据的变化趋势所造成的。

二次指数平滑预测模型仅适用于预测对象的变动趋势呈线性的情况。如果预测对象的变动趋势是非线性的，则应在求三次指数平滑值的基础上建立非线性预测模型。

（三）三次指数平滑值的计算与非线性预测模型的建立

三次指数平滑是对二次指数平滑值序列再作一次指数平滑。三次指数平滑值的计算公式为

$$S_t^{[3]} = \alpha S_t^{[2]} + (1-\alpha) S_{t-1}^{[3]} \tag{16-29}$$

式中 $S_t^{[3]}$——第 t 周期的三次指数平滑值。

三次指数平滑的初始值可以直接取 $S_0^{[3]} = S_0^{[2]}$，也可以取前几个二次指数平滑值的平均值。

在三次指数平滑处理的基础上可建立如下非线性预测模型。

$$\hat{y}_{t+T} = a_t + b_t \cdot T + c_t T^2 \tag{16-30}$$

模型系数 a_t、b_t、c_t的计算公式为

$$a_t = 3S_t^{[1]} - 3S_t^{[2]} + S_t^{[3]} \tag{16-31}$$

$$b_t = \frac{a}{2(1-a)^2}[(6-5a)S_t^{[1]} - 2 \times (5-4a)S_t^{[2]} + (4-3a)S_t^{[3]}] \tag{16-32}$$

$$c_t = \frac{a^2}{2(1-a)^2} = (S_t^{[1]} - 2S_t^{[2]} + S_t^{[3]}) \tag{16-33}$$

若实际时间序列数据的变动趋势呈线性，则

$$y_t - S_t^{[2]} = S_t^{[1]} - S_t^{[2]} = S_t^{[2]} - S_t^{[3]}$$

代入上述模型系数计算公式，可得 $c_t=0$，a_t与 b_t的计算公式简化后与线性预测模型中相同。由此可知，线性预测模型实际上是非线性预测模型的一种特殊形式。

【例 16-7】 已知某商品 11 年内每年的销售量（见表 16-9），用指数平滑法建立预测模型并预测第 12 年和第 13 年的销售量。

表 16-9　万件

月序 t	0	1	2	3	4	5	6	7	8	9	10	11
销售量 y_t	—	225.2	249.9	263.2	293.6	318.9	356.1	363.8	424.2	466.5	582.0	750.0
$S_t^{[1]}$ (α=0.3)	246.1	239.8	242.9	249.0	262.3	279.3	302.5	320.9	351.9	386.3	445.0	536.5
$S_t^{[2]}$ (α=0.3)	246.1	244.2	243.8	245.4	250.5	259.1	272.1	286.8	306.3	330.3	364.7	416.2
$S_t^{[3]}$ (α=0.3)	244.5	244.4	244.2	244.6	246.4	250.2	256.8	265.8	277.9	293.6	315.0	345.3

解　通过作散点图分析，实际数据序列呈非线性递增趋势（图 16-5），故必须在三次指数平滑处理的基础上建立非线性预测模型。

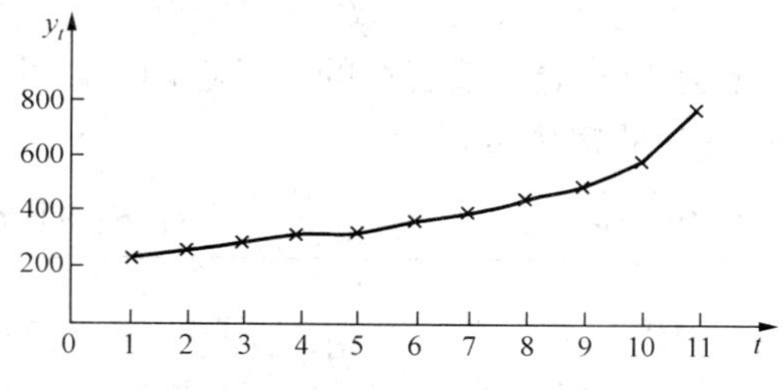

图 16-5　［例 16-7］的实际数据散点图

本例中，实际数据序列的变动倾向较明显，平滑系数 α 不宜取太小，取 $\alpha=0.3$。实际数据数目较少，取一次、二次指数平滑初始值

$$S_0^{[2]} = S_1^{[1]} = \frac{1}{3}(y_3 + y_2 + y_1)$$

$$= \frac{1}{3} \times (225.2 + 249.9 + 263.2)$$

$$= 246.1$$

根据式（16-24）和式（16-25）分别计算一次、二次指数平滑值和 $S_t^{[1]}$ 和 $S_t^{[2]}$。取三次指数平滑初始值

$$S_0^{[3]} = \frac{1}{3}(S_1^{[2]} + S_2^{[2]} + S_3^{[2]}) = \frac{1}{3} \times (244.2 + 243.8 + 245.4) = 244.5$$

根据式（16-29）计算三次指数平滑值 $S_t^{[3]}$。各次指数平滑值的计算结果见表 16-9。

计算预测模型系数

$$a_{11} = 3S_{11}^{[1]} - 3S_{11}^{[2]} + S_{11}^{[3]} = 3 \times 536.5 - 3 \times 416.2 + 345.3 = 706.2$$

$$b_t = \frac{a}{2(1-a)^2}[(6-5a)S_t^{[1]} - 2(5-4a)S_t^{[2]} + (4-3a)S_t^{[3]}]$$

$$= \frac{0.3}{2 \times 2 \times (1-0.3)^2} \times [(6-5 \times 0.3) \times 536.5 - 2 \times (5-4 \times 0.3) \times 416.2$$

$$+ (4-3 \times 0.3) \times 345.3]$$

$$= 98.4$$

$$c_t = \frac{a^2}{2(1-a)^2}(S_t^{[1]} - 2S_t^{[2]} + S_t^{[3]}) = \frac{0.3^2}{2 \times (1-0.3)^2} \times (536.6 - 2 \times 416.2 + 345.3) = 4.5$$

建立非线性预测模型

$$\hat{y}_{11+T} = a_{11} + b_{11} \cdot T + c_{11} T^2 = 706.2 + 98.4t + 4.5T^2$$

第 12 年销售量的预测值为

$$\hat{y}_{12} = y_{11+1} = 706.2 + 98.4 \times 1 + 4.5 \times 1^2 = 809.1\ (\text{万台})$$

第 13 年销售量的预测值为

$$\hat{y}_{13} = y_{11+2} = 706.2 + 98.4 \times 2 + 4.5 \times 2^2 = 981\text{（万台）}$$

平滑法（包括移动平均法和指数平滑法）适用于寻找实际数据序列的长期变动趋势，对数据序列的转折点缺乏鉴别能力。如果遇到数据序列出现转折点的情况，要靠预测者根据外部影响因素的分析判断对预测值进行修正。

某些预测对象实际数据序列的变动除有随机变动和线性或非线性总体发展趋势之外，还有季节性的周期变动。用回归法或平滑法寻求预测对象的总体发展趋势，会把有规律的季节性变动平滑掉。因此，对有季节性周期变动的预测对象，不仅要找出其总体发展趋势，还要研究其季节性周期变动规律。通常用季节变动指数反映预测对象的季节性周期变动规律。下面举例说明季节变动指数的计算方法。

【例 16－8】 某公司的产品近两年内每月的销量见表 16－10（以吨为单位），试预测下一年各月的销售量。

表 16－10　　［例 16－8］的季节变动指数计算

月序 T	第一年和第二年			
	月份 K	销售量实际值	销售量计算值	季节变动指数
1	1	59.1	49.1	1.19
2	2	55.0	50.1	1.10
3	3	50.2	50.7	0.99
4	4	46.9	51.3	0.91
5	5	46.2	51.9	0.89
6	6	46.1	52.5	0.88
7	7	46.5	53.1	0.88
8	8	47.2	53.7	0.88
9	9	49.5	54.3	0.91
10	10	58.1	55.0	1.06
11	11	64.4	55.6	1.16
12	12	66.2	56.2	1.18
13	1	65.6	56.8	1.15
14	2	63.2	57.4	1.10
15	3	59.2	58.0	1.02
16	4	55.7	58.6	0.95
17	5	54.3	59.2	0.92
18	6	53.1	59.8	0.90
19	7	54.0	60.5	0.89
20	8	54.8	61.1	0.90
21	9	56.3	61.7	0.91
22	10	62.6	62.3	1.00
23	11	69.1	62.9	1.10
24	12	71.9	63.5	1.13

解　通过作散点图分析，实际数据序列既有线性增长趋势，又有季节性周期变动（图 16-6）。

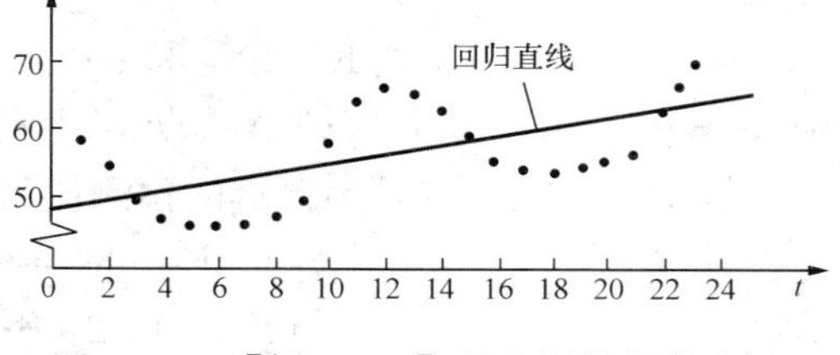

图 16-6　［例 16-8］的实际数据散点图

设自变量为时间 T（以月为单位），用回归法求得描述预测对象总体变动趋势的线性方程

$$y'_T = 48.85 + 0.611T$$

式中　y'_T——只考虑线性变动趋势时第 T 月销售量的计算值；

T——月序数。

根据上述线性方程求得的近两年内各月销售量的计算值 y'_t（$T=1,2,3,\cdots,24$）见表 16-10。

分别计算第一年和第二年各月份的季节变动指数

$$F_K^{(1)} = y_T/y'_T \quad (K=1,2,\cdots,12;\ T=1,2,\cdots,12)$$

$$F_K^{(2)} = y_T/y'_T \quad (K=1,2,\cdots,12;\ T=13,14,\cdots,24)$$

如果有 n 年的实际数据，第 i 年各月份的季节变动指数为

$$F_K^{(i)} = y_T/y'_T \tag{16-34}$$

$[i=1,2,\cdots,n;\ K=1,2,\cdots,12;\ t=12(i-1)+1,\ 12(i-1)+2,\cdots,12(i-1)+12]$

式中　$F_K^{(i)}$——第 i 年 K 月份的季节变动指数；

y_T——第 T 个月的实际数据；

y'_T——根据回归方程求得的第 T 个月预测对象的计算值。

本例中第一、二年各月份季节变动指数的计算结果见表 16-10。

取各年相同月份季节变动指数的平均值作为预测中使用的该月份的季节变动指数，即

$$F_K = \frac{1}{n}\sum_{i=1}^{n} F_K^{(i)} \quad (K=1,2,\cdots,12) \tag{16-35}$$

式中　F_K——K 月份的季节变动指数。

本例中 $F_K=\frac{1}{2}(F_K^{(1)}+F_K^{(2)})$，计算结果见表 16-11。

表 16-11　**［例 16-8］的销售量预测**　吨

月序 T	月份 K	季节变动指数	销售量回归计算值	销售量预测值
25	1	1.17	64.1	75.0
26	2	1.10	64.7	71.2
27	3	1.01	65.3	66.0
28	4	0.93	66.0	61.3
29	5	0.91	66.6	60.6
30	6	0.89	67.2	59.8
31	7	0.89	67.8	60.3
32	8	0.89	68.4	60.9
33	9	0.91	69.0	62.8
34	10	1.03	69.6	71.7
35	11	1.13	70.2	79.4
36	12	1.16	70.8	82.2

在求得各月份季节变动指数的基础上，即可求得第 m 年各月份的预测值

$$\hat{y}_T = F_K \cdot y'_T \tag{16-36}$$

$$[K = 1, 2, \cdots, 12; T = 12(m-1) + K]$$

式中 $\hat{y}_T$——第 T 个月（即第 m 年 K 月份）。

本例中，第三年各月销售量的预测值为

$$\hat{y}_T = F_K \cdot y'_T = F_K(48.85 + 0.611T)$$

$$(K = 1, 2, \cdots, 12; T = 24 + K)$$

计算结果见表 16-11。

三、生长曲线法

许多事物的发展规律类似于生物的自然增殖过程，可以用一条近乎 S 形的曲线来描述：发展初期增长速度较慢，一段时间后，增长速度会逐渐加快，到接近于某一增长极限时，增长速度又会变慢（图 16-7）。技术的发展与普及过程、新产品的普及过程、企业生产能力的提高过程、一国的经济增长过程等都具有这种特点。

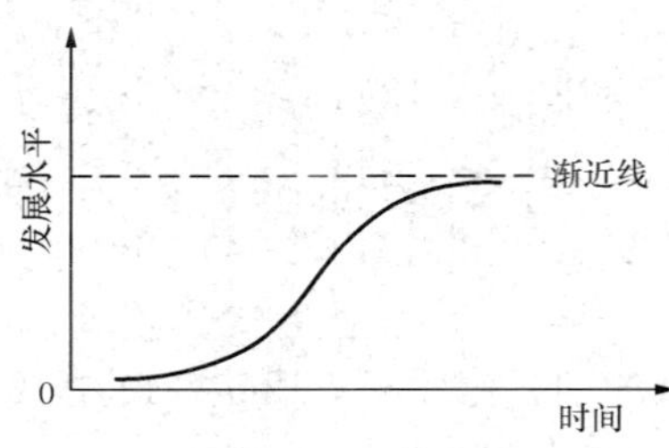

图 16-7 实物发展的 S 形曲线

对于事物发展过程呈 S 形曲线这一规律，很多人进行了研究，有多种 S 形曲线的数学描述。常用作预测模型的有戈珀兹曲线（Comperts Curve）与逻辑曲线（Logistic Curve）。下面分别加以介绍。

（一）戈珀兹曲线预测模型

戈珀兹曲线的数学形式为

$$y = L \cdot a^{bt} \tag{16-37}$$

式中 y——函数值；

t——时间变量；

L——渐近线值（极限值）；

a，b——模型参数。

如果通过对时间序列数据的观察分析，认为可以用戈珀兹曲线拟合，可按如下步骤计算 L、a、b 三个待求参数。

(1) 进行时间编序，第一年 $t=0$，第二年 $t=1$，依次类推。

(2) 将时间序列数据分为三段，每段 n 年，计算各时间段内实际数据之对数和，分别记作 $\sum_1 \lg y$，$\sum_2 \lg y$，$\sum_3 \lg y$。

$$\begin{cases} \sum_1 \lg y = \sum\limits_{t=0}^{n-1} \lg y_t \\ \sum_2 \lg y = \sum\limits_{t=0}^{2n-1} \lg y_t \\ \sum_3 \lg y = \sum\limits_{t=0}^{3n-1} \lg y_t \end{cases} \tag{16-38}$$

式中 y_t——第 t 年的实际数据。

(3) 计算 L、a、b。

$$b^n=\frac{\sum_3 \lg y-\sum_2 \lg y}{\sum_2 \lg y-\sum_1 \lg y} \tag{16-39}$$

$$\lg a=(\sum_1 \lg y-\sum_1 \lg y)\cdot\left[\frac{b-1}{(b^n-1)^2}\right] \tag{16-40}$$

$$\lg L=\frac{1}{n}\left(\sum_1 \lg y-\frac{b^n-1}{b-1}\lg a\right) \tag{16-41}$$

由 b^n、$\lg a$、$\lg L$ 求得 L、a、b，代入式（16-37）即可得戈珀兹曲线预测模型。

【例 16-9】 已知某企业近 12 年内的产值数据（表 16-11），根据对数据的观察分析和对企业设备条件的考察，认为该企业生产能力的提高过程可以用戈珀兹曲线描述，且目前已到生产能力趋于稳定的阶段，试建立戈珀兹曲线预测模型并预测下一年的产值。

解 将时间序列数据分为三段，每段 4 年（$n=4$），分别计算各时间段内实际数据的对数和，计算结果见表 16-12。

表 16-12　［例 16-9］的原始数据及预测模型参数计算

时间段 i	年序 t	产值（万元）y_t	$\lg y_t$	$\sum_i \lg y$
1	0	152	2.181 84	$\sum_1 \lg y=9.264\ 82$
	1	183	2.262 45	
	2	245	2.389 17	
	3	270	2.431 36	
2	4	510	2.707 57	$\sum_2 \lg y=11.306\ 01$
	5	615	2.788 88	
	6	750	2.875 06	
	7	860	2.934 50	
3	8	980	2.991 23	$\sum_3 \lg y=12.099\ 31$
	9	1060	3.025 31	
	10	1095	3.039 41	
	11	1105	3.043 36	

计算各待求参数。

$$b^4=\frac{\sum_3 \lg y-\sum_2 \lg y}{\sum_2 \lg y-\sum_1 \lg y}=\frac{12.099\ 31-11.306\ 01}{11.306\ 01-9.264\ 82}=0.388\ 65$$

$$b=\sqrt[4]{0.388\ 65}=0.789\ 57$$

$$\begin{aligned}\lg a&=(\sum_2 \lg y-\sum_1 \lg y)\cdot\frac{b-1}{(b^n-1)^2}\\&=(11.306\ 01-9.264\ 82)\times\frac{0.789\ 57-1}{(0.388\ 65-1)^2}\\&=-1.149\ 25\end{aligned}$$

$$\lg L = \frac{1}{n}\left(\sum\nolimits_1 \lg y - \frac{b^n - 1}{b - 1}\lg a\right)$$

$$= \frac{1}{4}\left[9.26482 - \frac{0.38865 - 1}{0.78957 - 1} \times (-1.14925)\right]$$

$$= 3.15091$$

$a = 0.07092 \qquad L = 1415.5$

由此可得戈珀兹曲线预测模型

$$\hat{y}_t = 1415.5 \times 0.07092^{0.78957^t}$$

下一年（$t=12$）产值的预测值为

$$y_{12} = 1415.5 \times 0.07092^{0.78957^{12}} = 1211.8\text{（万元）}$$

（二）逻辑曲线预测模型

逻辑曲线的数学形式为

$$y = \frac{L}{1 - be^{-at}} \tag{16-42}$$

式中 y——函数值；

t——时间变量；

L——渐近线值（极限值）；

a、b——模型参数；

e——自然对数的底。

如果需要用逻辑曲线拟合时间序列数据，待求参数 L、a、b 的计算方法如下。

(1) 进行时间编序，第一年 $t=1$，第二年 $t=2$，依次类推。

(2) 将时间序列数据分为三段，每段 n 年，计算各时间段内实际数据的倒数之和，分别记作 S_1，S_2，S_3。

$$\begin{cases} S_1 = \sum_{t=1}^{n-1} \frac{1}{y_t} \\ S_2 = \sum_{t=n+1}^{2n} \frac{1}{y_t} \\ S_3 = \sum_{t=2n+1}^{3n} \frac{1}{y_t} \end{cases} \tag{16-43}$$

$$\begin{cases} D_1 = S_1 - S_2 \\ D_2 = S_2 - S_3 \end{cases}$$

(3) 计算 L、a、b。

$$L = \frac{n}{S_1 - \frac{D_1^2}{D_1 - D_2}} \tag{16-44}$$

$$a = \frac{1}{n}(\ln D_1 - \ln D_2) \tag{16-45}$$

$$b = \frac{L \cdot D_1}{c(D_1 - D_2)} \tag{16-46}$$

且

$$c=\frac{e^{-a}(1-e^{-na})}{1-e^{-a}} \tag{16-47}$$

将求得 L、a、b 代入式（16－42）即可得逻辑曲线预测模型。

本章小结

本章主要介绍预测的概念。预测是把过去、现在和未来视为不可截然分开的整体，根据现在和过去预计未来，根据已知推断未知。人们的实践、实验及统计数据等都是过去和现在的“已知”，预测就是通过对“已知”的研究来科学推测“未知”的。预测成为一门科学，而且广泛应用于经济、技术领域还是近几十年的事。我们现在所要研究的预测是在对现实和历史进行调查研究的基础上，找出事物发展的客观规律，对未来事件状态的科学分析。

技术经济预测的步骤：①确定预测目标；②搜集分析资料；③选择预测方法；④建立预测模型；⑤分析情况做预测。

抽样调查法。抽样方法有两大类：一是随机抽样；二是非随机抽样。随机抽样的根据是被抽查的总体（抽查对象的全体）的每个个体被抽查到的可能性是相等的。只要将被查的对象一一编号，然后采用摇奖机（抽签）抽取即可。这种抽样，其优点是避免了人的主观因素，如感情、倾向、知识、论断等的影响，而且所得的数据具有统计推断的功能，能估算出样本的代表性程度。而非随机抽样则不具备这种功能，因而其代表性差，然而并非毫无用处，当抽查的总体过于庞大而且复杂、不适于随机抽样时，就必须采用非随机抽样。

专家调查法。所谓专家调查是运用一定方法，将专家们个人分散的经验和知识汇集成群体的经验和知识，从而对事物的未来作出主观预测。这里的“专家”是指对预测问题的有关领域或学科有一定专长或有丰富实践经验的人。对专家作调查和索取信息所采取的具体方式有许多种，常用的有专家个人判断、专家会议和德尔菲法。

回归分析法。社会经济现象之间的相关关系往往难以用确定性的函数关系来描述，它们大多是随机性的，要通过统计观察才能找出其中规律。回归分析是利用统计学原理描述随机变量间相关关系的一种重要方法。回归分析法预测是利用回归分析方法，根据一个或一组自变量的变动情况预测与其有相关关系的某随机变量的未来值。进行回归分析需要建立描述变量间相关关系的回归方程。根据自变量的个数，可以是一元回归，也可以是多元回归。根据所研究问题的性质，可以是线性回归，也可以是非线性回归。

时间序列法。时间序列法是根据预测对象的时间序列数据，找出预测对象的时间推移的变化规律，通过趋势外推预测未来的一种方法。所谓时间序列数据是指某一经济变量按照时间顺序排列起来的一组连续的观察值，且相邻观测值的时间间隔是相等的。

思考题

1. 根据预测的特点和技术经济预测的一般步骤，影响技术经济预测精确度的主要因素有哪些？

2. 简述德尔菲法预测的实施步骤。设计德尔菲法预测调查表应注意什么问题？试就某一项预测问题设计一个调查表。

3. 什么情况下可以采用一元线性回归预测法？什么情况下可以采用多元线性回归预测法？一元线性回归中的相关系数和多元线性回归中的相关系数意义何在？如何确定预测值的置信区间？

4. 用时间序列法作预测的假设前提是什么？移动平均法和指数平滑法各有什么特点？说明一次、二次移动平均法和一次、二次、三次指数平滑法分别在哪些情况下适用。

5. 移动平均法中参数 n 的大小对预测结果有何影响？选择参数 n 应考虑哪些问题？

6. 指数平滑法中平滑系数 α 的大小对预测结果有何影响？选择 α 应考虑哪些问题？确定指数平滑的初始值应考虑哪些问题？

7. 在什么情况下要进行季节变动指数分析？简述季节变动指数分析的基本步骤。

8. 举出一个其发展规律可用 S 形曲线描述的事例，简述用戈珀兹曲线和逻辑曲线拟合时间序列数据的步骤。

练 习 题

1. 某工厂拥有役龄不等的某种型号的机床 14 台。这些机床去年的维修费与役龄的关系见表 16－13，试建立回归方程，预测这种型号的机床役龄为 10 年、11 年时的维修费用。

表 16－13

役龄（年）	6	2	7	5	3	1	6	2	4	1	8	5	9	3
维修费（元/年）	126	49	181	63	110	23	92	68	82	64	105	117	141	40

2. 某种商品去年各月份在某市的销售量见表 16－14 所示。试分别用移动平均法和指数平滑法建立线性预测模型，并预测今年 1 月和 2 月的商品销售量（取 $n=3$，$\alpha=0.6$）。

表 16－14 万件

月序	1	2	3	4	5	6	7	8	9	10	11	12
销售量	8.8	9.3	10.2	11.2	12.1	12.7	12.8	13.3	15.1	16.8	18.3	17.8

3. 某市过去 10 年洗衣机的销售量见表 16－15。用三次指数平滑法建立非线性预测模型第 11 年和第 12 年洗衣机的销售量。

表 16－15 台

月序	1	2	3	4	5	6	7	8	9	10
销售量	858	806	795	821	859	888	907	982	1032	1117

4. 某塑料厂的一种产品前 5 年各月的销售额（万元）见表 16－16，试预测第六年各月的销售额。

表 16-16

年序＼月份	1	2	3	4	5
1	74.2	74.1	89.6	95.1	103.0
2	69.7	70.0	99.3	86.1	103.2
3	77.6	77.4	88.5	93.8	112.6
4	89.8	93.2	105.5	110.9	128.5
5	103.0	109.9	120.4	127.4	145.8
6	110.7	122.3	132.6	147.2	163.7
7	116.5	129.0	130.3	148.6	161.1
8	121.6	134.9	143.6	155.5	160.8
9	120.8	134.1	147.3	160.4	152.8
10	113.1	129.6	145.3	160.0	142.0
11	97.1	106.6	117.0	140.3	111.9
12	78.3	90.1	102.3	120.9	101.3

附表1 复利系数表

复利系数表（1%）

年份 n	一次收付		等额序列			
	终值系数 (F/P，i，n)	现值系数 (P/F，i，n)	终值系数 (F/A，i，n)	偿债基金系数 (A/F，i，n)	资金回收系数 (A/P，i，n)	现值系数 (P/A，i，n)
1	(1.0100)	(0.9901)	(1.0000)	(1.0000)	(1.0100)	(0.9901)
2	(1.0201)	(0.9803)	(2.0100)	(0.4975)	(0.5075)	(1.9704)
3	(1.0303)	(0.9706)	(3.0301)	(0.3300)	(0.3400)	(2.9410)
4	(1.0406)	(0.9610)	(4.0604)	(0.2463)	(0.2563)	(3.9020)
5	(1.0510)	(0.9515)	(5.1010)	(0.1960)	(0.2060)	(4.8534)
6	(1.0615)	(0.9420)	(6.1520)	(0.1625)	(0.1725)	(5.7955)
7	(1.0721)	(0.9327)	(7.2135)	(0.1386)	(0.1486)	(6.7282)
8	(1.0829)	(0.9235)	(8.2857)	(0.1207)	(0.1307)	(7.6517)
9	(1.0937)	(0.9143)	(9.3685)	(0.1067)	(0.1167)	(8.5660)
10	(1.1046)	(0.9053)	(10.4622)	(0.0956)	(0.1056)	(9.4713)
11	(1.1157)	(0.8963)	(11.5668)	(0.0865)	(0.0965)	(10.3676)
12	(1.1268)	(0.8874)	(12.6825)	(0.0788)	(0.0888)	(11.2551)
13	(1.1381)	(0.8787)	(13.8093)	(0.0724)	(0.0824)	(12.1337)
14	(1.1495)	(0.8700)	(14.9474)	(0.0669)	(0.0769)	(13.0037)
15	(1.1610)	(0.8613)	(16.0969)	(0.0621)	(0.0721)	(13.8651)
16	(1.1726)	(0.8528)	(17.2579)	(0.0579)	(0.0679)	(14.7179)
17	(1.1843)	(0.8444)	(18.4304)	(0.0543)	(0.0643)	(15.5623)
18	(1.1961)	(0.8360)	(19.6147)	(0.0510)	(0.0610)	(16.3983)
19	(1.2081)	(0.8277)	(20.8109)	(0.0481)	(0.0581)	(17.2260)
20	(1.2202)	(0.8195)	(22.0190)	(0.0454)	(0.0554)	(18.0456)
21	(1.2324)	(0.8114)	(23.2392)	(0.0430)	(0.0530)	(18.8570)
22	(1.2447)	(0.8034)	(24.4716)	(0.0409)	(0.0509)	(19.6604)
23	(1.2572)	(0.7954)	(25.7163)	(0.0389)	(0.0489)	(20.4558)
24	(1.2697)	(0.7876)	(26.9735)	(0.0371)	(0.0471)	(21.2434)
25	(1.2824)	(0.7798)	(28.2432)	(0.0354)	(0.0454)	(22.0232)
26	(1.2953)	(0.7720)	(29.5256)	(0.0339)	(0.0439)	(22.7952)
27	(1.3082)	(0.7644)	(30.8209)	(0.0324)	(0.0424)	(23.5596)
28	(1.3213)	(0.7568)	(32.1291)	(0.0311)	(0.0411)	(24.3164)
29	(1.3345)	(0.7493)	(33.4504)	(0.0299)	(0.0399)	(25.0658)
30	(1.3478)	(0.7419)	(34.7849)	(0.0287)	(0.0387)	(25.8077)

复利系数表（2%）

年份 n	一次收付		等额序列			
	终值系数 (F/P，i，n)	现值系数 (P/F，i，n)	终值系数 (F/A，i，n)	偿债基金系数 (A/F，i，n)	资金回收系数 (A/P，i，n)	现值系数 (P/A，i，n)
1	(1.0200)	(0.9804)	(1.0000)	(1.0000)	(1.0200)	(0.9804)
2	(1.0404)	(0.9612)	(2.0200)	(0.4950)	(0.5150)	(1.9416)
3	(1.0612)	(0.9423)	(3.0604)	(0.3268)	(0.3468)	(2.8839)
4	(1.0824)	(0.9238)	(4.1216)	(0.2426)	(0.2626)	(3.8077)
5	(1.1041)	(0.9057)	(5.2040)	(0.1922)	(0.2122)	(4.7135)

续表

复利系数表（2%）

年份 n	一 次 收 付		等 额 序 列			
	终值系数 (F/P, i, n)	现值系数 (P/F, i, n)	终值系数 (F/A, i, n)	偿债基金系数 (A/F, i, n)	资金回收系数 (A/P, i, n)	现值系数 (P/A, i, n)
6	(1.1262)	(0.8880)	(6.3081)	(0.1585)	(0.1785)	(5.6014)
7	(1.1487)	(0.8706)	(7.4343)	(0.1345)	(0.1545)	(6.4720)
8	(1.1717)	(0.8535)	(8.5830)	(0.1165)	(0.1365)	(7.3255)
9	(1.1951)	(0.8368)	(9.7546)	(0.1025)	(0.1225)	(8.1622)
10	(1.2190)	(0.8203)	(10.9497)	(0.0913)	(0.1113)	(8.9826)
11	(1.2434)	(0.8043)	(12.1687)	(0.0822)	(0.1022)	(9.7868)
12	(1.2682)	(0.7885)	(13.4121)	(0.0746)	(0.0946)	(10.5753)
13	(1.2936)	(0.7730)	(14.6803)	(0.0681)	(0.0881)	(11.3484)
14	(1.3195)	(0.7579)	(15.9739)	(0.0626)	(0.0826)	(12.1062)
15	(1.3459)	(0.7430)	(17.2934)	(0.0578)	(0.0778)	(12.8493)
16	(1.3728)	(0.7284)	(18.6393)	(0.0537)	(0.0737)	(13.5777)
17	(1.4002)	(0.7142)	(20.0121)	(0.0500)	(0.0700)	(14.2919)
18	(1.4282)	(0.7002)	(21.4123)	(0.0467)	(0.0667)	(14.9920)
19	(1.4568)	(0.6864)	(22.8406)	(0.0438)	(0.0638)	(15.6785)
20	(1.4859)	(0.6730)	(24.2974)	(0.0412)	(0.0612)	(16.3514)
21	(1.5157)	(0.6598)	(25.7833)	(0.0388)	(0.0588)	(17.0112)
22	(1.5460)	(0.6468)	(27.2990)	(0.0366)	(0.0566)	(17.6580)
23	(1.5769)	(0.6342)	(28.8450)	(0.0347)	(0.0547)	(18.2922)
24	(1.6084)	(0.6217)	(30.4219)	(0.0329)	(0.0529)	(18.9139)
25	(1.6406)	(0.6095)	(32.0303)	(0.0312)	(0.0512)	(19.5235)
26	(1.6734)	(0.5976)	(33.6709)	(0.0297)	(0.0497)	(20.1210)
27	(1.7069)	(0.5859)	(35.3443)	(0.0283)	(0.0483)	(20.7069)
28	(1.7410)	(0.5744)	(37.0512)	(0.0270)	(0.0470)	(21.2813)
29	(1.7758)	(0.5631)	(38.7922)	(0.0258)	(0.0458)	(21.8444)
30	(1.8114)	(0.5521)	(40.5681)	(0.0246)	(0.0446)	(22.3965)

复利系数表（3%）

年份 n	一 次 收 付		等 额 序 列			
	终值系数 (F/P, i, n)	现值系数 (P/F, i, n)	终值系数 (F/A, i, n)	偿债基金系数 (A/F, i, n)	资金回收系数 (A/P, i, n)	现值系数 (P/A, i, n)
1	(1.0300)	(0.9709)	(1.0000)	(1.0000)	(1.0300)	(0.9709)
2	(1.0609)	(0.9426)	(2.0300)	(0.4926)	(0.5226)	(1.9135)
3	(1.0927)	(0.9151)	(3.0909)	(0.3235)	(0.3535)	(2.8286)
4	(1.1255)	(0.8885)	(4.1836)	(0.2390)	(0.2690)	(3.7171)
5	(1.1593)	(0.8626)	(5.3091)	(0.1884)	(0.2184)	(4.5797)
6	(1.1941)	(0.8375)	(6.4684)	(0.1546)	(0.1846)	(5.4172)
7	(1.2299)	(0.8131)	(7.6625)	(0.1305)	(0.1605)	(6.2303)
8	(1.2668)	(0.7894)	(8.8923)	(0.1125)	(0.1425)	(7.0197)
9	(1.3048)	(0.7664)	(10.1591)	(0.0984)	(0.1284)	(7.7861)
10	(1.3439)	(0.7441)	(11.4639)	(0.0872)	(0.1172)	(8.5302)
11	(1.3842)	(0.7224)	(12.8078)	(0.0781)	(0.1081)	(9.2526)
12	(1.4258)	(0.7014)	(14.1920)	(0.0705)	(0.1005)	(9.9540)
13	(1.4685)	(0.6810)	(15.6178)	(0.0640)	(0.0940)	(10.6350)
14	(1.5126)	(0.6611)	(17.0863)	(0.0585)	(0.0885)	(11.2961)

续表

复利系数表（3%）

年份 n	一次收付		等额序列			
	终值系数 (F/P，i，n)	现值系数 (P/F，i，n)	终值系数 (F/A，i，n)	偿债基金系数 (A/F，i，n)	资金回收系数 (A/P，i，n)	现值系数 (P/A，i，n)
15	(1.5580)	(0.6419)	(18.5989)	(0.0538)	(0.0838)	(11.9379)
16	(1.6047)	(0.6232)	(20.1569)	(0.0496)	(0.0796)	(12.5611)
17	(1.6528)	(0.6050)	(21.7616)	(0.0460)	(0.0760)	(13.1661)
18	(1.7024)	(0.5874)	(23.4144)	(0.0427)	(0.0727)	(13.7535)
19	(1.7535)	(0.5703)	(25.1169)	(0.0398)	(0.0698)	(14.3238)
20	(1.8061)	(0.5537)	(26.8704)	(0.0372)	(0.0672)	(14.8775)
21	(1.8603)	(0.5375)	(28.6765)	(0.0349)	(0.0649)	(15.4150)
22	(1.9161)	(0.5219)	(30.5368)	(0.0327)	(0.0627)	(15.9369)
23	(1.9736)	(0.5067)	(32.4529)	(0.0308)	(0.0608)	(16.4436)
24	(2.0328)	(0.4919)	(34.4265)	(0.0290)	(0.0590)	(16.9355)
25	(2.0938)	(0.4776)	(36.4593)	(0.0274)	(0.0574)	(17.4131)
26	(2.1566)	(0.4637)	(38.5530)	(0.0259)	(0.0559)	(17.8768)
27	(2.2213)	(0.4502)	(40.7096)	(0.0246)	(0.0546)	(18.3270)
28	(2.2879)	(0.4371)	(42.9309)	(0.0233)	(0.0533)	(18.7641)
29	(2.3566)	(0.4243)	(45.2189)	(0.0221)	(0.0521)	(19.1885)
30	(2.4273)	(0.4120)	(47.5754)	(0.0210)	(0.0510)	(19.6004)

复利系数表（4%）

年份 n	一次收付		等额序列			
	终值系数 (F/P，i，n)	现值系数 (P/F，i，n)	终值系数 (F/A，i，n)	偿债基金系数 (A/F，i，n)	资金回收系数 (A/P，i，n)	现值系数 (P/A，i，n)
1	(1.0400)	(0.9615)	(1.0000)	(1.0000)	(1.0400)	(0.9615)
2	(1.0816)	(0.9246)	(2.0400)	(0.4902)	(0.5302)	(1.8861)
3	(1.1249)	(0.8890)	(3.1216)	(0.3203)	(0.3603)	(2.7751)
4	(1.1699)	(0.8548)	(4.2465)	(0.2355)	(0.2755)	(3.6299)
5	(1.2167)	(0.8219)	(5.4163)	(0.1846)	(0.2246)	(4.4518)
6	(1.2653)	(0.7903)	(6.6330)	(0.1508)	(0.1908)	(5.2421)
7	(1.3159)	(0.7599)	(7.8983)	(0.1266)	(0.1666)	(6.0021)
8	(1.3686)	(0.7307)	(9.2142)	(0.1085)	(0.1485)	(6.7327)
9	(1.4233)	(9.7026)	(10.5828)	(0.0945)	(0.1345)	(7.4353)
10	(1.4802)	(0.6756)	(12.0061)	(0.0833)	(0.1233)	(8.1109)
11	(1.5395)	(0.6496)	(13.4864)	(0.0741)	(0.1141)	(8.7605)
12	(1.6010)	(0.6246)	(15.0258)	(0.0666)	(0.1066)	(9.3851)
13	(1.6651)	(0.6006)	(16.6268)	(0.0601)	(0.1001)	(9.9856)
14	(1.7317)	(0.5775)	(18.2919)	(0.0547)	(0.0947)	(10.5631)
15	(1.8009)	(0.5553)	(20.0236)	(0.0499)	(0.0899)	(11.1184)
16	(1.8730)	(0.5339)	(21.8245)	(0.0458)	(0.0858)	(11.6523)
17	(1.9479)	(0.5134)	(23.6975)	(0.0422)	(0.0822)	(12.1657)
18	(2.0258)	(0.4936)	(25.6454)	(0.0390)	(0.0790)	(12.6593)
19	(2.1068)	(0.4746)	(27.6712)	(0.0361)	(0.0761)	(13.1339)
20	(2.1911)	(0.4564)	(29.7781)	(0.0336)	(0.0736)	(13.9030)
21	(2.2788)	(0.4388)	(31.9692)	(0.0313)	(0.0713)	(14.0292)
22	(2.3699)	(0.4220)	(34.2480)	(0.0292)	(0.0692)	(14.4511)
23	(2.4647)	(0.4057)	(36.6179)	(0.0273)	(0.0673)	(14.8568)

续表

复利系数表（4%）

年份 n	一 次 收 付		等 额 序 列			
	终值系数 $(F/P, i, n)$	现值系数 $(P/F, i, n)$	终值系数 $(F/A, i, n)$	偿债基金系数 $(A/F, i, n)$	资金回收系数 $(A/P, i, n)$	现值系数 $(P/A, i, n)$
24	(2.5633)	(0.3901)	(39.0826)	(0.0256)	(0.0656)	(15.2470)
25	(2.6658)	(0.3751)	(41.6459)	(0.0240)	(0.0640)	(15.6221)
26	(2.7725)	(0.3607)	(44.3117)	(0.0226)	(0.0626)	(15.9828)
27	(2.8834)	(0.3468)	(47.0842)	(0.0212)	(0.0612)	(16.3296)
28	(2.9987)	(0.3335)	(49.9676)	(0.0200)	(0.0600)	(16.6631)
29	(3.1187)	(0.3207)	(52.9663)	(0.0189)	(0.0589)	(16.9837)
30	(3.2434)	(0.3083)	(56.0849)	(0.0178)	(0.0578)	(17.2920)

复利系数表（5%）

年份 n	一 次 收 付		等 额 序 列			
	终值系数 $(F/P, i, n)$	现值系数 $(P/F, i, n)$	终值系数 $(F/A, i, n)$	偿债基金系数 $(A/F, i, n)$	资金回收系数 $(A/P, i, n)$	现值系数 $(P/A, i, n)$
1	(1.0500)	(0.9524)	(1.0000)	(1.0000)	(1.0500)	(0.9524)
2	(1.1025)	(0.9070)	(2.0500)	(0.4878)	(0.5378)	(1.8594)
3	(1.1576)	(0.8638)	(3.1525)	(0.3172)	(0.3672)	(2.7232)
4	(1.2155)	(0.8227)	(4.3101)	(0.2320)	(0.2820)	(3.5460)
5	(1.2763)	(0.7835)	(5.5256)	(0.1810)	(0.2310)	(4.3295)
6	(1.3401)	(0.7462)	(6.8019)	(0.1470)	(0.1970)	(5.0757)
7	(1.4071)	(0.7107)	(8.1420)	(0.1228)	(0.1728)	(5.7864)
8	(1.4775)	(0.6768)	(9.5491)	(0.1047)	(0.1547)	(6.4632)
9	(1.5513)	(0.6446)	(11.0266)	(0.0907)	(0.1407)	(7.1078)
10	(1.6289)	(0.6139)	(12.5779)	(0.0795)	(0.1295)	(7.7217)
11	(1.7103)	(0.5847)	(14.2068)	(0.0704)	(0.1204)	(8.3064)
12	(1.7959)	(0.5568)	(15.9171)	(0.0628)	(0.1128)	(8.8633)
13	(1.8856)	(0.5303)	(17.7130)	(0.0565)	(0.1065)	(9.3936)
14	(1.9799)	(0.5051)	(19.5986)	(0.0510)	(0.1010)	(9.8986)
15	(2.0789)	(0.4810)	(21.5786)	(0.0463)	(0.0963)	(10.3797)
16	(2.1829)	(0.4581)	(23.6575)	(0.0423)	(0.0923)	(10.8378)
17	(2.2920)	(0.4363)	(25.8404)	(0.0387)	(0.0887)	(11.2741)
18	(2.4066)	(0.4155)	(28.1324)	(0.0355)	(0.0855)	(11.6896)
19	(2.5270)	(0.3957)	(30.5390)	(0.0327)	(0.0827)	(12.0853)
20	(2.6533)	(0.3769)	(33.0660)	(0.0302)	(0.0802)	(12.4622)
21	(2.7860)	(0.3589)	(35.7193)	(0.0280)	(0.0780)	(12.8212)
22	(2.9253)	(0.3418)	(38.5052)	(0.0260)	(0.0760)	(13.1630)
23	(3.0715)	(0.3256)	(41.4305)	(0.0241)	(0.0741)	(13.4886)
24	(3.2251)	(0.3101)	(44.5020)	(0.0225)	(0.0725)	(13.7986)
25	(3.3864)	(0.2953)	(47.7271)	(0.0210)	(0.0710)	(14.0939)
26	(3.5557)	(0.2812)	(51.1135)	(0.0196)	(0.0696)	(14.3752)
27	(3.7335)	(0.2678)	(54.6691)	(0.0183)	(0.0683)	(14.6430)
28	(3.9201)	(0.2551)	(58.4026)	(0.0171)	(0.0671)	(14.8981)
29	(4.1161)	(0.2429)	(62.3227)	(0.0160)	(0.0660)	(15.1411)
30	(4.3219)	(0.2314)	(66.4388)	(0.0151)	(0.0651)	(15.3725)

续表

复利系数表（6%）

年份 n	一 次 收 付		等 额 序 列			
	终值系数 (F/P，i，n)	现值系数 (P/F，i，n)	终值系数 (F/A，i，n)	偿债基金系数 (A/F，i，n)	资金回收系数 (A/P，i，n)	现值系数 (P/A，i，n)
1	(1.0600)	(0.9434)	(1.0000)	(1.0000)	(1.0600)	(0.9434)
2	(1.1236)	(0.8900)	(2.0600)	(0.4854)	(0.5454)	(1.8334)
3	(1.1910)	(0.8396)	(3.1836)	(0.3141)	(0.3741)	(2.6730)
4	(1.2625)	(0.7921)	(4.3746)	(0.2286)	(0.2886)	(3.4651)
5	(1.3382)	(0.7473)	(5.6371)	(0.1774)	(0.2374)	(4.2124)
6	(1.4185)	(0.7050)	(6.9753)	(0.1434)	(0.2034)	(4.9173)
7	(1.5036)	(0.6651)	(8.3938)	(0.1191)	(0.1791)	(5.5824)
8	(1.5938)	(0.6274)	(9.8975)	(0.1010)	(0.1610)	(6.2098)
9	(1.6895)	(0.5919)	(11.4913)	(0.0870)	(0.1470)	(6.8017)
10	(1.7908)	(0.5584)	(13.1808)	(0.0759)	(0.1359)	(7.3601)
11	(1.8983)	(0.5268)	(14.9716)	(0.0668)	(0.1268)	(7.8869)
12	(2.0122)	(0.4970)	(16.8699)	(0.0593)	(0.1193)	(8.3838)
13	(2.1329)	(0.4688)	(18.8821)	(0.0530)	(0.1130)	(8.8527)
14	(2.2609)	(0.4423)	(21.0151)	(0.0476)	(0.1076)	(9.2950)
15	(2.3966)	(0.4173)	(23.2760)	(0.0430)	(0.1030)	(9.7122)
16	(2.5404)	(0.3936)	(25.6725)	(0.0390)	(0.0990)	(10.1059)
17	(2.6928)	(0.3714)	(28.2129)	(0.0354)	(0.0954)	(10.4773)
18	(2.8543)	(0.3503)	(30.9057)	(0.0324)	(0.0924)	(10.8276)
19	(3.0256)	(0.3305)	(33.7600)	(0.0296)	(0.0896)	(11.1581)
20	(3.2071)	(0.3118)	(36.7856)	(0.0272)	(0.0872)	(11.4699)
21	(3.3996)	(0.2942)	(39.9927)	(0.0250)	(0.0850)	(11.7641)
22	(3.6035)	(0.2775)	(43.3923)	(0.0230)	(0.0830)	(12.0416)
23	(3.8197)	(0.2618)	(46.9958)	(0.0213)	(0.0813)	(12.3034)
24	(4.0489)	(0.2470)	(50.8156)	(0.0197)	(0.0797)	(12.5504)
25	(4.2919)	(0.2330)	(54.8645)	(0.0182)	(0.0782)	(12.7834)
26	(4.5494)	(0.2198)	(59.1564)	(0.0169)	(0.0769)	(13.0032)
27	(4.8223)	(0.2074)	(63.7058)	(0.0157)	(0.0757)	(13.2105)
28	(5.1117)	(0.1956)	(68.5281)	(0.0146)	(0.0746)	(13.4062)
29	(5.4184)	(0.1846)	(73.6398)	(0.0136)	(0.0736)	(13.5907)
30	(5.7435)	(0.1741)	(79.0582)	(0.0126)	(0.0726)	(13.7648)

复利系数表（7%）

年份 n	一 次 收 付		等 额 序 列			
	终值系数 (F/P，i，n)	现值系数 (P/F，i，n)	终值系数 (F/A，i，n)	偿债基金系数 (A/F，i，n)	资金回收系数 (A/P，i，n)	现值系数 (P/A，i，n)
1	(1.0700)	(0.9346)	(1.0000)	(1.0000)	(1.0700)	(0.9346)
2	(1.1449)	(0.8734)	(2.0700)	(0.4831)	(0.5531)	(1.8080)
3	(1.2250)	(0.8163)	(3.2149)	(0.3111)	(0.3811)	(2.6243)
4	(1.3108)	(0.7629)	(4.4399)	(0.2252)	(0.2952)	(3.3872)
5	(1.4026)	(0.7130)	(5.7507)	(0.1739)	(0.2439)	(4.1002)
6	(1.5007)	(0.6663)	(7.1533)	(0.1398)	(0.2098)	(4.7665)
7	(1.6058)	(0.6227)	(8.6540)	(0.1156)	(0.1856)	(5.3893)
8	(1.7182)	(0.5820)	(10.2598)	(0.0975)	(0.1675)	(5.9713)
9	(1.8385)	(0.5439)	(11.9780)	(0.0835)	(0.1535)	(6.5152)

续表

复利系数表（7%）

年份 n	一次收付		等额序列			
	终值系数 $(F/P, i, n)$	现值系数 $(P/F, i, n)$	终值系数 $(F/A, i, n)$	偿债基金系数 $(A/F, i, n)$	资金回收系数 $(A/P, i, n)$	现值系数 $(P/A, i, n)$
10	(1.9672)	(0.5083)	(13.8164)	(0.0724)	(0.1424)	(7.0236)
11	(2.1049)	(0.4751)	(15.7836)	(0.0634)	(0.1334)	(7.4987)
12	(2.2522)	(0.4440)	(17.8885)	(0.0559)	(0.1259)	(7.9427)
13	(2.4098)	(0.4150)	(20.1406)	(0.0497)	(0.1197)	(8.3577)
14	(2.5785)	(0.3878)	(22.5505)	(0.0443)	(0.1143)	(8.7455)
15	(2.7590)	(0.3624)	(25.1290)	(0.0398)	(0.1098)	(9.1079)
16	(2.9522)	(0.3387)	(27.8881)	(0.0359)	(0.1059)	(9.4466)
17	(3.1588)	(0.3166)	(30.8402)	(0.0324)	(0.1024)	(9.7632)
18	(3.3799)	(0.2959)	(33.9990)	(0.0294)	(0.0994)	(10.0591)
19	(3.6165)	(0.2765)	(37.3790)	(0.0268)	(0.0968)	(10.3356)
20	(3.8697)	(0.2584)	(40.9955)	(0.0244)	(0.0944)	(10.5940)
21	(4.1406)	(0.2415)	(44.8652)	(0.0223)	(0.0923)	(10.8355)
22	(4.4304)	(0.2257)	(49.0057)	(0.0204)	(0.0904)	(11.0612)
23	(4.7405)	(0.2109)	(53.4361)	(0.0187)	(0.0887)	(11.2722)
24	(5.0724)	(0.1971)	(58.1767)	(0.0172)	(0.0872)	(11.4693)
25	(5.4274)	(0.1842)	(63.2490)	(0.0158)	(0.0858)	(11.6536)
26	(5.8074)	(0.1722)	(68.6765)	(0.0146)	(0.0846)	(11.8258)
27	(6.2139)	(0.1609)	(74.4838)	(0.0134)	(0.0834)	(11.9867)
28	(6.6488)	(0.1504)	(80.6977)	(0.0124)	(0.0824)	(12.1371)
29	(7.1143)	(0.1406)	(87.3465)	(0.0114)	(0.0814)	(12.2777)
30	(7.6123)	(0.1314)	(94.4608)	(0.0106)	(0.0806)	(12.4090)

复利系数表（8%）

年份 n	一次收付		等额序列			
	终值系数 $(F/P, i, n)$	现值系数 $(P/F, i, n)$	终值系数 $(F/A, i, n)$	偿债基金系数 $(A/F, i, n)$	资金回收系数 $(A/P, i, n)$	现值系数 $(P/A, i, n)$
1	(1.0800)	(0.9259)	(1.0000)	(1.0000)	(1.0800)	(0.9259)
2	(1.1664)	(0.8573)	(2.0800)	(0.4808)	(0.5608)	(1.7833)
3	(1.2597)	(0.7938)	(3.2464)	(0.3080)	(0.3880)	(2.5771)
4	(1.3605)	(0.7350)	(4.5061)	(0.2219)	(0.3019)	(3.3121)
5	(1.4693)	(0.6806)	(5.8666)	(0.1705)	(0.2505)	(3.9927)
6	(1.5869)	(0.6302)	(7.3359)	(0.1363)	(0.2163)	(4.6229)
7	(1.7138)	(0.5835)	(8.9228)	(0.1121)	(0.1921)	(5.2064)
8	(1.8509)	(0.5403)	(10.6366)	(0.0940)	(0.1740)	(5.7466)
9	(1.9990)	(0.5002)	(12.4876)	(0.0801)	(0.1601)	(6.2469)
10	(2.1589)	(0.4632)	(14.4866)	(0.0690)	(0.1490)	(6.7101)
11	(2.3316)	(0.4289)	(16.6455)	(0.0601)	(0.1401)	(7.1390)
12	(2.5182)	(0.3971)	(18.9771)	(0.0527)	(0.1327)	(7.5361)
13	(2.7196)	(0.3677)	(21.4953)	(0.0465)	(0.1265)	(7.9038)
14	(2.9372)	(0.3405)	(24.2149)	(0.0413)	(0.1213)	(8.2442)
15	(3.1722)	(0.3152)	(27.1521)	(0.0368)	(0.1168)	(8.5595)
16	(3.4259)	(0.2919)	(30.3243)	(0.0330)	(0.1130)	(8.8514)
17	(3.7000)	(0.2703)	(33.7502)	(0.0296)	(0.1096)	(9.1216)
18	(3.9960)	(0.2502)	(37.4502)	(0.0267)	(0.1067)	(9.3719)
19	(4.3157)	(0.2317)	(41.4463)	(0.0241)	(0.1041)	(9.6036)

续表

复利系数表（8%）

年份 n	一次收付		等额序列			
	终值系数 $(F/P, i, n)$	现值系数 $(P/F, i, n)$	终值系数 $(F/A, i, n)$	偿债基金系数 $(A/F, i, n)$	资金回收系数 $(A/P, i, n)$	现值系数 $(P/A, i, n)$
20	(4.6610)	(0.2145)	(45.7620)	(0.0219)	(0.1019)	(9.8181)
21	(5.0338)	(0.1987)	(50.4229)	(0.0198)	(0.0998)	(10.0168)
22	(5.4365)	(0.1839)	(55.4568)	(0.0180)	(0.0980)	(10.2007)
23	(5.8715)	(0.1703)	(60.8933)	(0.0164)	(0.0964)	(10.3711)
24	(6.3412)	(0.1577)	(66.7648)	(0.0150)	(0.0950)	(10.5288)
25	(6.8485)	(0.1460)	(73.1059)	(0.0137)	(0.0937)	(10.6748)
26	(7.3964)	(0.1352)	(79.9544)	(0.0125)	(0.0925)	(10.8100)
27	(7.9881)	(0.1252)	(87.3508)	(0.0114)	(0.0914)	(10.9352)
28	(8.6271)	(0.1159)	(95.3388)	(0.0105)	(0.0905)	(11.0511)
29	(9.3173)	(0.1073)	(103.9659)	(0.0096)	(0.0896)	(11.1584)
30	(10.0627)	(0.0994)	(113.2832)	(0.0088)	(0.0888)	(11.2578)

复利系数表（9%）

年份 n	一次收付		等额序列			
	终值系数 $(F/P, i, n)$	现值系数 $(P/F, i, n)$	终值系数 $(F/A, i, n)$	偿债基金系数 $(A/F, i, n)$	资金回收系数 $(A/P, i, n)$	现值系数 $(P/A, i, n)$
1	(1.0900)	(0.9174)	(1.0000)	(1.0000)	(1.0900)	(0.9174)
2	(1.1881)	(0.8417)	(2.0900)	(0.4785)	(0.5685)	(1.7591)
3	(1.2950)	(0.7722)	(3.2781)	(0.3051)	(0.3951)	(2.5313)
4	(1.4116)	(0.7084)	(4.5731)	(0.2187)	(0.3087)	(3.2397)
5	(1.5386)	(0.6499)	(5.9847)	(0.1671)	(0.2571)	(3.8897)
6	(1.6771)	(0.5963)	(7.5233)	(0.1329)	(0.2229)	(4.4859)
7	(1.8280)	(0.5470)	(9.2004)	(0.1087)	(0.1987)	(5.0330)
8	(1.9926)	(0.5019)	(11.0285)	(0.0907)	(0.1807)	(5.5348)
9	(2.1719)	(0.4604)	(13.0210)	(0.0768)	(0.1668)	(5.9952)
10	(2.3674)	(0.4224)	(15.1929)	(0.0658)	(0.1558)	(6.4177)
11	(2.5804)	(0.3875)	(17.5603)	(0.0569)	(0.1469)	(6.8052)
12	(2.8127)	(0.3555)	(20.1407)	(0.0497)	(0.1397)	(7.1607)
13	(3.0658)	(0.3262)	(22.9534)	(0.0436)	(0.1336)	(7.4869)
14	(3.3417)	(0.2992)	(26.0192)	(0.0384)	(0.1284)	(7.7862)
15	(3.6425)	(0.2745)	(29.3609)	(0.0341)	(0.1241)	(8.0607)
16	(3.9703)	(0.2519)	(33.0034)	(0.0303)	(0.1203)	(8.3126)
17	(4.3276)	(0.2311)	(36.9737)	(0.0270)	(0.1170)	(8.5436)
18	(4.7171)	(0.2120)	(41.3013)	(0.0242)	(0.1142)	(8.7556)
19	(5.1417)	(0.1945)	(46.0185)	(0.0217)	(0.1117)	(8.9501)
20	(5.6044)	(0.1784)	(51.1601)	(0.0195)	(0.1095)	(9.1285)
21	(6.1088)	(0.1637)	(56.7645)	(0.0176)	(0.1076)	(9.2922)
22	(6.6586)	(0.1502)	(62.8733)	(0.0159)	(0.1059)	(9.4424)
23	(7.2579)	(0.1378)	(69.5319)	(0.0144)	(0.1044)	(9.5802)
24	(7.9111)	(0.1264)	(76.7898)	(0.0130)	(0.1030)	(9.7066)
25	(8.6231)	(0.1160)	(84.7009)	(0.0118)	(0.1018)	(9.8226)
26	(9.3992)	(0，1064)	(93.3240)	(0.0107)	(0.1007)	(9.9290)
27	(10.2451)	(0.0976)	(102.7231)	(0.0097)	(0.0997)	(10.0266)
28	(11.1671)	(0.0895)	(112.9682)	(0.0089)	(0.0989)	(10.1161)
29	(12.1722)	(0.0822)	(124.1354)	(0.0081)	(0.0981)	(10.1983)
30	(13.2677)	(0.0754)	(136.3075)	(0.0073)	(0.0973)	(10.2737)

续表

复利系数表（10%）

年份 n	一 次 收 付		等 额 序 列			
	终值系数 $(F/P, i, n)$	现值系数 $(P/F, i, n)$	终值系数 $(F/A, i, n)$	偿债基金系数 $(A/F, i, n)$	资金回收系数 $(A/P, i, n)$	现值系数 $(P/A, i, n)$
1	(1.1000)	(0.9091)	(1.0000)	(1.0000)	(1.1000)	(0.9091)
2	(1.2100)	(0.8264)	(2.1000)	(0.4762)	(0.5762)	(1.7355)
3	(1.3310)	(0.7513)	(3.3100)	(0.3021)	(0.4021)	(2.4869)
4	(1.4641)	(0.6830)	(4.6410)	(0.2155)	(0.3155)	(3.1699)
5	(1.6105)	(0.6209)	(6.1051)	(0.1638)	(0.2638)	(3.7908)
6	(1.7716)	(0.5645)	(7.7156)	(0.1296)	(0.2296)	(4.3553)
7	(1.9487)	(0.5132)	(9.4872)	(0.1054)	(0.2054)	(4.8684)
8	(2.1436)	(0.4665)	(11.4359)	(0.0874)	(0.1874)	(5.3349)
9	(2.3579)	(0.4241)	(13.5795)	(0.0736)	(0.1736)	(5.7590)
10	(2.5937)	(0.3855)	(15.9374)	(0.0627)	(0.1627)	(6.1446)
11	(2.8531)	(0.3505)	(18.5312)	(0.0540)	(0.1540)	(6.4951)
12	(3.1384)	(0.3186)	(21.3843)	(0.0468)	(0.1468)	(6.8137)
13	(3.4523)	(0.2897)	(24.5227)	(0.0408)	(0.1408)	(7.1034)
14	(3.7975)	(0.2633)	(27.9750)	(0.0357)	(0.1357)	(7.3667)
15	(4.1772)	(0.2394)	(31.7725)	(0.0315)	(0.1315)	(7.6061)
16	(4.5950)	(0.2176)	(35.9497)	(0.0278)	(0.1278)	(7.8237)
17	(5.0545)	(0.1978)	(40.5447)	(0.0247)	(0.1247)	(8.0216)
18	(5.5599)	(0.1799)	(45.5992)	(0.0219)	(0.1219)	(8.2014)
19	(6.1159)	(0.1635)	(51.1591)	(0.0195)	(0.1195)	(8.3649)
20	(6.7275)	(0.1486)	(57.2750)	(0.0175)	(0.1175)	(8.5136)
21	(7.4002)	(0.1351)	(64.0025)	(0.0156)	(0.1156)	(8.6487)
22	(8.1403)	(0.1228)	(71.4027)	(0.0140)	(0.1140)	(8.7715)
23	(8.9543)	(0.1117)	(79.5430)	(0.0126)	(0.1126)	(8.8832)
24	(9.8497)	(0.1015)	(88.4973)	(0.0113)	(0.1113)	(8.9847)
25	(10.8347)	(0.0923)	(98.3471)	(0.0102)	(0.1102)	(9.0770)
26	(11.9182)	(0.0839)	(109.1818)	(0.0092)	(0.1092)	(9.1609)
27	(13.1100)	(0.0763)	(121.0999)	(0.0083)	(0.1083)	(9.2372)
28	(14.4210)	(0.0693)	(134.2099)	(0.0075)	(0.1075)	(9.3066)
29	(15.8631)	(0.0630)	(148.6309)	(0.0067)	(0.1067)	(9.3696)
30	(17.4494)	(0.0573)	(164.4940)	(0.0061)	(0.1061)	(9.4269)

复利系数表（11%）

年份 n	一 次 收 付		等 额 序 列			
	终值系数 $(F/P, i, n)$	现值系数 $(P/F, i, n)$	终值系数 $(F/A, i, n)$	偿债基金系数 $(A/F, i, n)$	资金回收系数 $(A/P, i, n)$	现值系数 $(P/A, i, n)$
1	(1.1100)	(0.9009)	(1.0000)	(1.0000)	(1.1100)	(0.9009)
2	(1.2321)	(0.8116)	(2.1100)	(0.4739)	(0.5839)	(1.7125)
3	(1.3676)	(0.7312)	(3.3421)	(0.2992)	(0.4092)	(2.4437)
4	(1.5181)	(0.6587)	(4.7097)	(0.2123)	(0.3223)	(3.1024)
5	(1.6851)	(0.5935)	(6.2278)	(0.1606)	(0.2706)	(3.6959)
6	(1.8704)	(0.5346)	(7.9129)	(0.1264)	(0.2364)	(4.2305)
7	(2.0762)	(0.4817)	(9.7833)	(0.1022)	(0.2122)	(4.7122)
8	(2.3045)	(0.4339)	(11.8594)	(0.0843)	(0.1943)	(5.1461)
9	(2.5580)	(0.3909)	(14.1640)	(0.0706)	(0.1806)	(5.5370)

续表

复利系数表（11%）

年份 n	一次收付		等额序列			
	终值系数 (F/P，i，n)	现值系数 (P/F，i，n)	终值系数 (F/A，i，n)	偿债基金系数 (A/F，i，n)	资金回收系数 (A/P，i，n)	现值系数 (P/A，i，n)
10	(2.8394)	(0.3522)	(16.7220)	(0.0598)	(0.1698)	(5.8892)
11	(3.1518)	(0.3173)	(19.5614)	(0.0511)	(0.1611)	(6.2065)
12	(3.4985)	(0.2858)	(22.7132)	(0.0440)	(0.1540)	(6.4924)
13	(3.8833)	(0.2575)	(26.2116)	(0.0382)	(0.1482)	(6.7499)
14	(4.3104)	(0.2320)	(30.0949)	(0.0332)	(0.1432)	(6.9819)
15	(4.7846)	(0.2090)	(34.4054)	(0.0291)	(0.1391)	(7.1909)
16	(5.3109)	(0.1883)	(39.1899)	(0.0255)	(0.1355)	(7.3792)
17	(5.8951)	(0.1696)	(44.5008)	(0.0225)	(0.1325)	(7.5488)
18	(6.5436)	(0.1528)	(50.3959)	(0.0198)	(0.1298)	(7.7016)
19	(7.2633)	(0.1377)	(56.9395)	(0.0176)	(0.1276)	(7.8393)
20	(8.0623)	(0.1240)	(64.2028)	(0.0156)	(0.1256)	(7.9633)
21	(8.9492)	(0.1117)	(72.2651)	(0.0138)	(0.1238)	(8.0751)
22	(9.9336)	(0.1007)	(81.2143)	(0.0123)	(0.1223)	(8.1757)
23	(11.0263)	(0.0907)	(91.1479)	(0.0110)	(0.1210)	(8.2664)
24	(12.2392)	(0.0817)	(102.1742)	(0.0098)	(0.1198)	(8.3481)
25	(13.5855)	(0.0736)	(114.4133)	(0.0087)	(0.1187)	(8.4217)
26	(15.0799)	(0.0663)	(127.9988)	(0.0078)	(0.1178)	(8.4881)
27	(16.7386)	(0.0597)	(143.0786)	(0.0070)	(0.1170)	(8.5478)
28	(18.5799)	(0.0538)	(159.8173)	(0.0063)	(0.1163)	(8.6016)
29	(20.6237)	(0.0485)	(178.3972)	(0.0056)	(0.1156)	(8.6501)
30	(22.8923)	(0.0437)	(199.0209)	(0.0050)	(0.1150)	(8.6938)

复利系数表（12%）

年份 n	一次收付		等额序列			
	终值系数 (F/P，i，n)	现值系数 (P/F，i，n)	终值系数 (F/A，i，n)	偿债基金系数 (A/F，i，n)	资金回收系数 (A/P，i，n)	现值系数 (P/A，i，n)
1	(1.1200)	(0.8929)	(1.0000)	(1.0000)	(1.1200)	(0.8929)
2	(1.2544)	(0.7972)	(2.1200)	(0.4717)	(0.5917)	(1.6901)
3	(1.4049)	(0.7118)	(3.3744)	(0.2963)	(0.4163)	(2.4018)
4	(1.5735)	(0.6355)	(4.7793)	(0.2092)	(0.3292)	(3.0373)
5	(1.7623)	(0.5674)	(6.3528)	(0.1574)	(0.2774)	(3.6048)
6	(1.9738)	(0.5066)	(8.1152)	(0.1232)	(0.2432)	(4.1114)
7	(2.2107)	(0.4523)	(10.0890)	(0.0991)	(0.2191)	(4.5638)
8	(2.4760)	(0.4039)	(12.2997)	(0.0813)	(0.2013)	(4.9676)
9	(2.7731)	(0.3406)	(14.7757)	(0.0677)	(0.1877)	(5.3282)
10	(3.1058)	(0.3220)	(17.5487)	(0.0570)	(0.1770)	(5.6502)
11	(3.4785)	(0.2875)	(20.6546)	(0.0484)	(0.1684)	(5.9377)
12	(3.8960)	(0.2567)	(24.1331)	(0.0414)	(0.1614)	(6.1944)
13	(4.3635)	(0.2292)	(28.0291)	(0.0357)	(0.1557)	(6.4235)
14	(4.8871)	(0.2046)	(32.3926)	(0.0309)	(0.1509)	(6.6282)
15	(5.4736)	(0.1827)	(37.2797)	(0.0268)	(0.1468)	(6.8109)
16	(6.1304)	(0.1631)	(42.7533)	(0.0234)	(0.1434)	(6.9740)
17	(6.8660)	(0.1456)	(48.8837)	(0.0205)	(0.1405)	(7.1196)
18	(7.6900)	(0.1300)	(55.7497)	(0.0179)	(0.1379)	(7.2497)
19	(8.6128)	(0.1161)	(63.4397)	(0.0158)	(0.1358)	(7.3658)

续表

复利系数表（12%）

年份 n	一次收付		等额序列			
	终值系数 $(F/P, i, n)$	现值系数 $(P/F, i, n)$	终值系数 $(F/A, i, n)$	偿债基金系数 $(A/F, i, n)$	资金回收系数 $(A/P, i, n)$	现值系数 $(P/A, i, n)$
20	(9.6463)	(0.1037)	(72.0524)	(0.0139)	(0.1339)	(7.4694)
21	(10.8038)	(0.0926)	(81.6987)	(0.0122)	(0.1322)	(7.5620)
22	(12.1003)	(0.0826)	(92.5026)	(0.0108)	(0.1308)	(7.6446)
23	(13.5523)	(0.0738)	(104.6029)	(0.0096)	(0.1296)	(7.7184)
24	(15.1786)	(0.0659)	(118.1552)	(0.0085)	(0.1285)	(7.7843)
25	(17.0001)	(0.0588)	(133.3339)	(0.0075)	(0.1275)	(7.8431)
26	(19.0401)	(0.0525)	(150.3339)	(0.0067)	(0.1267)	(7.8957)
27	(21.3249)	(0.0469)	(169.3740)	(0.0059)	(0.1259)	(7.9426)
28	(23.8839)	(0.0419)	(190.6989)	(0.0052)	(0.1252)	(7.9844)
29	(26.7499)	(0.0374)	(214.5828)	(0.0047)	(0.1247)	(8.0218)
30	(29.9599)	(0.0334)	(241.3327)	(0.0041)	(0.1241)	(8.0552)

复利系数表（13%）

年份 n	一次收付		等额序列			
	终值系数 $(F/P, i, n)$	现值系数 $(P/F, i, n)$	终值系数 $(F/A, i, n)$	偿债基金系数 $(A/F, i, n)$	资金回收系数 $(A/P, i, n)$	现值系数 $(P/A, i, n)$
1	(1.1300)	(0.8850)	(1.0000)	(1.0000)	(1.1300)	(0.8850)
2	(1.2769)	(0.7831)	(2.1300)	(0.4695)	(0.5995)	(1.6681)
3	(1.4429)	(0.6931)	(3.4069)	(0.2935)	(0.4235)	(2.3612)
4	(1.6305)	(0.6133)	(4.8498)	(0.2062)	(0.3362)	(2.9745)
5	(1.8424)	(0.5428)	(6.4803)	(0.1543)	(0.2843)	(3.5172)
6	(2.0820)	(0.4803)	(8.3227)	(0.1202)	(0.2502)	(3.9975)
7	(2.3526)	(0.4251)	(10.4047)	(0.0961)	(0.2261)	(4.4226)
8	(2.6584)	(0.3762)	(12.7573)	(0.0784)	(0.2084)	(4.7988)
9	(3.0040)	(0.3329)	(15.4157)	(0.0649)	(0.1949)	(5.1317)
10	(3.3946)	(0.2946)	(18.4197)	(0.0543)	(0.1843)	(5.4262)
11	(3.8359)	(0.2607)	(21.8143)	(0.0458)	(0.1758)	(5.6869)
12	(4.3345)	(0.2307)	(25.6502)	(0.0390)	(0.1690)	(5.9176)
13	(4.8980)	(0.2042)	(29.9847)	(0.0334)	(0.1634)	(6.1218)
14	(5.5348)	(0.1807)	(34.8827)	(0.0287)	(0.1587)	(6.3025)
15	(6.2543)	(0.1599)	(40.4175)	(0.0247)	(0.1547)	(6.4624)
16	(7.0673)	(0.1415)	(46.6717)	(0.0214)	(0.1514)	(6.6039)
17	(7.9861)	(0.1252)	(53.7391)	(0.0186)	(0.1486)	(6.7291)
18	(9.0243)	(0.1108)	(61.7251)	(0.0162)	(0.1462)	(6.8399)
19	(10.1974)	(0.0981)	(70.7494)	(0.0141)	(0.1441)	(6.9380)
20	(11.5231)	(0.0868)	(80.9468)	(0.0124)	(0.1424)	(7.0248)
21	(13.0211)	(0.0768)	(92.4699)	(0.0108)	(0.1408)	(7.1016)
22	(14.7138)	(0.0680)	(105.4910)	(0.0095)	(0.1395)	(7.1695)
23	(16.6266)	(0.0601)	(120.2048)	(0.0083)	(0.1383)	(7.2297)
24	(18.7881)	(0.0532)	(136.8315)	(0.0073)	(0.1373)	(7.2829)
25	(21.2305)	(0.0471)	(155.6196)	(0.0064)	(0.1364)	(7.3300)
26	(23.9905)	(0.0417)	(176.8501)	(0.0057)	(0.1357)	(7.3717)
27	(27.1093)	(0.0369)	(200.8406)	(0.0050)	(0.1350)	(7.4086)
28	(30.6335)	(0.0326)	(227.9499)	(0.0044)	(0.1344)	(7.4412)
29	(34.6158)	(0.0289)	(258.5834)	(0.0039)	(0.1339)	(7.4701)
30	(39.1159)	(0.0256)	(293.1992)	(0.0034)	(0.1334)	(7.4957)

续表

复利系数表（14%）

年份 n	一次收付		等额序列			
	终值系数 $(F/P, i, n)$	现值系数 $(P/F, i, n)$	终值系数 $(F/A, i, n)$	偿债基金系数 $(A/F, i, n)$	资金回收系数 $(A/P, i, n)$	现值系数 $(P/A, i, n)$
1	(1.1400)	(0.8772)	(1.0000)	(1.0000)	(1.1400)	(0.8772)
2	(1.2996)	(0.7695)	(2.1400)	(0.4673)	(0.6073)	(1.6467)
3	(1.4815)	(0.6750)	(3.4396)	(0.2907)	(0.4307)	(2.3216)
4	(1.6890)	(0.5921)	(4.9211)	(0.2032)	(0.3432)	(2.9137)
5	(1.9254)	(0.5194)	(6.6101)	(0.1513)	(0.2913)	(3.4331)
6	(2.1950)	(0.4556)	(8.5355)	(0.1172)	(0.2572)	(3.8887)
7	(2.5023)	(0.3996)	(10.7305)	(0.0932)	(0.2332)	(4.2883)
8	(2.8526)	(0.3506)	(13.2328)	(0.0756)	(0.2156)	(4.6389)
9	(3.2519)	(0.3075)	(16.0853)	(0.0622)	(0.2022)	(4.9464)
10	(3.7072)	(0.2697)	(19.3373)	(0.0517)	(0.1917)	(5.2161)
11	(4.2262)	(0.2366)	(23.0445)	(0.0434)	(0.1834)	(5.4527)
12	(4.8179)	(0.2076)	(27.2707)	(0.0367)	(0.1767)	(5.6603)
13	(5.4924)	(0.1821)	(32.0887)	(0.0312)	(0.1712)	(5.8424)
14	(6.2613)	(0.1597)	(37.5811)	(0.0266)	(0.1666)	(6.0021)
15	(7.1379)	(0.1401)	(43.8424)	(0.0228)	(0.1628)	(6.1422)
16	(8.1372)	(0.1229)	(50.9804)	(0.0196)	(0.1596)	(6.2651)
17	(9.2765)	(0.1078)	(59.1176)	(0.0169)	(0.1569)	(6.3729)
18	(10.5752)	(0.0946)	(68.3941)	(0.0146)	(0.1546)	(6.4674)
19	(12.0557)	(0.0829)	(78.9692)	(0.0127)	(0.1527)	(6.5504)
20	(13.7435)	(0.0728)	(91.0249)	(0.0110)	(0.1510)	(6.6231)
21	(15.6676)	(0.0638)	(104.7684)	(0.0095)	(0.1495)	(6.6870)
22	(17.8610)	(0.0560)	(120.4360)	(0.0083)	(0.1483)	(6.7429)
23	(20.3616)	(0.0491)	(138.2970)	(0.0072)	(0.1472)	(6.7921)
24	(23.2122)	(0.0431)	(158.6586)	(0.0063)	(0.1463)	(6.8351)
25	(26.4619)	(0.0378)	(181.8708)	(0.0055)	(0.1455)	(6.8729)
26	(30.1666)	(0.0331)	(208.3327)	(0.0048)	(0.1448)	(6.9061)
27	(34.3899)	(0.0291)	(238.4993)	(0.0042)	(0.1442)	(6.9352)
28	(39.2045)	(0.0255)	(272.8892)	(0.0037)	(0.1437)	(6.9607)
29	(44.6931)	(0.0224)	(312.0937)	(0.0032)	(0.1432)	(6.9830)
30	(50.9502)	(0.0196)	(356.7868)	(0.0028)	(0.1428)	(7.0027)

复利系数表（15%）

年份 n	一次收付		等额序列			
	终值系数 $(F/P, i, n)$	现值系数 $(P/F, i, n)$	终值系数 $(F/A, i, n)$	偿债基金系数 $(A/F, i, n)$	资金回收系数 $(A/P, i, n)$	现值系数 $(P/A, i, n)$
1	(1.1500)	(0.8696)	(1.0000)	(1.0000)	(1.1500)	(0.8696)
2	(1.3225)	(0.7561)	(2.1500)	(0.4651)	(0.6151)	(1.6257)
3	(1.5209)	(0.6575)	(3.4725)	(0.2880)	(0.4380)	(2.2832)
4	(1.7490)	(0.5718)	(4.9934)	(0.2003)	(0.3503)	(2.8550)
5	(2.0114)	(0.4972)	(6.7424)	(0.1483)	(0.2983)	(3.3522)
6	(2.3131)	(0.4323)	(8.7537)	(0.1142)	(0.2642)	(3.7845)
7	(2.6600)	(0.3759)	(11.0668)	(0.0904)	(0.2404)	(4.1604)
8	(3.0590)	(0.3269)	(13.7268)	(0.0729)	(0.2229)	(4.4873)
9	(3.5179)	(0.2843)	(16.7858)	(0.0596)	(0.2096)	(4.7716)

续表

复利系数表（15%）

年份 n	一次收付		等额序列			
	终值系数 $(F/P, i, n)$	现值系数 $(P/F, i, n)$	终值系数 $(F/A, i, n)$	偿债基金系数 $(A/F, i, n)$	资金回收系数 $(A/P, i, n)$	现值系数 $(P/A, i, n)$
10	(4.0456)	(0.2472)	(20.3037)	(0.0493)	(0.1993)	(5.0188)
11	(4.6524)	(0.2149)	(24.3493)	(0.0411)	(0.1911)	(5.2337)
12	(5.3503)	(0.1869)	(29.0017)	(0.0345)	(0.1845)	(5.4206)
13	(6.1528)	(0.1625)	(34.3519)	(0.0291)	(0.1791)	(5.5831)
14	(7.0757)	(0.1413)	(40.5047)	(0.0247)	(0.1747)	(5.7245)
15	(8.1371)	(0.1229)	(47.5804)	(0.0210)	(0.1710)	(5.8474)
16	(9.3576)	(0.1069)	(55.7175)	(0.0179)	(0.1679)	(5.9542)
17	(10.7613)	(0.0929)	(65.0751)	(0.0154)	(0.1654)	(6.0472)
18	(12.3755)	(0.0808)	(75.8364)	(0.0132)	(0.1632)	(6.1280)
19	(14.2318)	(0.0703)	(88.2118)	(0.0113)	(0.1613)	(6.1982)
20	(16.3665)	(0.0611)	(102.4436)	(0.0098)	(0.1598)	(6.2593)
21	(18.8215)	(0.0531)	(118.8101)	(0.0084)	(0.1584)	(6.3125)
22	(21.6447)	(0.0462)	(137.6316)	(0.0073)	(0.1573)	(6.3587)
23	(24.8915)	(0.0402)	(159.2764)	(0.0063)	(0.1563)	(6.3988)
24	(28.6252)	(0.0349)	(184.1678)	(0.0054)	(0.1554)	(6.4338)
25	(32.9190)	(0.0304)	(212.7930)	(0.0047)	(0.1547)	(6.4641)
26	(37.8568)	(0.0264)	(245.7120)	(0.0041)	(0.1541)	(6.4906)
27	(43.5353)	(0.0230)	(283.5688)	(0.0035)	(0.1535)	(6.5135)
28	(50.0656)	(0.0200)	(327.1041)	(0.0031)	(0.1531)	(6.5335)
29	(57.5755)	(0.0174)	(377.1697)	(0.0027)	(0.1527)	(6.5509)
30	(66.2118)	(0.0151)	(434.7451)	(0.0023)	(0.1523)	(6.5660)

复利系数表（16%）

年份 n	一次收付		等额序列			
	终值系数 $(F/P, i, n)$	现值系数 $(P/F, i, n)$	终值系数 $(F/A, i, n)$	偿债基金系数 $(A/F, i, n)$	资金回收系数 $(A/P, i, n)$	现值系数 $(P/A, i, n)$
1	(1.1600)	(0.8621)	(1.0000)	(1.0000)	(1.1600)	(0.8621)
2	(1.3456)	(0.7432)	(2.1600)	(0.4630)	(0.6230)	(1.6052)
3	(1.5609)	(0.6407)	(3.5056)	(0.2853)	(0.4453)	(2.2459)
4	(1.8106)	(0.5523)	(5.0665)	(0.1974)	(0.3574)	(2.7982)
5	(2.1003)	(0.4761)	(6.8771)	(0.1454)	(0.3054)	(3.2743)
6	(2.4364)	(0.4104)	(8.9775)	(0.1114)	(0.2714)	(3.6847)
7	(2.8262)	(0.3538)	(11.4139)	(0.0876)	(0.2476)	(4.0386)
8	(3.2784)	(0.3050)	(14.2401)	(0.0702)	(0.2302)	(4.3436)
9	(3.8030)	(0.2630)	(17.5185)	(0.0571)	(0.2171)	(4.6065)
10	(4.4114)	(0.2267)	(21.3215)	(0.0469)	(0.2069)	(4.8332)
11	(5.1173)	(0.1954)	(25.7329)	(0.0389)	(0.1989)	(5.0286)
12	(5.9360)	(0.1685)	(30.8502)	(0.0324)	(0.1924)	(5.1971)
13	(6.8858)	(0.1452)	(36.7862)	(0.0272)	(0.1872)	(5.3423)
14	(7.9875)	(0.1252)	(43.6720)	(0.0229)	(0.1829)	(5.4675)
15	(9.2655)	(0.1079)	(51.6595)	(0.0194)	(0.1794)	(5.5755)
16	(10.7480)	(0.0930)	(60.9250)	(0.0164)	(0.1764)	(5.6685)
17	(12.4677)	(0.0802)	(71.6730)	(0.0140)	(0.1740)	(5.7487)
18	(14.4625)	(0.0691)	(84.1407)	(0.0119)	(0.1719)	(5.8178)
19	(16.7765)	(0.0596)	(98.6032)	(0.0101)	(0.1701)	(5.8775)

续表

复利系数表（16%）

年份 n	一次收付		等额序列			
	终值系数 $(F/P, i, n)$	现值系数 $(P/F, i, n)$	终值系数 $(F/A, i, n)$	偿债基金系数 $(A/F, i, n)$	资金回收系数 $(A/P, i, n)$	现值系数 $(P/A, i, n)$
20	(19.4608)	(0.0514)	(115.3797)	(0.0087)	(0.1687)	(5.9288)
21	(22.5745)	(0.0443)	(134.8405)	(0.0074)	(0.1674)	(5.9731)
22	(26.1864)	(0.0382)	(157.4150)	(0.0064)	(0.1664)	(6.0113)
23	(30.3762)	(0.0329)	(183.6014)	(0.0054)	(0.1654)	(6.0442)
24	(35.2364)	(0.0284)	(213.9776)	(0.0047)	(0.1647)	(6.0726)
25	(40.8742)	(0.0245)	(249.2140)	(0.0040)	(0.1640)	(6.0971)
26	(47.4141)	(0.0211)	(290.0883)	(0.0034)	(0.1634)	(6.1182)
27	(55.0004)	(0.0182)	(337.5024)	(0.0030)	(0.1630)	(6.1364)
28	(63.8004)	(0.0157)	(392.5028)	(0.0025)	(0.1625)	(6.1520)
29	(74.0085)	(0.0135)	(456.3032)	(0.0022)	(0.1622)	(6.1656)
30	(85.8499)	(0.0116)	(530.3117)	(0.0019)	(0.1619)	(6.1772)

复利系数表（17%）

年份 n	一次收付		等额序列			
	终值系数 $(F/P, i, n)$	现值系数 $(P/F, i, n)$	终值系数 $(F/A, i, n)$	偿债基金系数 $(A/F, i, n)$	资金回收系数 $(A/P, i, n)$	现值系数 $(P/A, i, n)$
1	(1.1700)	(0.8547)	(1.0000)	(1.0000)	(1.1700)	(0.8547)
2	(1.3689)	(0.7305)	(2.1700)	(0.4608)	(0.6308)	(1.5852)
3	(1.6016)	(0.6244)	(3.5389)	(0.2826)	(0.4526)	(2.2096)
4	(1.8739)	(0.5337)	(5.1405)	(0.1945)	(0.3645)	(2.7432)
5	(2.1924)	(0.4561)	(7.0144)	(0.1426)	(0.3126)	(3.1993)
6	(2.5652)	(0.3898)	(9.2068)	(0.1086)	(0.2786)	(3.5892)
7	(3.0012)	(0.3332)	(11.7720)	(0.0849)	(0.2549)	(3.9224)
8	(3.5115)	(0.2848)	(14.7733)	(0.0677)	(0.2377)	(4.2072)
9	(4.1084)	(0.2434)	(18.2847)	(0.0547)	(0.2247)	(4.4506)
10	(4.8068)	(0.2080)	(22.3931)	(0.0447)	(0.2147)	(4.6586)
11	(5.6240)	(0.1778)	(27.1999)	(0.0368)	(0.2068)	(4.8364)
12	(6.5801)	(0.1520)	(32.8239)	(0.0305)	(0.2005)	(4.9884)
13	(7.6987)	(0.1299)	(39.4040)	(0.0254)	(0.1954)	(5.1183)
14	(9.0075)	(0.1110)	(47.1027)	(0.0212)	(0.1912)	(5.2293)
15	(10.5387)	(0.0949)	(56.1101)	(0.0178)	(0.1878)	(5.3242)
16	(12.3303)	(0.0811)	(66.6488)	(0.0150)	(0.1850)	(5.4053)
17	(14.4265)	(0.0693)	(78.9792)	(0.0127)	(0.1827)	(5.4746)
18	(16.8790)	(0.0592)	(93.4056)	(0.0107)	(0.1807)	(5.5339)
19	(19.7484)	(0.0506)	(110.2846)	(0.0091)	(0.1791)	(5.5845)
20	(23.1056)	(0.0433)	(130.0329)	(0.0077)	(0.1777)	(5.6278)
21	(27.0336)	(0.0370)	(153.1385)	(0.0065)	(0.1765)	(5.6648)
22	(31.6293)	(0.0316)	(180.1721)	(0.0056)	(0.1756)	(5.6964)
23	(37.0062)	(0.0270)	(211.8013)	(0.0047)	(0.1747)	(5.7234)
24	(43.2973)	(0.0231)	(248.8076)	(0.0040)	(0.1740)	(5.7465)
25	(50.6578)	(0.0197)	(292.1049)	(0.0034)	(0.1734)	(5.7662)
26	(59.2697)	(0.0169)	(342.7627)	(0.0029)	(0.1729)	(5.7831)
27	(69.3455)	(0.0144)	(402.0323)	(0.0025)	(0.1725)	(5.7975)
28	(81.1342)	(0.0123)	(471.3778)	(0.0021)	(0.1721)	(5.8099)
29	(94.9271)	(0.0105)	(552.5121)	(0.0018)	(0.1718)	(5.8204)
30	(111.0647)	(0.0090)	(647.4391)	(0.0015)	(0.1715)	(5.8294)

续表

复利系数表（18%）

年份 n	一次收付		等额序列			
	终值系数 $(F/P, i, n)$	现值系数 $(P/F, i, n)$	终值系数 $(F/A, i, n)$	偿债基金系数 $(A/F, i, n)$	资金回收系数 $(A/P, i, n)$	现值系数 $(P/A, i, n)$
1	(1.1800)	(0.8475)	(1.0000)	(1.0000)	(1.1800)	(0.8475)
2	(1.3924)	(0.7182)	(2.1800)	(0.4587)	(0.6387)	(1.5656)
3	(1.6430)	(0.6086)	(3.5724)	(0.2799)	(0.4599)	(2.1743)
4	(1.9388)	(0.5158)	(5.2154)	(0.1917)	(0.3717)	(2.6901)
5	(2.2878)	(0.4371)	(7.1542)	(0.1398)	(0.3198)	(3.1272)
6	(2.6996)	(0.3704)	(9.4420)	(0.1059)	(0.2859)	(3.4976)
7	(3.1855)	(0.3139)	(12.1415)	(0.0824)	(0.2624)	(3.8115)
8	(3.7589)	(0.2660)	(15.3270)	(0.0652)	(0.2452)	(4.0776)
9	(4.4355)	(0.2255)	(19.0859)	(0.0524)	(0.2324)	(4.3030)
10	(5.2338)	(0.1911)	(23.5213)	(0.0425)	(0.2225)	(4.4941)
11	(6.1759)	(0.1619)	(28.7551)	(0.0348)	(0.2148)	(4.6560)
12	(7.2876)	(0.1372)	(34.9311)	(0.0286)	(0.2086)	(4.7932)
13	(8.5994)	(0.1163)	(42.2187)	(0.0237)	(0.2037)	(4.9095)
14	(10.1472)	(0.0985)	(50.8180)	(0.0197)	(0.1997)	(5.0081)
15	(11.9737)	(0.0835)	(60.9653)	(0.0164)	(0.1964)	(5.0916)
16	(14.1290)	(0.0708)	(72.9390)	(0.0137)	(0.1937)	(5.1624)
17	(16.6722)	(0.0600)	(87.0680)	(0.0115)	(0.1915)	(5.2223)
18	(19.6733)	(0.0508)	(103.7403)	(0.0096)	(0.1896)	(5.2732)
19	(23.2144)	(0.0431)	(123.4135)	(0.0081)	(0.1881)	(5.3162)
20	(27.3930)	(0.0365)	(146.6280)	(0.0068)	(0.1868)	(5.3527)
21	(32.3238)	(0.0309)	(174.0210)	(0.0057)	(0.1857)	(5.3837)
22	(38.1421)	(0.0262)	(206.3448)	(0.0048)	(0.1848)	(5.4099)
23	(45.0076)	(0.0222)	(244.4868)	(0.0041)	(0.1841)	(5.4321)
24	(53.1090)	(0.0188)	(289.4945)	(0.0035)	(0.1835)	(5.4509)
25	(62.6686)	(0.0160)	(342.6035)	(0.0029)	(0.1829)	(5.4669)
26	(73.9490)	(0.0135)	(405.2721)	(0.0025)	(0.1825)	(5.4804)
27	(87.2598)	(0.0115)	(479.2211)	(0.0021)	(0.1821)	(5.4919)
28	(102.9666)	(0.0097)	(566.4809)	(0.0018)	(0.1818)	(5.5016)
29	(121.5005)	(0.0082)	(669.4475)	(0.0015)	(0.1815)	(5.5098)
30	(143.3706)	(0.0070)	(790.9480)	(0.0013)	(0.1813)	(5.5168)

复利系数表（19%）

年份 n	一次收付		等额序列			
	终值系数 $(F/P, i, n)$	现值系数 $(P/F, i, n)$	终值系数 $(F/A, i, n)$	偿债基金系数 $(A/F, i, n)$	资金回收系数 $(A/P, i, n)$	现值系数 $(P/A, i, n)$
1	(1.1900)	(0.8403)	(1.0000)	(1.0000)	(1.1900)	(0.8403)
2	(1.4161)	(0.7062)	(2.1900)	(0.4566)	(0.6466)	(1.5465)
3	(1.6852)	(0.5934)	(3.6061)	(0.2773)	(0.4673)	(2.1399)
4	(2.0053)	(0.4987)	(5.2913)	(0.1890)	(0.3790)	(2.6386)
5	(2.3864)	(0.4190)	(7.2966)	(0.1371)	(0.3271)	(3.0576)
6	(2.8398)	(0.3521)	(9.6830)	(0.1033)	(0.2933)	(3.4098)
7	(3.3793)	(0.2959)	(12.5227)	(0.0799)	(0.2699)	(3.7057)
8	(4.0214)	(0.2487)	(15.9020)	(0.0629)	(0.2529)	(3.9544)
9	(4.7854)	(0.2090)	(19.9234)	(0.0502)	(0.2402)	(4.1633)

续表

复利系数表（19%）

年份 n	一次收付		等额序列			
	终值系数 (F/P，i，n)	现值系数 (P/F，i，n)	终值系数 (F/A，i，n)	偿债基金系数 (A/F，i，n)	资金回收系数 (A/P，i，n)	现值系数 (P/A，i，n)
10	(5.6947)	(0.1756)	(24.7089)	(0.0405)	(0.2305)	(4.3389)
11	(6.7767)	(0.1476)	(30.4035)	(0.0329)	(0.2229)	(4.4865)
12	(8.0642)	(0.1240)	(37.1802)	(0.0269)	(0.2169)	(4.6105)
13	(9.5964)	(0.1042)	(45.2445)	(0.0221)	(0.2121)	(4.7147)
14	(11.4198)	(0.0876)	(54.8409)	(0.0182)	(0.2082)	(4.8023)
15	(13.5895)	(0.0736)	(66.2607)	(0.0151)	(0.2051)	(4.8759)
16	(16.1715)	(0.0618)	(79.8502)	(0.0125)	(0.2025)	(4.9377)
17	(19.2441)	(0.0520)	(96.0218)	(0.0104)	(0.2004)	(4.9897)
18	(22.9005)	(0.0437)	(115.2659)	(0.0087)	(0.1987)	(5.0333)
19	(27.2516)	(0.0367)	(138.1664)	(0.0072)	(0.1972)	(5.0700)
20	(32.4294)	(0.0308)	(165.4180)	(0.0060)	(0.1960)	(5.1009)
21	(38.5910)	(0.0259)	(197.8474)	(0.0051)	(0.1951)	(5.1268)
22	(45.9233)	(0.0218)	(236.4385)	(0.0042)	(0.1942)	(5.1486)
23	(54.6487)	(0.0183)	(282.3618)	(0.0035)	(0.1935)	(5.1668)
24	(65.0320)	(0.0154)	(337.0105)	(0.0030)	(0.1930)	(5.1822)
25	(77.3881)	(0.0129)	(402.0425)	(0.0025)	(0.1925)	(5.1951)
26	(92.0918)	(0.0109)	(479.4306)	(0.0021)	(0.1921)	(5.2060)
27	(109.5893)	(0.0091)	(571.5224)	(0.0017)	(0.1917)	(5.2151)
28	(130.4112)	(0.0077)	(681.1116)	(0.0015)	(0.1915)	(5.2228)
29	(155.1893)	(0.0064)	(811.5228)	(0.0012)	(0.1912)	(5.2292)
30	(184.6753)	(0.0054)	(966.7122)	(0.0010)	(0.1910)	(5.2347)

复利系数表（20%）

年份 n	一次收付		等额序列			
	终值系数 (F/P，i，n)	现值系数 (P/F，i，n)	终值系数 (F/A，i，n)	偿债基金系数 (A/F，i，n)	资金回收系数 (A/P，i，n)	现值系数 (P/A，i，n)
1	(1.2000)	(0.8333)	(1.0000)	(1.0000)	(1.2000)	(0.8333)
2	(1.4400)	(0.6944)	(2.2000)	(0.4545)	(0.6545)	(1.5278)
3	(1.7280)	(0.5787)	(3.6400)	(0.2747)	(0.4747)	(2.1065)
4	(2.0736)	(0.4823)	(5.3680)	(0.1863)	(0.3863)	(2.5887)
5	(2.4883)	(0.4019)	(7.4416)	(0.1344)	(0.3344)	(2.9906)
6	(2.9860)	(0.3349)	(9.9299)	(0.1007)	(0.3007)	(3.3255)
7	(3.5832)	(0.2791)	(12.9159)	(0.0774)	(0.2774)	(3.6046)
8	(4.2998)	(0.2326)	(16.4991)	(0.0606)	(0.2606)	(3.8372)
9	(5.1598)	(0.1938)	(20.7989)	(0.0481)	(0.2481)	(4.0310)
10	(6.1917)	(0.1615)	(25.9587)	(0.0385)	(0.2385)	(4.1925)
11	(7.4301)	(0.1346)	(32.1504)	(0.0311)	(0.2311)	(4.3271)
12	(8.9161)	(0.1122)	(39.5805)	(0.0253)	(0.2253)	(4.4392)
13	(10.6993)	(0.0935)	(48.4966)	(0.0206)	(0.2206)	(4.5327)
14	(12.8392)	(0.0779)	(59.1959)	(0.0169)	(0.2169)	(4.6106)
15	(15.4070)	(0.0649)	(72.0351)	(0.0139)	(0.2139)	(4.6755)
16	(18.4884)	(0.0541)	(87.4421)	(0.0114)	(0.2114)	(4.7296)
17	(22.1861)	(0.0451)	(105.9306)	(0.0094)	(0.2094)	(4.7746)
18	(26.6233)	(0.0376)	(128.1167)	(0.0078)	(0.2078)	(4.8122)
19	(31.9480)	(0.0313)	(154.7400)	(0.0065)	(0.2065)	(4.8435)

续表

复利系数表（20%）

年份 n	一 次 收 付		等 额 序 列			
	终值系数 $(F/P, i, n)$	现值系数 $(P/F, i, n)$	终值系数 $(F/A, i, n)$	偿债基金系数 $(A/F, i, n)$	资金回收系数 $(A/P, i, n)$	现值系数 $(P/A, i, n)$
20	(38.3376)	(0.0261)	(186.6880)	(0.0054)	(0.2054)	(4.8696)
21	(46.0051)	(0.0217)	(225.0256)	(0.0044)	(0.2044)	(4.8913)
22	(55.2061)	(0.0181)	(271.0307)	(0.0037)	(0.2037)	(4.9094)
23	(66.2474)	(0.0151)	(326.2369)	(0.0031)	(0.2031)	(4.9245)
24	(79.4968)	(0.0126)	(392.4842)	(0.0025)	(0.2025)	(4.9371)
25	(95.3962)	(0.0105)	(471.9811)	(0.0021)	(0.2021)	(4.9476)
26	(114.4755)	(0.0087)	(567.3773)	(0.0018)	(0.2018)	(4.9563)
27	(137.3706)	(0.0073)	(681.8528)	(0.0015)	(0.2015)	(4.9636)
28	(164.8447)	(0.0061)	(819.2233)	(0.0012)	(0.2012)	(4.9697)
29	(197.8136)	(0.0051)	(984.0680)	(0.0010)	(0.2010)	(4.9747)
30	(237.3763)	(0.0042)	(1181.8816)	(0.0008)	(0.2008)	(4.9789)

复利系数表（21%）

年份 n	一 次 收 付		等 额 序 列			
	终值系数 $(F/P, i, n)$	现值系数 $(P/F, i, n)$	终值系数 $(F/A, i, n)$	偿债基金系数 $(A/F, i, n)$	资金回收系数 $(A/P, i, n)$	现值系数 $(P/A, i, n)$
1	(1.2100)	(0.8264)	(1.0000)	(1.0000)	(1.2100)	(0.8264)
2	(1.4641)	(0.6830)	(2.2100)	(0.4525)	(0.6625)	(1.5095)
3	(1.7716)	(0.5645)	(3.6741)	(0.2722)	(0.4822)	(2.0739)
4	(2.1436)	(0.4665)	(5.4457)	(0.1836)	(0.3936)	(2.5404)
5	(2.5937)	(0.3855)	(7.5892)	(0.1318)	(0.3418)	(2.9260)
6	(3.1384)	(0.3186)	(10.1830)	(0.0982)	(0.3082)	(3.2446)
7	(3.7975)	(0.2633)	(13.3214)	(0.0751)	(0.2851)	(3.5079)
8	(4.5950)	(0.2176)	(17.1189)	(0.0584)	(0.2684)	(3.7256)
9	(5.5599)	(0.1799)	(21.7139)	(0.0461)	(0.2561)	(3.9054)
10	(6.7275)	(0.1486)	(27.2738)	(0.0367)	(0.2467)	(4.0541)
11	(8.1403)	(0.1228)	(34.0013)	(0.0294)	(0.2394)	(4.1769)
12	(9.8497)	(0.1015)	(42.1416)	(0.0237)	(0.2337)	(4.2784)
13	(11.9182)	(0.0839)	(51.9913)	(0.0192)	(0.2292)	(4.3624)
14	(14.4210)	(0.0693)	(63.9095)	(0.0156)	(0.2256)	(4.4317)
15	(17.4494)	(0.0573)	(78.3305)	(0.0128)	(0.2228)	(4.4890)
16	(21.1138)	(0.0474)	(95.7799)	(0.0104)	(0.2204)	(4.5364)
17	(25.5477)	(0.0391)	(116.8937)	(0.0086)	(0.2186)	(4.5755)
18	(30.9127)	(0.0323)	(142.4413)	(0.0070)	(0.2170)	(4.6079)
19	(37.4043)	(0.0267)	(173.3540)	(0.0058)	(0.2158)	(4.6346)
20	(45.2593)	(0.0221)	(210.7584)	(0.0047)	(0.2147)	(4.6567)
21	(54.7637)	(0.0183)	(256.0176)	(0.0039)	(0.2139)	(4.6750)
22	(66.2641)	(0.0151)	(310.7813)	(0.0032)	(0.2132)	(4.6900)
23	(80.1795)	(0.0125)	(377.0454)	(0.0027)	(0.2127)	(4.7025)
24	(97.0172)	(0.0103)	(457.2249)	(0.0022)	(0.2122)	(4.7128)
25	(117.3909)	(0.0085)	(554.2422)	(0.0018)	(0.2118)	(4.7213)
26	(142.0429)	(0.0070)	(671.6330)	(0.0015)	(0.2115)	(4.7284)
27	(171.8719)	(0.0058)	(813.6759)	(0.0012)	(0.2112)	(4.7342)
28	(207.9651)	(0.0048)	(985.5479)	(0.0010)	(0.2110)	(4.7390)
29	(251.6377)	(0.0040)	(1193.5129)	(0.0008)	(0.2108)	(4.7430)
30	(304.4816)	(0.0033)	(1445.1507)	(0.0007)	(0.2107)	(4.7463)

续表

复利系数表（22%）

年份 n	一次收付		等额序列			
	终值系数 $(F/P, i, n)$	现值系数 $(P/F, i, n)$	终值系数 $(F/A, i, n)$	偿债基金系数 $(A/F, i, n)$	资金回收系数 $(A/P, i, n)$	现值系数 $(P/A, i, n)$
1	(1.2200)	(0.8197)	(1.0000)	(1.0000)	(1.2200)	(0.8197)
2	(1.4884)	(0.6719)	(2.2200)	(0.4505)	(0.6705)	(1.4915)
3	(1.8158)	(0.5507)	(3.7084)	(0.2697)	(0.4897)	(2.0422)
4	(2.2153)	(0.4514)	(5.5242)	(0.1810)	(0.4010)	(2.4936)
5	(2.7027)	(0.3700)	(7.7396)	(0.1292)	(0.3492)	(2.8636)
6	(3.2973)	(0.3033)	(10.4423)	(0.0958)	(0.3158)	(3.1669)
7	(4.0227)	(0.2486)	(13.7396)	(0.0728)	(0.2928)	(3.4155)
8	(4.9077)	(0.2038)	(17.7623)	(0.0563)	(0.2763)	(3.6193)
9	(5.9874)	(0.1670)	(22.6700)	(0.0441)	(0.2641)	(3.7863)
10	(7.3046)	(0.1369)	(28.6574)	(0.0349)	(0.2549)	(3.9232)
11	(8.9117)	(0.1122)	(35.9620)	(0.0278)	(0.2478)	(4.0354)
12	(10.8722)	(0.0920)	(44.8737)	(0.0223)	(0.2423)	(4.1274)
13	(13.2641)	(0.0754)	(55.7459)	(0.0179)	(0.2379)	(4.2028)
14	(16.1822)	(0.0618)	(69.0100)	(0.0145)	(0.2345)	(4.2646)
15	(19.7423)	(0.0507)	(85.1922)	(0.0117)	(0.2317)	(4.3152)
16	(24.0856)	(0.0415)	(104.9345)	(0.0095)	(0.2295)	(4.3567)
17	(29.3844)	(0.0340)	(129.0201)	(0.0078)	(0.2278)	(4.3908)
18	(35.8490)	(0.0279)	(158.4045)	(0.0063)	(0.2263)	(4.4187)
19	(43.7358)	(0.0229)	(194.2535)	(0.0051)	(0.2251)	(4.4415)
20	(53.3576)	(0.0187)	(237.9893)	(0.0042)	(0.2242)	(4.4603)
21	(65.0963)	(0.0154)	(291.3469)	(0.0034)	(0.2234)	(4.4756)
22	(79.4175)	(0.0126)	(356.4432)	(0.0028)	(0.2228)	(4.4882)
23	(96.8894)	(0.0103)	(435.8607)	(0.0023)	(0.2223)	(4.4985)
24	(118.2050)	(0.0085)	(532.7501)	(0.0019)	(0.2219)	(4.5070)
25	(144.2101)	(0.0069)	(650.9551)	(0.0015)	(0.2215)	(4.5139)
26	(175.9364)	(0.0057)	(795.1653)	(0.0013)	(0.2213)	(4.5196)
27	(214.6424)	(0.0047)	(971.1016)	(0.0010)	(0.2210)	(4.5243)
28	(261.8637)	(0.0038)	(1185.7440)	(0.0008)	(0.2208)	(4.5281)
29	(319.4737)	(0.0031)	(1447.6077)	(0.0007)	(0.2207)	(4.5312)
30	(389.7579)	(0.0026)	(1767.0813)	(0.0006)	(0.2206)	(4.5338)

复利系数表（23%）

年份 n	一次收付		等额序列			
	终值系数 $(F/P, i, n)$	现值系数 $(P/F, i, n)$	终值系数 $(F/A, i, n)$	偿债基金系数 $(A/F, i, n)$	资金回收系数 $(A/P, i, n)$	现值系数 $(P/A, i, n)$
1	(1.2300)	(0.8130)	(1.0000)	(1.0000)	(1.2300)	(0.8130)
2	(1.5129)	(0.6610)	(2.2300)	(0.4484)	(0.6784)	(1.4740)
3	(1.8609)	(0.5374)	(3.7429)	(0.2672)	(0.4972)	(2.0114)
4	(2.2889)	(0.4369)	(5.6038)	(0.1785)	(0.4085)	(2.4483)
5	(2.8153)	(0.3552)	(7.8926)	(0.1267)	(0.3567)	(2.8035)
6	(3.4628)	(0.2888)	(10.7079)	(0.0934)	(0.3234)	(3.0923)
7	(4.2593)	(0.2348)	(14.1708)	(0.0706)	(0.3006)	(3.3270)
8	(5.2389)	(0.1909)	(18.4300)	(0.0543)	(0.2843)	(3.5179)
9	(6.4439)	(0.1552)	(3.6690)	(0.0422)	(0.2722)	(3.6731)

续表

复利系数表（23%）

年份 n	一次收付		等额序列			
	终值系数 $(F/P, i, n)$	现值系数 $(P/F, i, n)$	终值系数 $(F/A, i, n)$	偿债基金系数 $(A/F, i, n)$	资金回收系数 $(A/P, i, n)$	现值系数 $(P/A, i, n)$
10	(7.9259)	(0.1262)	(30.1128)	(0.0332)	(0.2632)	(3.7993)
11	(9.7489)	(0.1026)	(38.0388)	(0.0263)	(0.2563)	(3.9018)
12	(11.9912)	(0.0834)	(47.7877)	(0.0209)	(0.2509)	(3.9852)
13	(14.7491)	(0.0678)	(59.7788)	(0.0167)	(0.2467)	(4.0530)
14	(18.1414)	(0.0551)	(74.5280)	(0.0134)	(0.2434)	(4.1082)
15	(22.3140)	(0.0448)	(92.6694)	(0.0108)	(0.2408)	(4.1530)
16	(27.4462)	(0.0364)	(114.9834)	(0.0087)	(0.2387)	(4.1894)
17	(33.7588)	(0.0296)	(142.4295)	(0.0070)	(0.2370)	(4.2190)
18	(41.5233)	(0.0241)	(176.1883)	(0.0057)	(0.2357)	(4.2431)
19	(51.0737)	(0.0196)	(217.7116)	(0.0046)	(0.2346)	(4.2627)
20	(62.8206)	(0.0159)	(268.7853)	(0.0037)	(0.2337)	(4.2786)
21	(77.2694)	(0.0129)	(331.6059)	(0.0030)	(0.2330)	(4.2916)
22	(95.0413)	(0.0105)	(408.8753)	(0.0024)	(0.2324)	(4.3021)
23	(116.9008)	(0.0086)	(503.9166)	(0.0020)	(0.2320)	(4.3106)
24	(143.7880)	(0.0070)	(620.8174)	(0.0016)	(0.2316)	(4.3176)
25	(176.8593)	(0.0057)	(764.6054)	(0.0013)	(0.2313)	(4.3232)
26	(217.5369)	(0.0046)	(941.4647)	(0.0011)	(0.2311)	(4.3278)
27	(267.5704)	(0.0037)	(1159.0016)	(0.0009)	(0.2309)	(4.3316)
28	(329.1115)	(0.0030)	(1426.5719)	(0.0007)	(0.2307)	(4.3346)
29	(404.8072)	(0.0025)	(1755.6835)	(0.0006)	(0.2306)	(4.3371)
30	(497.9129)	(0.0020)	(2160.4907)	(0.0005)	(0.2305)	(4.3391)

复利系数表（24%）

年份 n	一次收付		等额序列			
	终值系数 $(F/P, i, n)$	现值系数 $(P/F, i, n)$	终值系数 $(F/A, i, n)$	偿债基金系数 $(A/F, i, n)$	资金回收系数 $(A/P, i, n)$	现值系数 $(P/A, i, n)$
1	(1.2400)	(0.8065)	(1.0000)	(1.0000)	(1.2400)	(0.8065)
2	(1.5376)	(0.6504)	(2.2400)	(0.4464)	(0.6864)	(1.4568)
3	(1.9066)	(0.5245)	(3.7776)	(0.2647)	(0.5047)	(1.9813)
4	(2.3642)	(0.4230)	(5.6842)	(0.1759)	(0.4159)	(2.4043)
5	(2.9316)	(0.3411)	(8.0484)	(0.1242)	(0.3642)	(2.7454)
6	(3.6352)	(0.2751)	(10.9801)	(0.0911)	(0.3311)	(3.0205)
7	(4.5077)	(0.2218)	(14.6153)	(0.0684)	(0.3084)	(3.2423)
8	(5.5895)	(0.1789)	(19.1229)	(0.0523)	(0.2923)	(3.4212)
9	(6.9310)	(0.1443)	(24.7125)	(0.0405)	(0.2805)	(3.5655)
10	(8.5944)	(0.1164)	(31.6434)	(0.0316)	(0.2716)	(3.6819)
11	(10.6571)	(0.0938)	(40.2379)	(0.0249)	(0.2649)	(3.7757)
12	(13.2148)	(0.0757)	(50.8950)	(0.0196)	(0.2596)	(3.8514)
13	(16.3863)	(0.0610)	(64.1097)	(0.0156)	(0.2556)	(3.9124)
14	(20.3191)	(0.0492)	(80.4961)	(0.0124)	(0.2524)	(3.9616)
15	(25.1956)	(0.0397)	(100.8151)	(0.0099)	(0.2499)	(4.0013)
16	(31.2426)	(0.0320)	(126.0108)	(0.0079)	(0.2479)	(4.0333)
17	(38.7408)	(0.0258)	(157.2534)	(0.0064)	(0.2464)	(4.0591)
18	(48.0386)	(0.0208)	(195.9942)	(0.0051)	(0.2451)	(4.0799)
19	(59.5679)	(0.0168)	(244.0328)	(0.0041)	(0.2441)	(4.0967)

续表

复利系数表（24%）

年份 n	一次收付		等额序列			
	终值系数 $(F/P, i, n)$	现值系数 $(P/F, i, n)$	终值系数 $(F/A, i, n)$	偿债基金系数 $(A/F, i, n)$	资金回收系数 $(A/P, i, n)$	现值系数 $(P/A, i, n)$
20	(73.8641)	(0.0135)	(303.6006)	(0.0033)	(0.2433)	(4.1103)
21	(91.5915)	(0.0109)	(377.4648)	(0.0026)	(0.2426)	(4.1212)
22	(113.5735)	(0.0088)	(469.0563)	(0.0021)	(0.2421)	(4.1300)
23	(140.8312)	(0.0071)	(582.6298)	(0.0017)	(0.2417)	(4.1371)
24	(174.6306)	(0.0057)	(723.4610)	(0.0014)	(0.2414)	(4.1428)
25	(216.5420)	(0.0046)	(898.0916)	(0.0011)	(0.2411)	(4.1474)
26	(268.5121)	(0.0037)	(1114.6336)	(0.0009)	(0.2409)	(4.1511)
27	(332.9550)	(0.0030)	(1383.1457)	(0.0007)	(0.2407)	(4.1542)
28	(412.8642)	(0.0024)	(1716.1007)	(0.0006)	(0.2406)	(4.1566)
29	(511.9516)	(0.0020)	(2128.9648)	(0.0005)	(0.2405)	(4.1585)
30	(634.8199)	(0.0016)	(2640.9164)	(0.0004)	(0.2404)	(4.1601)

复利系数表（25%）

年份 n	一次收付		等额序列			
	终值系数 $(F/P, i, n)$	现值系数 $(P/F, i, n)$	终值系数 $(F/A, i, n)$	偿债基金系数 $(A/F, i, n)$	资金回收系数 $(A/P, i, n)$	现值系数 $(P/A, i, n)$
1	(1.2500)	(0.8000)	(1.0000)	(1.0000)	(1.2500)	(0.8000)
2	(1.5625)	(0.6400)	(2.2500)	(0.4444)	(0.6944)	(1.4400)
3	(1.9531)	(0.5120)	(3.8125)	(0.2623)	(0.5123)	(1.9520)
4	(2.4414)	(0.4096)	(5.7656)	(0.1734)	(0.4234)	(2.3616)
5	(3.0518)	(0.3277)	(8.2070)	(0.1218)	(0.3718)	(2.6893)
6	(3.8147)	(0.2621)	(11.2588)	(0.0888)	(0.3388)	(2.9514)
7	(4.7684)	(0.2097)	(15.0735)	(0.0663)	(0.3163)	(3.1611)
8	(5.9605)	(0.1678)	(19.8419)	(0.0504)	(0.3004)	(3.3289)
9	(7.4506)	(0.1342)	(55.8023)	(0.0388)	(0.2888)	(3.4631)
10	(9.3132)	(0.1074)	(33.2529)	(0.0301)	(0.2801)	(3.5705)
11	(11.6415)	(0.0859)	(42.5661)	(0.0235)	(0.2735)	(3.6564)
12	(14.5519)	(0.0687)	(54.2077)	(0.0184)	(0.2684)	(3.7251)
13	(18.1899)	(0.0550)	(68.7596)	(0.0145)	(0.2645)	(3.7801)
14	(22.7374)	(0.0440)	(86.9495)	(0.0115)	(0.2615)	(3.8241)
15	(28.4217)	(0.0352)	(109.6868)	(0.0091)	(0.2591)	(3.8593)
16	(35.5271)	(0.0281)	(138.1085)	(0.0072)	(0.2572)	(3.8874)
17	(44.4089)	(0.0225)	(173.6357)	(0.0058)	(0.2558)	(3.9099)
18	(55.5112)	(0.0180)	(218.0446)	(0.0046)	(0.2546)	(3.9279)
19	(69.3889)	(0.0144)	(273.5558)	(0.0037)	(0.2537)	(3.9424)
20	(86.7362)	(0.0115)	(342.9447)	(0.0029)	(0.2529)	(3.9539)
21	(108.4202)	(0.0092)	(429.6809)	(0.0023)	(0.2523)	(3.9631)
22	(135.5253)	(0.0074)	(538.1011)	(0.0019)	(0.2519)	(3.9705)
23	(169.4066)	(0.0059)	(673.6264)	(0.0015)	(0.2515)	(3.9764)
24	(211.7582)	(0.0047)	(843.0329)	(0.0012)	(0.2512)	(3.9811)
25	(264.6978)	(0.0038)	(1054.7912)	(0.0009)	(0.2509)	(3.9849)
26	(330.8722)	(0.0030)	(1319.4890)	(0.0008)	(0.2508)	(3.9879)
27	(413.5903)	(0.0024)	(1650.3612)	(0.0006)	(0.2506)	(3.9903)
28	(516.9879)	(0.0019)	(2063.9515)	(0.0005)	(0.2505)	(3.9923)
29	(646.2349)	(0.0015)	(2580.9394)	(0.0004)	(0.2504)	(3.9938)
30	(807.7936)	(0.0012)	(3227.1743)	(0.0003)	(0.2503)	(3.9950)

续表

复利系数表（26%）

年份 n	一 次 收 付		等 额 序 列			
	终值系数 (F/P，i，n)	现值系数 (P/F，i，n)	终值系数 (F/A，i，n)	偿债基金系数 (A/F，i，n)	资金回收系数 (A/P，i，n)	现值系数 (P/A，i，n)
1	(1.2600)	(0.7937)	(1.0000)	(1.0000)	(1.2600)	(0.7937)
2	(1.5876)	(0.6299)	(2.2600)	(0.4425)	(0.7025)	(1.4235)
3	(2.0004)	(0.4999)	(3.8476)	(0.2599)	(0.5199)	(1.9234)
4	(2.5205)	(0.3968)	(5.8480)	(0.1710)	(0.4310)	(2.3202)
5	(3.1758)	(0.3149)	(8.3684)	(0.1195)	(0.3795)	(2.6351)
6	(4.0015)	(0.2499)	(11.5442)	(0.0866)	(0.3466)	(2.8850)
7	(5.0419)	(0.1983)	(15.5458)	(0.0643)	(0.3243)	(3.0833)
8	(6.3528)	(0.1574)	(20.5876)	(0.0486)	(0.3086)	(3.2407)
9	(8.0045)	(0.1249)	(26.9404)	(0.0371)	(0.2971)	(3.3657)
10	(10.0857)	(0.0992)	(34.9449)	(0.0286)	(0.2886)	(3.4648)
11	(12.7080)	(0.0787)	(45.0306)	(0.0222)	(0.2822)	(3.5435)
12	(16.0120)	(0.0625)	(57.7386)	(0.0173)	(0.2773)	(3.6059)
13	(20.1752)	(0.0496)	(73.7506)	(0.0136)	(0.2736)	(3.6555)
14	(25.4207)	(0.0393)	(93.9258)	(0.0106)	(0.2706)	(3.6949)
15	(32.0301)	(0.0312)	(119.3465)	(0.0084)	(0.2684)	(3.7261)
16	(40.3579)	(0.0248)	(151.3766)	(0.0066)	(0.2666)	(3.7509)
17	(50.8510)	(0.0197)	(191.7345)	(0.0052)	(0.2652)	(3.7705)
18	(64.0722)	(0.0156)	(242.5855)	(0.0041)	(0.2641)	(3.7861)
19	(80.7310)	(0.0124)	(306.6577)	(0.0033)	(0.2633)	(3.7985)
20	(101.7211)	(0.0098)	(387.3887)	(0.0026)	(0.2626)	(3.8083)
21	(128.1685)	(0.0078)	(489.1098)	(0.0020)	(0.2620)	(3.8161)
22	(161.4924)	(0.0062)	(617.2783)	(0.0016)	(0.2616)	(3.8223)
23	(203.4804)	(0.0049)	(778.7707)	(0.0013)	(0.2613)	(3.8273)
24	(256.3853)	(0.0039)	(982.2511)	(0.0010)	(0.2610)	(3.8312)
25	(323.0454)	(0.0031)	(1238.6363)	(0.0008)	(0.2608)	(3.8342)
26	(407.0373)	(0.0025)	(1561.6818)	(0.0006)	(0.2606)	(3.8367)
27	(512.8670)	(0.0019)	(1968.7191)	(0.0005)	(0.2605)	(3.8387)
28	(646.2124)	(0.0015)	(2481.5860)	(0.0004)	(0.2604)	(3.8402)
29	(814.2276)	(0.0012)	(3127.7984)	(0.0003)	(0.2603)	(3.8414)
30	(1025.9267)	(0.0010)	(3942.0260)	(0.0003)	(0.2603)	(3.8424)

复利系数表（27%）

年份 n	一 次 收 付		等 额 序 列			
	终值系数 (F/P，i，n)	现值系数 (P/F，i，n)	终值系数 (F/A，i，n)	偿债基金系数 (A/F，i，n)	资金回收系数 (A/P，i，n)	现值系数 (P/A，i，n)
1	(1.2700)	(0.7874)	(1.0000)	(1.0000)	(1.2700)	(0.7874)
2	(1.6129)	(0.6200)	(2.2700)	(0.4405)	(0.7105)	(1.4074)
3	(2.0484)	(0.4882)	(3.8829)	(0.2575)	(0.5275)	(1.8956)
4	(2.6014)	(0.3844)	(5.9313)	(0.1686)	(0.4386)	(2.2800)
5	(3.3038)	(0.3027)	(8.5327)	(0.1172)	(0.3872)	(2.5827)
6	(4.1959)	(0.2383)	(11.8366)	(0.0845)	(0.3545)	(2.8210)
7	(5.3288)	(0.1877)	(16.0324)	(0.0624)	(0.3324)	(3.0087)
8	(6.7675)	(0.1478)	(21.3612)	(0.0468)	(0.3168)	(3.1564)
9	(8.5948)	(0.1164)	(28.1287)	(0.0356)	(0.3056)	(3.2728)

续表

复利系数表（27%）

年份 n	一次收付		等额序列			
	终值系数 (F/P，i，n)	现值系数 (P/F，i，n)	终值系数 (F/A，i，n)	偿债基金系数 (A/F，i，n)	资金回收系数 (A/P，i，n)	现值系数 (P/A，i，n)
10	(10.9153)	(0.0916)	(36.7235)	(0.0272)	(0.2972)	(3.3644)
11	(13.8625)	(0.0721)	(47.6388)	(0.0210)	(0.2910)	(3.4365)
12	(17.6053)	(0.0568)	(61.5013)	(0.0163)	(0.2863)	(3.4933)
13	(22.3588)	(0.0447)	(79.1066)	(0.0126)	(0.2826)	(3.5381)
14	(28.3957)	(0.0352)	(101.4654)	(0.0099)	(0.2799)	(3.5733)
15	(36.0625)	(0.0277)	(129.8611)	(0.0077)	(0.2777)	(3.6010)
16	(45.7994)	(0.0218)	(165.9236)	(0.0060)	(0.2760)	(3.6228)
17	(58.1652)	(0.0172)	(211.7230)	(0.0047)	(0.2747)	(3.6400)
18	(73.8698)	(0.0135)	(269.8882)	(0.0037)	(0.2737)	(3.6536)
19	(93.8147)	(0.0107)	(343.7580)	(0.0029)	(0.2729)	(3.6642)
20	(119.1446)	(0.0084)	(437.5726)	(0.0023)	(0.2723)	(3.6726)
21	(151.3137)	(0.0066)	(556.7173)	(0.0018)	(0.2718)	(3.6792)
22	(192.1683)	(0.0052)	(708.0309)	(0.0014)	(0.2714)	(3.6844)
23	(244.0538)	(0.0041)	(900.1993)	(0.0011)	(0.2711)	(3.6885)
24	(309.9483)	(0.0032)	(1144.2531)	(0.0009)	(0.2709)	(3.6918)
25	(393.6344)	(0.0025)	(1454.2014)	(0.0007)	(0.2707)	(3.6943)
26	(499.9157)	(0.0020)	(1847.8358)	(0.0005)	(0.2705)	(3.6963)
27	(634.8929)	(0.0016)	(2347.7515)	(0.0004)	(0.2704)	(3.6979)
28	(806.3140)	(0.0012)	(2982.6443)	(0.0003)	(0.2703)	(3.6991)
29	(1024.0187)	(0.0010)	(3788.9583)	(0.0003)	(0.2703)	(3.7001)
30	(1300.5038)	(0.0008)	(4812.9771)	(0.0002)	(0.2702)	(3.7009)

复利系数表（28%）

年份 n	一次收付		等额序列			
	终值系数 (F/P，i，n)	现值系数 (P/F，i，n)	终值系数 (F/A，i，n)	偿债基金系数 (A/F，i，n)	资金回收系数 (A/P，i，n)	现值系数 (P/A，i，n)
1	(1.2800)	(0.7813)	(1.0000)	(1.0000)	(1.2800)	(0.7813)
2	(1.6384)	(0.6104)	(2.2800)	(0.4386)	(0.7186)	(1.3916)
3	(2.0972)	(0.4768)	(3.9184)	(0.2552)	(0.5352)	(1.8684)
4	(2.6844)	(0.3725)	(6.0156)	(0.1662)	(0.4462)	(2.2410)
5	(3.4360)	(0.2910)	(8.6999)	(0.1149)	(0.3949)	(2.5320)
6	(4.3980)	(0.2274)	(12.1359)	(0.0824)	(0.3624)	(2.7594)
7	(5.6295)	(0.1776)	(16.5339)	(0.0605)	(0.3405)	(2.9370)
8	(7.2058)	(0.1388)	(22.1634)	(0.0451)	(0.3251)	(3.0758)
9	(9.2234)	(0.1084)	(29.3692)	(0.0340)	(0.3140)	(3.1842)
10	(11.8059)	(0.0847)	(38.5926)	(0.0259)	(0.3059)	(3.2689)
11	(15.1116)	(0.0662)	(50.3985)	(0.0198)	(0.2998)	(3.3351)
12	(19.3428)	(0.0517)	(65.5100)	(0.0153)	(0.2953)	(3.3868)
13	(24.7588)	(0.0404)	(84.8529)	(0.0118)	(0.2918)	(3.4272)
14	(31.6913)	(0.0316)	(109.6117)	(0.0091)	(0.2891)	(3.4587)
15	(40.5648)	(0.0247)	(141.3029)	(0.0071)	(0.2871)	(3.4834)
16	(51.9230)	(0.0193)	(181.8677)	(0.0055)	(0.2855)	(3.5026)
17	(66.4614)	(0.0150)	(233.7907)	(0.0043)	(0.2843)	(3.5177)
18	(85.0706)	(0.0118)	(300.2521)	(0.0033)	(0.2833)	(3.5294)
19	(108.8904)	(0.0092)	(385.3227)	(0.0026)	(0.2826)	(3.5386)

续表

复利系数表（28%）

年份 n	一次收付		等额序列			
	终值系数 $(F/P, i, n)$	现值系数 $(P/F, i, n)$	终值系数 $(F/A, i, n)$	偿债基金系数 $(A/F, i, n)$	资金回收系数 $(A/P, i, n)$	现值系数 $(P/A, i, n)$
20	(139.3797)	(0.0072)	(494.2131)	(0.0020)	(0.2820)	(3.5458)
21	(178.4060)	(0.0056)	(633.5927)	(0.0016)	(0.2816)	(3.5514)
22	(228.3596)	(0.0044)	(811.9987)	(0.0012)	(0.2812)	(3.5558)
23	(292.3003)	(0.0034)	(1040.3583)	(0.0010)	(0.2810)	(3.5592)
24	(374.1444)	(0.0027)	(1332.6586)	(0.0008)	(0.2808)	(3.5619)
25	(478.9049)	(0.0021)	(1706.8031)	(0.0006)	(0.2806)	(3.5640)
26	(612.9982)	(0.0016)	(2185.7079)	(0.0005)	(0.2805)	(3.5656)
27	(784.6377)	(0.0013)	(2798.7061)	(0.0004)	(0.2804)	(3.5669)
28	(1004.3363)	(0.0010)	(3583.3438)	(0.0003)	(0.2803)	(3.5679)
29	(1285.5504)	(0.0008)	(4587.6801)	(0.0002)	(0.2802)	(3.5687)
30	(1645.5046)	(0.0006)	(5873.2306)	(0.0002)	(0.2802)	(3.5693)

复利系数表（29%）

年份 n	一次收付		等额序列			
	终值系数 $(F/P, i, n)$	现值系数 $(P/F, i, n)$	终值系数 $(F/A, i, n)$	偿债基金系数 $(A/F, i, n)$	资金回收系数 $(A/P, i, n)$	现值系数 $(P/A, i, n)$
1	(1.2900)	(0.7752)	(1.0000)	(1.0000)	(1.2900)	(0.7752)
2	(1.6641)	(0.6009)	(2.2900)	(0.4367)	(0.7267)	(1.3761)
3	(2.1467)	(0.4658)	(3.9541)	(0.2529)	(0.5429)	(1.8420)
4	(2.7692)	(0.3611)	(6.1008)	(0.1639)	(0.4539)	(2.2031)
5	(3.5723)	(0.2799)	(8.8700)	(0.1127)	(0.4027)	(2.4830)
6	(4.6083)	(0.2170)	(12.4423)	(0.0804)	(0.3704)	(2.7000)
7	(5.9447)	(0.1682)	(17.0506)	(0.0586)	(0.3486)	(2.8682)
8	(7.6686)	(0.1304)	(22.9953)	(0.0435)	(0.3335)	(2.9986)
9	(9.8925)	(0.1011)	(30.6639)	(0.0326)	(0.3226)	(3.0997)
10	(12.7614)	(0.0784)	(40.5564)	(0.0247)	(0.3147)	(3.1781)
11	(16.4622)	(0.0607)	(53.3178)	(0.0188)	(0.3088)	(3.2388)
12	(21.2362)	(0.0471)	(69.7800)	(0.0143)	(0.3043)	(3.2859)
13	(27.3947)	(0.0365)	(91.0161)	(0.0110)	(0.3010)	(3.3224)
14	(35.3391)	(0.0283)	(118.4108)	(0.0084)	(0.2984)	(3.3507)
15	(45.5875)	(0.0219)	(153.7500)	(0.0065)	(0.2965)	(3.3726)
16	(58.8079)	(0.0170)	(199.3374)	(0.0050)	(0.2950)	(3.3896)
17	(75.8621)	(0.0132)	(258.1453)	(0.0039)	(0.2939)	(3.4028)
18	(97.8622)	(0.0102)	(334.0074)	(0.0030)	(0.2930)	(3.4130)
19	(126.2422)	(0.0079)	(431.8696)	(0.0023)	(0.2923)	(3.4210)
20	(162.8524)	(0.0061)	(558.1118)	(0.0018)	(0.2918)	(3.4271)
21	(210.0796)	(0.0048)	(720.9642)	(0.0014)	(0.2914)	(3.4319)
22	(271.0027)	(0.0037)	(931.0438)	(0.0011)	(0.2911)	(3.4356)
23	(349.5935)	(0.0029)	(1202.0465)	(0.0008)	(0.2908)	(3.4384)
24	(450.9756)	(0.0022)	(1551.6400)	(0.0006)	(0.2906)	(3.4406)
25	(581.7585)	(0.0017)	(2002.6156)	(0.0005)	(0.2905)	(3.4423)
26	(750.4685)	(0.0013)	(2584.3741)	(0.0004)	(0.2904)	(3.4437)
27	(968.1044)	(0.0010)	(3334.8426)	(0.0003)	(0.2903)	(3.4447)
28	(1248.8546)	(0.0008)	(4302.9470)	(0.0002)	(0.2902)	(3.4455)
29	(1611.0225)	(0.0006)	(5551.8016)	(0.0002)	(0.2902)	(3.4461)
30	(2078.2190)	(0.0005)	(7162.8241)	(0.0001)	(0.2901)	(3.4466)

续表

复利系数表（30%）						
年份 n	一次收付		等额序列			
	终值系数 (F/P，i，n)	现值系数 (P/F，i，n)	终值系数 (F/A，i，n)	偿债基金系数 (A/F，i，n)	资金回收系数 (A/P，i，n)	现值系数 (P/A，i，n)
1	(1.3000)	(0.7692)	(1.0000)	(1.0000)	(1.3000)	(0.7692)
2	(1.6900)	(0.5917)	(2.3000)	(0.4348)	(0.7348)	(1.3609)
3	(2.1970)	(0.4552)	(3.9900)	(0.2506)	(0.5506)	(1.8161)
4	(2.8561)	(0.3501)	(6.1870)	(0.1616)	(0.4616)	(2.1662)
5	(3.7129)	(0.2693)	(9.0431)	(0.1106)	(0.4106)	(2.4356)
6	(4.8268)	(0.2072)	(12.7560)	(0.0784)	(0.3784)	(2.6427)
7	(6.2749)	(0.1594)	(17.5828)	(0.0569)	(0.3569)	(2.8021)
8	(8.1573)	(0.1226)	(23.8577)	(0.0419)	(0.3419)	(2.9247)
9	(10.6045)	(0.0943)	(32.0150)	(0.0312)	(0.3312)	(3.0190)
10	(13.7858)	(0.0725)	(42.6195)	(0.0235)	(0.3235)	(3.0915)
11	(17.9216)	(0.0558)	(56.4053)	(0.0177)	(0.3177)	(3.1473)
12	(23.2981)	(0.0429)	(74.3270)	(0.0135)	(0.3135)	(3.1903)
13	(30.2875)	(0.0330)	(97.6250)	(0.0102)	(0.3102)	(3.2233)
14	(39.3738)	(0.0254)	(127.9125)	(0.0078)	(0.3078)	(3.2487)
15	(51.1859)	(0.0195)	(167.2863)	(0.0060)	(0.3060)	(3.2682)
16	(66.5417)	(0.0150)	(218.4722)	(0.0046)	(0.3046)	(3.2832)
17	(86.5042)	(0.0116)	(285.0139)	(0.0035)	(0.3035)	(3.2948)
18	(112.4554)	(0.0089)	(371.5180)	(0.0027)	(0.3027)	(3.3037)
19	(146.1920)	(0.0068)	(483.9734)	(0.0021)	(0.302)	(3.3105)
20	(190.0496)	(0.0053)	(630.1655)	(0.0016)	(0.3016)	(3.3158)
21	(247.0645)	(0.0040)	(820.2151)	(0.0012)	(0.3012)	(3.3198)
22	(321.1839)	(0.0031)	(1067.2796)	(0.0009)	(0.3009)	(3.3230)
23	(417.5391)	(0.0024)	(1388.4635)	(0.0007)	(0.3007)	(3.3254)
24	(542.8008)	(0.0018)	(1806.0026)	(0.0006)	(0.3006)	(3.3272)
25	(705.6410)	(0.0014)	(2348.8033)	(0.0004)	(0.3004)	(3.3286)
26	(917.3333)	(0.0011)	(3054.4443)	(0.0003)	(0.3003)	(3.3297)
27	(1192.5333)	(0.0008)	(3971.7776)	(0.0003)	(0.3003)	(3.3305)
28	(1550.2933)	(0.0006)	(5164.3109)	(0.0002)	(0.3002)	(3.3312)
29	(2015.3813)	(0.0005)	(6714.6042)	(0.0001)	(0.3001)	(3.3317)

附表 2　梯度支付序列（A/G，i，n）表

n	0.75%	1%	1.5%	2%	2.5%	3%	4%	5%	6%
1	0.0000	0.0000	0.0000	0.0000	0.0000	0.0000	0.0000	0.0000	0.0000
2	0.4981	0.4975	0.4963	0.4950	0.4938	0.4926	0.4902	0.4878	0.4854
3	0.9950	0.9934	0.9901	0.9868	0.9835	0.9803	0.9739	0.9675	0.9612
4	1.4907	1.4876	1.4814	1.4752	1.4691	1.4631	1.4510	1.4391	1.4272
5	1.9851	1.9801	1.9702	1.9604	1.9506	1.9409	1.9216	1.9025	1.8836
6	2.4732	2.4710	2.4566	2.4423	2.4280	2.4138	2.3857	2.3579	2.3304
7	2.9701	2.9602	2.9405	2.9208	2.9013	2.8819	2.8433	2.8052	2.7676
8	3.4608	3.4478	3.4219	3.3961	3.3704	3.3450	3.2944	3.2445	3.1952
9	3.9502	3.9337	3.9008	3.8681	3.8355	3.8032	3.7391	3.6758	3.6133
10	4.4384	4.4179	4.3772	4.3367	4.2965	4.2565	4.1773	4.0991	4.0220
11	4.9253	4.9005	4.8512	4.8021	4.7534	4.7049	4.6090	4.5144	4.4213
12	5.4110	5.3815	5.3227	5.2642	5.2062	5.1485	5.0343	4.9219	4.8113
13	5.8954	5.8607	5.7917	5.7231	5.6549	5.5872	5.4533	5.3215	5.1920
14	6.3786	6.3384	6.2582	6.1786	6.0995	6.0210	5.8659	5.7133	5.5635
15	6.8606	6.8143	6.7223	6.6309	6.5401	6.4500	6.2721	6.0973	5.9260
16	7.3413	7.2886	7.1839	7.0799	6.9766	6.8742	6.6720	6.4736	6.2794
17	7.8207	7.7613	7.6431	7.5256	7.4091	7.2936	7.0656	6.8423	6.6240
18	8.2989	8.2323	8.0997	7.9681	7.8375	7.7081	7.4530	7.2034	6.9597
19	8.7759	8.7017	8.5539	8.4073	8.2619	8.1179	7.8342	7.5569	7.2867
20	9.2516	9.1694	9.0057	8.8433	8.6823	8.5229	8.2091	7.9030	7.6051
21	9.7261	9.6354	9.4550	9.2760	9.0986	8.9231	8.5779	8.2416	7.9151
22	10.1994	10.0998	9.9018	9.7055	9.5110	9.3186	8.9407	8.5730	8.2166
23	10.6714	10.5626	10.3462	10.1317	9.9193	9.7093	9.2973	8.8971	8.5099
24	11.1422	11.0237	10.7881	10.5547	10.3237	10.0954	9.6479	9.2140	8.7951
25	11.6117	11.4831	11.2276	10.9745	10.7241	10.4768	9.9925	9.5238	9.0722
26	12.0800	11.9409	11.6646	11.3910	11.1205	10.8535	10.3312	9.8266	9.3414
27	12.5470	12.3971	12.0392	11.8043	11.5130	11.2255	10.6640	10.1224	9.6029
28	13.0128	12.8516	12.5313	12.2145	11.9015	11.5930	10.9909	10.4114	9.8568
29	13.4774	13.304	12.9610	12.6214	12.2861	11.9558	11.3120	10.6936	10.1032
30	13.9407	13.7557	13.3883	13.0251	12.6668	12.3141	11.6274	10.9691	10.3422
31	14.4028	14.2052	13.8131	13.4257	13.0436	12.6678	11.9371	11.2381	10.5740
32	14.8636	14.6532	14.2355	13.8230	13.4166	13.0169	12.2411	11.5005	10.7988
33	15.3232	15.0995	14.6555	14.2172	13.7856	13.3616	12.5396	11.7566	11.0166
34	15.7816	15.541	15.0731	14.6083	14.1508	13.7018	12.8324	12.0083	11.2276
35	16.2387	15.9871	15.4882	14.9961	14.5122	14.0375	13.1198	12.2498	11.4319
40	18.5058	18.1778	17.5277	16.8885	16.2620	15.6502	14.4765	13.3775	12.3590
45	20.7421	20.3273	19.5074	18.7034	17.9185	17.1556	15.7047	14.3844	13.1413
50	22.9476	22.4363	21.4277	20.4420	19.4839	18.5575	16.8122	15.2233	13.7964
55	25.1223	24.5069	23.2894	22.1057	20.9608	19.8600	17.8070	15.9664	14.3411
60	27.2665	26.5333	25.0930	23.6961	22.3518	21.0674	18.6972	16.6006	14.7909
65	29.3801	28.5217	26.8393	25.2147	23.6600	22.1841	19.4909	17.1541	15.1601
70	31.4634	30.4703	28.5290	26.6632	24.8881	23.2145	20.1961	17.6212	15.4613
75	33.5163	32.3793	30.1631	28.0434	26.0393	24.1634	20.8206	18.0176	15.7058
80	35.5391	34.2492	31.7423	29.3572	27.1167	25.0353	21.3718	18.3526	15.9033
85	37.5318	36.0801	33.2676	30.6064	28.1235	25.8349	21.8569	18.6346	16.0620

续表

n	7%	8%	9%	10%	12%	15%	20%	25%	30%
1	0.0000	0.0000	0.0000	0.0000	0.0000	0.0000	0.0000	0.0000	0.0000
2	0.4831	0.4808	0.4785	0.4762	0.4717	0.4651	0.4545	0.4444	0.4348
3	0.9549	0.9487	0.9426	0.9366	0.9246	0.9071	0.8791	0.8525	0.8271
4	1.4155	1.4040	1.3925	1.3812	1.3589	1.3263	1.2742	1.2249	1.1783
5	1.8650	1.8465	1.8282	1.8101	1.7746	1.7228	1.6405	1.5631	1.4903
6	2.3032	2.2763	2.2498	2.2236	2.1720	2.0972	2.9788	1.8683	1.7654
7	2.7304	2.6937	2.6574	2.6216	2.5516	2.4498	2.2902	2.1424	2.0063
8	3.1465	3.0985	3.0512	3.0045	2.9131	2.7813	2.5756	2.3872	2.2156
9	3.5517	3.4910	3.4312	3.3724	3.2574	3.0922	2.8364	2.6048	2.3963
10	3.9461	3.8713	3.7978	3.7255	3.5847	3.3832	3.0739	1.7971	2.5512
11	4.3296	4.2395	4.1510	4.0641	3.8953	3.6549	3.2893	2.9663	2.6833
12	4.7025	4.5957	4.4910	4.3884	4.1897	3.9082	3.4841	3.1145	2.7952
13	5.0648	4.9402	4.8182	4.6988	4.4683	4.1438	3.6597	3.2437	2.8895
14	5.4167	5.2731	5.1326	4.9955	4.7317	4.3624	3.8175	3.3559	2.9685
15	5.7583	5.5945	5.4346	5.2789	4.9803	4.5650	3.9588	3.4530	3.0344
16	6.0897	5.9046	5.7245	5.5493	5.2147	4.7522	4.0851	3.5366	3.0892
17	6.4110	6.2037	6.0024	5.8071	5.4353	4.9251	4.1976	3.6084	3.1345
18	6.7225	6.4920	6.2687	6.0526	5.6427	5.0843	4.2975	3.6698	3.1718
19	7.0242	6.7697	6.5236	6.2861	5.8375	5.2307	4.3861	3.7222	3.2025
20	7.3163	7.0369	6.7674	6.5081	6.0202	5.3651	4.4643	3.7667	3.2275
21	7.5990	7.2940	7.0006	6.7189	6.1913	5.4883	4.5334	3.8045	3.2480
22	7.8725	7.5412	7.2232	6.9189	6.3514	5.6010	4.5941	3.8365	3.2646
23	8.1369	7.7786	7.4357	7.1085	6.5010	5.7040	4.6475	3.8634	3.2781
24	8.3923	8.0066	7.6384	7.2881	6.6406	5.7979	4.6943	3.8861	3.2890
25	8.6391	8.2254	7.8316	7.4580	6.7708	5.8834	4.7352	3.9052	3.2979
26	8.8773	8.4352	8.0156	7.6186	6.8921	5.9612	4.7709	3.9212	3.3050
27	9.1072	8.6363	8.1906	7.7704	7.0049	6.0319	4.8020	3.9346	3.3107
28	9.3289	8.8289	8.3571	7.9137	7.1098	6.0906	4.8291	3.9457	3.3153
29	9.5427	9.0133	8.5154	8.0489	7.2071	6.1541	4.8527	3.9551	3.3189
30	9.7487	9.1897	8.6657	8.1762	7.2974	6.2066	4.8731	3.9628	3.3219
31	9.9471	9.3584	8.8083	8.2962	7.3811	6.2541	4.8908	3.9693	3.3242
32	10.1381	9.6197	8.9436	8.4001	7.4586	6.2970	4.9061	3.9746	3.3261
33	10.3219	9.6737	9.0718	8.5152	7.5302	6.3357	4.9194	3.9791	3.3276
34	10.4987	9.8208	9.3193	8.6149	7.5985	6.3705	4.9308	3.9828	3.3288
35	10.6687	9.9611	9.3083	8.7086	7.6577	6.4019	4.9406	3.9858	3.3297
40	11.4233	10.5699	9.7957	9.0962	7.8988	6.5168	4.9728		
45	12.0360	11.0472	10.1603	9.3740	8.0572	6.5830	4.9877		
50	12.5287	11.4107	10.4295	9.5704	8.1597	6.6205	4.9945		
55	12.9215	11.6902	10.6261	9.7075					
60	13.2321	11.9015	10.7683	9.8023					
65	13.4760	12.0602	10.8702	9.8672					
70	13.6662	12.1783	10.9427	9.9113					
75	13.8136	12.2658	10.9940	9.9410					
80	13.9273	12.3301	11.0299	9.9609					
85	14.0146	12.3772	11.0551	9.9742					

附表 3　标准正态分布表

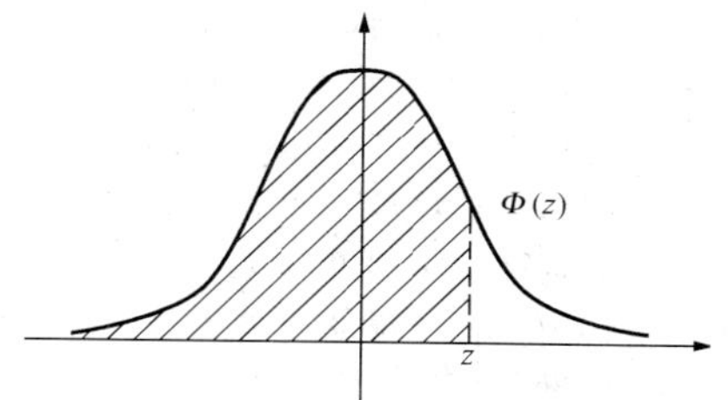

Z	0	1	2	3	4	5	6	7	8	9
−3.0	0.0013	0.0010	0.0007	0.0005	0.0003	0.0002	0.0002	0.0001	0.0001	0.0000
−2.9	0.0019	0.0018	0.0017	0.0017	0.0016	0.0016	0.0015	0.0015	0.0014	0.0014
−2.8	0.0026	0.0025	0.0024	0.0023	0.0023	0.0022	0.0021	0.0021	0.0020	0.0019
−2.7	0.0035	0.0034	0.0033	0.0032	0.0031	0.0030	0.0029	0.0028	0.0027	0.0026
−2.6	0.0047	0.0045	0.0044	0.0043	0.0041	0.0040	0.0039	0.0038	0.0037	0.0036
−2.5	0.0062	0.0060	0.0059	0.0057	0.0055	0.0054	0.0052	0.0051	0.0049	0.0048
−2.4	0.0082	0.0080	0.0078	0.0075	0.0073	0.0071	0.0069	0.0068	0.0066	0.0064
−2.3	0.0107	0.0104	0.0102	0.0099	0.0096	0.0094	0.0091	0.0089	0.0087	0.0084
−2.2	0.0139	0.0136	0.0132	0.0129	0.0126	0.0122	0.0119	0.0116	0.0113	0.0110
−2.1	0.0179	0.0174	0.0170	0.0166	0.0162	0.0158	0.0154	0.0150	0.0146	0.0143
−2.0	0.0228	0.0222	0.0217	0.0212	0.0207	0.0202	0.0197	0.0192	0.0188	0.0183
−1.9	0.0287	0.0281	0.0274	0.0268	0.0262	0.0256	0.0250	0.0244	0.0238	0.0233
−1.8	0.0359	0.0352	0.0344	0.0336	0.0329	0.0322	0.0314	0.0307	0.0300	0.0294
−1.7	0.0446	0.0436	0.0427	0.0418	0.0409	0.0401	0.0392	0.0384	0.0375	0.0367
−1.6	0.0548	0.0537	0.0526	0.0516	0.0505	0.0495	0.0485	0.0475	0.0465	0.0455
−1.5	0.0668	0.0655	0.0643	0.0630	0.0618	0.0606	0.0594	0.0582	0.0570	0.0559
−1.4	0.0808	0.0793	0.0778	0.0764	0.0749	0.0735	0.0722	0.0708	0.0694	0.0681
−1.3	0.0968	0.0951	0.0934	0.0913	0.0901	0.0885	0.0869	0.0853	0.0838	0.0823
−1.2	0.1151	0.1131	0.1112	0.1093	0.1075	0.1056	0.1038	0.1020	0.1003	0.0985
−1.1	0.1357	0.1335	0.1314	0.1292	0.1271	0.1251	0.1230	0.1210	0.1190	0.1170
−1.0	0.1587	0.1562	0.1539	0.1515	0.1492	0.1469	0.1446	0.1423	0.1401	0.1379
−0.9	0.1841	0.1814	0.1788	0.1762	0.1736	0.1711	0.1685	0.1660	0.1635	0.1611
−0.8	0.2119	0.2090	0.2061	0.2033	0.2005	0.1977	0.1949	0.1922	0.1894	0.1867
−0.7	0.2420	0.2389	0.2358	0.2327	0.2297	0.2266	0.2236	0.2206	0.2177	0.2148
−0.6	0.2743	0.2709	0.2676	0.2643	0.2611	0.2578	0.2546	0.2514	0.2483	0.2451
−0.5	0.3085	0.3050	0.3015	0.2981	0.2946	0.2912	0.2877	0.2843	0.2810	0.2776
−0.4	0.3446	0.3409	0.3372	0.3336	0.3300	0.3264	0.3228	0.3192	0.3150	0.3121
−0.3	0.3821	0.3783	0.3745	0.3707	0.3669	0.3632	0.3594	0.3557	0.3520	0.3483
−0.2	0.4207	0.4168	0.4129	0.4090	0.4052	0.4013	0.3974	0.3930	0.3897	0.3859
−0.1	0.4602	0.4562	0.4522	0.4483	0.4443	0.4404	0.4364	0.4325	0.4286	0.4247
−0.0	0.5000	0.4960	0.4920	0.4880	0.4840	0.4801	0.4761	0.4721	0.4681	0.4641

续表

Z	0	1	2	3	4	5	6	7	8	9
0.0	0.5000	0.5040	0.5080	0.5120	0.5160	0.5199	0.5239	0.5279	0.5319	0.5359
0.1	0.5398	0.5438	0.5478	0.5517	0.5557	0.5596	0.5636	0.5675	0.5714	0.5753
0.2	0.5793	0.5832	0.5871	0.5910	0.5948	0.5987	0.6026	0.6064	0.6103	0.6141
0.3	0.6179	0.6217	0.6255	0.6293	0.6331	0.6368	0.6406	0.6443	0.6480	0.6517
0.4	0.6554	0.6591	0.6628	0.6664	0.6700	0.6736	0.6772	0.6808	0.6844	0.6879
0.5	0.6915	0.6950	0.6985	0.7019	0.7054	0.7088	0.7123	0.5157	0.7190	0.7224
0.6	0.7257	0.7291	0.7324	0.7357	0.7389	0.7422	0.7454	0.7486	0.7517	0.7549
0.7	0.7580	0.7611	0.7642	0.7673	0.7703	0.7734	0.7764	0.7794	0.7823	0.7852
0.8	0.7881	0.7910	0.7939	0.7967	0.7995	0.8023	0.8051	0.8078	0.8106	0.8133
0.9	0.8159	0.816	0.8212	0.8238	0.8264	0.8289	0.8315	0.8340	0.8365	0.8389
1.0	0.8413	0.8438	0.8461	0.8485	0.8508	0.8531	0.8554	0.8577	0.8599	0.8621
1.1	0.8643	0.8665	0.8686	0.8708	0.8729	0.8749	0.8770	0.8790	0.8810	0.8830
1.2	0.8849	0.8869	0.8888	0.8907	0.8925	0.8944	0.8962	0.8980	0.8997	0.9015
1.3	0.9032	0.9049	0.9066	0.9082	0.9099	0.9115	0.9131	0.9147	0.9162	0.9177
1.4	0.9192	0.9207	0.9222	0.9236	0.9251	0.9265	0.9278	0.9292	0.9306	0.9319
1.5	0.9332	0.9345	0.9357	0.9370	0.9382	0.9394	0.9406	0.9418	0.9430	0.9441
1.6	0.9452	0.9463	0.9472	0.9484	0.9495	0.9505	0.9515	0.9525	0.9535	0.9545
1.7	0.9554	0.9564	0.9573	0.9582	0.9591	0.9599	0.9608	0.9616	0.9625	0.9633
1.8	0.9641	0.9648	0.9656	0.9664	0.9671	0.9678	0.9686	0.9693	0.9700	0.9606
1.9	0.9713	0.9719	0.9726	0.9732	0.9738	0.9744	0.9750	0.9756	0.9762	0.9767
2.0	0.9772	0.9778	0.9783	0.9788	0.9793	0.9798	0.9803	0.9808	0.9812	0.9817
2.1	0.9821	0.9826	0.9830	0.9834	0.9838	0.9842	0.9846	0.9850	0.9854	0.9857
2.2	0.9861	0.9864	0.9868	0.9871	0.9874	0.9878	0.9881	0.9884	0.9887	0.9890
2.3	0.9893	0.9896	0.9898	0.9901	0.9904	0.9906	0.9909	0.9911	0.9913	0.9916
2.4	0.9918	0.9920	0.9922	0.9925	0.9927	0.9929	0.9931	0.9932	0.9934	0.9936
2.5	0.9938	0.9940	0.9941	0.9943	0.9945	0.9946	0.9948	0.9949	0.9951	0.9952
2.6	0.9953	0.9955	0.9956	0.9957	0.9959	0.9960	0.9961	0.9962	0.9963	0.9964
2.7	0.9965	0.9966	0.9967	0.9968	0.9969	0.9970	0.9971	0.9972	0.9973	0.9974
2.8	0.9974	0.9975	0.9976	0.9977	0.9977	0.9978	0.9979	0.9979	0.9980	0.9981
2.9	0.9981	0.9982	0.9982	0.9983	0.9984	0.9984	0.9985	0.9985	0.9986	0.9986
3.0	0.9987	0.9990	0.9993	0.9995	0.9997	0.9998	0.9998	0.9999	0.9999	0.1000

参 考 文 献

[1] 国家发改委，建设部. 建设项目经济评价方法与参数. 3版. 北京：中国计划出版社，2006.

[2] 刘亚臣. 工程经济学. 大连：大连理工大学出版社，2005.

[3] 张文泉. 企业技术经济学. 北京：中国电力出版社，2000.

[4] 本书编委会. 建设工程可行性研究一本通. 武汉：华中科技大学出版社，2008.

[5] 吴添祖. 技术经济学概论. 2版. 北京：高等教育出版社，2004.

[6] 任树清. 建筑企业经济活动分析. 北京：中国环境科学出版社，1988.

[7] 杨克磊. 工程经济学. 上海：复旦大学出版社，2007.

[8] 杨国梁. 技术经济与管理. 北京：中国经济出版社，1998.

[9] 刘家顺，粟国敏. 技术经济学. 北京：机械工业出版社，2003.

[10] 注册咨询工程师（投资）考试教材编写委员会. 项目决策分析与评价. 北京：中国计划出版社，2007.

[11] 全国造价工程师职业资格考试培训教材编审委员会. 工程造价管理基础理论与相关法规. 北京：中国计划出版社，2007.

[12] 陈伟，张凌，韩斌. 技术经济学. 哈尔滨：哈尔滨工程大学出版社，2007.

[13] 傅家骥，仝允恒. 工业技术经济学. 北京：清华大学出版社，2001.